개인과 가계의 재무설계 이론과 전략

소비자재무설계

제2판

이기춘 / 박명희 / 윤정혜 / 손상희 / 성영애

학현사

제2판 머리말

Personal Finance

1998년 3월 우리나라가 외환위기를 겪게 되었을 때, "소비자재무설계론: 개인과 가계의 재무설계의 이론 및 전략"을 출간하였다. 당시는 세계 제 2차 오일쇼크 직후인 1980년대 이래 우리나라가 경제적으로 가장 어려운 상황으로서 이 책의 발간은 개인소비자와 가계가 경제난국을 극복하고 체계적인 재무설계를 하는 데 도움을 줄 수 있었다. 그 이후로 11년의 세월이 흘렀다. 그동안 우리나라 경제규모는 세계 13위국가로 성장하였고, 개인과 가계는 1인당국민소득 2만 불 시대로 진입하기도 했으나 또 다시 세계경제위기를 겪게 되었다.

이러한 글로벌 경제환경의 변화, 고령화에 따른 장수위험과 실업, 질병, 화재, 자동차사고 등의 위험, 일반인으로서는 투자위험을 판단하기 어려운 금융상품의 출현으로 전문적으로 개인과 가계의 재무설계서비스를 제공하는 소비자재무설계사(financial planner)에 대한 사회적 수요가 급증하고 있다. 산업자원부 기술표준원(2006)에서는 개인재무 설계분야 국제표준을 국가규격(KS)으로 제정하여 보급할 예정이라고 밝힌 바 있다. 외환위기 이후 재무설계의 중요성이 부각되면서 우리나라에는 여러 가지 재무설계 자격인증제도가 학계, 증권사, 은행, 보험회사 등 금융기관별로, 또는 독립협회로서 자격증이 개발되어왔다.

이 책은 개인과 가계를 대상으로 체계적인 생애재무설계 방법을 제시함과 동시에, 전문가로서의 소비자재무설계사(financial planner)의 능력을 배양한다는 목적이 있다.

개정판에서는 첫째, 지난 11년간의 통계와 제도를 업데이트하였으며, 둘째, 학습방향에 대한 구체적인 관심을 갖고 들어 갈 수 있도록 각 장의 시작 부분에 학습목표와 주요용어를 제시하였다. 참고문헌에는 출판물뿐만 아니라 홈페이지에 게시된 자료도 포함하였으며 최신 자료를 찾아볼 수 있도록 유용한 인터넷 사이트를 함께 제시하였다.

개정판의 주요개정내용은 다음과 같다. 제1부에서는 최근까지의 우리 나라 경제 지표의 추이를 업데이트하였다. 최근 변화하고 있는 생애주기의 새로운 개념을 반영하였고, 재무비율을 사용하여 재무상태를 평가하는 방법을 제시하였다. 제2부에서는 수입과 지출관리와 관련된 최근의 변화를 반영하였다. 특히 금융기관 및 금융서비스의 변화, 신용관리의 중요성 및 과잉부채의 해결, 새로운 세제 등을 강조하여 보완하였다. 제3부에서는 2003년에 도입되고 생명보험과 손해보험의 특성을 동시에 가지고 있는 제3보험, 보험설계사제도의 의무화, 방카슈랑스제도의 단계별 시행, 책임보험과 종합보험이 단일화된 자동차보험제도 등을 새롭게 알아보았다. 제4부에서는 투자의 원리를 기본으로 하여 새롭게 등장한 금융상품을 소개하였고, 금융상품의 선택기준을 제시하였다. 또한 증권투자와 부동산투자시장의 변화를 반영하였다. 5부에서는 저출산 · 고령화사회로 진입하면서 은퇴설계의 중요성이 더욱 강조됨에 따라 장기적인 은퇴설계의 기반마련을 위한 다양한 연금제도와 노후의 여유자금관리, 그리고 증여와 상속에 대한 새로운 제도 등을 소개하였다. 마지막으로 제6부에서는 미래사회의 변화를 예측하고, 전문가로서 소비자재무설계사의 역할과 자격요건, 취업시장에 대한 자료를 제시하였다. 1 · 6 · 7장은 윤정혜 교수, 2 · 3 · 8장은 손상희 교수, 4 · 5 · 9장은 성영애 교수, 10 · 11장은 박명희 교수, 12장은 이기춘 교수가 집필하였다.

비록 미흡하지만, 이 책이 개인과 가계의 재무설계의 이론과 실제를 학습하고 이해하는 데 다소의 도움이 되기를 바란다. 아울러 이 책의 집필을 격려하고 자극하여 주신 학현사 박철용 회장님과 직원 여러분께 깊은 감사의 뜻을 전한다.

2009년 10월

저자들 씀

머리말

20세기에 들어와서 우리가 살고 있는 세계는 놀랍게 변화해 왔다. 기술발달과 경제환경의 변화는 우리의 삶의 양식을 변화시켰고, 개별 소비자 및 가계와 거시경제가 상호간에 민감하게 반응하는 긴밀한 체계를 이루게 되었다. 최근 몇 년간 금융시장의 개방과 금융자유화로 인해 금융환경이 복잡해지고 조기퇴직과 평균수명의 연장, 각종질병과 사고 등으로 인해 가계의 불안정성이 증가함으로써, 소비자와 가계는 매우 혼란스러운 입장에 처하게 되었다. 이에 따라 개인 및 가계가 금전자원을 관리하고 각종 경제적인 의사결정을 할 때 전문적인 지식이 매우 필요하게 되었고, 금융기관에서도 소비자의 이러한 수요에 부응하기 위해 전문적인 재무상담 인력을 요구하게 되었다.

이 책의 목적은 크게 두 가지이다. 첫째는 개별 소비자와 가계가 재무설계에 대한 지식을 습득하고 이를 실생활에 적용함으로써 원하는 재무목표를 달성하도록 돕는 것이다. 한마디로 돈을 통제할 수 있도록 돕는 것이다. 돈은 소비자에게 있어서 매우 중요한 자원이나, 돈으로 인해 많은 문제가 야기되기도 한다. 물질주의적 가치관이 팽배하여 '내가 더욱 많이 그리고 제일 좋은 것을 가져야 한다' 는 탐욕이 정상적인 것으로 받아들여지고 있는 한편, 돈에 대한 이해의 부족으로 무계획적인 경제생활을 하기도 쉽다. 이 책을 통해 생애설계를 위한 수단으로서 돈을 다루는 체계적인 방법을 제시하고자 한다.

둘째, 재무설계 전문가로서의 능력을 갖추게 하는 데 있다. 가족과 소비자 상담서비스를 제공하는 각종 금융기관이나 사회단체로 진출하고자 하는 학생들이 재무설계능력을 갖추는 것은 매우 시의 적절하며 필요한 일이다. 이러한 사회적 요구에 대한 부응과 소비자학 전공자의 진로개발을 위해서 사단법인 한국소비자학회에서는 소비자재무설계사 자격자인증제도를 도입하였고, 1988년 2월 첫 인증자들이 배출될 예정이다. 이 책은 소비자재무설계자로서의 능력을 갖추기 위한 입문서로 씌어졌다.

실제로 집필진의 대부분은 한국소비자학회 소비자교육위원회의 소비자재무설계 준비위원으로, 자격인증을 위한 필수과목인 소비자재무설계 교재의 필요성으로 인해 이 책을 집필하게 되었다.

이 책은 총 6부 12장으로 구성되어 있다. 제1부에서는 소비자재무설계의 필요성과 목표, 소비자재무설계의 원리와 실제를 다룸으로써 재무설계의 핵심과 전반적인 내용을 개관하였다. 제2부부터는 각론으로 들어가서 제2부에서는 수입과 지출의 관리를 자금관리, 차용관리, 세금관리, 지출관리의 영역에서 디루었고, 자동차와 주택 마련에 적용하였다. 제3부에서는 소득과 자산의 보호를 위한 재무행동계획으로 위험관리와 보험설계에 대한 내용을 기술하였다. 제4부에서는 자산의 증대를 위한 투자의 기본원리와 저축, 증권투자, 부동산투자의 영역에서 구체적인 투자전략을 다루었다. 제5부에서는 노후설계와 상속에 대하여 다루었고, 마지막으로 제6부에서는 미래사회에서의 소비자재무설계를 전망해보았다. 1장은 윤정혜 교수, 2 · 3 · 8장은 손상희 교수, 4 · 5장은 성영애 교수, 6 · 7장은 김경자 교수, 10 · 11장은 박명희 교수, 12장은 이기춘 교수가 각각 집필하였고, 9장은 성영애, 윤정혜, 김경자 교수가 공동으로 집필하였다.

부족한 점이 많으나, 2차 오일쇼크 직후인 1980년대 이래 가장 어려운 시기에 놓여 있는 한국경제 상황에서 이 책의 발간은 나름대로 의의가 있다고 생각된다. 대외적으로 세계화, 정보화시대를 대응해야 하고, 대내적으로는 고실업, 고물가 속의 경기침체, 즉 전형적인 스태그플레이션을 겪게 된 우리 모두가 경제난국을 극복하고 체계적인 가계운영을 꾀하는 데 실질적으로 도움이 되길 바란다.

이 책의 필요성에 대한 독려와 관심을 베풀어주신 선배 및 동료 여러분께, 특히 한국소비자학회의 소비자교육위원회 여러분께 진심으로 감사드리며, 아울러 이 책이 나오기까지 애써주신 류재식 사장님과 임직원 여러분께도 감사의 뜻을 전하는 바입니다.

1998년 3월

저자 일동

차 례

Personal Finance

제 1 부 소비자재무설계의 기초

제 2 부 수입과 지출의 관리

제 3 부 소득과 자산의 보호

제 4 부 자산의 증대

제 5 부 은퇴설계와 상속

제 6 부 미래사회와 소비자재무설계

제 1 부

소비자재무설계의 기초

Personal Finance

제1장에서는 개인과 가계가 기대하는 생활양식을 실현시킬 수 있는 방법인 소비자재무설계의 개념, 필요성, 목표를 파악한다. 제2장에서는 생애주기에 걸친 재무활동을 파악하고 재무설계의 원리와 과정을 이해하며 소비자재무설계와 관련된 경제개념들을 알아본다. 제3장에서는 생애주기의 각 단계별로 주어진 가계상황에 따라 구체적인 재무설계를 적용해 본다.

Chapter 01

소비자재무설계의 필요성과 목표

- 제1절 소비자재무설계란
- 제2절 소비자재무설계의 필요성
- 제3절 소비자재무설계의 목표
- 제4절 소비자재무설계 목표를 달성하기 위한 주요 단계

개인과 가계는 소득을 포함한 재무자원을 획득하고 보호하며 사용하여, 한 평생 안정된 생활을 영위하고 나아가 바람직한 생활양식을 추구한다. 이를 위해서는 소득의 획득 못지 않게 벌어들인 소득을 효율적으로 관리할 필요가 있다. 따라서 이 장에서는 소비자재무설계가 무엇인가를 파악하고, 왜 소비자재무설계가 필요한가를 살펴본다. 다음으로 소비자재무설계의 목표와 이를 달성하기 위한 주요 단계를 알아본다.

학습목표

1. 소비자재무설계의 개념을 이해할 수 있다.
2. 소비자재무설계의 필요성을 설명할 수 있다.
3. 소비자재무설계의 목표를 제시할 수 있다.
4. 소비자재무설계 목표달성을 위한 주요 단계를 설명할 수 있다.

주·요·용·어

소비자재무설계, 기대하는 생활양식, 생애소비만족, 미래의 불확실성, 소비자재무설계 목표, 소득과 자산의 극대화, 효율적 소비, 재무생활만족, 재무안전감, 은퇴 후 대비, 소비자재무설계 단계, 은퇴설계, 상속

1.1 소비자재무설계란

소비자재무설계는 현재 또는 미래의 재무자원, 자산, 소득을 증대시키고 보전하여 기대하는 생활양식에 적합한 개인과 가계의 목표를 달성해가는 전 생애에 걸친 과정이다. 즉, 소비자재무설계란 재무목표를 설정하고 재무목표를 달성하기 위한 행동계획의 개발과 실행을 말한다.

• 재무설계는 계획이다

오늘날 사회의 각 분야에서는 계획이 강조되고 있다. 한 나라의 경제발전은 물론이고 정부의 예산, 기업의 생산, 판매, 투자활동 등은 모두 치밀한 계획 아래 이루어진다. 이렇게 계획이 강조되는 것은 목표를 잘 달성하기 위함이다. 개인이나 가계의 생활에서도 마찬가지이다. 기대하는 생활양식에 적합한 목표를 성취해 나가기 위해서는 전 생애에 걸친 계획이 필요하다. 이것은 마치 인생항로의 항해계획과 같이 중요한 것이다.

• 재무설계는 일생동안의 과정이다

재무설계는 특정 재무문제를 해결하기 위하여 특정 재무수단의 사용에 초점을 두지 않고, 개인이나 가계의 모든 재무목표에 기초한 전반적인 재무문제를 해결하기 위하여 통합적인 계획의 개발에 초점을 둔다. 따라서 재무설계는 경제적으로 어려움이 닥쳤을 때만 하는 것이 아니라 일생동안 지속해야 하는 여러 행동을 포함하는 과정으로 이해하는 것이 중요하다. 재무설계는 개인적 상황의 변화, 새로운 상품의 이용가능성, 경제환경의 변화 등을 고려하여 정기적으로 행하는 것이 중요하다.

• 재무설계는 체계적인 접근과 전략을 필요로 한다

인간의 물질에 대한 욕망은 무한하여 단순히 소득이 증가한다고 하여 재무문제를 해결할 수 있는 것은 아니다. 소득의 부족은 문제의 한 부분에 불과하다. 어떤 때는 한꺼번에 많은 돈을 벌지만 얼마 안 가서 무일푼이 되기도 한다. 매년 100만 원씩 소득이 증가하는 경우에도 잘못된 구매나 부주의한 투자로 그것을 다 낭비할 수 있다. 이와는 반대로 매년 100만 원씩 소득이 증가하지 않아도 치밀한 계획으로 그만큼 저축할 수도 있다. 중요한 것은 우리가 지금 현재 가지고 있는 재무자원을 가지고 무엇을 하는가이다. 장기적인 해결책은 소득이나 다른 재무자원이 많든 적든 그것의 적절한 관리에 있으며, 이것이 재무설계의 핵심이다.

1.2 소비자재무설계의 필요성

어떻게 하면 개인과 가계가 기대하는 생활양식을 노후까지 추구할 수 있을까? 어떻게 하면 한 평생 돈 걱정 없이 안심하고 지낼 수 있을까? 특히 세계경제위기 속에서 구조조정, 정리해고 등으로 인한 실업에 대비할 방법이 없을까? 이러한 물음에 대하여 기대하는 생활양식의 달성, 소득과 소비지출 흐름의 불일치상태에서의 평생 소비만족의 극대화, 미래의 불확실성에 대한 대비, 사회경제적 환경의 변화의 측면에서 재무설계의 필요성을 알아보자.

1. 기대하는 생활양식의 달성

우리는 나름대로 멋있는 삶을 이루기 위해서 열심히 일하고 노력한다. 우선 사랑하는 사람과의 결합을 원하는 결혼자금 마련, 보금자리를 꾸밀 수 있는 장기전세주택이나 내 집 마련의 꿈, 유능한 자녀로 키우고 싶은 교육비 마련, 은퇴 후에도 건강하고 문화적인 생활수준을 유지할 수 있는 은퇴 후 대비를 위해서 현재의 소비를 아끼고 미래를 위해 저축을 한다. 따라서 기대하는 생활양식을 달성하려면 현재소득이 적더라도 가계의 재무상황을 통제하여 현재와 미래의 소득, 자산, 재무자원을 증대시키고 보전할 필요가 있다.

2. 생애소비만족의 극대화

가계의 소득은 전 생애주기에 걸쳐 소비지출을 감당할 만큼 항상 충분하지는 않다. 신혼기에서 중년기로 접어들면 직장에서의 근속연수, 승진 등의 이유로 소득이 점점 증가하여 대체로 중년기의 가계소득이 생애주기에서 가장 높다. 그 후 직장에서 은퇴하는 노년기가 되면 근로소득이나 사업소득이 없어지고 소득이 감소한다. 한편, 생애주기에 따른 소비지출의 흐름은 소득의 흐름보다 완만하여, 소득의 흐름과 소비지출의 흐름이 [그림 1-1]과 같이 불일치하게 된다. 즉, 중년기에는 소득이 소비지출보다 많아 잉여소득이 있다. 반면에 신혼기에는 신혼 가구집기와 주거 마련으로 소비지출이 소득보다 더 많고, 노년기에는 생활비와 의료비 지출 등으로 소비지출이 소득보다 더 많아 적자상태가 된다. 이러한 소득의 흐름과 소비지출 흐름의 불일치를 완화하려면 중년기의 잉여소득을 융자 또는 소비자신용의 방법으로 신혼기로 이전하고 보험 또는 저축의 방법으로 노년기로 이전하면 된다.

만일 소득이 더 많은 중년기로부터 소득이 더 적은 신혼기 또는 노년기로 잉여소득을 이전시키면, 한계효용체감의 법칙에 의해 동일한 1만 원에 대한 한계효용을 증

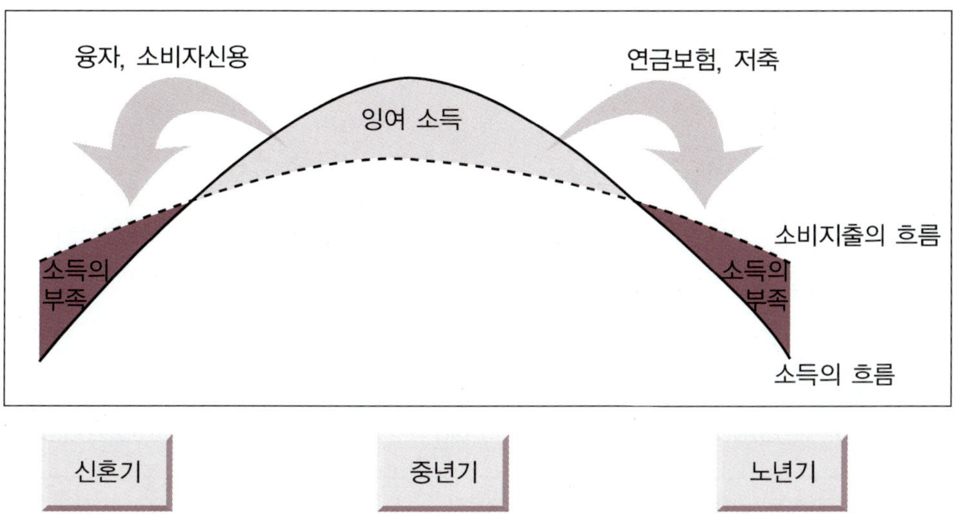

그림 1-1 생애주기에 따른 소득과 소비지출 흐름과 자원의 이전

가시키는 효과를 가져온다. 따라서 전 생애주기에 걸친 소득의 이전을 고안하는 재무설계는 평생소비만족을 극대화시키는 데 꼭 필요한 방안이다.

3. 미래의 불확실성에 대한 대비

우리는 물가상승, 금리하락 등의 구매력 하락과 관련된 위험 또는 실업과 같은 재무자원의 필요를 증대시키거나 화재, 교통사고 등의 재무자원의 손실을 가져오는 위험 속에서 지낸다. 이러한 위험을 줄일 수 있는 적절한 투자방안을 찾기 위해서 재무설계의 원리와 기법을 배울 필요가 있다.

(1) 실질구매력 하락에 대한 대비

1) 물가상승

물가가 오르면 실질구매력을 잃게 된다. 물가가 오를 때는 물건을 지금 구매할지 또는 나중에 구매할지를 결정해야 한다. 물가가 지속적으로 상승하여 화폐가치가 하락하는 인플레이션 시기에는 나중에 구매하면 더 많은 돈을 지불해야 한다. 우리나

그림 1-2 소비자물가지수 변동추이 (1970–2008)

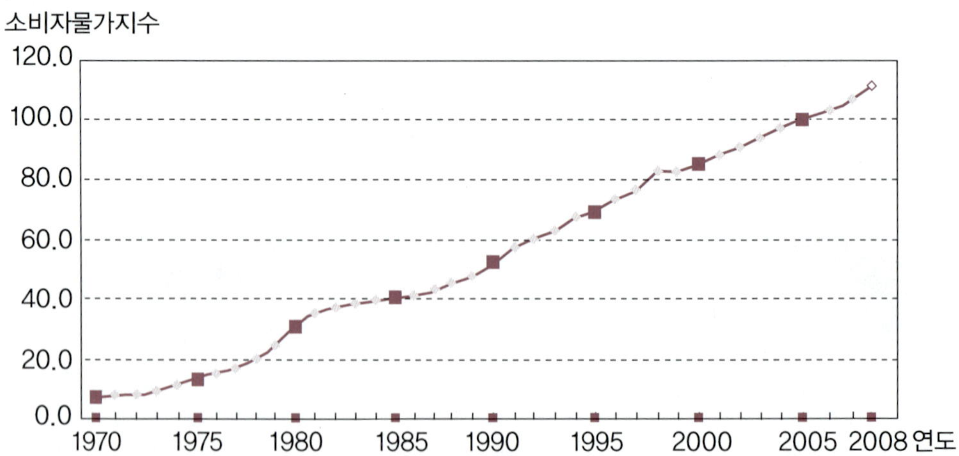

자료: 통계청(2009f). 『한국의 주요지표』. 국가통계포털.
http://www.kosis.kr/html/autoJipyo/jipyo_h_view.jsp

그림 1-3
물가상승률 변동추이 (1970-2008)

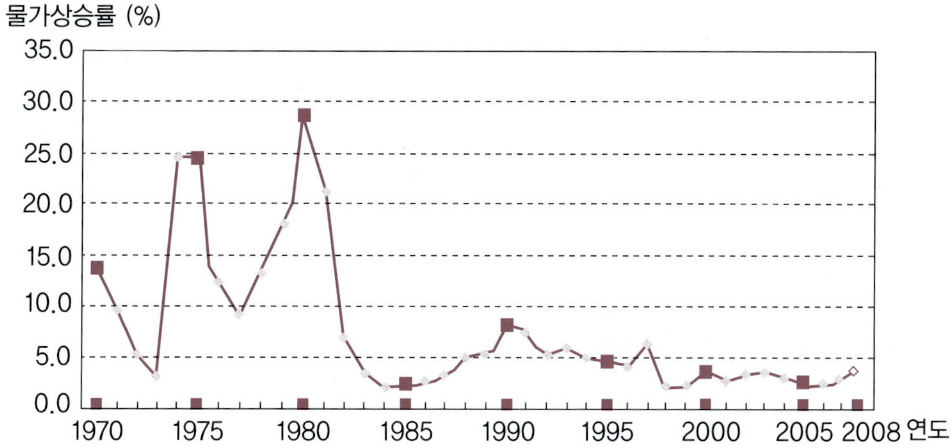

자료: 통계청(2009f). 『한국의 주요지표』. 국가통계포털.
http://www.kosis.kr/html/autoJipyo/jipyo_h_view.jsp

라의 소비자물가지수는 1975년부터 2005년까지 30년 동안 7.9배 올랐다. 이를테면, 1975년에는 12,700원이면 살 수 있었던 가구를 2005년에는 100만 원을 주어야 살 수 있게 된 것이다.

그림 1-4
정기예금 연이자율 변동추이 (1970-2008)

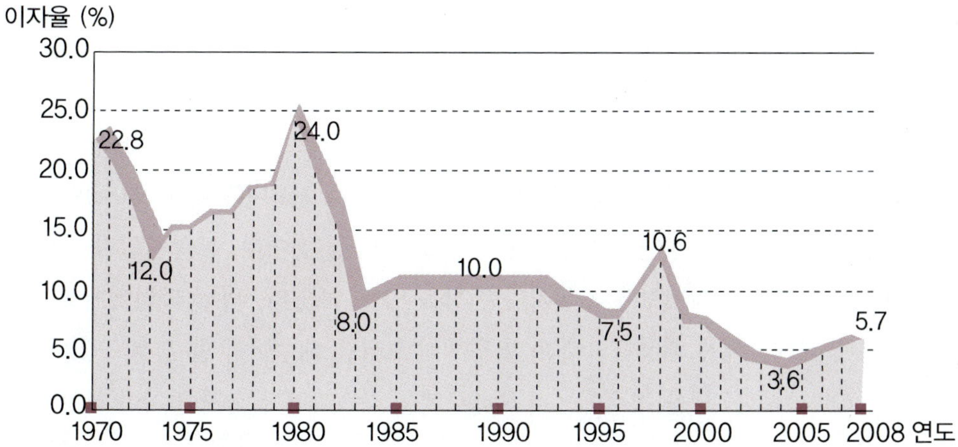

자료: 한국은행(2009a). 경제통계시스템. 『예금은행 가중평균 수신금리 2008』.
http://ecos.bok.or.kr/

2) 이자율 변동

이자율의 변동은 돈을 빌리거나 저축할 경우에 서로 다른 영향을 미친다. 만일 앞으로 이자율이 오를 것이라고 예상되면, 지금 확정금리로 돈을 빌리는 것이 부채비용이 낮기 때문에 유리하다. 반면에 앞으로 이자율이 내릴 것이라고 예상되면, 확정금리의 장기저축상품이 단기저축상품보다 더 유리하다. 또한 이자율 계산 방식이 복리식일 경우가 단리식일 경우보다 수익률이 훨씬 더 높다.

(2) 재무자원의 필요증대 또는 손실에 대한 대비

1) 실업, 질병, 장수

여러 가지 불안정한 요인에 의해서 기대하지 못한 상황에 부딪칠 수 있다. 장래 직장을 잃거나 산업재해나 질병으로 건강을 잃게 되어 가장으로서 부양가족의 생계를 책임질 수 없게 될 수 있다. 또 백 살이 넘도록 장수하여, 은퇴 후 몇 십년 동안 돈 벌지 않고 생활을 해야 할 경우도 있다. 따라서 실업 또는 질병으로 인한 자신과 가족의 생계유지와 은퇴생활에 대한 대비가 필요하다.

2) 화재와 도난

문단속을 철저하게 하지 않아 집안의 귀중품을 도난당하거나 부주의나 관리소홀로 집에 화재가 나는 등의 재산을 잃어버릴 위험이 항상 있다. 이러한 재산 손실 위험에 대한 대비가 필요하다.

3) 교통사고

우리나라의 2008년 기준 1세대당 자동차보급대수는 0.88대(통계청, 2009a)이었다. 이제 우리나라 대부분 성인은 운전을 한다고 보아도 될 것이다. 교통사고가 나면 자기 자신이 다치거나 자기보유 자동차가 손상을 입을 수 있다. 만일 타인에게 피해를 주었을 때 피해자에게 배상책임에 따라 경제적 보상을 해주어야 할 경우도 있다. 만의 하나 인사사고를 냈을 경우에는 손해배상액을 갚느라고 집까지 팔아야 하는 때도 있게 된다.

4. 사회경제적 환경의 변화

개인과 가계는 다음과 같은 사회경제적 환경의 변화를 대비하여 재무설계를 해둘 필요가 있다.

(1) 금융자산의 증대

2005년부터 2008년까지 최근 3년간 전가구 도시가계소득상승률은 5.3% 정도 증가하였다. 2008년 현재 연평균저축성향은 30.6%로 소득의 30% 정도를 저축하고 있다(통계청, 2008c). 우리나라 가계는 10년 전에 비해 투자할 수 있는 재무자산을 많이 소유하게 되었다.

(2) 자본시장의 통합에 따른 금융상품의 다양화

자본시장통합법이 2009년 2월 시행되면서 은행, 보험, 증권사가 새로운 금융상품을 계속 개발하여 판매하고 있다. 금융상품마다 금리, 세율, 대출조건 등의 부가서비스가 다르다. 소비자들은 전문용어를 이해하고 수익률 계산기법 등을 숙지하여 다양한 금융상품 중에서 최적의 투자결정을 할 수 있어야 할 것이다.

(3) 고령화 사회로의 진입

우리나라는 2000년에 65세 이상 노인인구가 7.2%로 이미 고령화 사회에 진입하였으며, 2018년경에는 14%에 이르러 고령사회에 진입할 것으로 예상된다(통계청, 2006). 앞으로 노인들은 점점 교육수준이 높아지고 결혼한 자녀와는 따로 사는 비율도 2007년 현재 60.1%보다 높아질 것이다. 2007년 현재 노인이 겪는 가장 어려운 문제는 건강문제(40.7%)와 경제적인 어려움(40.1%)이었다(통계청, 2008d).

(4) 여성과 재무설계

우리나라 사람의 평균수명은 2007년 현재 남성은 76.1세이고 여성은 82.7세이다(통계청, 2008d). 이러한 통계치가 시사하는 바는 여성은 인생에 있어서 혼자서 살 기간이 남성보다 높아 자신의 생계유지, 위험에 대한 대비, 은퇴설계 등을 혼자 꾸려야 할 때가 많다는 점이다.

특히 은퇴설계를 직장인을 대상으로 한 국민연금 등의 공적연금제도에만 의존하는 것은 바람직하지 않다. 여성은 남성에 비해 자녀출산 및 양육의 책임으로 인해 직장에 연속해서 오래 있는 경우가 많지 않기 때문이다. 따라서 자신의 노후를 위한 저축과 투자계획이 따로 필요하다. 남편이 대부분의 가계소득을 획득하고 재무문제에 대한 주결정자라고 하더라도 여성 자신이 독립적으로 재무설계를 할 수 있는 가능성을 만드는 것이 좋다. 특히 가계의 운영이 어떻게 이루어지고 있는지, 어느 곳에 중요한 서류들이 보관되어 있는지를 알아야 하며, 재무설계와 관련한 기초 지식에 관심을 가지고 습득하도록 해야 할 것이다.

지금까지 여러 측면에서 재무설계의 필요성을 살펴보았다. 그렇지만 재무설계를 무시하는 경우가 종종 있다. 어떤 사람들은 재무설계를 할 만큼 충분한 자산이나 소득을 갖고 있지 않다고 생각한다. 또 어떤 사람들은 소득이 충분해서 모든 문제가 잘 되어가고 있다고 생각하기도 한다. 또는 재무설계에 시간을 쏟을 만큼 한가하지 않다고 생각한다. 어떤 사람은 재무설계에서 대비하는 죽음, 장해, 실업, 재산의 손실 등 어두운 측면을 상상하기를 두려워하기도 한다. 또 많은 사람들은 재무설계를 행동을 제약하는 것으로 간주한다. 그러나 실제로 재무설계는 재무적 독립으로부터 자유를 가져다 준다. 재무설계를 무시하는 것은 마치 작전 없이 운동경기를 하거나 공부하지 않고 시험을 보는 것처럼 우연한 행운을 바라는 것이다.

1.3 소비자재무설계의 목표

일반적으로 개인 또는 가계는 전 생애에 걸쳐서 소득과 자산의 극대화, 효율적 소비의 실천, 재무생활만족의 발견, 재무안전감의 달성, 은퇴대비를 위한 자산의 축적과 같은 재무목표를 가지고 있다(Garman & Forgue, 2006).

1. 소득과 자산의 극대화

자산의 극대화 목표를 달성하려면 우선 소득을 극대화시켜야 한다. 이를 위해서는 직업의 선택이 중요하다. 자산소득을 극대화시키려면 투자의 선택을 잘 해야 한다. 어떤 직업을 갖고 무슨 투자를 하여 소득을 극대화할 것인지는 자신의 취향, 관심, 기대하는 생활양식 등에 달려 있다.

2. 효율적 소비의 실천

우리는 소비와 저축의 두 가지 목적을 위해서 돈을 쓴다. 소비지출, 즉, 재화와 용역의 구매를 위해서 소득의 많은 부분을 사용하므로 효율적 소비가 중요하다. 효율적인 소비를 실천하려면 효율적인 재무관리를 위한 기능과 기법을 개발할 필요가 있다. 이를테면, 건전한 재무기록을 유지하고 기능적인 예산을 준비하고 낮은 비용의 신용카드와 저축계정을 사용하며 경제적인 보험증권을 선택하고 적절한 투자선택 기준을 확립해야 한다. 효율적 소비의 실패는 종종 필수품이 아닌 것에 돈을 부주의하게 사용하거나 신용카드의 남용 또는 구매에 대한 잘못된 판단에서 비롯된다. 효율적 소비를 통한 10%의 저축은 실제로는 10% 이상의 소득증가를 가져온다. 왜냐하면 이 부분의 소득에 대해서는 세금이 부과되지 않기 때문이다. 효율적으로 소비하게 되면 소비지출, 저축, 투자를 위한 돈이 더 많아지게 된다.

3. 재무생활만족의 발견

우리는 더 높은 생활의 질과 만족을 추구한다. 생활의 질과 관련된 몇 가지 중요한 목표는 사랑, 자아존중감, 건강, 성공, 안전감 등이다. 많은 사람들은 물질적 재화를 소유하고 투자소득을 즐김으로써 추가적인 만족감을 발견한다. 어떤 것들이 생활만족을 주는가? 도전적인 직업과 돈을 잘 버는 것? 편안한 생활만족을 달성하는 것? 이러한 것들이 생활의 질의 하나의 척도가 될 수 있다. 또는 좋은 건강, 돈독한 우정, 행복한 가족생활, 살기 좋은 지역사회 등도 생활의 질의 척도에 포함될 수 있다.

우리가 추구하는 생활만족을 달성하려면 직업경로(career)의 선택, 상품의 구매, 저축액, 투자방법, 주거의 선정 등 재무와 관련된 의사결정을 해야 한다. 재무적 성공은 더 높은 생활의 질의 수단이 된다.

4. 재무안전감의 달성

재무안전감이란 모든 요구와 대부분의 욕망을 충족시킬 만큼 재무자원이 충분하다고 느끼는 편안한 상태이다. 재무안전감이 있는 사람은 돈 문제에 자신감을 가지고 있고 재무문제에 관한 걱정과 공포로부터 자유로워질 수 있다.

재무안전감의 지표는 최소한의 생활양식을 누릴 수 있는 지속적인 소득, 승진할 수 있는 직업, 실직해도 석 달 내지 여섯 달 정도의 생활비를 충당할 수 있는 은행예금, 갚을 수 있는 부채가 있는 주택, 적절한 보험에의 가입, 지금 살고 있는 집 이외의 부동산에 대한 투자, 은퇴설계 · 부동산설계와 같은 장기투자설계 등이다. 재무안전감을 달성하려면, 장 · 단기 재무목표를 세우고 우선순위를 설정해야 한다. 이러한 목표들은 소비지출, 신용사용, 저축, 투자에 대한 지침을 줄 것이다.

5. 은퇴 후 대비를 위한 자산의 축적

은퇴는 기대하기도 하고 두려워서 안 왔으면 하고 회피하기도 하는 생활 상태이다. 그것이 우리가 저축하는 첫 번째 이유이다. 일반적인 목표는 '편안한' 생활양식으로 생활하기에 충분한 은퇴 후 소득을 갖는 것이다. 사람들은 전형적으로 ① 은퇴기에 소득을 공급하고 ② 본인이 죽은 후 남은 가족에게 물려 줄 수 있는 부동산을 마련하기 위해서 자산을 축적한다.

1.4 소비자재무설계 목표를 달성하기 위한 주요 단계

이 책에서는 전 생애에 걸친 재무설계목표를 성공적으로 달성하기 위해 필요한 주요 단계를 다음과 같이 제시하고 있다.

1. 전 생애에 걸친 재무설계

재무설계는 전 생애에 걸쳐서 될 수 있으면 완벽하게 하고 그 계획이 적절히 수행될 수 있도록 하는 것이 중요하다. 계획의 어떤 측면이 소홀히 다루어지면 문제가 일어날 수 있다.

2. 효율적인 수입과 지출의 관리

기능적으로 수립된 예산에 맞추어 현금과 신용관리를 효율적으로 관리하고 주택, 자동차, 금융상품 등의 재화와 용역의 구매를 효율적으로 하여 건전한 재무기록을 유지하도록 한다.

3. 소득과 자산의 보호

사람들은 자기자신, 유가족, 귀중품을 경제적으로 보호하기 위해서 보험에 가입한다. 경제적 손실로부터 자신을 보호하고 위험을 관리하려면, 적절한 보험상품 구매에 필요한 기술을 개발해야 한다.

4. 자산의 증대

소득과 자산을 극대화시키려는 목표를 달성하기 위해서는 미래를 예측할 수 있어야 한다. 합당한 화폐수익을 얻기 위한 투자란 쉬운 일이 아니다. 그것은 기술과 방법에 대한 실제적인 지식을 필요로 한다.

5. 은퇴설계와 상속

우리는 언젠가 일터에서 은퇴하면 무엇을 할 것인지를 생각해야 한다. 은퇴설계는 생애전체에 걸쳐서 개발되는 과정이다. 또한 부주의한 부동산 설계는 몇 년 전에 한 의사결정의 효과를 바로잡는 데 어려움을 줄 정도로 불이익이 될 수 있다.

그림 1-5

소비자재무설계의 목표와 그 달성을 위한 주요 단계

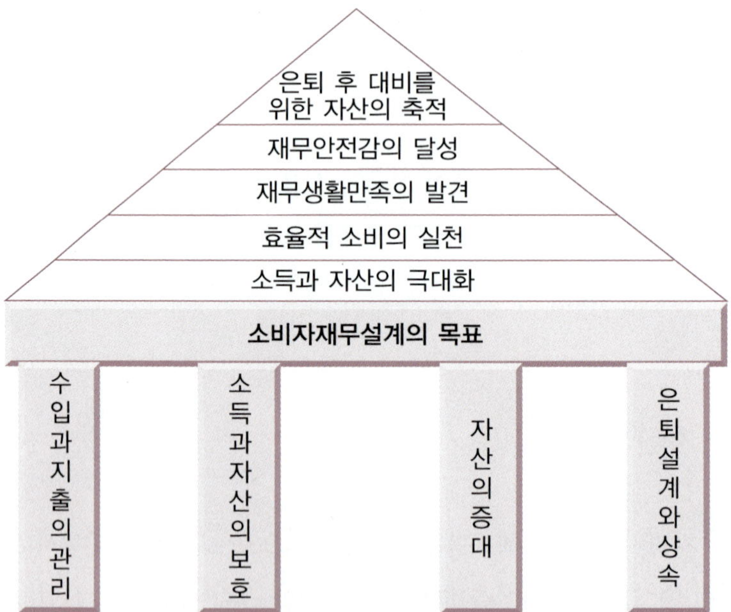

>>> 연습문제

1. 소비자재무설계란 무엇이며 재무설계를 하면 어떠한 장점이 있는지를 설명해 보자.

2. 전 생애주기를 고려하여 재무설계를 하면 생애소비만족을 극대화시킬 수 있다. 그 이유를 설명해 보자.

3. 미래의 불확실성에 대비하기 위해서 왜 재무설계가 필요한지를 생각해 보자.

4. 최근의 사회경제적 환경의 변화에 따라 재무설계의 필요성이 증대하고 있는 이유를 설명해 보자.

5. 한 평생 안정된 생활을 영위하고 기대하는 생활양식을 추구하기 위해서 기본적인 소비자재무설계의 주요 목표를 간단히 설명해 보자.

6. 소비자재무설계의 주요 목표를 달성하기 위한 주요 단계를 간단히 설명해 보자.

>>> 유용한 사이트

- 통계청 www.nso.go.kr
- 통계청 국가통계포털 www.kosis.kr
- 한국은행 www.bok.or.kr
- 한국은행 경제통계시스템 ecos.bok.or.kr

Chapter 02

소비자재무설계의 원리

- 제 1 절 생애주기에 걸친 재무활동
- 제 2 절 소비자재무설계의 과정
- 제 3 절 소비자재무설계와 관련된 경제개념

우리는 때로 다음과 같은 꿈을 가진다. "좋은 직업을 가진 남자와 결혼해서 좋은 집을 사고 자녀에게 좋은 교육을 시키겠다." "나는 대학을 졸업하고 회사원이 되겠다. 10년 동안 고정된 직장에서 일할 것이고, 그 후에는 개인사업을 하겠다. 아이들을 다 교육시키고 독립시키고 나서는 조그만 농장을 경영하며 노후를 보내겠다." 장래에 대한 이러한 생각은 매우 자연스러운 것이나, 본 장의 의도는 좀 더 나은, 구체적인, 실현가능한 재무설계를 세울 수 있도록 하는 데 있다.

본 장에서는 소비자재무설계의 원리를 알아보고자 한다. 우선 생애주기에 걸친 개인 및 가계의 재무활동을 이해하고 다음으로 재무설계의 구체적인 과정을 다루며, 나아가서 소비자재무설계와 관련된 경제개념들을 살펴본다.

학습목표

1. 가족생애주기에 따른 소득과 지출의 변화를 설명할 수 있다.
2. 대부분의 사람들에게 해당하는 생애주기에 걸친 재무목표를 설명할 수 있다.
3. 소비자재무설계의 전반적인 과정을 파악할 수 있다.
4. 돈의 시간가치를 계산할 수 있다.
5. 재무설계와 관련된 경제적 환경, 즉, 인플레이션, 경기, 금리의 영향을 이해할 수 있다.

주·요·용·어

결혼자금, 주택자금, 자녀교육비, 노후자금, 가족생애주기, 재무상태, 재무목표, 예산, 돈의 시간가치, 미래가치, 복리, 현재가치, 72의 규칙, 인플레이션, 금리, 경기순환

2.1 생애주기에 걸친 재무활동

일생동안의 설계를 하려고 한다면, 장래에 접하게 될 주요 사건과 관심사에 대한 올바른 이해가 있어야 한다.

1. 가족생애주기란

한 가족이 지금 인생의 어느 단계에 와 있는가를 파악하는 것은 중요하다. 가족이 형성되면서부터 축소되어 끝나는 시기까지 몇 개의 단계가 지속적인 연속선상에 있게 되는데, 이것을 가족생애주기(family life cycle)라고 한다. 가족생애주기는 남녀가 몇 살에 결혼하며 자녀는 언제 출산하고 몇 명을 몇 살 터울로 낳는가에 따라 달라진다. 또한 결혼의 안정성, 배우자의 수명, 직업에 따라서도 달라진다. 이 중에서 어떤 것은 통제가능하다.

전통적인 삶은 교육, 취업, 결혼, 자녀양육, 자녀 떠나보내고 부부만 남기, 홀로 남기와 같은 단계로 이어진다. 전통적인 가족생애주기는 첫 자녀의 나이에 기초한 듀발(Duvall)의 8단계로, 신혼기, 자녀출산기, 학령전기자녀기, 학령기자녀기, 10대 자녀기, 진수기, 중년기, 노년기로 구분된다. 그러나 이러한 단계는 모든 가족의 생애주기를 대표하는 것은 아니다. 결혼연령이 늦어지고 있고 독신도 많고 자녀를 늦게 출산하거나 낳지 않는 경향, 높아지고 있는 이혼율 등을 고려해 볼 때, 가족생애주기는 점점 다양화되고 있다고 할 수 있다. 즉, 역사적으로 평균 초혼연령이 상승하고 평균자녀수가 줄고 출산 템포가 빨라져서 신혼기와 자녀출산기가 단축되었고, 출산 템포가 빨라졌기 때문에 첫 자녀 출산에서 막내자녀 출산까지의 기간이 축소되었으며, 자녀가 독립하고 부부만이 남게 되는, 또 홀로 남게 되는 빈둥우리기가 연장되었다(한경혜 · 성미애 · 진미정, 2006). 또한 현대적 의미의 가족생애주기로서 독신기와 고령의 독신기(40대 이상이면서 미혼인 경우), 한부모 가계, 무자녀 가계가 증가하게 되었다(백은영 · 문숙재, 2005).

가족생애주기상의 어느 단계에 있든지, 또 어떤 패턴을 따라가든지 주목해야 할 점은 가족의 나이와 수, 구성, 직업지위, 결혼형태 등의 상황이 바뀜에 따라 가족의 요구와 재무환경이 달라진다는 것이다. 따라서 가족생애주기를 고려함으로써 각 단계에 적합한 재무목표와 수단을 선택하고, 장래에 있을 일들을 미리 예상해서 우선순위를 결정하는 것이 필요하다.

2. 생애주기에 따른 소득과 지출의 변화

남녀가 결혼해서 한 가정을 이루면 그 시점으로부터 자녀의 출산, 교육, 주택마련, 가재도구 마련, 자녀의 결혼, 부모의 회갑 등 목돈 드는 일이 계속 생기게 된다. 이러한 지출은 평소의 소득으로 충당하기에는 너무 커서, 생애주기에 따른 소득의 흐름을 파악하여 미리 준비할 수밖에 없다.

통계청(2008b)이 20년 이상 자료구축이 가능한 가계조사를 이용해 20세 이상 가구주의 소득과 지출을 분석한 자료에 의하면 생애소득의 분포는 청년층(20~24세)은 소득이 낮지만 연령이 높아질수록 소득이 증가하다 노년층(55세 이상)에 접어들어서는 소득이 감소하는 역U자 패턴을 나타낸다. 특히 청년층(20~24세)의 장기적 변화를 살펴보면 30대 중반이 되는 시점까지는 소득이 평균소득보다 낮다가 30대 중후반부터 평균소득을 상회하는 것을 알 수 있다. 반면 노년층(55세 이상)은 시간이 흐르면서 소득과 평균소득의 격차가 점점 크게 나타났다.

생애지출 또한 소득분포와 유사한 역U자 패턴을 나타낸다. 청년층(20~24세)의 소비지출은 40대까지 꾸준히 증가하는데, 특히 30대 후반 무렵부터는 지출이 평균소득을 넘어선다. 반면 노년층(55세 이상)의 경우 다른 연령대에 비해 지출액이 훨씬 적은데, 소비지출은 향후 20년간 비교적 비슷하게 유지되거나 약간 감소한다(통계청, 2008b).

즉, 생애주기상으로 볼 때 소득이 지출보다 많은 잉여시기가 있는가 하면 지출이 소득보다 많아서 부족이 생기는 시기가 있음을 알 수 있다. 소득의 흐름에 따라 지출에 대한 요구도가 늘 일치하는 것이 아니라는 것이다. 따라서 주어진 생애주기에 맞추어서 소득과 지출의 시차를 조정하는 것이 현명하다.

3. 생애주기에 따른 재무활동

생애주기에는 각 단계마다 고비라 할 수 있는 사건이 있고, 이 사건에 따라 지출에 대한 요구도가 결정된다. 생애주기를 독신기, 신혼기, 자녀교육기, 중년기, 노년기로 구분하여 인생을 각 가계가 겪는 사건에 대응시키면 다음과 같다.

(1) 독신기 – 취업, 결혼

독신기에 있어서 인생의 가장 큰 사건은 취업과 결혼이다. 취업은 실제 사회로의 첫 발을 내딛고 독립된 생활을 할 수 있는 안정적인 소득을 얻는 수단이기 때문에 이 시점은 계획적인 자산 형성의 출발점이고 재무에 대한 훈련을 시작하는 시기이다. 소득도 적으나 지출도 적은 시기이므로 장래의 필요에 대비하기 좋은 때이다.

2003년 전국 5대 도시의 2년 이내에 결혼한 신혼부부를 대상으로 결혼비용을 조사한 한국소비자원(2003)에 따르면, 한 커플당 평균 결혼비용은 9,088만 원인 것으로 나타났다. 결혼비용은 해마다 급격히 증가하는 양상을 보이고 있는데, 한국결혼문화연구소가 조사한 결과는 2005년 1억 2,944만 원, 2007년 1억 7,245만 원인 것으로 나타났다. 여자는 혼수 · 예단 쪽에, 남자는 주택마련 및 결혼식 비용에 더 많은 비용을 지출했는데, 주택의 경우 부모에게 비용의 절반가량을 의존하고 나머지는 자가충당을 하거나 대출을 받았다(서울신문, 2006.3.1; 한국일보, 2008.10.11). 혼수비용의 경우 응답자의 61.6%가 부모에게 의존하고, 주택마련 비용의 경우 55.3%가 부모에게 의존한다고 하여(한국소비자원, 2003), 대부분 부모에게 많이 의존하고 있음을 알 수 있다.

따라서 취업시점에서부터 결혼자금마련을 위한 계획적인 저축이 필요하다. 독신생활이 길어지는 경우에는 내구소비재의 구입이나 취미생활을 위한 자금조성도 필요하다.

(2) 신혼기 – 자녀출산, 주택마련

신혼기에 들어서면 결혼생활 초기의 여러 가지 지출이나 자녀의 출산, 유치원, 초등학교입학, 주택마련 등 큰 사건들이 기다리고 있다. 결혼 전(독신생활)에 비하면 관혼상제의 비용이나 생활필수품의 구입이 예상 외의 부담이 되는 시기이다. 이 시기를 위해서는 출산 및 육아비용, 내집마련 등의 자금이 필요하다. 단, 결혼 전에 비해 급여수준이 상승하고 지출계획도 안정되므로, 비교적 계획적으로 자산형성을 꾀할 수 있는 시기이다. 신혼기에는 금전문제에 대한 부부간의 갈등을 조정하고 의사소통을 통해 이해를 넓히는 것이 필요하다.

통계청(2009c)이 자기주택 소유자를 대상으로 한 조사에 의하면 신혼부부 중 14.8%만 자기 집을 마련해서 결혼생활을 시작한다. 결혼 후 주택마련까지는 평균 10.1년이 소요되었다. 한편, 한국결혼문화연구소(2008)의 조사에 의하면 신혼부부가 신혼집으로 30평 이상의 전 · 월세아파트(72%)를 마련하는 데는 평균 1억 2,260만 원이 드는 것으로 나타났다. 따라서 이 시기에는 주택자금의 조성과 더불어 부족한 주택자금의 대출을 대비하여 주택청약제도의 이용과 신용의 확대를 위한 노력도 필요하다.

(3) 자녀교육기 – 자녀교육, 노후자금준비

자녀교육기는 소득은 상당히 증가하지만 주택자금 융자의 부담이 남아 있는 경우가 많고 자녀교육비용이 본격적으로 들게 되며 노후자금의 준비를 시작하지 않으면 안 되는 세대로서 지출도 큰 시기이다.

한국보건사회연구원의 조사에 의하면 자녀 1명당 총 2억 3,200만 원 정도의 비용이 든다. 이것은 양육비 및 교육비를 모두 합한 금액으로, 출생에서 고등학교 졸업까지 드는 비용만 1억 7,334만 원으로 추산됐다. 자녀양육비가 차지하는 비율은 가계소득 대비 46.4%, 가계소비지출 중에서는 56%에 달하는 것이다(시사뉴스, 2007.10.16).

한편 20세 이상 소비자가 느끼는 소비생활 비용 지출 부담의 1순위가 교육비로 나타났다. 한국소비자원(2002)의 '소비문화에 관한 국민의식조사결과'에 의하면 응답자 중 사교육 대상 자녀를 둔 가계의 66.6%가 과외를 시키고, 월평균 37만 2천 원의 과외비를 지출하였다. 특히 서울과 수도권지역이 각각 47만 2천 원, 48만 3천 원으로 가장 높았다. 자녀교육을 위해 자녀의 해외유학 또는 이민을 고려한 적이 있다는 응답도 43.3%나 되었다. 자녀교육비의 경우 대학의 등록금을 제외하고는 목돈이 들어가는 것이 아니므로 생활비 내에서 처리하는 경우도 많다. 하지만 자녀가 둘 이상이고 중고등학교에 다닐 때쯤이면 입학금과 수업료 등의 공교육비와 과외나 학원비 등의 사교육비까지 합해서 적어도 매달 수십만 원씩 들 수도 있어, 생활에 큰 부담이 되기도 한다. 따라서 자녀교육자금으로 대학교육비 외에도 부모의 유고 시 교육비 마련이나 중고등학교의 사교육비 부담도 고려해야 한다.

전국 만 35세 이상 80세 미만 성인남녀 1,500명을 대상으로 한 설문조사 결과에 따르면, 노후를 준비하고 있는 사람들의 평균 연령은 37.9세로 조사됐다(매일경제, 2008.4.2). 한편 삼성경제연구소(2007)의 노후대비에 대한 가계조사에서 노후에 대비한 준비를 하고 있다고 응답한 가계는 69.5%로 나타났으며, 그중에서 30~40대 가계의 비중(30대의 71.4%, 40대의 76.9%)이 가장 높았다. 즉, 40세 이전에 노후준비를 하는 경우가 많고, 미처 노후준비를 하지 못한 경우라도 40대는 노후자금을 본격적으로 준비해야 하는 시기임을 알 수 있다.

노후의 안락한 생활을 위해 필요한 자금은 현재 생활수준의 영위를 목적으로 할 때 부부일 경우 현재 생활비의 70%, 혼자일 경우 50% 정도로 예상한다. 생명보험협회에 의하면 노후에 필요한 자금은 부부의 경우 월평균 167만 원(2006년 기준)으로 조사되었다. 은퇴 후 최소생활비를 평균수명, 즉, 남자 76.1세, 여자 82.7세(2007년)를 기준으로 계산해 보면 부부가 16년 동안 함께 생존할 경우 2억 2,464만 원, 그 이후 약 7년간 혼자의 생활비로 6,552만 원이 더 들게 되어 노후자금으로 총 2억 9,016만 원이 필요하다. 2007년 도시가계의 월평균 소비지출액이 227만 원인 것과 물가상승률을 고려할 때 여유 있는 생활을 위해서는 더 많은 자금이 필요할 것이다.

그런데 국민연금연구원에 따르면, 적정생활비 대비 실제소득의 비율은 65~69세의 경우 69.2%, 70~74세는 54.0%, 75~79세는 41.3%, 80세 이상은 28.7%인 것으로 나타났다. 이는 국민연금의 가입기간이 평균 8.8년에 불과하고, 개인연금 가입 비율도 3~4%에 불과해 노후 대책이 충분치 못함을 나타낸다(동아일보, 2007.08.16).

따라서 이 시기에는 노후자금준비를 적극적으로 해야 한다. 또한 주택마련 등으로 인한 부채부담을 갖고 있는 경우가 많으므로 자금형성뿐만 아니라 부채관리측면에서의 접근이 필요하다. 정확한 금리동향의 예측을 통해 융자조건의 변화나 반환 등을 언제 어떤 수단으로 행하면 유리한가를 파악할 필요가 있다.

(4) 중년기 – 자녀교육, 노후자금준비, 제1차 퇴직, 재취업

본격적으로 은퇴생활의 준비를 해야 하는 단계이다. 상황에 따라서는 조기퇴직과 재취업을 경험하기도 한다. 이런 경우 퇴직금의 적절한 운용이 필요하다. 자녀의 대학교육의 부담이 여전히 따르는 시기이기도 하다. 성장한 자녀들의 재무적 요구나 노부모에 대한 부양책임 등은 경제사정을 어렵게 할 수도 있다.

(5) 노년기 – 퇴직, 연금생활

자산의 안전한 보전을 고려할 때이다. 예컨대 퇴직금을 운용할 때에도 원금이 안전하게 보존되는 것인지 검토하는 것이 중요하다. 건강상실이나 불의의 사건을 위해서 언제라도 찾아 쓸 수 있는 비상자금을 반드시 준비할 필요가 있다. 상속계획과 세금관리도 중요한 시기이다. 또한 이 시기는 배우자와 함께 재무활동을 공유하는 것이 필요하다. 재무관련 서류가 어디 있는지, 어떻게 처리하는 것인지, 배우자가 몰라서는 안 된다.

재무설계에 있어서 가족생애주기의 고려는 중요한데, 적합한 목표와 수단을 선택할 수 있고 미래를 미리 생각해 보는 효과를 가질 수 있기 때문이다. 또한 우선순위를 결정하기가 수월하다. 이상에서 가장의 연령에 따른 보편적인 재무활동과 관심사를 살펴보았으나, 상황에 따라 생애주기상의 주요목표나 종류, 우선순위가 달라진다. 예컨대, 조기은퇴를 하거나 신혼기부터 자기집이 준비되어 있는 경우, 또 맞벌이 부부가족이나 편부모가족 등의 경우는 생애주기상의 재무활동과 목표가 다를 수 있다.

2.2 소비자재무설계의 과정

재무설계의 과정은 기본적으로 개인이나 가계의 목표를 구체적인 계획으로 설정하고 계획을 실행하기 위해 재무적 수단을 정비하는 것을 포함한다. 이러한 재무설계 과정의 논리적 절차는 다음 4단계를 포함한다: (1) 재무상태의 평가; (2) 재무목표

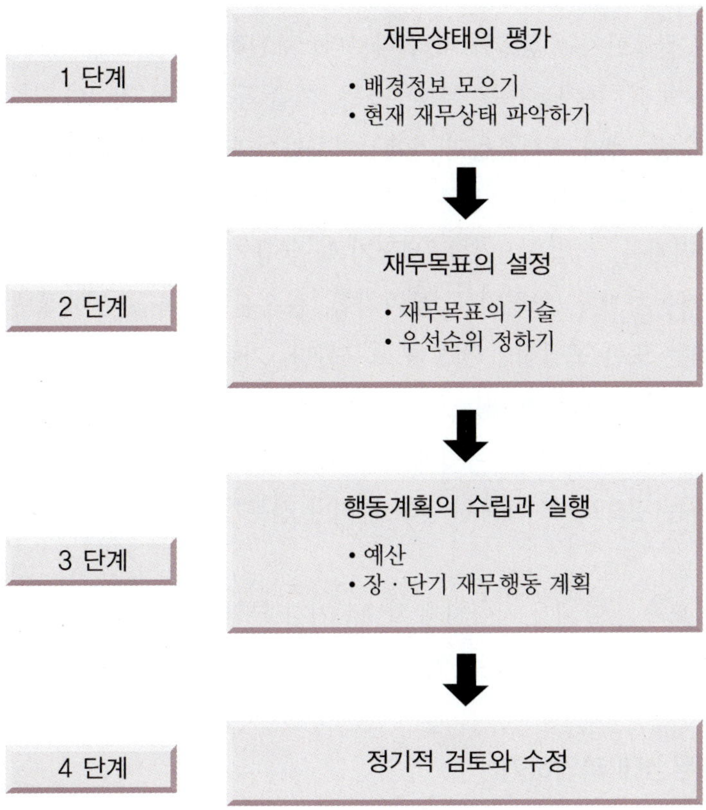

그림 2-1 **소비자재무 설계의 과정**

의 설정; (3) 행동계획의 수립과 실행; (4) 정기적 검토와 수정. 각 단계는 제3장과 그 이후의 장에서 자세히 다룰 것이며, 여기서는 간단히 전체과정의 개요를 살펴보기로 한다.

1. 재무상태의 평가

어떤 계획도 기본적인 정보 없이는 세울 수 없다. 재무설계의 첫 단계는 자신이 처해 있는 현재의 재무상태를 평가하고, 이를 위해 유용한 정보를 모으는 단계이다.

(1) 배경정보 모으기

어떤 정보가 필요한가는 상황에 따라 다르다. 보편적으로 필요한 정보는 현재 가계가 들고 있는 보험, 투자, 저축, 부채, 소득, 지출 등에 관한 것이다. 그동안 모아 둔 청구서, 영수증, 계약서 서류들과 가계부기록들이 도움이 되며, 필요하면 거래하고 있는 금융기관, 보험회사, 고용주 등으로부터 정보를 얻는다. 특히 중요한 기록으로는 금전관리기록, 직업관련기록, 세금기록, 금융기관관련기록, 신용기록, 구매기록, 주택과 자동차기록, 보험기록, 투자기록, 상속관련기록, 은퇴기록 등이 있다.

효율적 설계는 또한 포괄적인 정보를 요구한다. 가족원의 건강, 나이, 라이프스타일, 취미, 선호 등에 관한 이해는 효율적 의사소통을 위해 꼭 필요하다. 특히 위험에 대한 태도와 재무적 안정성, 독립에 관한 가족원들의 생각은 재무전략을 선택할 때 고려해야 하는 것으로서, 가족원 간의 논의나 전문가와의 상담을 통해 명확히 할 필요가 있다.

배경정보를 모으는 단계가 지나치게 확대되거나 부담을 주면 곤란하지만, 정확한 정보를 가질수록 좋은 설계를 할 수 있다.

(2) 현재의 재무상태 파악하기

현재 재무상태를 일목요연하게 알기 위해서는 가계재무제표를 이해하고 작성할 수 있어야 한다. 가계재무제표로는 자산과 부채를 나타낸 자산부채상태표와 수입과 지출의 상태를 나타낸 가계수입지출상태표가 있는데, 다음 장에서 자세히 다루어진다. 평가를 위한 비교기준의 목적으로 평균적 가계의 소득과 지출에 관한 자료를 이용할 수 있다.

가계재무제표의 분석을 통해 머릿속에 생각하고 있던 것과 자기 재산이나 지출방식이 차이가 나는 것에 대해 놀랄지도 모른다. 재무상태를 평가하기 위해 적어도 다음과 같은 점들을 검토해 본다. 현재의 재무상태가 얼마나 건전한지, 또한 나아갈 방향은 무엇인지 장래 자신의 잠재성을 고려하여 솔직하게 평가한다.

- 자산은 각각 어떤 목적을 갖고 있는가? 어느 한 분야에 과잉대비하는 반면 다른 분야에는 심각할 정도로 취약하지는 않은가?
- 한 종류의 자산에 너무 편중되어 있지는 않은가?

- 부채의 목적은 무엇인가? 자산마련을 위한 것인가? 또는 일상적인 생활비를 충당하기 위해서인가?
- 우선적으로 변제해야 할 부채는 어떤 것인가?
- 진정으로 원하는 곳에 돈을 소비하고 있는가?
- 고정지출이 너무 많아서 지출을 융통성있게 못한 것은 아닌가?
- 특별한 과다지출 비목은 없는가?
- 가능한 다른 소득원은 없는가?
- 저축과 투자를 위한 여분의 금액은 얼마인가?
- 얼마의 돈이 더 필요한가?

2. 재무목표의 설정

재무설계의 두 번째 단계는 재무목표를 세우는 것이다. 재무목표는 현재의 재무상태와 가족상황, 가치관 등을 고려해서 선택해야 한다.

(1) 가치관과 재무목표

모든 결정에 있어서 길잡이역할을 하는 것이 가치관이다. 가치관(value)이란 인생에서 중요하다고 여기는 것을 말한다. 무엇이 중요하고 중요하지 않은지 우선순위를 부여함으로써 의사결정과 판단을 내리는 기초가 된다. 재무설계에서의 결정도 예외는 아니다. '얼마나 많은 돈을 벌기를 원하는가', '그만큼 돈을 벌기 위해서 무엇을 포기할 것인가', '번 돈으로 무엇을 할 것인가', '얼마나 저축을 하며 얼마나 부채를 질 것인가' 등의 결정에 영향을 준다. 즉, 가치관은 개인의 재무목표와 소비와 저축 등 개인의 재무행동에 영향을 준다. 그런데 가치관은 또래집단이나 이웃, 대중매체, 광고 등에 의해 많은 영향을 받는다. 따라서 자신의 가치관과 일치하지 않는 결정을 내리도록 부추기는 영향력들을 경계함으로써, 자신에게 정말 가치있는 것을 발견하도록 해야 한다.

가족원 간의 가치관의 차이는 재무목표의 설정에 앞서서 중요하게 다루어져야 한다. 돈에 대해서 어떻게 느끼는지, 왜 그렇게 느끼는지, 돈에 대한 감정이 실제적인 지식에 의한 것인지 아니면 다른 사람들의 영향 때문인지? 돈은 사람들이 그들의 현재 필요와 욕구를 충족시키고 그들의 재무목표를 달성하도록 하는 자원이며, 이것은 돈 사용의 긍정적 측면이다. 불행하게도 많은 사람들은 돈을 부정적인 이유로 사용한다: 지위를 얻기 위해, 우정을 사기 위해, 다른 사람들을 통제하기 위해, 분노를 표현하기 위해, 죄책감을 줄이기 위해 등으로 말이다. 만일 이러한 목적으로 돈을 사용한다면 재무목표에 도달하기 어렵고 인간관계에도 긴장이 올 것이다. 이를 피하기 위해 가족원 간의 욕구, 목표, 가치관, 감정들에 대한 공개적이고 자유로운 논의가 권장된다.

(2) 재무목표의 영역

재무목표는 개인이나 가족에 따라 다르겠지만 일반적으로 다음 재무설계 영역에 대해서 세워질 수 있다.

- 생활표준: 특정한 라이프스타일의 유지
  ① 생활비 및 기타지출
- 저축: 자산의 비축
  ② 특정 물건의 구매
  ③ 비상자금마련
- 보호
  ④ 생명, 건강, 재산의 손실위험 대비
  ⑤ 배상책임 손실위험 대비
- 자산의 증식
  ⑥ 자녀교육, 결혼, 주택마련과 같은 특정 재무적 필요 충족
- 재무적 독립, 특히 노후의 재무적 독립
- 유산과 상속계획

(3) 재무목표의 기술

구체적인 재무목표는 재무설계에 있어서 필수적이다. 많은 재무설계가 실패하는 이유 중의 하나는 재무목표가 실행가능하도록 명시되지 않기 때문이다. 재무목표를

기술할 때는 다음 측면에 유의해야 한다.

- 관련된 모든 이에게 이해가능하도록 잘 정의된 것이어야 한다. 이루려고 하는 것이 무엇인지 정말로 알지 못하는 경우에는 성공하기 어렵다.
- 목표달성에 필요한 액수를 정한다. '안전하고 안정적인 은퇴소득을 원한다'와 같은 추상적 목표는 재무설계의 지침이 되기 어렵다. 필요자금은 앞에서 소개한 평균적인 지출을 참고로 하여 각 가계에 맞도록 산정해야 한다. 자세한 내용은 이후의 장들에서 다룰 것이다.
- 목표의 시간적 범위를 정한다. 언제 특정한 목표가 수행되어야 하는가? 수행하기 위해 얼마나 시간이 남았는가? 등을 명확히 한다. 생애주기의 흐름에 맞추어 시간을 정하고, 달성시기에 따라 단기목표와 장기목표로 구분한다. 단기목표는 대개 1~5년 내에 이루기를 원하는 목표를 말하고 장기목표는 그 이상의 기간을 필요로 하는 목표이다.
- 장기목표는 변화를 수용할 수 있을 만큼 융통성이 있어야 하고 단기적 재무결정을 할 수 있을 만큼 충분히 확실해야 한다. 너무 장래의 일이라 정확한 수치를 제시할 수 없어도 적어도 단기목표를 위한 방향을 제시할 수는 있어야 한다.
- 단기목표는 장기목표를 성취하는 것에 일치하여 세운다. 즉 단기목표를 세울 때는 당면한 목표, 기대소득, 장기목표 등이 고려되어야 한다.
- 큰 목표는 여러 개의 쉽게 실행할 수 있는 작은 목표로 나눈다.

(4) 우선순위 정하기

일단 목표를 정하고 나면, 우선순위를 결정해야 한다. 많은 목표들이 제한된 자원으로 달성되어야 하므로 동시에 만족시키기는 어렵다. 따라서 현재의 재무상태를 정확히 파악하고 미래의 잠재성에 대하여 솔직하게 평가함으로써 순위를 매기는 것은 매우 필요하다. 우선순위를 결정할 때는 먼저 생애주기상의 우선적 필요를 고려해야 한다. 또한 필요(needs)와 욕구(wants)를 구분하여, 꼭 필요한 요구를 먼저 달성하도록 한다. 아주 중요한 단기목표는 장기목표보다 먼저 달성되어야 한다. 일단 특정목표가 성취되면 그 자금을 다른 용도로 전환할 수 있다. 가령 교육비에 지출했던 것을 노후자금이나 다른 장기목표를 위해 사용할 수 있을 것이다. 잘 통합된 재무목표는 설계과정을 수월하게 만든다.

3. 행동계획의 수립과 실행

재무목표를 설정하고 그것을 성취하기 위한 전략을 개발하는 것이 성공적인 가계 재무설계의 열쇠이다. 따라서 일단 실행가능하고 잘 정의된 목표를 세우고 나면 목표달성을 위한 현실적인 행동계획을 개발해야 한다. 재무목표를 달성하기 위한 행동계획은 한 마디로 재무목표 달성을 위한 필요한 자금을 어떻게 마련할 것인가에 관한 자금준비계획이라 할 수 있다. 이를 위한 행동계획은 다음과 같은 예산과 장 · 단기 재무행동 계획을 포함한다.

- **예산:** 수입을 어디서 어떻게 창출할 것이며 주어진 수입으로 지출을 어떻게 관리할 것인지에 관한 계획이다.
- **장 · 단기 재무행동 계획:** 재무목표의 수행을 위해서 보험, 저축, 증권, 연금 등과 같은 재무수단을 어떻게 이용할 것인지에 관한 계획으로, 보험계획, 저축 및 투자계획, 은퇴 및 상속계획 등이 있다.

목표가 구체화되고 행동계획이 결정되면 그 계획을 실행해야 한다. 실행할 때는 자기통제가 필요하며 예상과 달리 수정이 불가피할 수도 있으므로 융통성이 필요하다.

4. 정기적 검토와 수정

재무설계는 어떤 특정한 행동을 취함으로써 끝나는 것이 아니라 역동적인 과정이다. 재무결정을 정기적으로, 적어도 1년에 한 번씩은 검토해야 한다. 개인적 · 사회적 · 경제적 요인, 출산, 결혼, 이혼, 사망, 직업의 변화, 경제상황의 변화 등은 재무설계의 변화를 필요로 한다. 정기적인 검토는 재무목표와 행동을 언제나 현재 생활상황에 맞도록 조정하는 데 도움을 준다. 따라서 재무설계의 마지막 단계는 정기적 검토를 통해서 필요한 경우 재무설계를 수정하는 작업이다.

재무설계를 검토하기 위해서는 성취과정에 대한 정확한 기록이 필요하다. 예컨대 단기재무설계의 주요한 기제인 예산의 수행에서 수입과 지출에 관한 정기적 기록을 통해, 선택한 행동계획이 목표달성에 효과적인지, 얼마나 목표에 가까워졌는지, 전반적인 성과를 평가할 수 있다. 만족스럽지 않다면 목표나 행동계획을 검토하거나 재무환경을 고려하여 수정작업을 해야 한다. 만족스러우면 행동이나 동기가 강화되도록 피드백한다.

2.3 소비자재무설계와 관련된 경제개념

1. 돈의 시간가치

오늘 쓸 수 있는 돈 100만 원을 쓰지 않고 저축한다고 가정하자. 예컨대 100만 원을 연8% 이자로 저축할 때 연말에는 더 이상 100만 원이 아니고, 108만 원이 된다. 이처럼 시간이 흐름에 따라 돈의 가치가 증가하는 것을 돈의 시간가치라고 한다. 그런데 이것을 서랍 속에 1년 동안 넣어두면 얼마가 되는가? 그대로 100만 원이다. 문제는 돈의 가치는 시간에 의해 결정되는데, 시간은 투자했을 때만 가치를 더해줄 수 있다는 것이다. 투자하지 않으면 인플레이션으로 인해서 시간은 실제로 돈의 가치를 깎아내린다.

돈의 가치가 시간에 의해 영향을 받는 중요한 이유 중의 하나는 인플레이션으로, 시간이 흐름에 따라 주어진 돈의 양으로 얻을 수 있는 재화의 양이 감소하게 되는 것이다. 같은 100만 원이라면 1년 후의 것보다 현재의 것을 더 선호하는 것은 이러한 이유 때문이다. 투자 시에 제공되는 이자율은 인플레이션에 대한 보상의 의미를 포함하고 있으며, 이자율이 인플레이션으로 인한 돈의 가치상실을 보상해 주고도 남는다는 판단을 하게 될 때 사람들은 장래를 위해 소득의 일부를 투자하게 되는 것이다.

돈의 시간가치는 일종의 돈의 기회비용이다. 즉 현재의 욕구충족을 위해 저축해

놓은 돈을 써버릴 때 그 돈의 시간가치, 즉, 장래이자를 잃어버리게 되는 셈이다. 따라서 지출이나 저축, 투자, 부채에 관한 의사결정을 할 때 기회비용으로서 돈의 시간가치를 고려해야 한다. 돈의 시간가치는 돈에 대한 이자에 따라 달라지며, 결국 저축원금, 이자율, 투자기간에 따라 결정된다.

(1) 미래가치(future value)

현재의 돈을 투자하면 일정시간이 지난 미래에는 가치가 늘어나게 되는데, 이것을 미래가치라고 한다. 예컨대 현재 100만 원을 8% 이자로 저축할 때 1년 후에 108만 원이 되며, 이 108만 원이 현재 돈 100만 원의 1년 후의 미래가치이다. 계산과정은 다음과 같다.

$$\text{미래가치} = \text{원금} + \text{이자} = \text{원금} + (\text{원금} \times \text{이자율} \times \text{기간})$$
$$= 100\text{만 원} + (100\text{만 원} \times 0.08 \times 1\text{년}) = 108\text{만 원}$$

대개 저축이나 투자 시의 이자는 복리계산이 된다. 즉, 매기에 발생한 이자를 다시 투자하는 방식으로, 전기에 계산된 이자를 원금에 포함하여 이자계산을 하는 것이다. 이자율이 같더라도 복리가 단리보다 이자가 많다. 기간이 2년 이상 복리일 경우 미래가치의 산출공식은 다음과 같다.

$$\text{미래가치} = \text{원금} \times (1 + \text{이자율})^{\text{기간}}$$

투자기간이 길수록 미래가치는 높아진다. 예컨대 100만 원으로 김, 이, 박, 3사람이 각각 30세, 40세, 50세에 연 8% 이자의 정기예금을 가입했다고 하자. 〈표 2-1〉은 60세 때 100만 원의 미래가치를 계산한 값이다. 김은 박보다 같은 금액을 3배의 기간만큼 더 투자하였다. 그러면 미래가치는 3배의 차이가 나는가? 그렇지 않다. 약 4.6배의 차이가 난다. 이는 이자가 복리계산되기 때문이며, 투자기간이 길수록 복리가 단리보다 높은 이자를 제공함을 말해준다. 따라서 적은 돈이라도 오랜 기간 투자할 때 복리로 인해 돈의 시간가치가 크게 증가함을 알 수 있다.

이상의 계산을 일일이 하지 않아도 간단하게 돈의 시간가치를 계산할 수 있기 위해 〈부록 1〉을 참고하기 바란다. 이자율과 기간에 따른 값을 표에서 찾아서 저축원금에 곱해주면 된다. 예를 들어 100만 원을 연 8% 이자로 10년간 투자할 때, 100만

표 2-1
연이자율 8%로 투자한 100만 원의 미래가치

	투자한 나이	투자기간	60세 때의 가치
김	30세	30년	1,006만 원
이	40세	20년	466만 원
박	50세	10년	216만 원

원 × 2.1589 = 약 216만 원이 된다. 여기서 미래가치값들은 모두 1보다 큰데, 이는 일정 이자율로 투자할 때의 미래가치는 원금보다 항상 더 크다는 것을 나타낸다.

• 적금의 미래가치

종종 우리는 같은 액수의 돈을 일정한 기간 동안 정기적으로 저축할 때, 즉, 적금을 들 때의 미래가치를 알기를 원한다. 예를 들어 갑은 한 달에 10만 원씩 일 년에 120만 원을 저축했다고 하자. 연이자율 10%로 매년 120만 원씩 40년을 모으면 얼마나 될까? 〈부록 2〉를 참조하여 계산해보면 120만 원 × 442.5925 = 5억 3천 111만 원이 된다.

그런데 을은 한 달에 10만 원씩이 늘 모자라서 대출금리 10%로 일 년에 120만 원씩 부채를 지게 되었다. 40년 후에 갚는다면 얼마를 갚아야 할까? 역시 5억 3천 111만 원을 갚아야 한다. 이 두 사람의 차이는 한 달에 10만 원을 잘 관리했느냐, 못했느냐에 있었다. 그런데 이 차이는 오랜 시간이 지난 후 두 사람의 재무상태를 이토록 다르게 만들 수 있는 것이다. 따라서 돈을 볼 때 시간가치를 부여하여 계산해 보는 습관을 갖는 것이 매우 중요하다.

(2) 현재가치(present value)

현재가치는 장래의 돈의 양을 현재의 가치로 환산한 값으로, 마치 투자한 돈의 미래가치를 알 때 투자원금을 구하는 것과 같다. 즉, 복리계산을 역으로 하는 것이므로 할인(discounting)이라고 한다. 이자율과 현재가치 간에는 역의 관계가 성립한다. 따라서 이자율이 높을수록, 변환되는 시간의 길이가 길수록 현재가치가 적어진다. 현재가치를 산출하는 공식은 다음과 같다.

$$\text{현재가치} = \text{미래가치} / (1 + \text{이자율})^{\text{기간}}$$

72의 규칙 읽을거리

돈의 시간가치를 간단하게 나타내주는 것으로 72의 규칙이라는 것이 있다. 즉 목돈투자가 두 배의 가치가 되려면 얼마의 시간이 필요한가를 나타내는 것으로, 72를 이자율로 나누면 된다(Root & Mortensen, 1996). 예를 들어 이자율이 연 8%일 때 가치가 2배로 되기까지 9년이 걸린다(72 ÷ 8% = 9).

72규칙을 인플레이션율에 적용하여 물가가 2배가 되기까지 어느 정도의 시간이 걸리는지 계산할 수도 있다. 가령 인플레이션율이 연 6%일 때 물가가 2배 되기까지 12년이 걸린다(72 ÷ 6% = 12).

예를 들어 보자. 20년 뒤 1억 원의 연금을 일시불로 받는다면 그 돈은 지금의 얼마와 같은가? 물가상승률을 7%로 가정하자. 〈부록 1〉을 이용하면,

1억 원 / $(1 + 0.07)^{20}$ = 1억 원 / 3.8697 = 2,584만 원이 된다.

혹은 〈부록 3〉을 이용할 수 있는데,

1억 원 × 0.2584 = 2,584만 원이 된다.

• 연금의 현재가치

우리는 미래의 일정기간 동안 정기적으로 받을 금액의 현재가치도 계산할 수 있다. 예를 들어 연이자율 10%의 저축에서 매년 500만 원씩 10년간 지급받기를 원한다고 할 때 현재 얼마를 예치하면 되는가? 〈부록 4〉를 이용하면,

500만 원 × 6.1446 = 3,072만 원이 된다.

2. 재무결정에 영향을 미치는 경제현상

Kapoor et al.(1996)은 재무결정에 영향을 미치는 경제상황을 다음과 같이 제시하였다(표 2-2). 본 절에서는 이와 관련하여 몇 가지 경제현상에 대해서 좀 더 살펴보기로 한다.

(1) 인플레이션

인플레이션은 지속적인 물가상승을 말한다. 물가가 상승하면 똑같은 재화와 서비스를 같은 가격으로 살 수 없게 된다. 그만큼 돈 가치가 떨어지는 것이다. 예를 들어 냉장고 가격이 100만 원이라고 할 때 물가상승률이 6%이면 내년의 냉장고 가격은 106만 원이 된다. 올해 100만 원이면 살 수 있는 냉장고를 내년에는 같은 돈으로 살 수 없게 되는 것이다. 같은 냉장고 가격이 200만 원이 되면, 결국 냉장고 1대분의 가치였던 100만 원이 냉장고 반대분의 가치로 떨어지게 되는 셈이다.

인플레이션은 고정된 소득으로 생활하는 사람들의 생활수준을 낮추는 역할을 한다. 예를 들어 고정된 연금을 받는 퇴직자의 경우 같은 소득으로 생활하기가 점점 더 어려워지게 된다. 또한 인플레이션은 채권자에게 불리하게 작용하는 반면 채무자에

표 2-2 변하는 경제상황과 재무결정

경제적 요인	어떻게 측정되는가	재무설계에 어떻게 영향을 주는가
소비자물가	화폐단위; 인플레이션율	소비자물가가 소득보다 빨리 증가하면 같은 양의 재화와 서비스를 구매할 수 없다; 소비자물가의 상승은 금리상승을 초래한다.
소비자지출	개인이나 가계의 재화와 서비스에 대한 수요	소비자지출이 증가하면 일자리가 많아지고 임금이 높아진다; 소비자지출과 대출의 증가는 소비자물가와 금리상승의 요인이 된다.
금리	돈의 값; 대출 시 신용의 비용; 저축이나 투자 시의 수익	높은 금리는 신용구매를 비싸게 한다; 금리가 높아지면 저축과 투자가 더욱 매력적이 되고 대출이 위축된다.
돈의 공급	경제에서 지출로 쓸 수 있는 돈의 양	저축과 투자가 증가할수록 금리는 하락; 저축의 증가(지출의 감소)는 일자리 기회를 위축시키기도 함.
실업	일하기를 원하거나 할 수 있는데 일자리가 없는 사람의 수	실업자는 부채수준을 줄이고 비상자금으로 살아갈 수 있어야 한다; 실업률증가는 소비자지출과 취업기회를 감소시킨다.
주택공급	새로 짓는 주택의 수	주택공급의 증가는 취업기회증대, 임금상승, 소비자지출의 상승, 그리고 전반적인 경기호황을 가져옴.
국내총생산(GDP)	한 국가영역 내에서 생산된 재화와 서비스의 총가치(외국자원으로 생산된 제품포함)	국내총생산은 그 국가의 경제적 생존능력을 나타내며, 개인의 재무적 성공을 위한 취업과 기회를 결정한다.
무역수지	한 국가의 수출과 수입의 차이	수입보다 수출이 많으면 금리가 상승하고, 외국산 재화와 외국여행이 비싸진다.

출처: Kapoor et al.(1996). p.16.

게는 유리하게 작용한다. 이에 따라 저축에 대한 매력이 떨어지게 되므로 금융기관으로서는 저축을 유인하기 위해 예금금리를 더 높이길 원하게 되고, 한편으로 대출이 활발해지므로 대출금리를 다소 올려도 될 것으로 생각하게 된다. 이에 물가상승은 금리의 상승을 가져온다. 반대로 물가가 떨어지면 금리가 낮아진다.

인플레이션은 왜 생기는가? 여러 가지 원인이 있으나, 크게 두 가지 원인을 살펴보면 다음과 같다.

• 제품을 생산하는 생산요소 가격의 증가로 인한 것이다.

즉, 노동력의 가격(임금)이나 상품생산에 드는 원료가격이 오르게 되면 제품의 제조원가가 오르게 되고 따라서 상품가격이 오르게 되어 물가가 상승한다.

• 재화의 공급에 비해 수요가 증가함에 따른 것이다.

소득이나 대출이 증가함에 따라 소비자나 가계의 소비능력이 증가하게 되고 따라서 공급에 비해 수요가 증가하게 되면 기업은 상품가격을 올린다.

그러면 지금까지 물가상승률은 어떻게 변해왔는가? 〈표 2-3〉은 최근 11년간의 물가상승률을 나타낸 것이다. 물가상승률은 재화와 서비스에 따라 달라서 전반적인 물가상승률을 측정하기 위한 지표로 물가지수를 이용한다. 특히 일반 소비자나 가계가

표 2-3
한국의 소비자 물가지수, 물가상승률, 정기예금금리추이 (2005=100)

연도	소비자물가지수	물가상승률	예금금리
1997	76.6	4.5	11.3
1998	82.3	7.4	13.3
1999	83.0	0.9	6.9
2000	84.9	2.3	7.0
2001	88.3	4.0	5.4
2002	90.8	2.8	4.7
2003	93.9	3.4	4.2
2004	97.3	3.6	3.8
2005	100.0	2.8	3.6
2006	102.2	2.2	4.4
2007	104.8	2.5	5.1
2008	109.7	4.7	5.7

자료: 통계청(2009d). 『월간국제통계』; 통계청(2009e). 『주요경제지표』.

주로 구입하는 대표적인 재화와 서비스를 대상으로 개별상품의 가격을 종합적으로 평균해서 나타낸 값이 소비자물가지수이다. 소비자물가지수는 어떤 시점을 기준으로 그 시점의 물가를 100으로 할 때, 비교시점의 물가가 기준시점에 비해 얼마나 변동했는가를 나타낸 값이다. 소비자물가지수는 소비자나 가계에게 가장 밀접한 재화의 물가변동을 나타내는 것이므로 재무설계 시 물가변동의 지표로 참조할 수 있다.

(2) 금 리

금리란 남의 돈을 빌렸을 때 대가로 내야 하는 이자가 원금에 비해 얼마나 되는가를 나타내는 비율, 곧 이자의 원금에 대한 비율을 말한다. 쉽게 말하면 금리는 돈의 값, 또는 돈의 사용료를 나타내는 것이다. 남의 돈을 빌릴 때, 원금에다 그 돈을 사용한 값을 더해서 돌려줘야 한다. 은행저축에 대한 이자도 은행의 처지에서 보면 고객의 돈을 빌린 대가를 주는 것이다. 금리는 가계의 투자 및 대출결정에 있어서 주요한 요인이 된다. 금리가 높아지면 가계입장에서는 저축을 더 하고 싶어 하고 대출을 줄이게 되는 반면, 금리가 낮아지면 저축을 하지 않으려는 대신 대출을 더 받고 싶어 한다.

금리도 다른 물건값처럼 돈의 수요와 공급에 따라 정해진다. 돈에 대한 수요가 늘면 금리는 높아진다. 즉, 돈의 공급은 한정되어 있는데 돈을 빌리고자 하는 양이 늘면 돈의 값이 비싸지게 마련이다. 반면 돈의 수요에 비해 공급이 늘면 돈의 값이 낮아지게 된다. 예를 들어 저축률이 높아지면 은행에 들어오는 돈의 양이 많아지게 됨으로써, 은행이 금리를 낮추게 된다. 돈의 수급관계 외에도 금리는 유동성이나 위험(risk)에 따라 달라진다. 예컨대 현금화 속도가 가장 빠른 저축일수록 금리가 낮고, 인플레이션 위험이 클수록 금리가 높아진다.

금리 중에서 가장 중요한 것은 중앙은행, 우리나라의 경우 한국은행이 정하는 공정금리다. 한국은행은 은행의 은행이라 할 수 있다. 한국은행이 은행에 자금을 대출해줄 때의 금리를 공정금리라고 한다. 한국은행은 은행을 통해 기업이나 가계, 즉, 시중으로 흘러나가는 돈의 양을 조절하는 일을 하는데 이를 금융정책이라 하며, 경기가 과열되어 인플레이션의 우려가 있을 때 공정금리를 높임으로써 통화량을 줄이는 것을 금융긴축정책, 경기가 후퇴할 때 공정금리를 내림으로써 통화량을 늘이는 것을 금융완화정책이라 한다. 공정금리가 움직이면 시중의 금리가 함께 움직인다.

은행 등 금융기관은 기본적으로 예금금리보다 대출금리를 높게 해서 생기는 차액을 이익의 근거로 삼는다. 이 둘의 차이가 클수록 은행은 유리하다. 과거에는 이러한 예금금리, 대출금리가 규제되어 전국적으로 비슷했으나, 1993년도부터 단계적으로 시행되었던 금리자유화 정책이 진행됨에 따라 은행마다 예금과 대출금리를 달리 적용하게 되었다.

(3) 경 기

경기란 경제의 상태를 말한다. '경기가 좋다'는 말은 '경제상태가 좋다'는 뜻이다. 경제는 대부분 좋다가 나쁘다가 다시 좋아지는 순환을 거듭하면서 성장하게 된다. 실제의 국민총생산이 장기추세치에 비해서 더 높아지기도 하고 더 낮아지기도 하는 일이 반복되는 현상을 경기변동(business fluctuations) 또는 경기순환(business cycle)이라고 한다.

경기순환에는 크게 두 가지 국면, 즉, 확대기와 침체기가 있다. 확대기는 경기가 호황일 때를 말하는데, 생산이 활발하고 실업률이 낮으며 상인은 장사가 잘 되고 일반 근로자는 임금이 오르며 물가상승률과 금리가 낮은 시기이다. 경기확대기에는 소비가 활발해지는데, 소비자의 집이나 차나 기타 비싼 물건에 대한 수요가 증가하며 신용을 많이 이용하게 된다. 기업은 증가된 수요에 대응하기 위해 빌려서라도 생산규모를 늘리게 된다. 이러한 상황이 계속되면, 돈에 대한 수요와 재화에 대한 수요가 증가하게 되므로 금리와 물가가 올라가게 된다. 결국 금리와 물가가 너무 올라 소비자나 기업이 차용에 주춤하게 되고 소비가 줄어들게 되면 생산이 축소되고 확대기가 끝나게 된다.

결과적으로 경제성장이 멈추거나 감소하게 되는데 이러한 상황을 경기침체기라고 한다. 이때는 생산과 판매가 축소되고 실업이 늘어나면서 소득이 감소하게 되고 개인의 소비활동도 위축되어 경제전반의 축소현상이 나타난다. 경기침체기에는 실업률이 높고 물가는 낮고 생활수준이 급격히 낮아지며 경제활동이 활발하지 못하다. 특히 어려운 경기침체기를 스태그플레이션(stagflation)이라고 하는데, 높은 인플레이션을 동반하는 경기침체기를 말한다.

이러한 시기가 끝나면, 경제는 생산, 고용, 소비 측면에서 회복국면을 맞게 된다. 그래서 경제전반이 어느 정도의 성장을 경험한다. 회복기가 지나면 다시 경기확대기로 접어든다.

일반적으로 이러한 경기순환은 3~4년을 주기로 하여 되풀이되는 것으로 알려져 있다. 그러나 경기순환의 원인은 오늘날 더 복잡한데, 국내산업의 구조적 문제와 함께 우리나라처럼 수출의존도가 높은 경우에는 국제시장의 여건도 큰 원인으로 작용한다. [그림 2-2]는 우리나라의 외환위기 전후의 경기순환을 나타낸 그림이다. 통계청 자료를 사용하여 1970년대 이후 경기변동을 살펴본 삼성경제연구소(2004)에 의하면, 외환위기 이후 한국경제는 경기변동폭이 확대되고 경기순환주기가 단축되었다. 외환위기 전후 경기변동 요인으로는 제1, 2차 석유파동, 긴축정책, 수출호조, 건설경기, 외환위기, 경제의 디지털화를 꼽을 수 있는데, 최근 경기는 수출 호조에도 불구하고 내수침체가 상당기간 지속되면서 과거의 경기패턴과는 다른 양상을 보이고 있다. 즉, 이는 '수출증가 → 투자확대 → 고용증가 → 소비확대' 와 같은 수출과 내수의 선순환 연결고리가 약화되었음을 나타내며, 경기가 불안정함을 나타낸다.

경기의 흐름은 국가경제 전체의 움직임에 큰 영향을 미친다. 기업뿐만 아니라 가계에 미치는 영향도 크기 때문에 재무설계를 잘 하기 위해서는 경기의 흐름에 관심을 가져야 한다. 경기의 움직임을 나타내는 것으로는 경기지표, 경제성장률, 금리의 동향 등이 있다.

그림 2-2
한국경제의 경기순환도

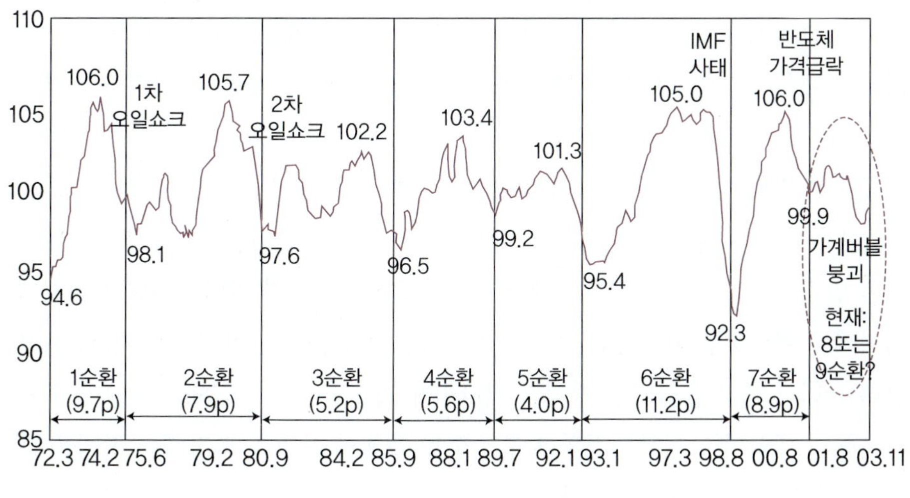

출처: 삼성경제연구소(2004). p.4.

우리나라의 대표적인 경기지표로는 '경기종합지수(Composite Index: CI)'가 있다. 경기종합지수는 생산, 소비, 무역 등 경기동향을 민감하게 반영하는 21개 주요 부문의 경기지표를 종합해서 만든 것으로, 경기가 좋을 때에는 경기종합지수가 커지고, 경기가 나빠질 때에는 경기종합지수가 작아진다. 경기종합지수에는 '선행지수', '동행지수', '후행지수' 세 가지가 있다. 선행지수는 전체적인 경기변동에 선행해서 변동하는 지수로서 미리 경기동향을 예측해볼 수 있게 한다. 선행지수는 기계 · 건설수주액, 자본재 수입액, 구인 · 구직비율, 소비자기대지수, 금융기관 유동성, 재고순환지표 등 10개의 지표를 활용하여 산출된다. 동행지수는 현재의 경기상태를 보여주는 지표로서 제조업 가동률지수, 산업생산지수, 도소매 판매액지수 등을 반영해서 만들어진다. 후행지수는 경기의 흐름보다 뒤늦게 움직이는 경제부문의 경기지표를 종합해서 만든 것이다. 이와 같은 경기지표는 국민경제 전체의 경기동향을 쉽게 파악할 수 있도록 도와주는 통계수치이다.

한편, 경기동향을 파악하기 위해 주관적인 지표를 사용하기도 하는데, 주관적인 경제지표로는 경기실사지수와 소비자전망지수 등이 있다. 경기실사지수(BSI: Business Survey Index)는 기업활동과 경기동향에 대한 기업가 자신들의 의견을 직접 조사해 지수화한 것으로, 기업가들이 경기를 판단하거나 예측 · 계획하는 행위들이 단기적인 경기변동에 중요한 영향을 미친다는 경험적인 사실에 바탕을 두고 있다. 소비자전망지수(CSI: Consumer Survey Index)는 소비자동향지수라고도 하는데, 소비자들의 소비지출계획과 경기에 대한 인식 등을 조사해 지수화한 것으로, 소비자의 경제에 대한 인식이 향후 소비행태와 경기변동에 영향을 준다는 가정을 바탕으로 하고 있다.

경제성장률, 구체적으로 국민총생산(GNP)의 증가율도 경기를 나타낸다. 예년보다 경제성장률이 높아지면 경기가 좋아졌다는 것을 뜻한다. 경기가 좋아지는 상태에서는 일반적으로 금리가 올라가게 된다. 왜냐하면 소비가 활발해지면 생산확대를 야기시켜 은행으로부터 자금대출을 받고자 하는 기업들이 많아지게 되기 때문이다. 그런데 금리가 계속 올라가면 경기가 지나치게 과열되어 경기침체기가 오게 되므로 중앙은행의 개입이나 정부재정의 지출조정을 통해서 금리를 조정하는 정책을 펴게 되고, 결국 경기도 조정하게 된다.

>>> 연습문제

1. 소비자재무설계의 4단계를 설명해 보자.

2. 돈에 대한 가치관 차이는 가족원 간에 종종 나타난다. 어떤 사람은 좀 불편하게 살아도 저축을 우선시 하는가 하면, 어떤 이는 생활의 안락을 우선시 한다. 어떤 이는 모든 가족원의 소득이 공동소득이라 다같이 필요에 따라 써야 된다고 생각하는가 하면, 어떤 이는 각자의 소득은 각자 써야 한다고 생각한다. 여러분 가정에서 돈에 대한 가치관의 차이는 어떻게 나타나는가? 그 차이의 심각성은 어느 정도이며, 그 차이의 원인은 무엇이라고 생각하는가? 또 갈등이 있다면 어떻게 해결할 수 있는가? 각자 가족원과의 토의를 통해서 정리하고 발표해 보자.

3. 어떤 소비자가 주식 100만 원어치를 구입할 것인지를 결정해야 한다고 하자. 3년 후 돈이 필요하게 될 때 그 주식을 최소한 120만 원에 팔 수 있을 것이며, 배당금은 매년 5만 원이 될 것으로 예상하고 있다. 일반 저축금리가 6%일 때, 주식을 구입하는 것이 좋은지 생각해 보자.

4. 1년에 1,000만 원씩 10년간 연금을 받게 된다고 하자. 연이자율이 7%라고 할 때, 총 연금수령액을 연금개시 초에 일시불로 받게 되면 얼마나 되겠는가?

5. 최근 한 달치의 경제신문을 찾아서 우리나라의 경제동향을 알아보자. 특히 물가와 금리, 경기상태에 있어서 우리나라의 현재 위치는 어떠한가?

6. 물가와 금리와 경기 간의 유기적 관계에 대하여 설명해 보자.

>>> 유용한 사이트

- 국가통계포털 www.kosis.kr
  - 도시가계 소득과 소비지출, 자산, 물가, 금리, 교육비 등 정보
- 모네타 www.moneta.co.kr
  - 재테크포탈 (인터넷가계부, 금융계산기, 금융상품, 금융기관 정보)
- 삼성경제연구소 www.seri.org
  - 노후비용, 경기
- 한국소비자원 www.kca.go.kr
  - 결혼비용, 교육비
- 한국은행 www.bok.or.kr
  - 경기, 저축률

Chapter 03

소비자재무설계의 실제

- 제1절 재무상태의 평가
- 제2절 재무목표의 설정
- 제3절 행동계획의 수립과 실행: 예산
- 제4절 정기적 검토와 수정

이제 소비자재무설계를 실제로 어떻게 하는지 살펴보기로 한다. 재무설계 과정에 맞추어 우선 현재의 재무상태를 평가하는 것으로부터 시작하여, 재무목표를 설정하고, 구체적인 행동계획의 하나로서 예산을 수립하고 실행하며 평가하는 데 필요한 구체적인 내용을 다룬다. 또한 각 단계마다 사례를 들어 주어진 가계상황에 적용해 본다.

학습목표

1. 자산부채상태표와 가계수입지출상태표를 이해하고 만들 수 있다.
2. 재무비율을 이용해서 재무상태를 평가할 수 있다.
3. 장 · 단기 재무목표를 이해하고, 재무목표를 세울 수 있다.
4. 예산의 목적과 방법을 이해하고, 예산수립 시 핵심적 사항을 설명할 수 있다.
5. 예산을 수립하고, 실행 · 평가할 수 있다.
6. 예산실행에 있어서 컴퓨터 소프트웨어를 사용할 수 있다.

주 · 요 · 용 · 어

자산부채상태표, 자산, 부채, 순자산, 가계수입지출상태표, 고정지출, 변동지출, 재무비율, 예산, 비상자금, 예산체계, 봉투분류법, 컴퓨터 기록체계

사례가계

대전에 살고 있는 이용운, 한새울 부부는 결혼한 지 5년 되었다. 34세인 이용운은 회사원이고 31세인 한새울은 개인병원의 간호사이다. 자녀는 연년생으로 둘 있는데, 큰 아이는 4살이고 작은 아이는 3살이다. 작년까지 아이를 출산하고 키우느라 한새울은 직장을 쉬었다가, 복직한 지 만 1년되었다. 증가한 소득으로 그동안 전세자금 일부를 갚을 수 있었고 아이들을 전일제 어린이집에 보낼 수 있었으며 할부로나마 새 차를 구입할 수 있었다. 요즘 들어 이용운, 한새울 부부는 장래에 대해 생각해 보는 시간이 많아졌다. 당장 필요한 것은 무엇인가? 집은 언제 구입할 것인가? 저축은 얼마 할 것이며 아이들 교육은 어떻게 할 것인가? 이런 것들을 생각해 보니, 지금처럼 되는 대로 살아서는 안 될 것 같았다. 그래서 이들 부부는 재무설계를 체계적으로 해보기로 하였다.

3.1 재무상태의 평가

개인 및 가계의 재무설계를 위해 가장 먼저 할 일은 가계의 현재 위치를 파악하는 것이다. 지금 어디에 와 있는지, 다시 말해서 현재 소득은 얼마이며 지출은 그에 맞게 하는가, 재산은 얼마나 갖고 있는가, 그리고 얼마의 돈이 더 필요한가, 나의 재무상태 또는 내가 살아가는 방식은 건전한가 등의 질문에 답을 해야 한다. 이러한 분석에 도움을 주는 것이 가계재무제표로서, 자산부채상태표와 가계수입지출상태표가 있다.

1. 자산부채상태표

2006년 기준 우리나라 가구주 자산현황에 따르면 가계당 순자산 평균은 2억 4,164만 원이다(통계청, 2007d). 우리집 순자산은 얼마일까? 이를 알기 위해서는 자산부채상태표를 작성해 보면 된다.

자산부채상태표는 크게 세 부분, 즉, 자산, 부채, 순자산으로 구성된다. 자산은 가지고 있는 모든 것, 자기의 소유로 되어 있는 모든 재산의 현재가치이다. 자산은 갚아야 할 부채로 구입한 재산도 포함하기 때문에, 모든 자산이 진정한 의미에서 자기 소유라고 할 수는 없다. 자산부채상태표는 자산의 상태뿐 아니라 부채도 열거하게 되어 있다. 따라서 순자산은 총자산에서 부채를 뺀 나머지 값으로 구할 수 있다.

자산부채상태표는 어느 한 시점을 중심으로 과거의 지출패턴의 결과를 나타낸 것이다. 자산부채상태표는 매년 갱신하는 것이 좋으며, 작성한 것을 이전 기간의 것과 비교하여 재무설계의 진전을 검토해 볼 수 있다.

자산부채상태표를 작성하기 위해서 먼저 소유재산을 모두 열거하여 금전가치의 총합계를 구하고, 다음으로 다른 사람으로부터 빌린 금액을 합산한다. 마지막으로 소유재산과 빌린 금액의 차액을 계산해서 순자산을 구한다.

(1) 자 산

현금이나 모든 금전가치를 가진 재산들을 다음의 5개 범주로 나누어 정리할 수 있다. 대개 현재시가로 계산해야 하므로 복잡할 수 있으나, 소비자재무설계에서는 대략적인 재무설계의 방향설정이 목적이므로 그렇게 정확하지 않아도 된다.

1) 현금성자산

현금이나 수표와 쉽게 현금화시킬 수 있는 저축, 가령 보통예금이나 저축예금 등을 포함한다.

2) 부동산

부동산은 집, 땅, 상업용 부동산, 별장 등을 포함하며, 현시가로 계산해야 한다.

3) 투자자산

투자자산은 장기적인 목표를 위해 저축 또는 투자한 자산이다. 그 가치가 시간에 따라 변하므로, 자산부채상태표를 작성하는 당시의 현재가치로 계산해야 한다. 투자자산으로는 주식, 채권, 신탁, 적금, 정기예금, 저축성 보험, 연금, 퇴직금 등이 있다.

4) 개인소유물

개인소유물은 비교적 수명이 길고 평소의 생활양식을 유지하는 데 사용하는 물건을 말한다. 자동차나 가구집기, 보석, 미술 소장품 등과 같은 개인소유물은 금전가치를 가지고 있지만 쉽게 현금화할 수 있는 것은 아니다. 소장기간에 따라 그 가치가 달라지므로, 구입 시의 가격보다 현시가를 계산하는 것이 정확하다. 예를 들어 자동차나 TV 같은 것은 시간이 지날수록 값이 떨어진다. 그러나 보석이나 미술 소장품 등은 값이 증가하기도 한다. 유사한 제품의 판매광고 등을 참조할 수 있다.

5) 기타자산

위의 분류에 속하지 않는 것으로, 빌려준 돈(전세보증금과 같이 받을 수 있는 금액), 골프, 헬스, 콘도 회원권 등이 있다.

(2) 부 채

부채는 우리가 다른 사람이나 기관으로부터 빌린 것으로, 갚아야 하는 것을 말한다. 크게 단기부채와 장기부채로 분류할 수 있다. 개인으로부터 빌린 사채나 은행부채 등 모든 다양한 부채를 다 포함하는 것이 중요하다.

1) 단기부채

대부분 1년 이내에 갚아야 하는 부채로, 신용카드, 외상, 기타 개인채무 등을 포함한다.

2) 중 · 장기부채(현재 잔액)

몇 년에 걸쳐서 갚아 나가는 부채로, 자동차, 교육비 융자금, 주택관련 부채 등이 있다. 여기서는 현재 남아 있는 부채의 잔액을 계산한다. 미래에 지불해야 할 이자는 제외한다.

3) 기타 부채

기타 갚아야 할 부채로, 세금 미지급금, 기타 미지급금 등을 포함한다.

(3) 순자산

순자산은 총자산과 총부채의 차액이다. 즉, 다음의 식이 성립한다.

$$\text{순자산} = \text{총자산} - \text{총부채}$$

순자산은 자산부채상태표에 열거한 모든 자산을 처분해서 모든 부채를 갚을 때

남는 것이다. 따라서 현재 사용가능한 돈의 양이 아니다. 어떤 가계는 순자산은 많으나 생활이 어려운 경우도 있다. 이는 많은 자산이 쉽게 현금화될 수 없기 때문이다. 가계의 재무행동이 순자산을 변화시킬 수 있는데, 저축을 더 많이 하고, 지출을 줄이고, 투자가치를 증가시키고, 부채를 줄임으로써 순자산을 증가시킬 수 있다.

가장이 젊은 가계는 순자산이 아주 적거나 때로는 마이너스인 경우도 있다. 그러나 생애주기의 단계가 진전될수록 순자산이 늘어나게 되며, 은퇴기에 이르러서 소득이 완전히 중단되면 순자산도 감소하게 된다. 생활비 등으로 순자산을 쓰게 되기 때문이다. 한편 순자산의 마이너스값은 심각한 재무문제를 나타내는 것일 수도 있다. 지속적으로 순자산이 마이너스라면 지나치게 빚에 의존해서 살아가는 것을 나타내기 때문이다.

(4) 자산상태의 평가

자산부채상태표는 가계의 재무상태가 얼마나 안정적인지 나타내준다. 자산부채상태표를 통해 자산이 각각 어떤 목적을 갖고 있는지, 어느 한 분야에 과잉대비하는 반면 다른 분야에는 심각할 정도로 취약하지는 않은지, 한 종류의 자산에 너무 편중되어 있지는 않은지, 부채의 목적은 무엇인지, 또 우선적으로 변제해야 할 부채는 어떤 것인지 검토할 수 있다. 정기적으로 작성된 자산부채상태표는 가계의 재무상태가 얼마나 향상되었는지, 얼마나 재무목표에 가까워졌는지를 나타낸다.

2. 가계수입지출상태표

매달 수입과 지출을 점검하기 위해서는 가계수입지출상태표를 작성해 보면 된다. 가계수입지출상태표는 집안의 수입과 지출을 정리하는 가계부와 비슷하며, 수입, 지출, 잔액으로 구성되어 있다. 일정기간 동안, 돈이 어디에서 들어와서 어디로 지출되었는가를 보여주는 표로, 가계재무상태의 변화과정을 파악할 수 있다. 가계수입지출상태표로부터 어떤 부분을 저축할 수 있을지 구체적인 방법을 찾을 수도 있다.

가계수입지출상태표를 작성하려면 먼저 가계에 들어오는 수입이 얼마나 되는지 구하고, 그 수입을 어디에 지출했는지 계산한다. 그런 다음 수입과 지출의 차액으로 잔액을 계산해본다.

(1) 수 입

일정기간, 예를 들어 한 달이나 일 년 동안 가계에 들어오는 수입의 총합계를 구한다. 수입은 소득과 차입금, 기타수입을 포함한다. 여기서 소득은 세금이나 연금이 미리 공제되는 경우라면 공제한 후의 소득, 즉, 집으로 가져오는 소득(take-home pay)을 계산하는 것이 편리하다. 소득의 원천은 가계에 따라 다양할 수 있는데, 예를 들어 남편의 소득, 부인의 소득, 기타 가족원의 소득과 보너스, 이자소득, 투자소득(배당금, 자본이득), 부동산임대소득, 개인사업소득, 연금소득, 또한 기타 현금기대소득(사회보장금지급 등) 등을 포함하며 온 가족원의 소득을 합한다. 봉급명세서나 지난해의 소득세 연말정산서를 이용하여 현실적으로 계산해야 한다.

(2) 지 출

가계에 들어온 수입이 어떻게 사용되었는지를 상세하게 작성한다. 이때 지난해나 지난달의 세금영수증, 지출영수증, 신용카드청구서, 가계부 등을 참조하여 정확하게 작성하는 것이 중요하다. 이외에도 할 수 있는 간단한 방법은 1달간 지출기록을 해보는 것이다. 연필과 종이를 각 가족원에게 주어 매일의 지출을 기록하게 하고, 큰 비목으로 지출을 합한다.

지출은 크게 고정지출과 변동지출로 나눌 수 있다. 가계의 특성에 따라 고정지출과 변동지출에 포함되는 비목이 달라질 것이다.

1) 고정지출

고정지출은 늘 일정한 금액을 지출할 뿐 아니라 꼭 지출해야 할 지출비목을 나타낸다. 저축, 미리 공제되지 않은 세금, 주거비, 보험료, 차량유지비, 부채상환액 등을 포함한다.

2) 변동지출

변동지출은 융통성있게 지출할 수 있는 비목을 포함한다. 따라서 재무설계 시 통제가능한 지출비목으로 고려할 수 있다. 변동지출로는 주식비, 외식비, 피복비, 보건 ·

위생비, 교육비, 교양 · 오락비, 교제비, 교통비, 통신비, 특별비 등을 들 수 있다.

(3) 잔 액

잔액은 총수입과 총지출의 차액이다. 이를 나타내는 식은 다음과 같다.

$$잔액 = 총수입 - 총지출$$

잔액은 그 값이 (+), 즉 흑자일 수도 있고 (−), 즉 적자일 수도 있다. 그 기간 동안 현금의 흐름이 들어온 것보다 나간 것이 더 많을 때 적자가 된다. 적자분은 저축이나 차용으로 충당할 수밖에 없다. 흑자가 되면 이 돈은 저축이나 투자기금, 비상자금으로, 또는 부채상환으로 사용될 수 있다.

재무목표를 성공적으로 이루기 위해서 가장 우선적으로 해야 할 중요한 것은, 번 것보다 적게 쓰는 것이다. 따라서 적자일 경우에는 수입을 증가시키든가 지출을 줄이든가 하여, 흑자를 이루도록 모든 노력을 다해야 한다. 실제로 꼭 필요한 요구를 채우는 데 큰 희생없이도 변동지출, 때로는 고정지출의 많은 부분을 줄일 수 있다.

(4) 가계수지상태의 평가

가계수입지출상태표는 가계의 재무운영상의 문제점을 파악하는 데 도움을 준다. 진정으로 원하는 곳에 돈을 소비하고 있는지, 고정지출이 너무 많아서 지출을 융통성있게 못한 것은 아닌지, 특별한 과다지출 비목이 있는지, 가능한 다른 소득원은 없는지, 저축과 투자를 위한 여분의 금액은 얼마인지 등을 검토해야 한다.

3. 재무비율을 이용한 재무상태의 평가

재무비율이란 가계의 재무상태를 평가하는 지표로 사용하기 위해 가계의 전반적인 재무상태를 나타내주는 소득, 지출, 자산, 부채 등과 같은 가계 경제 요소를 결합하여 산출한 것을 말한다. 재무비율을 통하여 가계재무상태의 다양한 측면을 파악할 수 있기 때문에, 재무비율은 재무상담과 계획 시에 진단과 정보의 도구가 되며, 재정상태를 분석하는 시발점이 된다. 최현자 · 이희숙 · 양세정 · 성영애(2003)는 우리

표 3-1 가계재무상태 평가지표와 준거기준

평가지표		개 념	재무비율	준거기준
안정성 지표	가계수지 지표	소비성향과 적자여부를 파악	월평균생활비/월평균가계소득	〈0.9
	비상자금 지표	일시적으로 소득이 중단될 경우 유동성이 큰 금융자산으로 현재 생활수준을 유지할 수 있는 정도	금융자산 / 월평균 생활비	〉1
		월평균생활비의 자료가 없을 경우 사용	금융자산/월평균 가계소득	〉1
	위험대비 지표	장기적인 위험에 대한 대비정도	월평균보험료/월평균가계소득	0초과~0.2
	부채부담 지표	부채상환지출로 인한 가계의 부채부담을 측정	월평균부채상환액/월평균가계소득	〈0.25
		금융자산으로 부채를 상환할 수 있는지를 알려주는 부채상환능력지표	총부채/금융자산	〈10
		총자산으로 부채를 청산할 수 있는지를 알려주는 부채청산능력 평가지표	총부채/총자산	〈0.8
성장성 지표	저축성향 지표	가계소득에서 어느 정도 저축하는지를 측정함으로써 가계의 성장성을 평가	연간총저축액/연간가계소득	〉0.1
	투자성향 지표	위험이 있으나 수익성이 상대적으로 높은 투자자산으로 포트폴리오를 구성하는 정도를 측정함으로써 가계경제의 성장성을 평가	투자자산/총자산	0.05~0.1
		가계의 실물자산에 대한 투자성향을 평가	실물자산/총자산	〈0.9
	유동성지표	총자산에서 금융자산이 차지하는 비중으로, 가계의 유동성을 평가	금융자산/총자산	〉0.1

출처: 최현자 · 이희숙 · 양세정 · 성영애(2003). pp.107, 117.

나라 가계의 재무상태 평가에 적합한 재무비율을 추출하고 적정성 여부를 판단하는 준거기준을 마련했는데, 이는 〈표 3-1〉에 제시된 바와 같다.

4. 사례가계의 재무상태 평가

우선 가계의 현재 재무상태가 어떤가를 알기 위해 자산부채상태표와 가계수입지출상태표를 작성해 보았다.

(1) 자산부채상태표

자산은 지난달에 남은 금액 60만 원을 현금으로 가지고 있는 것과, 저축예금 100만 원, 장기주택마련저축 현재까지 850만 원, 대전에서 85m² 이하 민영아파트를 청약할 수 있기 위해 가입한 250만 원짜리 청약예금, 자동차 시가 1,000만 원, 가구집기의 시가 약 1,100만 원, 전세보증금 12,000만 원으로, 모두 15,360만 원이었다(〈표 3-2〉).

부채는 신용카드 미결제금액 100만 원과, 할부로 구입한 아이들 도서세트 잔액 30

표 3-2
이용운 · 한새울 가계의 자산부채상태표

자산부채상태표(2009년 12월 31일자)			
자산		부채	
(1) 현금성자산		(7) 단기부채	
• 현금이나 수표	60만 원	• 신용카드대금	100만 원
• 보통/저축예금	100만 원	• 외상 및 할부	30만 원
• 기타		• 사채	
(2) 투자자산의 현재가치		• 기타	
• 주식/채권/펀드		(8) 중 · 장기부채 (현재 잔액)	
• 적금/정기예금/신탁	1,100만 원	• 자동차	530만 원
• 저축성보험		• 집	5,000만 원
• 연금		• 학자금대출	
• 퇴직금		• 기타	
• 기타		(9) 기타 부채	
(3) 부동산		• 세금 미지급금	
• 집의 현시가		• 기타 미지급금	
• 땅의 현시가		• 기타	
• 기타		**(10) 총부채**	
(4) 개인소유물		**= (7) + (8) + (9)**	**= 5,660만 원**
• 자동차의 현시가	1,000만 원	**(11) 순자산 = (6) − (10)**	**= 9,700만 원**
• 가구집기의 현시가	1,100만 원		
• 보석, 미술소장품 등의 현시가			
• 기타			
(5) 기타자산			
• 빌려준 돈(전세보증금)	12,000만 원		
• 회원권(골프, 헬스, 콘도 등)			
• 기타			
(6) 총자산		**(12) 총부채와 순자산**	
= (1) + (2) + (3) + (4) + (5)		**= (10) + (11)**	
	= 15,360만 원		**= 15,360만 원**

만 원, 자동차할부금 잔액 530만 원, 전세자금 대출금 5,000만 원을 합하여 총 5,660만 원이었다. 따라서 순자산은 9,700만 원으로 계산되었다.

(2) 가계수입지출상태표

이용운의 월소득은 200만 원, 보너스 400%이고, 한새울의 월소득은 120만 원, 보너스 400%로, 연간총소득은 5,120만 원이었다. 저난해에는 시부모님이 자동차 사는 데 보태라고 80만 원을 주셔서 총소득 5,200만 원이었다(〈표 3-3〉).

저축으로는 장기주택마련저축 월 50만 원씩 600만 원을 지출하고 있으며, 고정적인 지출은 근로소득세 약 300만 원, 자동차세 50만 원, 주택대출금상환 500만 원, 자동차할부금상환 180만 원, 자동차보험, 건강보험 및 암보험 200만 원, 차량유지비(가스값 등) 300만 원, 어린이집 월 50만 원씩 600만 원으로 총 2,130만 원이었다. 변동지출로는 주식비, 외식비, 주거관리비 등을 합쳐서 2,380만 원이 지출되었고, 총생활비로는 고정지출과 변동지출을 합하여 4,510만 원이 지출되었다. 총지출은 5,110만 원으로 90만 원 흑자를 보았다.

(3) 재무상태의 평가

〈표 3-1〉에서 제시한 재무비율 준거기준에 대비한 이용운, 한새울 가계의 재무비율 측정값은 〈표 3-4〉와 같다. 유동성지표를 제외하고는 모두 준거기준을 만족시키는 것으로 나타나, 이용운, 한새울 가계의 재무상태는 안정성과 성장성에 있어서 대체로 양호하다고 할 수 있다. 그러나 가계수입지출상태가 적자는 아니지만 소비성향이 큰 편이고, 또 현금성자산과 투자자산을 합한 금융자산이 총자산에 비해 적은 비중을 차지하며, 다양한 투자자산을 이용하지 않는 것은 문제로 지적될 수 있겠다.

잔액이 흑자라서 뿌듯한 마음이 들었지만, 그 흑자분이 장래목표를 위해 저축할 수 있는 유일한 액수라면 장래목표를 이루기 위해 얼마나 많은 시간이 걸릴지 짐작할 수 있는 일이었다. 따라서 소비지출을 조정하여 최대한 저축을 늘려야겠다고 생각했다. 소비지출에서는 육아비용(어린이집)과 자동차관련 비용(세금 + 부채상환 + 보험료 + 차량유지비)의 부담이 큰 편이었다. 그러나 맞벌이부부이므로 이러한 지출은 필수적이라 줄이기 어려운 형편이다. 기부금으로도 많이 지출되었지만 이들 부부의 결혼 초 다짐이 가처분소득의 10% 정도는 헌금이나 불우이웃과의 나눔을 위해 쓰자

표 3-3 **이용운 · 한새울 가계의 가계수입지출 상태표**

가계수입지출상태표(2009년 1월 1일～12월 31일)	
수입	
(1) 소득	
• 근로소득	
남 편	3,200
부 인	1,920
• 이자소득	
• 투자소득(배당금, 자본이득)	
• 개인사업소득	
• 연금소득	
• 임대소득	
(2) 차입금	
(3) 기타	80
(4) 총수입 = (1) + (2) + (3)	5,200만 원
지출	
(5) 저축	600
(6) 고정지출	
• 세금 · 공과금(근로소득세 · 자동차)	350
• 부채상환액(집 · 자동차)	680
• 보험료(자동차 · 건강 · 암)	200
• 차량유지비	300
• 주거비(월세 등)	
• 기타(어린이집)	600
(7) 변동지출	
• 주식비	420
• 외식비	180
• 주거관리비	300
• 피복비	180
• 보건 · 위생비	100
• 교육비	200
• 교양 · 오락비	200
• 교제비	300
• 교통비	100
• 통신비	200
• 특별비(기부금)	200
• 총생활비 = (6) + (7)	4,510만 원
• 총지출 = (6) + (7) + (8)	5,110만 원
잔액 = 총수입 − 총지출 = (4) − (9) = 5,200만 원 − 5,110만 원 = 90만 원	

는 것이었으므로 줄이기 어려울 것 같다. 대신 여름휴가비 등으로 많이 지출했던 교

표 3-4 이용운 · 한새울 가계의 재무비율 측정값

평가지표		재무비율	준거기준	측정값
안정성 지표	가계수지지표	월평균생활비/월평균가계소득	〈0.9	0.87
	비상자금지표	금융자산/월평균생활비	〉1	3.35
		금융자산/월평균가계소득	〉1	2.95
	위험대비지표	월평균보험료/월평균가계소득	0초과~0.2	0.04
	부채부담지표	월평균부채상환액/월평균가계소득	〈0.25	0.13
		총부채/금융자산	〈10	4.49
		총부채/총자산	〈0.8	0.37
성장성 지표	저축성향지표	연간총저축액/연간가계소득	〉0.1	0.13
	투자성향지표	투자자산/총자산	0.05~0.1	0.07
		실물자산/총자산	〈0.9	0.14
	유동성지표	금융자산/총자산	〉0.1	0.08

양 · 오락비와 이용운의 컴퓨터학원과정이 내년이면 끝나게 되어 교육비, 교제비, 그리고 외식비 등을 줄일 수 있으리라 본다.

3.2 재무목표의 설정

가계의 재무상태를 평가하고 나면 본격적인 재무설계에 들어가게 된다. 가장 먼저 해야 할 일은 가계의 재무목표를 설정하는 것이다. 목표는 우리에게 가장 중요한 것에 기초하여 설정한다. 당신에게 가장 중요한 것은 무엇인가? 왜 돈을 버는가? 어디에 돈을 쓰기를 원하는가? 왜 저축해야 하는가?

돈에 대한 목적의식이 분명치 않을 때 우리는 인생의 방향을 잃게 된다. 우리가 날마다 수없이 접하는 광고의 대부분은 아름다운 사람이 특정 재화나 서비스를 가지고 행복한 삶을 즐기는 모습을 보여준다. 그 메시지는 무엇인가? 당신도 그 재화나 서비스를 사면 그런 삶을 누릴 수 있다는 것이다. 게다가 돈을 쓰는 것은 즐거운 일이어서, 우리로 하여금 즐겁게 만들고 쉽게 정당화하도록 만든다. 이런 상태에서는 돈 그 자체가 목적이요, 만족의 대상이 되어, 탐욕만이 돈을 버는 동인이 되며, 돈의 지배를 받는 인생이 되고 만다. 많은 경우 본인이 진정으로 원하는 것, 본인에게 정말로 중요한 것을 이루지 못하고, 또한 본인의 소득에 맞추어 살지 못하기 때문에 부

채에 의존하는 삶을 살기 쉽다.

재무설계의 궁극적인 목적은 가계가 주어진 소득 안에서 빚을 지지 않고, 원하는 목표를 이루면서 살아가는 것, 즉, 재무적 독립을 이루는 것이다. 그런데 일생을 살아갈 때 정규적인 소득에만 의존해서는 안 될 정도로 많은 비용을 요구하는 사건들이 있다. 주택, 자녀교육, 자녀결혼, 은퇴 후 생활 등은 미리 준비해 두지 않으면 원하는 대로 이룰 수 없다. 따라서 이러한 것들은 생활수준의 유지와 더불어 대부분 특별한 가계의 재무목표가 될 수 있다.

1. 재무목표의 종류

재무목표는 목표의 달성기간에 따라, 목표설정의 빈도에 따라, 목표의 내용에 따라 구분될 수 있다. 어떤 재무목표, 예컨대 선물이나 여행 등은 매년 설정될 수 있는 반면, 주택이나 자녀의 대학교육은 일생을 통해 여러 번의 목표가 되지 않는다. 또한 어떤 재무목표는 소비재에 대한 것인 반면, 어떤 것은 오래 보관할 수 있는 것, 또 어떤 목표는 건강이나 교육, 여가와 같은 무형의 것이 될 수 있다. 이러한 구분은 목표를 보다 체계적으로 이해하기 위해서인데, 여기서는 목표의 달성기간에 따라 장기목표와 단기목표로 구분하여 보자.

(1) 장기목표

장기목표는 일생에 걸쳐서 이루기를 원하는 목표이다. 많은 가계가 중요하게 생각하며 이루고자 하는 장기목표로는 내집마련, 자녀의 대학교육, 자녀의 결혼, 노후준비, 위험으로부터의 보호 등이 있다. 이외에도 개인이나 가계가 추구하는 인생의 목표에 따라 장학금설립, 해외여행 등 다양한 장기목표가 있을 수 있다.

(2) 단기목표

단기목표는 1년 내지 5년 안에 이루기를 원하는 목표이다. 단기목표는 장기목표에 비해 보다 개인적이고 가계마다 다르다. 어떤 가계는 4인용 식탁장만, 충치치료, 부엌개조, 휴가 등을 목표로 삼고, 어떤 가계는 부동산투자, 개인사업의 시작 등 완전히 다른 목표를 가질 수 있다. 보다 보편적인 단기목표로는 생활표준의 유지, 비상자금마련과 긴급한 교육에 필요한 자금 등을 들 수 있다.

2. 생애주기에 따른 재무목표의 예

이미 언급한 바와 같이, 생애주기의 어느 단계에 있느냐에 따라, 또 가계의 상황 및 가치관에 따라, 목표들 간의 중요성과 우선순위가 달라진다. 생애주기에 따라 대체로 우선시되는 재무목표는 다음과 같다.

표 3-5 재무목표 모형

생애주기 단계	1차목표	2차목표	3차목표	4차목표
신혼기	내집마련	절세	비상자금/위험대비	노후준비
자녀출산기	비상자금/위험대비	부채관리	자녀교육	노후준비
자녀성장기	자녀교육	부채관리	위험대비	노후준비
대학교육기	자녀교육	부채관리	노후준비	위험대비
자산축적기	자산관리	절세	노후 및 상속준비	특별목표
은퇴기	노후준비	상속준비	자산관리	절세

출처: Dwyer(1989). p. 17.

3. 사례가계의 재무목표 설정

최근에 이용운과 한새울은 그들의 장·단기목표에 대해서 이야기한 적이 있었다. '차도 한 대 더 필요하고 집을 구입해야 한다. 화질이 좋다고 하는 LCD TV로 바꾸고 식기세척기도 있으면 좋겠다. 깨끗하고 멋있는 소파로 바꾸고 싶다. 또 겨울에 스키를 타러 가기 위해 스키와 스키복 등을 장만해야 한다. 여름휴가 때는 동남아여행을 하고 싶다. 시아버님 칠순 때는 효도여행으로 유럽일주를 시켜드리고 싶다' 등의 의견이 나왔다. 무엇을 먼저 해야 할 것인가 우선순위를 논의하다보니, 이러한 목표들이 다소 비현실적인 꿈에 지나지 않을지도 모른다는 생각이 들었다. 그래서 두 사람이 다 동의하고 꼭 필요하다고 생각하는 재무목표를 현실에 맞추어 조정하여 다음과 같이 설정하였다.

표 3-6
단기재무목표 (2009년도)

우선순위	재무목표	필요금액
1	시아버님 칠순준비	100만 원
2	스키여행	100만 원
3	여름휴가	50만 원
4	식기세척기	60만 원
5	LCD TV	100만 원
6	소파	130만 원
총 필요금액		540만 원

표 3-7
장기재무목표 (2009.1.1. 작성)

재무목표	사용기간	준비기간	필요준비금액
비상자금	2010년-	2010-2011년 (2년)	1,000만 원
위험대비	2010-2019년	2010-2019년 (10년)	360만 원(월3만 원의 보험료)
주택구입	2016년	2010-2015년 (6년)	4,000만 원
새자동차	2015년	2012-2014년 (3년)	1,000만 원
유럽여행	2020년	2015-2019년 (5년)	800만 원
자녀교육	2025년-	2013-2024년 (12년)	6,000만 원
노후준비	2035년-	2014-2028년 (15년)	18,000만 원
자녀결혼	2034년-	2023-2030년 (8년)	8,000만 원
총 필요금액			3억 9,160만 원

장기재무목표는 사용기간과 준비기간을 구분해 보았으며, 필요준비금액은 기존에 준비되어 있는 금액(예를 들어 비상자금으로 사용할 수 있는 저축이나 노후자금으로 사용할 수 있는 퇴직금, 연금 등)을 제외한 나머지 금액이다. 위험대비를 위해서는 향후 20년 동안의 보장을 목적으로 보험금 1억 원 지급, 월 3만 원의 보험료를 요구하는 보장성 생명보험을 택하기로 한다. 주택구입자금은 총 18,000만 원가량의 주택구입을 목적으로 하는 것으로 나머지 2,000만 원은 장기대출을 하고자 하여 필요준비자금은 전세보증금 12,000만 원과 대출금 2,000만 원을 제한 4,000만 원이 된다. 자녀교육자금 중 대학교육자금을 평균적인 지출을 기준으로 하여 1인당 3,000만 원씩 준비하도록 한다.

3.3 행동계획의 수립과 실행: 예산

재무목표를 세우고 나면 목표달성을 위한 현실적인 행동계획을 개발해야 한다.

앞에서 살펴보았듯이, 행동계획으로는 재무목표를 달성하기 위한 다양한 재무수단과 재무행동의 개발, 자원배분 계획 등을 포함하지만, 본 절에서는 그 중에서 단기재무목표를 이루는 데 꼭 필요한 행동계획이며, 또한 장기재무목표의 성취에 나아갈 수 있도록 해 주는 중요한 재무설계기제인 예산에 대해서 알아보기로 한다. 먼저 예산이 무엇이며 재무설계에서 어떤 역할을 하는지 살펴보고, 예산의 수립과 실행의 전 과정을 다루며, 마지막으로 예산의 정서적 · 실제적 측면을 논한다.

1. 예산이란

(1) 예산은 무엇인가

예산은 한마디로 기대소득에 기초한 지출계획이라 할 수 있다. 어떤 사람들은 매달 얼마가 들어와서 얼마가 나가는지, 자신의 소득으로 얼마나 저축할 수 있는지, 소득의 한계에 대해서 알지 못하며 무계획적인 경제생활을 하고 있다. 대부분의 낭비는 돈에 대한 이해부족, 즉, 무지로부터 온다. 예산수립은 돈과 관련된 최소한의 훈련으로, 돈을 다루는 체계적인 방법을 배우는 것이다. 예산은 소득이 많고 적음을 막론하고, 부채더미에 눌려 있는 사람에게도, 부채가 없는 사람에게도 필요한 것이다. 예산은 소득과 지출의 균형을 맞추는 계획이며, 재무목표에 따라 소득과 지출을 통제하는 계획이기 때문이다. 예산의 목적은 개인이나 가계가 재무목표를 달성하도록 하기 위함이다. 소득의 증가 없이도 지출의 결과로부터 더 만족할 수 있도록 해준다.

(2) 예산의 장점

• 예산은 당신이 정말 원하는 것을 갖도록 도와 준다.

더 많은 만족을 주지 않는 재화에 돈을 쓰기는 아주 쉽다. 시장은 끊임없이 새로운 상품을 내놓으며 많은 상품은 사용되지 않고 장속에 두어지거나 버려지기도 한다. 그러나 예산은 모든 선택을 살펴보게 하고 비효율적인 자원의 사용을 돌아보게 하며, 무엇을 언제 살지 생각하게 함으로써, 합리적인 선택을 할 수 있게 한다. 예산은 자신의 가치관을 실천하고 인생의 목표를 정의해 보는 기회를 제공한다.

• 예산은 소득 이상으로 지출하는 것을 예방해 준다.

소득이 아무리 많아도 사람은 여전히 선택을 해야만 한다. 대중매체는 때때로 없었던 욕구를 만들어내는데, 그것을 전부 살 돈은 누구에게도 없다. 예산은 소득 내에서 목표의 우선순위에 따라 선택하게 한다. 이것은 타협과 때로는 희생을 요구하지만, 그럼에도 불구하고 다양한 재무적 대안을 개발하는 동기를 제공한다. 또한 장래 있을 일들을 예견하고 사전에 대비할 수 있게 한다.

• 예산은 조화로운 가정을 유지하도록 돕는다.

가계의 중요한 문제 중의 하나는 재무문제에 있어서 의사소통의 부족이다. 장래를 위한 지출과 투자에 관한 결정은 모든 구성원의 가치관, 목표, 표준에 근거한 공동결정이어야 하며, 이렇게 될 때 예산은 가족 간의 의사소통 기회를 제공한다. 가족 구성원 각자가 자원절약의 필요성을 느끼게 하고, 재무목표를 이루는 데 각자의 역할이 중요함을 인식하게 한다.

• 예산은 재무설계를 검토하는 데 도움을 준다.

목표에 얼마만큼 가까워졌는지 정기적으로 검토하는 것은 재무설계의 한 부분이다. 지출기록은 실제 성과를 검토하는 데 유용하다.

• 예산을 통해 자기통제가 가능하다.

돈이 부족할 경우 빌려서 지출하고 싶은 충동이 생기는데, 너무 많은 부채는 재무위기를 초래할 뿐 아니라 삶의 자유를 제약한다. 예산은 돈뿐만 아니라 삶을 통제할 수 있게 해준다.

(3) 예산의 한계점

- 부정확한 자료를 사용할 때 예산은 잘못된 방향으로 인도한다.
- 어떤 사람들은 예산과 지출기록이 자유를 구속한다고 생각한다. 부정적인 견해를 가지고 있을 때 예산은 실생활에 충분히 이용되지 못한다.
- 예산의 숫자에 너무 의존하는 것은 창의성을 감소시키고 기계적인 사고에 머물게 한다. 때로는 위험부담이 필요할 때가 있으며, 따라서 예산의 실행에 있어서 적당한 융통성이 필요하다.

2. 예산의 수립

예산수립은 크게 두 단계로 구성된다. 첫째는 기대소득과 현재지출을 측정하는 단계이고, 다음 단계는 예산을 확정하는 것이다.

(1) 기대소득과 현재지출의 측정

소득이 얼마나 되는지, 돈을 현재 어떻게 사용하는지 알아본 후에야, 현실적인 지출계획을 세울 수 있다. 이미 작성한 가계수입지출상태표는 기대소득과 지출을 측정하는 데 기초가 된다. 지출을 측정하고 나면, 모든 가족원에게 지출기록의 결과를 비판 없이 알려준다. 기대소득과 지출을 바탕으로 지출계획을 확정하기 위해서는, 현재의 지출을 평가하고 다음 해 또는 장래에 어떻게 지출하기를 원하는지를 먼저 결정해야 하므로, 가족구성원들이 모여 그들의 단기목표, 장기목표를 서로 나누는 시간이 필요하다.

(2) 예산의 확정

예산은 다음의 식에 기초한다.

$$\text{저축} + \text{소비지출} = \text{소득}$$

즉, 예산은 소득을 크게 저축과 소비지출로 배분하는 것이며, 이때 저축과 소비지출을 합한 값이 소득과 일치하도록 해야 한다. 예산의 확정이란 소득을 저축과 소비지출에 얼마나, 무엇을 위해 배분할 것인가를 결정하는 것이다.

1) 저 축

사람들은 세 유형으로 나눌 수 있다. 소득보다 더 많이 지출하며 빚을 지는 사람들, 버는 것을 모두 쓰고 저축하지 않는 사람들, 버는 것보다 적게 쓰고 저축하는 사람들이다. 당신은 어디에 속하는가?

어떤 사람은 소득은 적으나 꽤 많은 저축을 가지고 있고, 어떤 사람은 소득은 많으나 조금도 못 남긴다. 저축은 소득과 비례하지 않는다. 얼마를 벌든지 그만큼 쓰고

자 하는 것이 인간의 본성이므로 재무적 성공은 버는 것이 아니라 저축하는 것에 기인한다.

오늘날과 같은 물질주의 문화 속에서는 소비가 예찬되고, 소비가 삶의 목적이 된다. 내가 만일 지속적인 초과지출자라면, 인간으로서의 가치가 물건의 소유와 아무 관계가 없다는 것을 인식하고 돈을 쓰는 방식에 대한 생각방법을 바꾸어야 한다. 만일 우리가 계속 일을 하고 버는 것 이상으로 쓰지 않는다면 우리는 더 이상 일을 할 수 없게 될 때까지는 좋은 생활을 누릴 수 있다. 그러나 조기퇴직이 유행하고 각종 위험이 산재해 있는 현대사회에서는 소득상실의 위험이 항상 있으므로, 저축으로 대비하는 것이 현명하다.

특히 재무목표를 달성하기 위해서는 복권에 당첨되거나 유산을 많이 상속받는 경우를 제외하면 소득의 일부분을 저축해 둔 것에 의존해야 한다. 그런데 종종 우리는 한 달이 지나기도 전에 소득이 바닥나는 경험을 한다. 이에 대해 많은 전문가들은 "먼저 저축(pay yourself first)"하고 나머지를 지출하는 것을 해결책으로 제시하고 있다. 저축은 매달 예산의 첫 번째 비목이 되어야 한다.

• 얼마를 저축할 것인가?

저축필요액은 재무목표에 달려 있다. 장기목표와 단기목표에 필요한 금액을 기간으로 나누면, 장 · 단기목표를 위한 매년 또는 매월의 저축필요액을 알 수 있다. 이를 자산부채상태표와 가계수입지출상태표에 근거하여 구체적인 저축액수를 정한다.

통계청(2009b)의 2008년 가계동향조사에 따르면, 가계가 처분할 수 있는 소득 가운데 소비하고 남은 금액을 소득으로 나눈 비율인 가계의 평균저축성향은 21.5%로 나타났다. 그러나 남은 금액 중에서 저축하지 않고 있는 연기금을 고려하여 계산한 개인순저축률(net perosnal saving ratio)은 2008년 2.5%로서 2005년 6.5%에 비해서 크게 줄어든 값일 뿐만 아니라 OECD 국가 중에서 가장 빠른 속도로 하락하고 있어, 실제 저축률이 감소하고 있음을 알 수 있다(한국은행, 2009c; 현대경제연구원, 2008).

• 무엇을 위해 저축할 것인가?

저축의 목적도 재무목표에 달려 있다. 세분해 보면 단기목표를 위한 저축, 장기목표를 위한 저축, 비상자금을 위한 저축이 있다. 전문가들은 갑작스러운 질병, 사고, 이혼, 실직, 이직 등의 변화에 대한 대비를 위해 비상자금을 꼭 마련해 두어야 한다

비상자금 모으기

읽을거리

1. 비상자금을 매월고정지출로 취급하라.
2. 자동이체를 이용하라.
3. 갑자기 생긴 돈, 예컨대 소득세환급액, 보너스, 시간외 수당을 저축하라.
4. 예산을 바꾸지 않더라도 소득의 증가분을 이용하라.
5. 매일 남은 돈을 모으라.
6. 여가, 외식을 아껴라.

고 본다. 비상자금 필요액은 직업과 소득의 안정성, 소득수준에 따라 다른데, 약 6개월간의 실업을 견딜 수 있을 만큼은 되어야 한다고 권장한다. 최소한 3달에서 6달치 소득(또는 지출)분이 필요하다. 비상자금이 모아지면 비상시 외에는 건드리면 안 되며, 쓰고 나면 곧 채워 넣어야 한다.

• 어디에 저축할 것인가?

일단 저축금액을 확보하고 나면 장 · 단기목표에 따라 적합한 금융상품을 선택하거나 직접투자에 배분하는 투자계획을 세워야 한다. 이를 위해서는 '저축금액이 언제, 얼마만큼 필요하게 되는가'를 기본으로 포트폴리오적인 사고방식에 기초를 둔 자산형성의 전략이 있어야 하며, 이에 대해서는 이 책의 후반부에서 다룰 것이다.

2) 소비지출

소비지출은 필요와 욕구를 충족시키기 위해 사용되는 것으로, 예산의 대부분을 차지하는 중요한 부분이다. 우리는 무엇을 위해 얼마나 소비지출할 것인지 결정해야 하는데, 이때 주의할 점은 다음과 같다.

• 필요(needs)와 욕구(wants)를 구분한다.

필요와 욕구는 예산에서 균형을 유지해야 한다. 필요는 기본적으로 생활의 유지를 위해 꼭 필요한 것인 반면, 욕구는 근사한 외식, 유명상표 드레스와 같이 갖고 싶은 것, 그러나 선택적인 것을 말한다. 예산에서 필요는 꼭 충족되도록 해야 하며, 욕구를 위해서는 충족시킬 수 있는 능력을 고려하여 특별한 계획을 세우는 것이 좋다. 예를 들어 단기목표에 포함시킬 수 있다.

• 기회비용을 고려한다.

어떤 목적을 위해서 돈을 사용하면, 그 돈을 다른 목적을 위해서 또 사용할 수는 없다. 따라서 잃어버리는 기회비용을 고려하여, 꼭 필요한 것을 위해 지출해야 한다.

• 고정지출과 변동지출을 구분한다.

고정지출은 정기적인 지출로, 변동지출에 앞서서 소득을 차지하는 것이다. 고정지출 중에서 세금이나 부채상환금, 임대료 등 꼭 지출해야 하는 것을 예산수립 시에 먼저 고려해야 한다. 변동지출은 얼마를 사용할지 소비자가 통제할 수 있기 때문에 다소 유동적이다. 고정지출이나 필수재에 먼저 지출하고 남은 소득으로 나머지 변동지출에 배분해야 한다. 고정지출과 변동지출의 구체적인 비목은 가계부나 이 책에 제시한 가계수입지출상태표 등을 참고하여 각 가계의 필요에 맞게 정한다.

• 지출비목 간의 균형을 고려한다.

우리나라 가계의 월평균 소비지출 구성비를 살펴보면 〈표 3-8〉과 같다. 이러한 수치들은 단지 참고로 이용할 수 있다. 적합한 지출구성비는 생애주기의 단계, 가족수, 거주지, 소득에 따라 달라지기 때문에, 이러한 요인들을 고려하고 자신의 라이프스타일과 목표와 가치관에 맞추어야만 한다.

표 3-8
도시가구 소비지출 항목별 구성비 (2007년 기준)

	평균값/구성비	당신의 가계는?
월평균소득	368만 원	
월평균소비지출	227만 원	
소비지출 구성비	100%	
식료품	25.1	
(외식)	(11.8)	
주거, 연료, 가구, 가사용품	12.6	
피복 · 신발	5.3	
보건 · 의료	5.2	
(보건의료서비스)	(3.5)	
교육교양오락	17	
교통통신	17.2	
(개인교통)	(8.6)	
(통신)	(6.0)	
기타 소비지출	17.5	
(잡비)	(13.4)	

자료: 통계청(2008d).

지출감축을 위한 비결

읽을거리

1. 신용카드를 집에 두라–비상시나 특별한 목적을 위해서 두라.
2. 덜 비싼 차를 타고 다니라–가스, 수리, 보험 등에서 유리하다.
3. 가장 좋은 가격으로 구매하라–특히 자동차나 전자제품과 같이 고가상품
4. 큰 쇼핑센터에서 많은 양을 사라.
5. 외식을 줄이라.
6. 외식할 때 음료를 덜 마시라.
7. 시설이 단순한 집을 임차하라.
8. 보험선택 시 공제액이 높은 것을 선택하라.
9. 꼭 필요한 것인지 구매 전에 질문해 보라.

3) 소득과 총지출의 비교

돈이 남으면 저축이나 소비지출에 추가하면 된다. 그러나 총지출이 소득을 초과하면 예산을 조정해야 한다. 여기서 소득사용의 우선순위를 결정해야 한다. 무엇을 변경해야 하는가? 어떤 재무목표를 가장 먼저 생각해야 할 것인가? 어떤 것이 연기될 수 있는가? 휴가가 주말영화보다 더 중요한가? 새 차를 사기 위해 새 컴퓨터를 포기할 수 있는가? 우선적으로 해야 할 일은 소비지출을 통제하는 것이다. 고정지출은 적절한지 살펴보고 변동지출을 줄이는 방안을 검토해 본다. 그래도 부족하면 재무목표의 조절을 통해 현재의 저축필요액을 낮추든지 하여, 총지출과 소득을 일치시키는 방법을 찾아야 한다.

4) 성공적인 예산이 갖추어야 할 점

예산수립이 성공적인 것이 되기 위해서는 다음과 같은 특성을 가져야 한다.

• 잘 계획되어야 한다.

시간과 노력을 투자하여 잘 준비한 것이어야 한다. 또한 관련된 모든 가족원이 같이 참여해야 한다.

• 현실적이어야 한다.

부채상환을 위해 소득의 많은 부분을 지출하는 가계가 갑자기 저축을 30%로 늘릴 수는 없다. 예산의 내용도 단계적으로 발전되어야 한다. 처음 예산을 시작하는 가계

는 지출을 줄임으로써 번 것보다 적게 쓴다는 목표를 가지고 출발할 수 있다. 차츰 잉여자금이 형성되기 시작하면, 가장 금리가 높은 단기부채부터 갚고 다음으로 비상자금을 마련한다. 그러고 나서 투자자금을 조성하여 투자를 시작하고, 장기부채를 정리하고, 가계의 재무목표를 하나씩 달성함으로써 궁극적으로 재무독립을 이룬다.

• 융통성이 있어야 한다.

예기치 않았던 비용이나 변화에 따라 수정할 수 있어야 한다.

• 의사소통이 잘 되는 것이어야 한다.

모든 가족원이 알고 참조할 수 있는 기록된 예산이어야 한다.

3. 예산의 실행 및 기록

예산을 수립한 후에는 이를 실행하고 기록할 수 있는 체계를 선택해야 한다.

(1) 예산체계

예산체계는 예산을 기록하고, 또 실제소득과 실제지출을 기록할 수 있도록 하는 기제로서, 다음과 같은 것이 있다.

• 간편한 예산체계: 봉투분류법

봉투에 돈을 분류해 보관하는 방법이다. 비목별로 봉투를 준비해서 각 봉투의 겉면에 예산액수를 적고 돈을 넣어둔다. 예를 들어 교통비 예산이 30만 원이라면, 교통비 봉투를 만들어서 가스비, 수리비, 보험료 등으로 구분해 적어 총예산이 30만 원이 되도록 한다. 교통비로 돈을 지출하게 될 때는, 필요한 돈을 그 봉투에서 꺼내어 지출하고 잔돈은 봉투에 되돌려 넣어 두는 것이다. 봉투가 비게 되면 그 달의 예산을 다 지출한 것임을 알 수 있다. 유사한 방법으로 폴더를 이용하거나, 다른 용기를 이용할 수도 있다.

• 가계부

가계부는 은행이나 서점, 문구점 등에서 쉽게 구할 수 있다. 예결산표나 월지출기록장, 저축장부, 신용카드기록장, 차계부 등을 포함하고 있어 체계가 조직적이며 정확하다. 그러나 세밀한 기록과 계산을 요하므로, 시간과 노력이 많이 드는 방법이라 할 수 있다.

• 컴퓨터 기록체계

요즘은 인터넷 가계부프로그램들이 많이 있다. 계산을 일일이 하지 않아도 합산이 가능해서, 예결산비교가 편리하다. 먼저 사용방법을 배워야 하고 프로그램마다 특징이 있고 장 · 단점이 있으므로 자신에게 맞는 프로그램을 선택하는 것이 중요하다.

(2) 누가 할 것인가

일단 예산체계를 결정했으면 누군가가 수행해야 한다. 누가 지출기록을 하며, 누가 청구서 처리를 할 것인가? 누가 은행에 갈 것이며 은행잔고정리를 할 것인가? 누가 영수증을 정리하고 보관할 것인가? 또 누가 조직하고 통제할 것인가? 등을 결정해야 한다.

가족의 사정에 따라 그 일을 가장 즐기는 사람이 할 수도 있고 또는 가족 중 한 사람이 전담할 수도 있다. 그러나 한 배우자에게 과중한 부담이 되지 않도록 하는 것이 좋고, 함께 조금이라도 분담하는 것이 바람직하다. 누구도 그러한 일을 좋아하지 않으면 시간을 정해서 돌아가면서 하는 것도 한 방법이다. 부부 모두가 재무에 관한 일

알아두면 편리한 인터넷 가계부들

업체명	홈페이지	특징	회원가입여부	이용요금
네이버	moneybook.naver.com	편리한 조작법과 깔끔한 화면구성	O	무료
모네타	mini.moneta.co.kr	개성을 살릴 수 있는 미니홈피 디자인	O	무료
아이캐시하우스	www.icashhouse.co.kr	가장 단순하고 편리함	×	무료
우리은행	www.wooribank.com	보안성, 안전성 면에서 안심	O	무료
국민은행	www.kbstar.com			
머니키퍼	www.moneykeeper.kr	영수증까지 자동입력	O	일부기능 유료 (평생회원 8,000원)
이지데이	www.ezday.co.kr	전문가를 위한 고급기능	O	일부기능 유료 (월1,000원~1만 원)

출처: 조선일보, 2009.02.12.

에 익숙하게 되고 가계가 어떻게 돌아가는지 알아야 하며 필요할 때 기록할 수 있어야 한다. 재무에 대해 아무것도 모르면 이혼이나 사별 후 문제가 되기 쉽다.

4. 사례가계의 예산수립과 실행

이용운 · 한새울 가계가 장 · 단기 재무목표를 이루려면 어떤 행동계획을 세워야 하는가? 우선 2010년 한 해 동안 실행할 수 있는 월별 예산을 세워보기로 한다.

(1) 기대소득과 현재지출의 측정

2010년의 기대소득은 2009년의 근로소득, 보너스의 합계금액과 동일하다고 보기로 한다. 따라서 가계수입지출상태표를 참고로 하면 월평균소득은 약 426만 원이고, 지출도 월 426만 원이다.

(2) 예산의 확정

장 · 단기 재무목표를 반영한 예산은 어떻게 되어야 할 것인가? 우선 월저축필요액부터 구해 보기로 한다.

월저축필요액 = (단기목표 540만 원+비상자금 1,000만 원/2년+주택구입자금 4,000만 원/6년)/12개월+위험대비 월 3만 원 보험료=145만 원

이 저축금액을 현실적으로 달성하기는 불가능하다고 판단한 이용운과 한새울은 단기목표를 조정하기로 하였다. 우선순위 4, 5, 6번은 꼭 필요한 것이 아니므로 장기적인 특별목표로 다음에 고려하기로 하고, 스키여행은 스키도구를 친구에게 빌리기로 하여 비용을 30만 원으로 줄이고, 여름휴가도 20만 원으로 줄이기로 하여, 단기목표자금을 150만 원으로 줄였다. 그래서 조정된 월저축필요액은 약 113만 원이었다. 현재 월 50만 원씩의 저축을 하고 있으므로 추가저축필요액은 월 63만 원이다.

가계수입지출상태표를 참고로 조정하여 다음과 같이 예산을 확정하였다(표 3-9). 조정내용을 보면 우선 변동지출에서 피복비, 보건 · 위생비, 교육비, 교양 · 오락비,

교제비, 통신비 등을 줄였다. 피복비는 지난해에 겨울코트를 한 벌씩 사느라고 많이 지출한 것을 감안하여 줄였고, 보건 · 위생비는 지난 해에 한새울 치과비용(보철)으로 많이 들어갔으므로 그만큼 줄일 수 있을 것이며, 예방접종 등은 보건소를 이용하여 비용을 줄인다. 교육비는 컴퓨터교육이 끝나서 학원비만큼 줄일 수 있다. 또 교양 · 오락비는 겨울스키여행과 여름휴가비용을 단기목표로 책정했으므로 그만큼 제할 수 있고, 교제비도 긴축운영하기로 하였다. 통신비감축을 위해 핸드폰사용을 되도록 줄이기로 하였다. 그리고 고정지출에서 육아비용을 가능하면 줄이기 위해 구청에서 보조해 주는 관인어린이집을 찾아 보았더니 월 10만 원가량 절약할 수 있게 되었다.

이렇게 해서 마련된 추가저축금액 월 63만 원은 기본적으로 유동성을 고려하고, 안전하면서도 수익률이 높은 대안을 선택해서 저축하려고 하며, 투자에 대해 좀더 공부한 후에 결정하기로 하였다(제8장 참조).

(3) 예산의 실행 및 기록

예산체계로는 인터넷 가계부프로그램을 이용하여 한새울이 매일의 지출을 기록하였다.

3.4 정기적 검토와 수정

1. 실행예산의 검토와 수정

지금까지의 예산이 성공적인 재무목표 달성을 보증해 주지는 않는다. 예산은 지속적으로 조정되고 수정되어야 한다. 또한 예산이 잘 수행되는지 가족간의 논의가 필요하다. 예산이 잘 수행되는지는 예결산표를 이용하여 평가할 수 있는데, 특히 다음의 경우에 예산의 조정이 필요하다.

(1) 월말결산이 적자인 경우

총지출이 소득을 초과할 때 적자가 생긴다. 반대로 총지출이 소득보다 적을 때는 흑자가 생긴다. 적자를 해결하는 방법에는 다음과 같은 것이 있다.

- 적자기의 지출을 흑자가 생기는 시기로 연기하거나, 흑자기의 소득을 적자기로 당겨 쓴다.
- 저축이나 투자, 부채를 일시적으로 이용하고, 흑자기에 다시 돌려준다.

(2) 연말결산이 적자인 경우

일년예산의 결과가 적자인 경우는 해결이 더 어려워진다. 가능한 해결책은 다음과 같다.

- 그 해의 적자를 메꿀 만큼 저축, 투자, 부채를 이용한다. 이 방법은 주어진 소득 내에서 지출을 충당한다는 예산의 원리를 위배하는 것이므로 피해야 하는 방법이다.
- 우선순위가 낮은 지출비목의 지출을 축소한다. 우선순위가 낮은 지출비목은 가장 덜 중요한 것으로서, 종종 변동지출비목에서 찾을 수 있다.
- 소득을 증가시킨다. 부업이나 시간제 일, 또는 봉급이 많은 직장으로의 이동을 고려해 볼 수 있다. 이 방법은 여가시간이나 생활양식에 변화를 가져오는 가장 어려운 결정이라 할 수 있다. 그러나 저축이나 투자를 전혀 할 수 없고 기본적 지출조차 어려운 사람에게 있어서는 유일한 방법일 수 있다.

2. 예산에 관한 기타 논의

(1) 공동의사결정의 중요성

부부가 함께 예산을 수립하고 평가해 나가는 것은 매우 중요한데, 이는 돈이 부부간 논쟁의 주된 원인이 되기 때문이다. 돈에 대해 논쟁을 많이 하는 가족은 가족원들이 그들의 의견이나 욕구를 서로 자유롭게 의사소통하고 있다고 느끼지 않는다고 한다.

돈에 관한 논의는 민감할 수 있고 강한 감정적 반응을 드러낼 수 있다. 왜냐하면 지출은 종종 생리적 필요뿐 아니라 감정적 필요까지 채워주기 때문이다. 가치관의 차이는 예산의 논의에서 크게 드러나며, 이는 의사소통을 통해서 조정되어야 한다.

한 가족원이 돈과 소득, 지출에 관한 정보를 혼자 가지고 있다면, 그는 돈을 타인 통제의 수단으로 사용하기 쉽다. 이러한 상황은 다른 가족원으로부터의 비난과 협동의 부족, 그리고 보복을 낳는다. 이러한 잠재적 문제를 의식하는 것이 중요하며, 공동의사결정을 통해 해결하도록 노력해야 한다.

(2) 가족원 간의 소득과 지출의 공유

어떤 가족은 재무설계가 필요하고 해야 한다고 생각하지만 첫 번째 단계, 즉, 소득을 결정하는 단계에서 더 진행이 안 된다. 얼마만큼의 소득을 서로 공유하며 얼마를 분리시킬 것인가에서 동의하지 못하는 것이다. 부부취업가족이 보편화되어가고 있는 요즈음, 이러한 새로운 의사결정에 직면하게 된다. 부부간에 돈을 관리하는 방법으로 네 가지를 제시할 수 있는데, 어떤 방법이든 각 가족원의 재무적 책임을 명확하게 제시하고 그의 동의를 얻는 것을 선택해야 한다(Leet & Driggers, 1990).

1) 비례적 할당

우선 생활필수품을 결정하고 각 가족원이 자신의 소득에 비례하여 기본생계비를 내놓는 것이다(예컨대 2/3씩). 돈이 적거나 없는 사람에게는 상당히 불공평한데, 이는 자신이 쓸돈이 없거나 적기 때문이다.

2) 균등배분

생활비가 한달에 200만 원이라면 각각 균등하게 내는 것이다. 부부 이외의 여러 가족원이 있을 경우에 적용하기 쉬운 방법이다. 그러나 소득에 차이가 많이날 때 문제가 되는데, 소득이 적은 사람은 생활비를 내고 나면 쓸 돈이 조금밖에 남지 않을 수 있다.

3) 소득의 공유

공동저축구좌를 만들고, 돈을 더 벌고 덜 버는 것과 상관없이 공동으로 지출한다. 가장 단순한 방법이며 전통적인 결혼패턴에 맞는 것이다. 공유는 상당한 신뢰와 협동을 바탕으로 한다. 이러한 경우 배우자가 알지 못하는 특별한 목적에 사용하기 위한 돈을 모으기가 불가능하다.

4) 공유와 개별관리의 혼합

대부분은 공유하고, 두 개의 독립된 구좌를 열어서 각 배우자가 자신이 사용하고 싶은 데 사용할 수 있도록 특정금액을 따로 두는 것이다. 그 액수는 클 수도 작을 수도 있고, 똑같을 수도 같지 않을 수도 있다. 그러나 다른 배우자의 간섭이나 영향으로부터 떠나 있는 것이다.

돈을 관리하고 통제하기 위해서 계획이나 체계가 필요하다. 위의 4가지 중, 또는 새로운 방법을 배우자와 상의해서 하나를 택할 수 있다. 중요한 것은 각각의 장 · 단점을 얘기하고 모두에게 좋은 것인지 확인하는 것이다. 각각 어떻게 느끼는지, 절세나 장래설계를 위해 적절한 방법인지, 부대비용은 어떤지, 모든 구성원을 위해 체계를 개발하고 평가하고 수정할 필요가 있다.

3. 사례가계의 예산검토와 수정

한 달간 실행한 예산을 평가하기 위해서 월별 예산결산표를 출력해 보았다(표 3-9). 2010년 1월은 두 사람 다 보너스 50%를 받는 달이라 소득이 평균소득보다 조금 높다. 그러나 이 금액은 이월되어 평균보다 소득이 작아지는 달을 대비해야 할 것이다. 예산과 지출을 비교해 보면, 예산을 잘 지키려고 노력한 결과 대체로 예산이 잘 지켜진 것으로 평가된다. 자동차세는 1년에 두 번 낼 때를 대비하여 지출되지 않는 달에도 그만큼 남겨져야 할 것이다. 설날이 들어 있어서 주식비와 교제비가 예산보다 많이 지출되었으나, 다음 달에 긴축조정될 수 있을 것이다. 긴급한 필요를 대비해서 비상자금을 모으고 있지만, 그동안의 긴급한 경우에 대비하기 위해 은행의 주거래통장을 마이너스회전대출이 가능하도록 각각 신청하기로 하였다. 예산이 특별한 문제점을 나타내지 않아 향후 2~3달 지켜본 후에 다시 평가해 보기로 한다.

표 3-9
월별 예산결산표

	항목	예산	결산	차액
수입	소득	4,260,000	4,800,000	540,000
	저축인출	0	0	0
	차입	0	0	0
	총수입	4,260,000	4,800,000	540,000
지출	세금 · 공과금	290,000	250,000	40,000
	부채상환액	570,000	570,000	
	주식비	350,000	430,000	−80,000
	외식비	100,000	90,000	10,000
	주거비	250,000	250,000	0
	피복비	120,000	110,000	10,000
	보건 · 위생비	60,000	50,000	10,000
	교육비	60,000	60,000	0
	교양 · 오락비	60,000	60,000	0
	교제비	150,000	200,000	−50,000
	교통비	60,000	60,000	0
	통신비	100,000	90,000	10,000
	차량유지비	250,000	220,000	30,000
	육아비(어린이집)	400,000	400,000	0
	보험료	160,000	160,000	0
	특별비(기부금)	150,000	150,000	0
	비용지출계	3,130,000	3,150,000	−20,000
	저축성(저축)	1,130,000	1,130,000	0
	요구불(저축)	0	0	0
	총지출	4,260,000	4,280,000	−20,000

연습문제

1. 우리 집의 자산부채상태표와 가계수입지출상태표를 작성하고 평가해 보자.

2. 자신의 재무설계를 시행해 보자.

(1) 장 · 단기 재무목표를 설정하고 나에게 맞는 예산항목을 설정하여 예산을 세워보자.
(2) 인터넷 가계부 프로그램을 한 가지 선택해서 한 달간 기록해 보고, 장 · 단점을 토의해 보자.
(3) 실행한 예산을 평가해 보자.

3. 20대 후반에 결혼한 서태석과 박경옥 부부는 결혼 6년 동안 상당히 안락하게 살아왔다. 항공사에 컴퓨터분석가로 근무하는 서태석의 소득은 연봉 3,000만 원이며, 백화점 코디네이터로 근무하는 박경옥의 소득은 연봉 1,500만 원이다. 언제나 소득이 지출을 능가했고 16,000만 원짜리 아파트 전세에 살며 시가 1,000만 원짜리 자동차와 2,000만 원 정도의 여유자금을 가지고 있다. 지금까지 그들이 원하는 대로 살만큼 소득이 충분했으므로 이들은 재무설계를 하지 않았다. 그런데, 박경옥이 임신 2달째인 것을 알았을 때, 그녀는 이직을 하고 자녀를 키우는 비용에 대해 염려하게 되었다. 그러나 서태석은 지금까지 잘 살아왔으니 염려하지 말라고 했다. 지금까지의 월생활비가 자신의 월평균소득과 비슷하며, 또 내년에는 소득이 10% 이상 증가할 것이고, 급할 때는 저축을 빼서 쓰면 된다는 것이다. 장기적으로도 자신의 직장에서 인정을 받고 있기 때문에 걱정할 것 없으며 또 몇 년 후 박경옥이 재취업하면 되지 않겠느냐고 설득하였다. 그러나 박경옥은 여전히 마음이 불편했고 아마 더 좋은 방법이 있을 것이라 생각하고 있다.

(1) 이 부부가 이런 식으로 재무를 운영해 나간다면 장기적 결과로 어떤 것이 기대되는지 논의해 보자.
(2) 이 부부가 사용하는 재무설계 접근법을 비판적으로 평가해 보자. 서태석의 논점에서 ① 장기적 시점 ② 인플레이션의 역할 ③ 순자산에의 영향을 고려하여 어떤 문제점이 있는지 지적해 보자.
(3) 이 부부가 사용할 수 있는 재무설계 과정을 설명해 보자. 장 · 단기 계획과 예산의 역할을 설명에 포함하도록 하자.

>>> 유용한 사이트

- 국가통계포털 www.kosis.kr
  - 도시가계 소득과 소비지출, 자산, 물가, 금리, 교육비 등 정보
- 모네타 www.moneta.co.kr
  - 재테크포탈 (인터넷가계부, 금융계산기, 금융상품, 금융기관 정보)
- 삼성경제연구소 www.seri.org
  - 노후비용, 경기
- 한국소비자원 www.kca.go.kr
  - 결혼비용, 교육비
- 한국은행 www.bok.or.kr
  - 경기, 저축률

제 2 부

수입과 지출의 관리

제 4 장 수입과 지출관리의 기본

제 5 장 수입과 지출관리의 적용

Personal Finance

개인 및 가계의 재무상태는 수입을 늘리고 안정성을 높임으로써 뿐만 아니라, 이미 획득한 수입과 자산을 관리하는 방식에 따라 큰 영향을 받는다. 또한 지출과 부채를 관리하는 방식에 따라 영향을 받는다. 제2부에서는 가계소득을 극대화할 수 있는 방안으로 이용할 수 있는 수입과 지출관리의 원리를 알아본다. 또한 이러한 원리를 주택과 자동차구입에 실제로 적용하여 본다.

Chapter 04

수입과 지출관리의 기본

가계소득을 극대화하기 위해서는 수입과 지출을 관리하여야 한다. 즉, 같은 소득을 갖는 가계일지라도 가계에 들어온 수입을 관리하고 현명하게 지출함으로써 생활의 질을 향상시킬 수 있다. 세부적으로 가계자금관리, 차용관리, 세금관리 및 지출관리라는 재무관리과정을 통하여 소득의 극대화를 달성할 수 있다. 제4장에서 이에 대해 구체적으로 살펴볼 것이다.

학습목표

1. 가계에 들어온 자금을 단기, 장기로 나누어 운영할 수 있는 방법을 안다.
2. 가계의 재무목표에 적합한 금융기관과 금융서비스를 선택할 수 있다.
3. 차용의 종류를 이해할 수 있다.
4. 차용관리의 방법을 알아 실천할 수 있다.
5. 가계관련 세금의 종류에 대해 이해할 수 있다.
6. 소득세를 계산할 수 있다.

주·요·용·어

자금관리, 금융서비스, 예금, 간접투자, 대출, 개인위험대비, 증권거래, 금융기관, 은행, 증권회사, 보험회사, 예금자보호제도, 차용, 소비자신용, 현금대출, 판매신용, 차용관리, 대출금 상환방식, 신용등급, 신용정보, 신용카드, 과잉부채, 세금관리, 가계관련세금, 소득세, 종합소득세, 퇴직소득세, 양도소득세, 절세전략, 연말정산, 지출관리

가계소득의 실질적인 상승은 소득을 증대키는 것 이외에도 가계자금을 현명하게 관리하고, 필요할 때는 적절한 차용수단을 선택하고, 또한 가계의 지출내용 중 큰 비중을 차지하고 있는 세금의 원리를 알아 불필요한 세금의 지출을 방지하며, 소비지출을 합리적으로 함으로써 달성될 수 있다([그림 4-1] 참조).

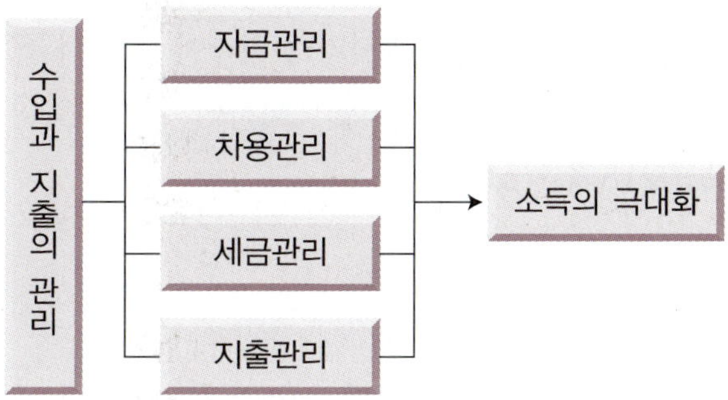

그림 4-1
소득 극대화를 위한 수입과 지출의 관리

4.1 자금관리

1. 자금관리란 무엇인가

(1) 자금관리의 정의

가계에 지속적으로 들어오게 되는 소득과 이미 형성되어 있는 자산, 차용 가능한 자금 등을 모두 합하여 가계자금이라고 한다. 예산수립을 통하여 가계자금을 가지고 얼마나 지출하며 얼마나 저축을 하여야 하는지, 돈을 빌린다면 얼마나 빌려야 하는지를 결정하고 실행하게 된다. 이러한 과정에서 현금은 얼마나 가지고 있어야 하는지, 신용카드를 사용해야 하는지, 예금통장은 어디에 개설해야 하는지, 저축은 어떻게 해야 하는지 등을 결정해야 한다. 뿐만 아니라 이제까지 모아놓은 자산을 활용하여 자산을 증식하여야 할 방법이 무엇인지를 탐색하여 적절한 금융기관과 금융상품을 선택하여야 한다. 이렇게 가계자금을 필요한 시기에 맞추어 효율적으로 이용할 수 있고 수익을 창출할 수 있도록 관리하는 것을 자금관리라고 한다. 따라서 가계자금의 일부는 현재의 단기적 소비를 위해 즉각적으로 이용될 수 있는 형태로 보관하고 있어야 하며 나머지는 기간에 따라 분류하여 저축을 하여야 한다. 이때, 미래의 구매력은 물가가 상승함에 따라 감소하는 것이 일반적이므로 구매력을 유지할 수 있도록 금융기관과 금융상품을 이용하는 것이 필수적이다. 따라서 효율적인 자금관리란 장 · 단기에 필요한 소비욕구를 충족시키기 위하여 모든 자금을 여러 방법에 이용하여 최대의 이윤을 남기고 인플레이션에 대비하여 구매력을 유지하는 작업이라고 할 수 있다(Garman & Forgue, 2006).

(2) 자금관리의 단계

가계자금관리의 기본적인 단계는 [그림 4-2]와 같이 설명될 수 있다. 현재의 소득과 저축액 및 차용 가능한 금액으로 구성되는 가계자금은 단기적으로 관리되어야 할 부분과 장기적으로 관리되어야 할 부분으로 나뉘어 운영될 수 있다.

1) 단기자금관리

단기적으로 볼 때 가계에는 생활비가 필요하며 또한 비상사태에 대비하여 얼마간의 비상자금이 마련되어 있어야 한다. 생활비나 비상자금은 현금으로 보관하든지, 유동성이 큰 형태의 금융상품을 이용함으로써 필요할 때마다 찾아 쓸 수 있도록 한다. 이때 얼마를 현금으로 또는 현금화가 쉽게 되는 금융상품에 보관하고 있을지는 각 가계에서 드는 생활비와 비상사태의 발생가능성에 따라 달라지게 된다. 2008년 현재 우리나라 가계는 월 평균 생활비로 274만 원 정도를 지출하고 있다(통계청, 2009b). 가계재무전문가들에 의하면 가계가 비상자금으로 유동성이 높은 형태로 보유하면 바람직한 액수는 소득이 중단되어도 3 ~ 6개월 정도의 생활을 유지할 수 있는 정도이다. 생활비와 비상자금 용도의 자금은 수시입출금이 가능한 요구불예금이나 단기로 운영되는 금융상품을 이용할 수 있다(제9장의 금융상품의 종류 참고). 생활비나 비상자금은 신용카드를 이용하거나 단기생활자금의 대출 등을 통해 마련된 자금을 갖고 충당되기도 한다. 그러나 차용을 하는 경우는 비용이 뒤따르므로 꼭 필요한 경우에만 이용하도록 한다.

그림 4-2 **가계자금관리 단계 및 단계별 금융서비스 활용방법**

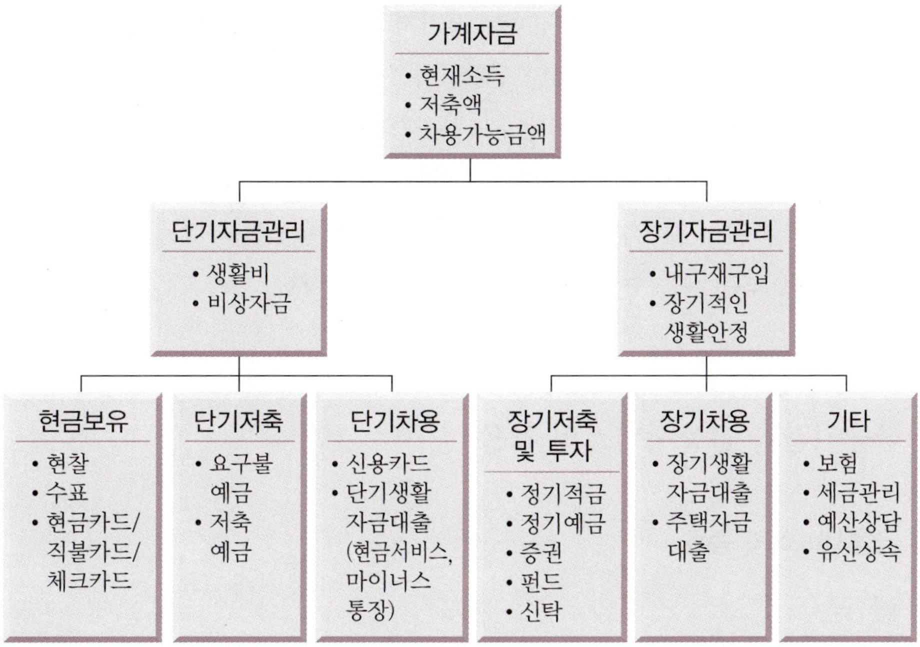

자료: Kapoor, J.R., Dlabay, L.R. & Hughes, R.J. (1996)을 수정 보완하여 작성함.

2) 장기자금관리

일상적으로 필요한 자금에 대하여서는 현금이나 유동성이 큰 형태의 금융상품을 이용하지만, 나머지 자금에 대해서 이자율이 높거나 수익을 높일 수 있는 금융상품이나 투자 등을 통하여 구매력을 유지하고 자산을 증식시켜야 한다. 이때 어떤 방법을 이용하며 어떤 금융기관에 맡길 것인가를 결정하는 것이 자금관리의 중요한 부분 중의 하나이며 미래의 생활을 위한 대비책이다.

자금이 언제 필요한 것인가에 따라 저축이나 투자방법이 달라지게 된다. 보통 장기저축수단을 이용하게 되면 유동성은 낮은 반면 수익률은 높다. 따라서 자금이 필요한 시기에 맞추어 수익률이 높은 장기저축수단을 이용하도록 한다. 정기적금이나 정기예금이 이용할 수 있는 저축수단의 예가 될 것이다. 가계자금은 또한 증권, 부동산 등에 직접 투자를 하거나 신탁이나 펀드 등의 간접투자상품을 이용함으로써 보다 높은 이득을 가져오도록 할 수도 있다. 또한 장기적으로 가계의 안정을 도모하기 위하여 보험을 이용하기도 한다.

그러나 비상사태가 발생하였을 경우는 장기저축분을 중도에 인출하여 쓸 수도 있으며, 내구재 구입이라든가 장기적인 생활안정을 위해서 장기차용을 통하여 자금을 마련해 나가기도 한다. 구매가격이 높은 내구재의 구입은 필요한 비용을 모두 모아서 구입하는 경우도 있지만 차용을 하여 구입하기도 한다. 그러나 저축의 중도 인출이라든가 차용을 하는 것은 순자산이 줄어드는 효과가 있으므로 장기적인 경제안정성을 고려할 때 보다 많은 주의가 요청된다(Kapoor 등, 1996).

2. 금융기관과 금융서비스의 활용

(1) 금융서비스의 종류

1) 예 금

예금이란 금융기관에 자금을 맡겨두는 것이다. 예금에는 수시로 맡기고 찾아 쓸 목적으로 가입하는 요구불예금(demand deposits)과 일정기간 찾아 쓰지 않을 것을 약속하고 그 대가로 이자를 받을 수 있는 저축성예금(time and saving deposits)이 있다. 요구불예금은 통화성예금이라고도 하는데, 당좌예금, 가계종합예금, 보통예금 등을 말한다. 요구불예금은 저축성예금과 달리 안전관리가 목적이므로, 이자가 거의 없거나 매우 적다. 저축성예금에는 정기예금, 정기적금, 저축예금, 상호부금, 주택부금 등이 있다. 저축성예금은 언제나 입출금이 자유로운 요구불예금에 비해 유동성이 낮은 반면 이율이 높다는 것이 특징이다.

2) 간접투자

상대적으로 높은 수익을 기대하여 기업이나 정부, 부동산 등에 투자를 하고 싶다면 직접투자를 하거나 간접투자를 할 수 있다. 간접투자는 전문가인 금융기관에게 투자를 맡기는 것이다. 간접투자상품에는 신탁상품, 수익증권, 뮤추얼펀드 등이 있다. 신탁상품이란 금융기관이 고객의 자금을 대신 운영해 주고 그 성과를 배분해 주는 상품을 총칭한다. 은행이나 투자신탁회사에서 취급하고 있다. 간접투자상품의 대표적인 상품은 펀드이다. 펀드에는 수익증권과 뮤추얼펀드가 있다. 수익증권은 자산운용회사에 돈을 맡겨 주식이나 채권, 부동산, 파생상품 등에 투자하여 이익이 발생하면 돌려받을 수 있는 권리를 표현한 증서이다. 뮤추얼펀드는 돈을 주고 뮤추얼회사의 주식을 사는 것인데 투자대상은 펀드와 유사하다. 수익증권, 뮤추얼펀드는 투자실적에 따라 수익률이 달라지고 원금손실도 가능하다.

3) 대 출(차용)

소비자가 이용할 수 있는 또 다른 금융서비스는 대출이다. 대출이란 일정한 대가를 지불하고 돈을 빌려 쓰는 것을 말한다. 가계는 자신의 신용 또는 물건을 담보로 하여 미래의 소득을 앞당겨 쓰는 것이다. 소액인 경우 신용카드를 이용하여 쉽게 대출할 수 있으며 고액의 경우도 다양한 대출상품을 이용할 수 있다.

4) 개인위험대비

보험상품을 이용하여 경제적 손실위험에 대비할 수 있다. 생명과 관련된 위험에 대비하여 생명보험상품을 이용하며, 재산상의 손실이나 배상위험에 대비하여 손해보험상품을 이용할 수 있다.

5) 증권거래

주식이나 채권에 직접 투자를 하고 싶은 소비자는 증권회사를 이용하여 증권을 사고 팔 수 있다. 증권회사에 방문하여 주문을 하여도 되고, 인터넷을 이용한 HTS(home trading system)를 설치하여 온라인으로 주식거래를 할 수도 있다.

6) 전자금융서비스 / 다양한 지급결제 수단의 이용

- **전자금융** : 금융업무에 컴퓨터 및 정보통신기술을 적용하여 자동화, 전자화를 구현한 것으로 홈뱅킹(home banking), 펌뱅킹(firm banking) 등의 PC뱅킹과 전화기를 이용한 폰뱅킹(phone banking)이 이에 해당된다. 은행을 직접 찾아가지 않더라도 인터넷이나 PC 통신으로 은행의 컴퓨터에 접속한 다음 가정이나 사무실에서 원하는 은행업무를 볼 수 있도록 구성되어 있다. 전자금융으로 제공받을 수 있는 서비스는 예금잔액, 입출금 내역 조회, 계좌 간의 자금이체, 타행으로의 송금, 펀드거래, 주식거래 등 다양하다.
- **현금자동입출서비스** : 소비자가 현금자동인출기(cash dispenser; CD) 또는 자동

화텔러기(automated teller machine; ATM)를 이용하여 은행거래를 확인, 조회, 인출 또는 예금할 수 있다. 은행직원이 없이도 또는 은행에 직접 가지 않고도 기기가 설치된 곳에서 이용할 수 있다. 이를 이용하기 위해서는 현금카드나 직불카드를 만들어야 한다.

- **현금카드** : 현금자동입출기를 이용하여 연결계좌로부터 현금을 입금, 출금, 송금할 수 있도록 하는 전자카드이다. 예금의 입출금에 주로 이용되지만, 일정한 도까지의 카드론(card loan)의 기능, 상품이나 서비스의 구입대금의 결제에 사용하는 크레디트 카드의 기능을 겸하는 것도 있다. 출금이나 송금을 은행에 직접 가서 해야 하는 번거로움을 덜어주며, 현금자동입출금기에서 현금카드를 이용해 송금을 하는 경우, 창구에서 송금을 할 때에 비해 수수료가 저렴하다는 장점이 있다.
- **신용카드** : 각 가계에서는 신용카드를 발급받아 현금 대신 이용할 수도 있고 물건대금을 분할하여 상환할 수 있으며 일정기간 자금을 미리 인출하여 쓸 수도 있다.
- **직불카드 / 체크카드** : 판매점의 단말기를 통하여 소비자의 계좌에서 판매자의 계좌로 자동이체가 됨으로써 현금을 갖지 않고도 상품을 구입할 수 있도록 해주는 카드이다. 예금한도 잔액에서 사용 즉시 돈이 빠져나가는 카드이다. 사용금액이 즉시 결제된다는 점에서 일정기간이 지난 후에 대금이 지불되는 신용카드와 다르다. 외상거래를 싫어하고 예금잔고에 여유가 있는 사람에게는 좋은 반면 사용 즉시 돈이 빠져나가기 때문에 분실했을 경우 위험이 일반 신용카드보다 크다. 직불카드 가맹점에서 이용할 수 있다. 체크카드는 직불카드와 유사하지만 모든 신용카드 가맹점에서 이용할 수 있고, 일부 상품에 따라서는 수십만 원 정도 외상거래도 가능하다.
- **자동계좌이체 서비스** : 자금이체서비스를 신청하면 월급 등을 통장으로 자동으로 지급받을 수 있다. 전기요금, 전화요금, 통합공과금 등의 공공요금, 신용카드대금, 물품판매대금, 보험료, 부금, 적금, 후원금 등 각종 요금을 지정한 납기일에 예금계좌에서 자동으로 납부할 수 있다.

7) 기 타

각 금융기관에서는 판매하고 있는 상품에 대한 정보를 제공하는 상담창구를 개설해 놓고 있으므로 관련 정보를 얻을 수 있다. PB(private banking)서비스는 은행에서 거액 예금자를 상대로 가계재무에 관한 상담을 해주는 금융서비스이다. 시중은행들은 PB(private banker)들이 영업하는 점포를 운영하거나, 별도의 PB센터를 운영하기도 한다. 최근에는 고소득자뿐만 아니라 일반소비자에게 상담서비스를 확대해 나가고 있다. 또한 외화를 바꾸거나(환전) 금고를 대여받아 귀중한 물품을 보관하는 서비스를 제공받을 수 있다(대여금고).

(2) 금융기관의 종류

자금을 효율적으로 관리하기 위하여 금융기관(financial institution)의 이용이 필수적이다. 금융기관의 종류는 매우 다양하다. 보통 전형적인 금융기관인 은행을 제1금융권이라고 하며, 1980년대 이후 급신장한 보험회사, 신탁회사, 증권회사, 종합금융회사, 상호신용금고 등을 제2금융권 또는 비은행금융기관이라고 한다. 보다 구체적인 금융기관의 종류는 [그림 4-3]과 같다.

1) 은행과 비은행예금취급기관

은행과 비은행예금취급기관은 개인과 가계에서 가장 많이 이용하는 금융기관이다. 일반은행(commercial banks)은 예금은행 또는 상업은행이라고도 한다. 예금, 신탁 및 대출업무와 더불어 여러 가지 금융서비스를 제공한다. 최근에는 보험과 펀드 등의 금융상품도 취급하고 있다. 다양한 금융상품을 취급하고, 전국에 지점망을 갖추고 지급결제기능(개인과 기업 등 거래고객의 어음수표 결제, 지로, 급여, 공과금 등 자동이체, 타행환, 인터넷 및 전화에 의한 자금이체 등 현금 외의 지급수단을 제공하는 것)이 가능하다는 점 때문에 많이 이용된다. 비은행예금취급기관은 은행과 비슷하게 저축성예금의 형태로 자금을 조달하여 주로 대출금의 형태로 자금을 운용하며 저축기관이라고도 한다. 그러나 저축기관은 주로 가계를 대상으로 소액 또는 장기성예금을 취급하며, 그 업무가 비교적 단순하다. 상호신용금고, 신용협동조합, 새마을금고, 상호금융, 체신예금 등이 있다. 상호신용금고는 상호저축은행이라고도 한다.

그림 4-3
금융기관의 종류

구분	금융기관
중앙은행	한국은행
은행	일반은행(시중은행, 지방은행, 외국은행 국내지점), 특수은행(한국산업은행, 한국수출입은행, 중소기업은행, 농업협동조합중앙회, 수산업협동조합중앙회)
비은행예금취급기관	종합금융회사, 상호저축은행, 신용협동기구(신용협동조합, 새마을금고, 상호금융), 우체국예금
증권회사 및 자산운용회사	증권회사, 자산운용회사, 선물회사, 증권금융회사, 투자자문회사
보험회사	생명보험회사, 손해보험회사(손해보험회사, 재보험회사, 보증보험회사), 우체국보험, 공제기관(농업협동조합공제, 수산업협동조합공제, 신용협동조합공제, 새마을금고공제), 한국수출보험공사
기타금융기관	여신전문금융회사(리스회사, 신용카드회사, 할부금융회사, 신기술사업금융회사), 벤처캐피탈회사(중소기업창업투자회사, 기업구조조정전문회사), 신탁회사
금융보조기관	금융감독원, 예금보험공사, 금융결제원, 신용보증기관, 신용평가회사, 한국자산관리공사, 한국주택금융공사, 한국증권선물거래소, 자금중개회사

출처: 한국은행(2009b). 『2009 금융생활 길라잡이』. p.170.

2) 투자 및 증권관련기관

증권회사, 자산운용회사 등은 금융시장에서 자금을 중개하는 역할을 담당하기 때문에 기업에 직·간접적으로 투자를 하고자 할 때 이용하게 되는 투자 및 증권관련 금융기관이다. 증권회사(security company)는 증권시장에서 투자자 간 증권을 매매시키는 업무를 담당한다. 간접펀드에 투자하고자 하는 경우에도 증권회사를 이용할 수 있다.

예전에는 투자 및 증권관련기관 등이 개별 법률에 의거하여 운영되어왔지만, 2009년 2월 4일부터 자본시장과 금융투자업에 관한 법률(자본시장통합법 또는 자통법)이 시행되면서 증권업·자산운용업·선물업·신탁업 등 자본시장과 관련된 금융업이 금융투자업으로 통합되어 운영될 수 있도록 하였다. 이에 따라 일정한 요건을 갖춘 금융투자회사는 은행과 보험을 제외한 모든 금융업무를 취급할 수 있다. 과거에는 법률에서 규정한 금융상품만 판매할 수 있었으나, 자통법 실시로 인하여 법률에서 규정하지 않은 금융상품도 판매할 수 있다. 자통법으로 인하여 금융투자회사는 금융투자업 상호간 겸영이 허용되고, 여러 금융상품을 판매할 수 있게 된 것이다. 또한 투자자 보호가 확대되었으며, 증권사에 대한 지급결제 업무가 허용되었다. 증권사에 지급결제 권한이 부여됨으로써 소비자가 증권사 종합자산관리계좌(CMA)를 만들면 급여를 자동이체할 수 있고, 필요할 때 증권이나 파생상품에 투자하고, 신용카드 결제나 각종 공과금 납부, 송금, 현금자동출납기를 통한 입출금 등을 할 수 있게 되었다.

3) 보험회사

보험회사(insurance company)는 같은 종류의 사고를 당할 위험성이 있는 많은 사람이 미리 금전을 갹출하여 공통준비재산을 형성하고, 사고를 당하여 경제적 손실을 입게 되면 재산적 급여를 받도록 하는 보험사업을 하는 금융기관이다. 인체 및 생명과 관련된 사고와 관련된 보험을 주로 취급하는 생명보험회사(life insurance company)와 화재, 도난, 사고나 부주의 등으로 인하여 발생하는 재산상의 손실과 관련된 보험을 주로 취급하는 손해보험회사(property and casualty insurance company)가 있다. 보험회사는 보장성보험과 더불어 저축성보험, 투자성 보험상품과 대출상품도 취급한다.

(3) 금융기관의 선택

최근 금융기관 간의 업무의 경계가 모호해져 일반 가계가 이용할 수 있는 서비스의 내용도 유사해지고 있으나, 각각의 금융기관마다의 본질적인 특성은 여전히 존재하여 제공하고 있는 주요 서비스 내용 및 금융상품의 종류, 특성 등에 있어 다소의 차이를 보여주고 있다. 또한 유용한 정보의 제공이라든지 사원의 친절, 위치, 이용시간의 편리성, 수수료 부담수준, 특별서비스 등이 다르다. 따라서 각각의 가계에 필요한 서비스를 효과적으로 제공해주는 금융기관을 선택하여 보다 큰 이익을 얻을 수 있다([그림 4-4] 참조, Kapoor 등, 1996).

그림 4-4
금융기관의 선택

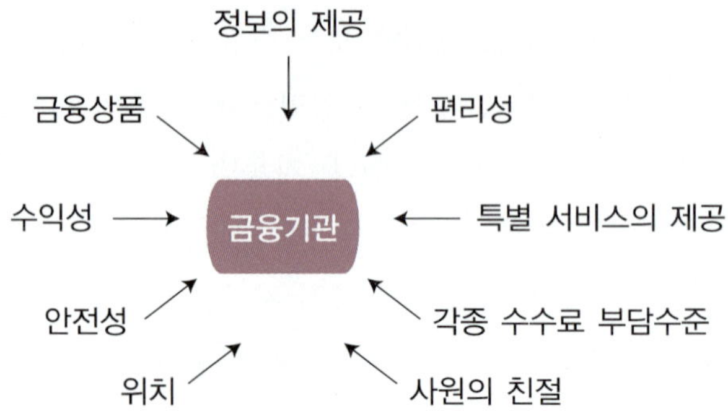

예금자보호제도 읽을거리

예금자보호제도는 금융기관이 파산 등의 사유로 예금을 지급할 수 없는 상황에 처했을 때를 대비하여 예금자를 보호하고 금융제도의 안정을 위해 제정된 법률이다. 예금보험제를 효율적으로 운영하기 위하여 예금보험공사를 설립하였는데, 은행 외에 증권사, 보험사, 종합금융회사, 상호신용금고 등 5개 금융권에 대한 예금보호를 담당하고 있다. 이러한 금융기관에서 판매하는 금융상품 중 보호대상 금융상품을 정하여 금융기관이 파산 시 원금과 소정의 이자를 합하여 1인당 최고 5,000만 원까지 예금을 지급하여 준다(예금보험공사 홈페이지, 2009).

4.2 차용관리

1. 차용과 차용관리의 의미

차용(borrowing)이란 앞으로 갚을 것을 약속하고 현금을 빌려 쓰거나 외상으로 재화와 용역을 구입하는 것을 말한다(Garman & Forgue, 2006). 보통 차용의 대가로 빌려 쓰는 측에서는 이자, 서비스 수수료, 보험료 등을 포함하는 비용을 지불해야 한다.

차용과 유사한 용어로 신용(credit)과 빚(debt), 부채(liability), 채무, 융자/금융

(financing), 대출(loan) 등의 용어가 있다. 이러한 용어들은 돈을 빌려주는 입장과 돈을 빌리는 입장에 따라, 또는 돈을 빌리는 행동인지 돈을 빌린 행동의 결과 나타난 상태인지, 실제로 빌린 금액인지 빌릴 수 있는 한도인지 등의 의미에 따라 서로 달리 쓰이고 있으나 모두 소비자가 돈을 빌리는 행동과 관련이 있다. 돈을 빌리는 소비자의 입장에서는 차용이 가장 적절한 용어이기는 하지만 통계나 관련금융상품의 이름, 법률관계 등을 고려하여 여러 용어를 알아둘 필요가 있다.

차용이란 돈을 빌리는 행위를 말하고, 신용이란 소비자가 일정기간 후 빌린 돈을 상환하거나 또는 물건 값을 지불할 수 있는 능력을 갖는다고 인정함으로써 돈을 빌려주거나 물건 값의 지불을 연기하여 주는 것이다. 빚 또는 부채는 차용결과 나타난 금액이다. 채무는 빚을 졌음을 나타내는 법률상의 의무를 나타낸다. 융자는 자금을 융통하는 일이며, 대출은 금융기관에서 외부에 자금을 공급하는 것으로 금융기관의 입장에서 만들어진 용어이다.

본 절에서는 돈을 빌리는 행동이나 돈을 빌린 결과를 관리하는 것을 차용관리라고 하였다. 그러나 현장에서는 차용관리 이외에 신용관리, 부채관리, 채무관리 등 다양한 용어로 쓰이고 있다.

2. 차용의 종류

가계에서 이용할 수 있는 차용의 종류는 다음과 같이 구분하여 살펴볼 수 있다(최현자 · 성영애, 2000).

(1) 이용목적에 따른 분류 : 주택금융과 소비자신용

주택구입 또는 임대 등과 관련하여 돈을 빌리는 것을 주택금융(또는 주택자금대출)이라고 하며, 주택구입자금 용도 이외의 목적으로 돈을 빌리는 것을 소비자신용이라고 한다. 소비자신용은 금융기관, 제조업자, 판매업자가 최종소비자에게 소비생활에 필요한 자금을 빌려주거나 가격을 나중에 지불하도록 하여주고 이자를 덧붙여 이를 회수하는 가계부채로서 미리 물건이나 돈을 써버리는 것이기 때문에 소비성이 강하다. 반면 일반적으로 주택을 구입하기 위한 대출은 부동산에 대한 투자의 의미가 강한데, 소비자가 상환을 할수록 자산이 늘어나는 효과가 발생하기 때문이다. 따라서 소비성이 강한 소비자신용과 투자성이 큰 주택금융으로 구분하여 관리하는 것이 필요하다. 그러나 과도한 주택자금대출 상환부담은 가계의 유동성을 제약하는 요인이므로 관리대상에서 빠져서는 안 된다.

(2) 현금지급 여부에 따른 분류 : 현금대출(소비자금융)과 판매신용

소비자금융은 현금을 직접 빌리는 형태를 말하며 현금대출이라고도 한다. 금융기관을 통한 가계대출, 신용카드에 의한 카드론 및 현금서비스 등이 이에 속한다. 현금대출과 달리 판매신용은 물건을 구입하거나 서비스를 이용하고 가격을 나중에 일시불 또는 할부로 지불하여야 하는 가계부채이다. 신용카드사, 할부금융회사, 판매사 등을 통하여 이루어진다.

일반적으로 소비자신용의 분류에서는 제외되지만 고려해야 하는 것에 서비스신용이 있다. 서비스신용이란 전화, 전기, 상수도, 도시가스, 핸드폰 등의 서비스를 미리 이용하고 나서 나중에 사용료를 지급하는 것을 말한다.

그림 4-5
가계신용의 분류

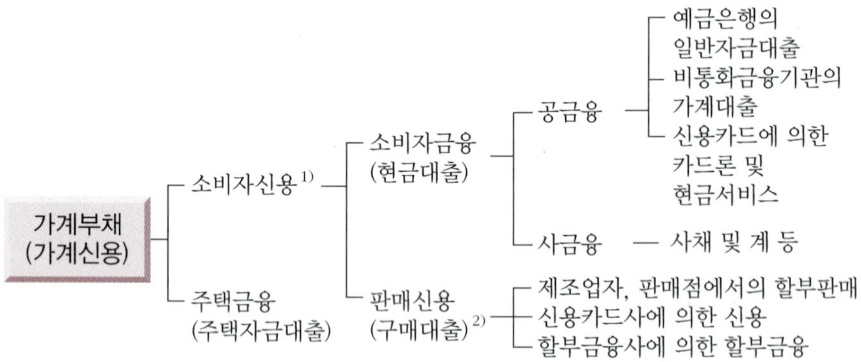

1) 주택자금대출 제외
2) 판매신용의 한 형태로 서비스신용이 있으나 이들 서비스를 제공하는 주체는 일반적으로 신용공여기관으로 분류되지 않기 때문에 본 분류에서는 제외시켰다.
출처: 최현자 · 성영애(2000). "가계의 부채관리 교육 및 상담프로그램의 개발을 위한 기초연구-가계 부채문제의 규명". 『한국가정관리학회지』. 18(4), p.195.

(3) 신용제공원에 따른 분류 : 공금융부채와 사금융부채

소비자는 제도화되어 있는 공금융에서 돈을 빌리기도 하고 제도화되지 않은 곳에서 돈을 빌리기도 한다. 이에 따라 가계부채는 공금융(제도금융)부채와 사금융부채로 나눌 수 있다. 공금융부채란 금융기관으로부터 받는 대출이고, 사금융부채란 사채나 계와 같이 제도권 금융기관 이외로부터 받는 대출을 말한다. 일반적으로 사금융은 대출금리가 매우 높아 가계채무의 악순환을 불러오므로 신중하게 이용하여야 한다.

(4) 담보 여부에 따른 분류 : 담보대출과 신용대출

소비자가 돈을 빌릴 경우 갚을 것을 약속하지만 돈을 갚지 못할 경우를 대비하여 돈을 빌려주는 입장에서는 방안을 강구하고자 하는데, 이때 이용되는 것이 담보이다. 담보를 요구하는 대출이 담보대출이다. 반면 신용대출이란 채무자를 신용하여 물적 담보나 보증이 없이 소비자가 갚을 능력이 있다고 믿고 돈을 대출하여 주는 것을 말한다.

(5) 상환방법에 따른 분류 : 할부신용과 비할부신용

할부신용이란 일정한 기간 동안 일정 횟수에 걸쳐 정해진 상환계획에 따라 원금과 이자를 균등하게 배분하여 갚아나가는 부채이다. 비할부신용은 사채나 신용카드 중 리볼빙카드와 같이 일시불로 갚거나 여러 회에 걸쳐 원하는 만큼씩 갚아나가는 부채이다.

(6) 계약의 지속성에 따른 분류 : 개별계약형과 포괄계약형

보통 대출을 받을 때는 계약을 하게 된다. 개별계약형이란 소비자가 돈을 빌리거나 판매신용을 이용할 때 거래를 할 때마다 대출액, 대출기간, 상환방법 등에 대해 계약을 체결해야 하는 것을 말한다. 반면 신용카드계정과 마이너스통장대출 등은 한 번 계약을 하면 일정기간 지속적으로 이용할 수 있다. 이렇듯 미리 포괄적인 계약을 체결하여 신용한도액, 조건, 상환방법 등을 정해 놓고 계속적으로 신용을 제공받을 수 있는 형태의 대출을 포괄계약형이라고 한다.

3. 차용의 이익과 불이익

(1) 차용의 이익

차용을 함으로써 얻을 수 있는 이익은 현재 현금이 없는 사람도 물건을 구매할 수 있다는 점이다. 차용을 통하여 미래의 소득을 앞당겨 씀으로써 현재의 구매력을 증가시킬 수 있는 것이다. 구체적으로 소비자들이 차용행동을 하게 되는 이유는 현재의 소비를 충당하거나 소비수준을 높이기 위하여, 빨리 구입하여 사용하기 위하여, 교육을 받기 위하여, 고가품을 구입하기 위하여, 비상사태에 대처하기 위하여, 이미 진 부채를 갚기 위해서 등으로 나타나고 있다(Garman & Forgue, 2006).

차용으로 인해 얻을 수 있는 또 다른 이익은 금리변동 및 인플레이션에 대처하여 소득 및 자산의 가치를 보호할 수도 있다는 것이다. 금리가 올라가고 있을 때 현재의 낮은 금리를 적용한 장기대출을 받고, 인플레이션율이 높을 때 대출을 받아 미리 구매함으로써 이득을 얻을 수 있다.

현재 보편화되고 있는 신용카드를 통해서도 차용행동을 보일 수 있는데, 신용카드는 현금을 가지고 다니지 않아도 되며, 신용카드를 신분증으로 이용할 수도 있다는 편리한 점 때문에 이용되기도 한다.

(2) 차용의 불이익

차용은 현재 현금이 없더라도 물건을 살 수 있게 해주며 편리성이라는 이득을 주는 등 사용에 따른 이익이 있는 만큼 그에 따른 비용이 따른다. 미래의 소득을 앞당겨 쓰는 대가로 이자, 수수료 또는 서비스료, 보험료 등의 비용을 지불하여야 할 뿐만 아니라, 일단 빌려 쓰게 되면 원금을 일시적으로 갚든 분할해서 갚든 가계가 꼭 지출해야 하기 때문에 가계의 소비지출패턴에 부정적인 영향을 미치기도 한다(심영, 1993). 특히 차용을 이용하여 과소비를 할 가능성이 높아지고, 가계가 감당할 수 없는 수준의 과잉부채의 수준에 이를 수도 있다. 또한 잘못 사용할 수도 있으며 갚는 것을 잊어버리는 경우가 생겨 불이익이 발생되기도 한다.

특히 신용카드가 보편화된 지불수단이 되면서 신용카드와 관련된 피해사례가 많이 발생하고 있으며, 신용카드가 소비를 촉진시킨다는 연구결과도 보고되고 있어 (Feinberg, 1986), 과다한 신용카드의 사용에 대한 주의가 요청되고 있다. 일반적으로 신용카드는 식료품비와 같이 일상생활에서 반복적으로 지출하는 비목의 구입에 편리성 때문에 이용하는 것은 좋지만, 차용을 목적으로 사용하는 것은 좋지 않다는 견해가 지배적이다(Garman & Forgue, 2006). 가계신용이 증가하면서 금융채무불이행자 및 소비자파산 등의 사회문제도 야기되고 있다.

4. 차용의 관리

(1) 차용관리의 일반적 단계

차용을 하려고 할 때 일반적으로 다음과 같은 질문을 하고 관련정보를 수집하여 실행에 옮기는 것이 좋다.

1) 필요와 욕구의 파악

자금을 빌려 쓰고자 할 때 가장 먼저 생각해 보아야 할 사항은 '자금이 왜 필요한가' 일 것이다. 과연 빌려서까지 꼭 구입해야 할 것인가. 이때 필요(need)와 욕구(want)를 구별하여 보는 것이 도움이 된다. 필요한 것이 반드시 있어야 하는 것을 말한다면 욕구란 반드시 필요한 것은 아니지만 원하는 것이다. 예를 들면 핸드폰을 대출받아 구입한다고 하자. 이때 나에게 지금 새 핸드폰이 왜 필요한가, 꼭 필요한가를 질문해 봄으로써 필요성을 확인한다. 품목 전체에 대하여 필요성과 욕구를 파악한 후, 제품의 부분별 필요성과 욕구의 검토를 통하여 필요한 자금의 액수를 조정할 필요도 있다.

또한 차용을 함으로써 다른 소비지출에 미칠 영향에 대하여 살펴보는 것도 필요하다. 생계비와 같이 꼭 필요로 하는 비용을 줄이지 않고도 부채를 갚아 나갈 수 있는가, 나아가서 경제상태의 건전성을 깨뜨리지 않을 것인가 등을 질문한 후 차용을 실시하여야 한다(Bailard, 1986).

2) 부채상한선의 결정

부채상한선이란 각 가계가 빌려도 될 만한 상한액을 말한다. 빌릴 수 있는 한계액이 아니다. 가계의 상환능력은 다음과 같은 기준에 따라 평가될 수 있다(Garman & Forgue, 2006).

- 소득대비 부채상환 비율(Debt Payments-to-Income Ratio) : 이 방법은 가계의 가처분소득에서 정기적으로 갚아야 할 부채상환액이 차지하는 비율로 부채상한선을 결정하는 것이다. 보통 가처분소득의 20% 정도가 부채상한선으로 권장되고 있다. 이러한 부채상한선을 유지하기 위해 어떤 가계는 대출을 장기화하는 전략을 세울 수 있다. 그러나 장기화되는 만큼 비용도 증가한다는 점은 알아두어야 한다.
- 순자산대비 부채 비율(Debt-to-Equity Ratio) : 총부채액과 순자산을 비교하여 보는 방법이다. 보통 빌려주는 입장에서는 부채가 순자산보다 커지게 되면 빌려주지 않으나 빌리는 입장에서는 이 비율이 0.33 이상이면 높다고 보고 있다. 그러나 이 방법은 학자금 융자와 같이 잠재소득을 바라고 빌린 부채에는 적용되지 않는다.
- 기간 내 부채청산능력(Continuous-Debt Method) : 주택자금융자나 학자금융자를 제외한 부채를 보통 3년 안에 청산할 수 있는지를 따져 보는 방법이다.

3) 대출가능한 소스 및 특성 알기

가계의 자금이 필요할 때 어떤 곳에서 대출을 받을 수 있는지 알아두고, 각 대출상품의 자격조건, 대출한도 및 조건, 비용, 상환방식, 채권자의 평판 등을 살펴보아 최선의 조건으로 가계의 필요를 충족시키도록 한다. 가계자금을 대출할 수 있는 소스를 현금대출과 판매신용으로 나누어 살펴보면 다음과 같다.

① 현금대출

- 금융기관 대출 : 장기간 고액의 자금이 필요하다면 은행, 신용조합, 상호신용금고, 보험회사 등 금융기관에서 제공하는 대출상품을 이용하여야 한다. 각 기관에서 일반 소비자에게 제공하고 있는 대출상품은 대출을 받을 수 있는 자격조건, 대출받을 수 있는 한도 및 조건, 수수료, 이자 등을 포함한 대출비용, 일시

로 상환해야 하는지 아니면 분할상환해야 하는지, 분할상환이라면 어떤 방법으로 분할하는지 등의 상환방식, 조기상환이 가능한지 등의 특성이 다르므로 적합한 상품을 선택하기 위해서는 많은 정보를 획득하여 비교분석하고 자격요건을 갖추어 놓아야 한다.

- **신용카드를 이용한 현금서비스 및 카드론** : 신용카드가 있고 단기에 갚을 수 있으며 소액이 필요하다면 신용카드를 이용하여 간단히 현금서비스를 받을 수 있지만, 금융기관대출보다는 보통 이자율이 높은 편이다. 신용카드실적에 따라 보다 장기간의 대출서비스를 받을 수 있다(카드론). 대출한도액은 신용카드회사마다 다르며 이자율도 다양하다. 카드론은 현금서비스보다 한도가 높은 편이다. 그러나 카드론은 현금서비스에 비해 대출절차가 복잡하다.
- **친지 및 이웃, 사채** : 자금이 급하게 필요할 때 융통할 수 있는 소스로는 친지 및 이웃이 있다. 그밖에도 돈을 빌려주는 사금융업으로 대부업 또는 사채업을 이용하기도 한다. 우리나라에서는 아직까지도 사채를 이용하고 있는 가계가 상당수 있는 것으로 나타나고 있는데, 2008년 전 국민(20세 이상 3,500만 명)의 5.4%인 189만 명이 사금융을 이용하고 있으며 그중 32.4%는 지인으로부터 차입하는 것으로 나타났다(금융감독원, 2008). 사채업을 제3금융권이라고 부르기도 하는데, 주로 제도권 금융기관에서 대출이 힘들 때 이용하기 때문에 사채업자들은 고금리를 요구하는 경우가 많다. 고금리로 인한 피해가 심해지는 것을 막기 위해 최고 이자율을 제한하는 이자제한법을 실행하고 있다. 이자제한법에서 지정한 최고 이자율은 연 40%이지만, 시행령에서 연 30%로 정하고 있으므로 실제 최고 이자율은 연 30%이다. 최고 이자율 연 30%를 넘은 부분은 무효이다(법무부, 2009).

② 구매대출

- **외상 및 할부구매** : 생산자 또는 판매자에게 직접 갚을 것을 약속하여 외상으로 물건 및 서비스를 구입할 수 있다. 특히 일정기간 동안 일정액을 고정적으로 갚을 것을 약속하여 물건을 구입하는 할부구매가 보편적이다. 이 경우에는 새로운 물건을 구입할 때마다 새로운 약정을 해야 한다는 번거로움이 있다.
- **신용카드구매** : 금융기관에서 일단 소비자의 신용을 근거로 신용카드를 발행해

주면 이를 매개로 하여 판매자와의 반복적인 약정절차 없이 일정기간 물건을 외상으로 구입하거나 할부구매를 할 수 있다. 보통은 이자를 내야 하지만 일부 신용카드의 경우는 일정기간 동안에는 무이자할부 서비스를 받기도 한다.

- 할부금융회사 : 할부금융회사는 소비자들이 주택, 자동차, 내구재 등 가격이 높은 물건을 살 때 필요한 자금을 대출해 주는 금융회사이다. 구매대출의 보편적인 형태였던 외상구매 또는 신용카드를 이용한 구매는 사용자나 사용품목, 구매액수, 할부기간 등에 있어 많은 제한이 주어지는 데 반해, 할부금융회사에서는 보통 구입제품을 담보로 하기 때문에 신용평가가 낮은 사람도 빌릴 수 있어 이용범위가 넓다. 기간도 장기대출이 가능하며 대출가능금액도 큰 편이다. 또한 보통의 할부구매의 경우는 처음에는 계약금을 지불해야 하는 것이 보편적이지만 할부금융회사를 이용할 경우는 계약금 지불이 불필요하다. 이용절차도 비교적 간단하다. 그러나 이러한 이점을 갖는 대신 이용수수료는 높은 편이다. 우리나라의 경우 2008년 12월 현재 35개의 할부금융회사가 있는데, 이중 주택관련 대출 업무를 담당하는 주택할부금융사가 10개이다. 기계류의 구매만을 다루는 기계할부금융사도 있으나 나머지는 모두 원칙적으로는 모든 분야의 할부금융 업무를 할 수 있는 회사이다. 실제로는 자동차나 가전제품 구매 등에 많이 이용되고 있다.

4) 상환일정에 따른 차용비용 계산하기

차용에는 이자, 수수료 및 서비스료, 보험료 등의 비용이 따른다. 차용비용과 관련해서 특히 다음과 같은 질문을 해보는 것이 좋다. 대출받을 수 있는 정확한 금액은 얼마인가, 금융비용은 얼마이며 어떻게 처리되는가, 이자는 원금에 더해지는가 아니면 선납되어야 하는가, 연이자율은 얼마인가, 상환기간은 어떠한가, 조기상환이나 연체상환의 경우에 별도의 벌금이 있는가, 어떤 담보를 요구하는가 등이다 (Bailard, 1986). 특히 상환방식에 따라 실질이자율이 상당히 달라진다는 것을 알아두어야 한다.

또한 차용은 차용으로 인한 기회비용과 인플레이션율에 따라 실질비용이 달라지므로 단순한 명목이자율만을 갖고 차용비용을 계산해서는 안 된다.

- **실질이자율의 계산** : 실질적인 연간이자율은 부채상환방식과 이자계산방식에 따라 달라진다. 따라서 통상 소비자에게 제공되는 명목이자율보다는 실질이자율을 계산해 보는 것이 좋다([읽을거리] 참조).
- **차용의 기회비용** : 돈을 빌려 물건을 미리 구매하여 사용할 경우의 이자지출액과 필요한 자금을 모두 모은 뒤에 구매할 경우 저축으로 발생한 이자의 합으로 차용으로 인한 손실액을 계산할 수 있다. 물론 이것은 미리 구입하여 미리 사용함으로써 얻는 이득은 고려하지 않았을 경우이다.
- **인플레이션 효과** : 미래의 구매력은 인플레이션율에 따라 달라지게 된다. 인플레이션율이 높아지면 구매력은 상대적으로 감소되기 때문에 인플레이션율이 높아질수록 차용의 실제비용은 감소된다. 가령, 500만 원을 5%의 이자를 내고 1년 뒤에 갚기로 하고 빌렸는데 그동안 물가가 4% 올랐다고 가정해 보자. 이때 실질이자율은 1%(5%−4%)로 실제로 갚아야 하는 금액은 25만 원이지만 구매력은 5만 원 정도가 된다.

대출금 상환방식에 따른 실질비용의 계산

읽을거리

대출금 상환방식은 크게 원금을 만기에 일시상환하는 방식과 분할하여 상환하는 방식으로 나눌 수 있다. 만기일시상환방식은 차용한 원금을 일정기간이 지난 후 한꺼번에 갚는 방식이다. 동일한 금액을 빌려 동일한 이자액을 지불한다면 실질적인 이자는 분할상환할 때가 만기일시상환할 때보다 더 많아지게 된다.

일시상환방식에는 이자를 만기에 납입하는 방식도 있지만 선납하는 방식도 있다. 분할상환방식에는 원리균등상환법, 원금균등상환법, 에드온방식 등이 많이 이용되고 있다. 이러한 상환방식에 따라 실질적으로 갚아야 하는 실질이자율 및 상환총액이 달라지게 된다. 실질이자율은 에드온방식이 가장 높다. 〈표 4-1〉에서 각각의 방법을 설명하고 예를 제시하였다.

표 4-1
대출금 상환방식에 따른 실질비용의 계산 방식과 예

	상환방법	특 징	상환총액 계산법	상환총액 계산의 예 (1,000만 원을 5년 동안 10%의 연이율로 빌린 경우)
일시상환	단리 계산법	- 일정기간 후에 대출원금과 이자를 갚는 방식 - 명목이자율과 실질이자율이 같음	원금 × (1 + 이율 × 연수)	- 만기 시 1,000만 원 × (1 + 0.1 × 5) = 1,500만 원
	할인법 (선이자)	- 대출원금에서 이자를 미리 지불함으로써 실질적으로 빌리는 금액이 작아지는 방법 - 단리계산법보다 실질이자율이 높음	-대출 시: 이자액=원금 × 이율 × 연수 -만기 시: 원금	- 대출 시 500만 원 - 만기 시 1,000만 원 - 실질이자율 20% (이자액 / (원금 × 연수) = 500/(500 × 5)
분할상환	원리 균등 상환 방법	- 매기간 같은 금액(원금 + 이자)을 갚아나가지만 초기에는 이자지출액이 더 많고 후기로 갈수록 원금상환비율이 높아져, 이자가 부가되는 원금이 많이 남아 있도록 하는 방식 - 주택자금대출에 많이 이용되고 있음	$\frac{\text{원금} \times \text{이율} \times (1+\text{이율})^{\text{연수}}}{(1+\text{이율})^{\text{연수}}-1} \times \text{연수}$	$\frac{1{,}000\text{만} \times 0.1 \times (1+0.1)^5}{(1+0.1)^5-1} \times 5$ $=13{,}189{,}874$원
	원금 균등 상환 방법	- 매기간 갚아나가는 원금이 똑같아 후기로 갈수록 이자지불액이 줄어드는 상환방식 - 신용카드 대출 등에 많이 이용되고 있음	$\left(\frac{\text{원금} \times (1+\text{연수}) \times \text{연수}}{\text{연수} \times 2} \times \text{이율}\right) + \text{원금}$	$\left(\frac{1{,}000\text{만} \times (1+5) \times 5}{5 \times 2} \times 0.1\right) +$ $1{,}000\text{만} = 1{,}300\text{만 원}$
	에드온 방식	- 매기간 일정액의 원금을 갚아나가도 이자지불액은 항상 대출원금에 대한 비율로 계산하는 방식 - 자동차, 피아노 등 할부판매 시 많이 이용되고 있음	원금 × (1 + 연수 × 이율)	1,000만 × (1 + 5 × 0.1) = 1,500만 원

5) 신용쌓기 / 담보확보

현재 각 금융기관에서는 다양한 대출상품을 판매하고 있기 때문에 개별 가계의 입장에서는 과거에 비하여 대출받기가 수월해진 편이다. 그러나 보통 거래실적이나 신용등급에 따라 대출조건이 결정되고 있기 때문에 대출을 받고자 하는 가계는 장기적인 계획을 세워 자격요건을 갖추어 두어야 한다. 담보대출의 경우는 담보물을 미리 확보해 두어야 한다. 신용대출의 경우는 신용을 쌓아두는 것이 중요하다. 수표나

신용등급관리에 중요한 용어

읽을거리

- **신용정보** : 금융거래 등 상거래에 있어서 거래상대방에 대한 식별 · 신용도 · 신용거래능력 등의 판단을 위하여 필요로 하는 정보이다. 신용정보의 이용 및 보호에 관한 법률에서 정한 신용정보는 다음과 같다.

신용정보		
	식별정보	개인의 성명, 주소, 주민번호 등 특정 신용정보 주체를 식별할 수 있는 정보, 타 신용정보와 결합되어 이용되는 경우에 한함
	거래내용 판단정보	대출, 보증, 담보제공, 가계당좌예금 또는 당좌예금, 신용카드, 할부금융, 시설 대여 등의 금융거래 등 상거래와 관련하여 신용정보 주체의 거래내용을 판단할 수 있는 정보
	신용도 판단정보	금융거래 등 상거래와 관련한 연체, 부도 또는 신용질서 문란행위 등 신용정보주체의 신용도를 판단할 수 있는 정보
	공공기관 보유정보	법원의 심판, 결정정보, 조세 또는 공공요금 등의 체납정보, 주민등록 및 기타 공공기관이 보유하는 정보로서 재경부령이 정하는 정보

- **크레디트 뷰로(Credit Bureau)** : 금융기관, 비금융기관과 공공기관이 제공하는 개인의 신용거래 내역 및 관련 정보를 수집하여, 이를 평가 · 가공해 신용정보제공기관 및 이용자에게 제공하는 기관을 말한다.
- **신용평점제도(credit scoring system)** : 고객의 신용상태를 점수로 산출하여 대출여부와 대출금액을 결정하는 제도이다.
- **신용등급** : 신용평점제도에 의해 개인의 인적상황과 직장 · 소득현황 · 금융기관의 거래실적 등 신용과 관련된 모든 사항을 각각 가중치를 달리하여 평점을 내고 이에 따라 등급을 매긴다. 신용등급이 아주 낮으면 대출 자체가 불가능하며 신용등급이 높을수록(1등급) 낮은 금리를 적용받는다. 일반적으로는 1~10등급으로 매겨지고 8등급 이상이 되면 부실화가 진행되는 경향이 있다.

출처: 한국신용정보 홈페이지(2009).

어음을 부도낸다든지 신용카드 대금을 장기간 연체하게 되면 금융채무불이행자로 기록되어 신용정보로 활용되고, 신용정보의 내용에 따라 매겨진 신용등급에 따라 신용이용의 제한을 받을 수 있다.

6) 대출신청하기

여러 대출상품을 비교하고 거래실적을 쌓고 필요한 시기가 되었으면 대출을 받는 데 필요한 자료를 준비한다. 특히 신용대출이 아니고 담보대출인 경우 담보와 관련된 서류들이 필요하며 보증인을 요구하는 경우 보증인을 확보해 두어야 한다.

(2) 신용카드의 관리

1) 신용카드의 종류

신용카드는 누가 카드를 발행했는가에 따라 크게 세 가지 종류로 나뉘어지고 있다. 금융기관에서 발행하고 있는 은행계 카드, 신용카드 전문회사가 발행하고 있는 카드전문회사계 카드, 판매점에서 발행하는 판매점 신용카드가 그것이다. 은행계 카드와 카드전문회사 카드는 다양한 물품과 용역을 구입하는 데 이용할 수 있고, 필요한 경우 현금대출을 받을 수 있는 수단이 되기도 한다. 반면 판매점 신용카드는 해당 판매점의 물품 및 용역을 구입하는 데 이용이 제한된다. 그러나 판매점에서는 매출액을 높이기 위해 판매점 신용카드 보유자에게 할인서비스나 무이자 할부와 같은 서비스를 제공하기도 한다는 장점을 갖는다.

2) 신용카드의 사용

신용카드는 일반 가계가 가장 많이 쓰고 있는 차용수단이 되고 있고 많은 장점을 갖고 있음과 동시에 부작용도 나타나고 있으므로 신중하게 사용하여야 한다. 2008년 우리나라의 신용카드 보유현황을 보면 9,625만 장이 발급되었고 이는 경제활동인구 1인당 4매 수준이다. 신용카드 이용액수는 445조 3,024억 원이 넘는 것으로 나타나고 있는데 이는 신용카드 개수 당 평균적으로 462만 원에 해당하는 금액이다(여신금융협회 홈페이지, 2009).

신용카드를 사용하는 이유는 현금 대신 결제가 가능하다는 편리성과, 결제일까지 대금을 지불하지 않아도 되고 할부구매가 가능하며, 소액대출을 할 수 있는 등의 차용이 가능하기 때문이다. 그런데, 신용카드를 이용할 때 가장 큰 문제점은 충동구매의 가능성이 높다는 것과 이자, 수수료 및 연회비를 지불해야 하며, 카드분실의 위험이 커서 직접적인 금전손실을 가져올 수도 있다는 것이다. 실질적으로 한국소비자보호원에 접수된 신용카드로 인한 피해유형을 살펴보면 카드를 도난 또는 분실하여 다른 사람이 사용하여 발생한 피해가 가장 큰 것으로 나타나고 있으며, 신용카드사의 이용대금 부당청구 또는 가맹점의 중복청구, 수수료, 전표의 위조 또는 변조로 인한 문제도 발생하고 있다.

이러한 신용카드로 인한 소비자피해의 발생빈도는 매년 증가하고 있어, 한국소비자원에 접수된 결과를 보면 1988년에 116건이었던 것이 1993년에는 1,996건, 2008년 2,311건의 신용카드 피해가 접수되었다. 따라서 신용카드 사용의 증가와 더불어 이에 대한 가계의 신중한 사용이 요구되고 있다.

3) 신용카드의 관리

신용카드는 발급단계에서부터 이용하고 해지하는 모든 과정에서 관리가 필요하다. 신용카드를 발급받아 사용하고자 할 때에는 본인의 소득과 소비패턴을 우선 생각하여 신용카드의 이용한도를 정해 놓고 사용할 계획을 세워야 한다. 신용카드는 2～3장 발급을 받는 것이 좋은데, 여러 장의 카드를 사용하게 되면 총 이용하는 금액이 커질 우려가 있고, 4장 이상이 되면 신용등급을 낮출 수 있기 때문이다.

신용카드를 신청할 때는 약관을 확인하여 본인에게 불리한 조항이 없는지 확인하여 계약하도록 하며, 계약서는 보관하여야 한다. 신용카드를 받게 되면 반드시 뒷면에 서명을 한다.

신용카드를 이용할 때는 현금과 같다는 생각으로 이용한다. 신용카드 비밀번호는 타인에게 알려주지 말아야 하며, 카드는 본인만 사용해야 한다. 신용카드로 물건을 살 경우에는 결제일이 먼 날을 택해 사는 것이 이득인데, 그 날까지는 이자가 부담되지 않기 때문이다. 가맹점에서 카드 결제를 할 때는 잘못된 금액이나 이중지불을 막기 위해 승인과정을 직접 눈으로 확인한다. 주소, 전화번호 등 개인 신상정보가 변경되면 반드시 카드사에 통보하여 사고 발생 시 즉시 확인할 수 있도록 한다.

신용카드를 해지하고자 하는 경우에는 해당 카드에 해지를 요청하고 탈퇴를 하여 신용정보에서 해당 카드관련정보를 삭제한다.

(3) 과잉부채의 관리

1) 과잉부채의 신호

차용은 과거-현재-미래 간 가계자금의 흐름을 조정하여 줌으로써 가계를 합리적으로 운영하는 데 필요한 수단이지만, 잘못 이용하였을 경우 가계에 부정적인 영향을 미칠 가능성도 큰 가계운영 수단이다. 차용은 미래에 대한 예측에 근거해 이루어지며 미래에는 어느 정도의 불확실성이 항상 존재하기 때문이다. 또한 차용으로 생기게 되는 부채는 이후의 가계의 고정지출항목이 되어 다른 소비지출항목에 대한 영향력을 행사하게 되기 때문에(심영, 1993; 최현자, 1996) 가계는 가정경제의 건전성을 해치지 않을 정도에서 부채를 이용하도록 하여야 한다.

개별 가계에서는 다음 [읽을거리]와 같은 항목을 체크하여 부채를 과도하게 이용하고 있는지의 여부를 살펴볼 수 있다.

과다부채이용 체크리스트 읽을거리

- 연체를 하고 있다.
- 부채상한선 또는 신용상한선을 초과했다.
- 은행에 잔고가 없다.
- 작은 비상사태에도 대처할 수 없다.
- 최저상환액만 갚아 나가고 있다.
- 신용카드를 새로 만들려는 중이며, 신용한도를 높이고 싶다.
- 부채상환을 못했다.
- 얼마를 빚지고 얼마를 벌었는지 모른다.
- 현재 빚이 남아 있는데 같은 기관에서 더 큰 액수의 빚을 얻었다.
- 빚을 갚기 위해 또 다른 빚을 졌다.
- 담보물에 대한 권리상실 통보를 받았다.

출처: Garman & Forgue(2006).

2) 과잉부채의 관리

연체는 돈을 빌리거나 물건을 사고 갚기로 한 기간에 갚지 못하는 것이다. 소비자가 연체를 하게 되면 보통 이자보다 높은 연체이자를 지불해야 하며 채권추심을 받게 된다. 또한 연체가 기록되어 신용정보로 활용된다. 따라서 연체를 하지 않도록 하여야 한다.

연체정보는 연체기간에 따라 장기연체와 단기연체로 나뉘는데, 통상 90일을 기준으로 하여 별도로 관리된다. 단기연체정보는 5일 이상 연체 사실이 지속될 경우 발생되는 정보이다. 단기연체가 자주 발생하게 되면 개인 신용도에 문제가 생길 수 있다.

연체기간이 90일 이상이고 연체금액이 30만 원 초과이며, 연체금액이 30만 원 이하이면서 3건 이상 발생되면 은행연합회의 채무불이행, 신용정보사의 채무불이행, 공공기록정보 등으로 기록된다(2005년 4월 28일 이전에는 신용불량으로 기록됨). 은행연합회의 채무불이행과 신용정보사의 채무불이행정보 간의 차이는 후자의 경우 해제사유 발생 시 기록보존기간이 적용되지 않고 즉시 삭제되며, 연체정보가 금융권에 한정되지 않고 백화점, 할부업체, 자동차, 전자업체 등 비금융기관에서의 장기연체도 등록될 수 있다는 것이다. 또한 유무선 통신요금이나 인터넷서비스 요금, 일반 서비스 요금 등의 연체발생도 신용정보회사에 집적된다.

연체나 채무불이행 상태에 이르렀으나 돈을 갚을 능력이 없는 경우는 다음과 같은 신용회복지원제도나 개인회생 및 개인파산제도를 이용하여 부채에서 벗어나도록 하여야 한다(금융감독원 홈페이지, 2009).

- 개별금융회사의 신용회복지원제도 : 빚을 지고 있는 금융회사와 상의하여 대환대출(대출전환), 원리금 분할상환, 만기연장 등의 방법으로 신용회복지원을 받는다.
- 신용회복위원회의 신용회복지원제도(개인워크아웃) : 금융회사에 대해 연체중인 빚이 5억 원 이하이며, 최저생계비 이상의 수입이 있거나 가족 등 타인의 도움으로 빚을 갚을 수 있는 경우에는 신용회복위원회의 개인워크아웃제도를 이용한다. 최장 8년까지 나누어서 갚을 수 있으며, 신용관리에 대한 상담과 교육도 받을 수 있으며, 채무자가 취업을 희망하는 경우 취업도 알선 받을 수 있다.

• **법원의 개인회생제도** : 최대 15억 원의 빚을 가진 채무자가 소득에서 최저생계비를 제외한 나머지 금액으로 최장 5년 동안 성실하게 빚을 갚을 경우 5년 이후에는 갚지 않은 나머지 빚을 모두 탕감 받을 수 있는 제도이다. 연체자인지 여부와 관계없이 신청 가능하며 금융회사 채무는 물론 사채까지 포함한다.

• **법원의 파산제도** : 본인의 힘으로 빚을 갚을 능력이 없는 채무자는 법원에 파산신청을 한 후 면책 결정을 받으면 사채나 금융회사 채무 등 모든 빚이 면제된다.

4.3 세금관리

가계는 소득을 획득할 때, 재산을 취득하거나 보유 또는 이전할 때, 물건을 구입할 때 직 · 간접적으로 세금을 내게 된다. 세금에 대한 지식을 갖고 활용함으로써 부당한 세금지출을 막을 수 있다.

1. 가계관련세금의 종류

현재 우리나라에서 징수하고 있는 세금의 종류는 약 30여 가지가 된다. [그림 4-6]은 가계가 직 · 간접적으로 지불하는 세금이다. 직접세는 세금을 납부해야 할 의무가 있는 납세의무자와 세금을 최종적으로 부담하는(납입하는) 담세자가 일치되는 조세로서 세금지출을 명확히 파악하고 관리하여야 한다. 반면 간접세는 납세의무자와 담세자가 일치하지 않는 조세이다. 2007년 현재 우리나라 사람이 평균적으로 내는 세금의 비율은 GNP 대비 22.7% 정도인 것으로 집계되고 있으며, 점진적으로 증가하는 추세인 것으로 나타나고 있다.

가계경제와 특히 관련되는 세금은 가계에 들어오는 소득에 부과되는 소득세, 자산의 취득과 보유 및 매각과 관련된 세금, 자산의 상속 및 증여와 관련된 세금이다. 세금지출을 합리적으로 하기 위해서 세금납부방법과 계산방법을 알아두는 것이 좋

그림 4-6
세금의 종류

- 국세
  - 내국세
    - 보통세
      - 직접세 : 소득세, 법인세, 상속세, 증여세, 종합부동산세
      - 간접세 : 부가가치세, 개별소비세, 주세, 인지세, 증권거래세
    - 목적세 — 교육세, 농어촌특별세
  - 관세
- 지방세
  - 보통세 — 취득세, 등록세, 면허세, 레저세, 주민세, 재산세, 자동차세, 농업소득세, 담배소비세, 도축세
  - 목적세 — 도시계획세, 공동시설세, 사업소세, 지역개발세, 지방교육세

자료: 국세청 홈페이지(2009).

은데, 본 장에서는 대부분의 가계에 해당되는 소득세를 중심으로 알아본다. 자산의 취득과 보유 및 매각과 관련된 세금에 대해서는 5장에서, 자산의 상속과 증여에 관한 세금은 11장에서 다루도록 한다.

2. 소득세

(1) 소득세 납부방법

소득세에는 기업들이 내는 법인세와 개인이 내는 개인소득세가 있다. 가계와 특히 많은 관련을 갖는 세금은 개인소득에 대해 지불하게 되는 개인소득세이다. 소득세라고 하면 일반적으로 개인소득세를 말한다. 소득세는 개인이 1년 동안 벌어들인 소득에 대한 세금으로 종합소득세, 퇴직소득세, 양도소득세 등이 있다. 각각의 소득세는 세금납부방법이 다르다([그림 4-7] 참조). 소득세는 각각의 소득을 합하여 자진신고하여 납부하는 종합과세방식이 기본방식이다. 그렇지만 소득이 명확하게 드러나는 금융소득이나 근로소득은 원천징수된다(분리과세). 퇴직소득, 양도소득은 분류과세된다.

그림 4-7
개인소득세의 종류 및 과세 방법

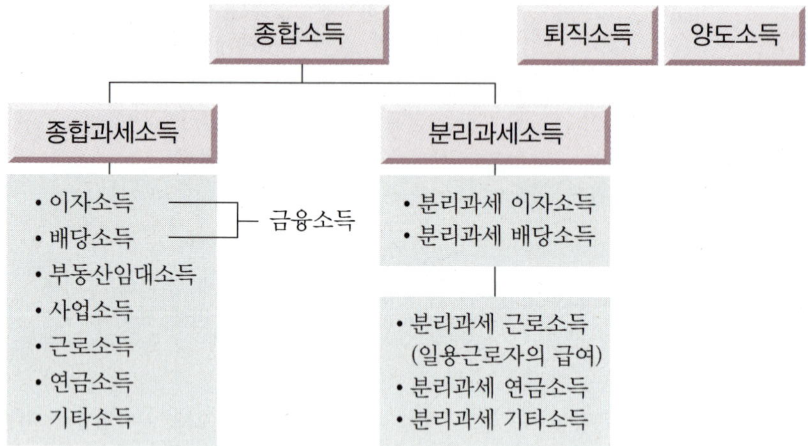

출처: 국세청(2009m). 『2008년 귀속 종합소득세 등 신고 · 납부 안내』. p.71.

(2) 소득세 계산방법

소득을 자진신고할 때는 소득세액 계산을 스스로 하여야 한다. 또한 원천징수된 근로소득세의 경우도 개개사정을 고려하지 않고 일괄적으로 예상한 세액을 책정하여 징수한 것이기 때문에 연말정산을 통하여 정확한 결산을 실시하여 세금을 되돌려 받기도 하며 세금을 더 내기도 한다. 따라서 소득세 계산의 기본원리를 알아두면, 불필요한 세금지출을 막는 데 도움이 된다.

각각의 소득에 대한 구체적인 소득계산 내용은 다르지만 소득세액 계산원리는 동일하다. 소득세는 가계에서 획득한 모든 소득에 대하여 부과되는 것이 아니라 해당 소득을 획득하는 데 필요한 경비를 제외하고, 또한 개인에게 맞는 여러 가지 공제를 뺀 소득분에 대해 부과되고 있다. 필요경비 및 소득공제내용은 소득의 종류와 개인 사정에 따라 다르다. 이렇게 부과되는 소득분을 과세표준이라고 하는데, 과세표준에 각각의 과세표준규모에 따라 부여되는 세율을 곱하여 산출세액을 계산한다. 보통 세율은 누진적으로 적용이 되기 때문에 과세표준을 정확하게 계산하여 과다하게 계산되지 않도록 하는 것이 중요하다. 산출세액을 모두 세금으로 내는 것이 아니라 소득의 종류에 따라 세액공제나 감면을 해 주는 경우가 있으므로 해당될 경우 이를 다시

그림 4-8
소득세액의 계산방법

결정세액 (내야할 총 세금액) = [총소득액 − 필요경비 − 소득공제 (과세표준) × 세율] (산출세액) − 세액감면 및 세액공제

공제한다. 보통 자진신고 후 납부하는 세금의 경우 10%의 세금공제 혜택을 받을 수 있다. 세금공제나 감면액을 뺀 후 계산된 금액을 결정세액이라고 하며, 이것이 최종적으로 납부해야 할 액수가 된다. 이상과 같은 절차를 간단히 도식화 하면 [그림 4-8]과 같다.

(3) 소득세의 종류

1) 종합소득세

종합소득세는 종합소득에 부과되는 세금이다. 종합소득이란 이자소득, 배당소득, 부동산임대소득, 사업소득, 근로소득, 연금소득 및 기타소득을 포함하는 금액이다. 종합소득에 대한 세금징수방법은 원칙적으로는 각각의 소득을 합하여 신고하는 종합과세방식이 기본방식이다. 종합소득이 있는 납세자는 매년 5월말까지 전년도에 발생한 종합소득을 합산하여 주소지 관할세무서에 종합소득세 확정신고를 하고 소득세를 납부하여야 한다. 종합소득세 신고를 하지 않으면 소득공제나 세액공제 및 감면을 받지 못함은 물론 각종 가산세를 물게 되어 세금부담이 늘어난다.

그렇지만 이자 및 배당소득과 기타소득 중 원천분리과세되는 부분과 근로소득만 있으면서 근로소득세 연말정산으로 소득세 납세의무가 종결되는 근로소득의 경우에는 종합소득세 신고의무가 면제된다. 즉, 소득세법에서는 이자소득과 배당소득을 총칭하여 금융소득이라 하는데, 이자소득이나 배당소득과 같이 소득내용 파악이 쉽고 수취인이 많은 경우는 소득세 14%와 주민세(소득세액의 10%)를 합하여 15.4%의 세금이 원천분리과세되고 있다. 그러나 개인별 연간 금융소득이 합산하여 4천만 원을 초과하는 경우에는 금융소득을 다른 종합소득과 합산하여 누진세율(종합소득세율)을 적용하여 종합과세한다. 이러한 제도를 금융소득종합과세제도라고 한다.

한편, 근로소득만 있는 경우에는 원천징수된 후 연말정산을 통하여 결산을 하는

것이 보통이다. 종합소득은 총수입금액에서 필요경비, 소득공제 및 세액공제 등을 제외하여 종합소득세 과세표준을 산출하고, 과세표준액에 따라 8~35%의 종합소득 세율을 적용하여 과세한다.

2) 퇴직소득세

퇴직소득세는 퇴직소득에 부과되는 세금이다. 퇴직소득에는 퇴직 시 받는 퇴직 일시금, 명예퇴직소득, 퇴직연금 일시금, 퇴직보험금 중 일시금, 국민연금법에 의한

그림 4-9
종합소득세 계산방법

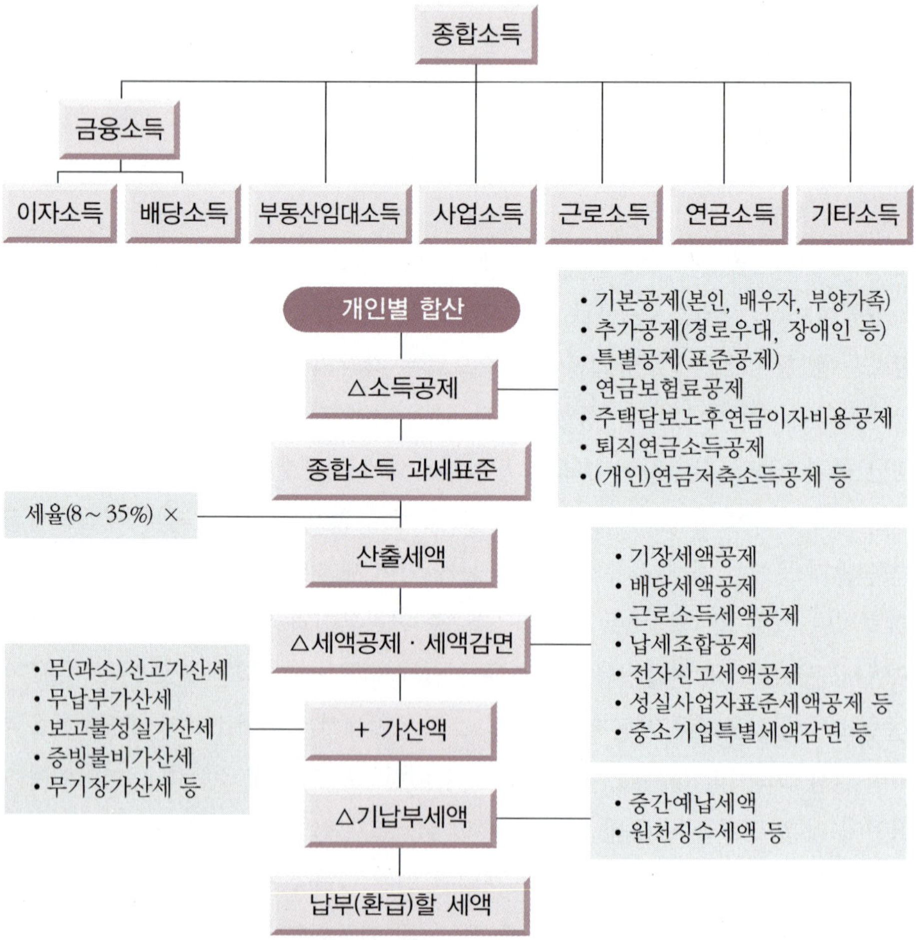

출처: 국세청(2009m). 『2008년 귀속 종합소득세 등 신고 · 납부 안내』. p.109.

반환일시금 또는 사망일시금과 국민연금법 및 공무원연금법 · 군인연금법 · 사립학교교직원연금법 또는 별정우체국법에 의하여 지급받는 일시금, 외국기관, 국내주둔 국제연합군(미국군 제외), 국외소재 외국인 또는 외국법인(국내지점, 국내영업소 제외)으로부터 받는 퇴직급여가 포함된다. 퇴직소득세는 다른 소득과는 따로 분류과세된다. 해당소득이 있을 경우 당해 연도의 다음 연도 5월 31일까지 납세지 관할세무서장에게 신고하여야 하는데, 이를 퇴직소득 과세표준 확정신고라 한다.

3) 양도소득세

양도소득세는 양도소득에 부과되는 세금이다. 양도소득은 부동산이나 분양권, 골프회원권, 주식 등과 같은 실물자산의 양도로 인하여 생기는 소득을 말한다. 양도소득세도 분류과세되며 자진신고하여 납부하여야 한다. 2007년 양도부터는 실가과세 전면실시에 따라 반드시 실지거래가액으로 세액계산을 하여야 한다. 양도소득세율은 양도소득 과세대상 자산의 종류, 보유기간, 보유자, 등기여부, 과세표준 등에 따라 각각 다르다.

그러나 2009년 기준으로 볼 때 다음과 같은 비과세 요건을 갖춘 경우는 양도소득세를 내지 않아도 된다.

- 1세대가 국내에 1주택을 보유한 경우
- 3년 이상 보유한 경우(단 서울, 과천, 5대 신도시지역의 주택은 2년 이상 거주 요건 포함)
- 양도가액이 9억 원(고가주택)을 초과하지 아니한 경우
- 주택의 부수토지로서 도시지역 내의 경우에는 건물이 정착된 면적의 5배, 도시지역 밖의 경우에는 10배 이내의 토지인 경우

3. 절세전략의 원리

세금은 가계지출의 많은 부분을 차지한다. 탈세나 조세회피 등은 고의로 사실을 왜곡하는 등의 불법적인 방법이나 법의 미비점을 이용하여 세금을 줄이려는 행위를 말하지만, 절세란 세법이 인정하는 범위 내에서 합법적 · 합리적으로 세금을 줄이는

그림 4-10 세금 계산방법에 따른 절세전략

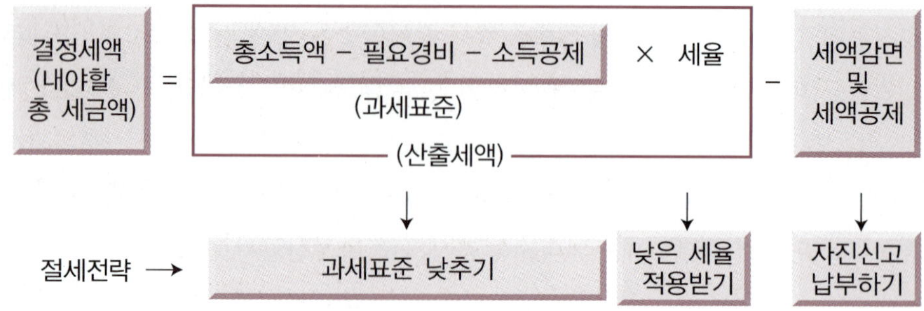

행위로서 재무설계에서 중요한 부분 중 하나이다.

절세전략은 세법을 이해하여 법 테두리 안에서 세금을 줄일 수 있도록 하는 방법을 모색하는 것이다. 세금을 줄일 수 있는 방법은 [그림 4-10]에 따라 세 가지 부분으로 나누어 볼 수 있다.

(1) 과세표준 낮추기

- 필요경비나 공제사항 적용하기 : 세금은 모든 소득액에 대하여 부과되는 것이 아니고 필요경비나 소득공제 사항을 뺀 과세표준에 부과되고 과세표준에 누진적인 세율이 적용되기 때문에 과세가 되지 않는 소득부분을 정확히 공제하여 불필요한 세금을 줄인다. 이는 근로소득자의 연말정산 시, 상속을 받거나 증여를 받을 때 등 거의 모든 세금납부에서 적용되는 전략이다. 이를 위해서 필요경비나 공제내용을 입증할 수 있는 서류나 영수증을 잘 보관해 두어야 한다.
- 과세표준이 낮게 평가되는 형태로 자산을 보유하기 : 보유하거나 취득한 재산의 형태에 따라 과세표준이 낮게 평가되는 것이 있다. 예를 들면 금융자산보다 부동산으로 상속을 하거나 증여를 하면 과세표준이 더 낮게 평가되는 경우가 많다.
- 면세기준 알아두기 : 근로소득이 기준액 이하이면 세금이 감면되고 있다. 또한 비과세저축을 하면 이자소득세가 면제된다. 자녀에게 세금이 면제되는 증여액만큼 자녀명의로 저축함으로써 세금을 감면받을 수도 있다. 이렇게 면세기준을 알아두어 활용하면 실질소득이 증가될 것이다.

(2) 낮은 세율 적용받기

자산의 형태에 따라 서로 다른 세율이 적용되므로 세율이 낮은 형태로 자산을 보유하면 세금을 적게 낼 수 있다. 세금우대저축상품을 가입하는 것도 한 가지 방법이라고 할 수 있다.

(3) 정확하게 자진신고 · 납부하기/기한 내 납부하기

세금은 내야 하는 기한이 정해져 있는데, 이를 납부기한이라 한다. 세금액을 자진신고하고 납부기간 내에 세금을 내면 세금액의 일정비율을 감면받을 수 있다. 반면 납부기한이 지나도록 세금을 내지 않거나 내야 할 세금보다 적게 낸 경우에는 가산세를 추가로 내야 한다.

또한 세금을 체납하게 되면 허가사업을 제한받거나 출국규제를 받는다. 고액상습체납자의 경우 명단이 공개되거나 체납자료가 신용정보기관에 제공되어 신용불량정보로 등록되어 신규대출의 중단, 신용카드 발급 제한 등 각종 금융제재를 받을 수 있다.

(4) 부당한 세금이 나온 경우 시정하여 내기

세금이 잘못 부과된 경우는 가장 먼저 행정구제로서 납세자보호담당관제도를 이용할 수 있다. 납세자보호담당관제도는 납세자의 권익을 실질적으로 보호하기 위해 도입한 제도로, 세금과 관련된 고충을 납세자의 편에 서서 적극적으로 처리해 주고자 만들어진 제도이다. 전국의 모든 세무관서에는 납세자보호 담당관이 배치되어 있다.

이를 통하여 해결이 안 되는 경우 법에 의한 권리구제제도를 이용할 수 있다. 세금이 고지되기 전에는 과세전적부심사제도를 이용할 수 있는데, 이는 세무조사 후 과세할 내용을 미리 납세자에게 알려 준 다음 납세자가 그 내용에 대하여 이의가 있을 때 과세예고의 옳고 그름에 대한 심사를 청구하게 하고, 심사결과 납세자의 주장이 타당하면 세금을 고지하기 전에 자체적으로 시정하여 주는 제도이다. 한편 세금이 고지된 후에는 다음과 같은 권리구제제도를 이용할 수 있다.

- 세무서 또는 지방국세청에 제기하는 이의신청
- 국세청에 제기하는 심사청구
- 국무총리실 조세심판원에 제기하는 심판청구
- 감사원에 제기하는 감사원 심사청구
- 행정소송법에 의하여 법원에 제기하는 행정소송

이상과 같은 권리구제 절차를 밟고자 하는 경우에는 1단계로 이의신청 · 심사청구 · 심판청구 · 감사원 심사청구 중 하나의 방법을 선택하여 청구할 수 있다. 1단계 절차에서 구제를 받지 못한 경우에는 2단계로 법원에 행정소송을 제기할 수 있다.

그림 4-11
부당한 세금에 대한 사법적 권리구제제도

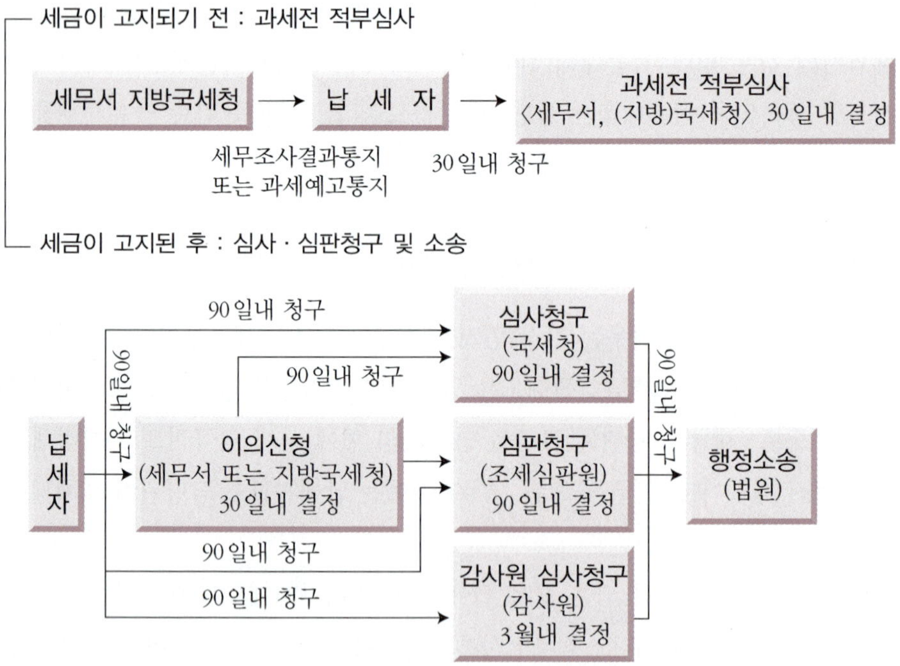

출처: 국세청(2009n). 『세금절약가이드』. p.30.

4. 연말정산

많은 가계의 경우 근로소득을 갖게 되며 그에 대한 세금으로 근로소득세를 내게 된다. 근로소득의 경우 개개인의 사정을 고려하지 않고 일괄적으로 예상한 세액을 미리 책정하여 세금을 원천징수하기 때문에, 연말정산절차를 통하여 세금을 더 내기도 하며 세금을 돌려받기도 한다. 다음과 같은 연말정산의 절차를 올바로 밟으면 세금을 부당하게 더 내는 경우를 피할 수 있다. 공제내용은 매년 조금씩 달라진다. 국세청 홈페이지(http://www.nts.go.kr)에서는 연말정산자동계산기를 제공하고 있다.

① 1단계 : 근로소득세를 다음과 같은 공식에 의해 계산한다.

근로소득세(결정세액) = [(총급여액 − 각종공제) (과세표준) × 세율] (산출세액) − 세액공제

위에서 총급여액이란 연간급여액에서 비과세소득을 뺀 금액이다. 공제내용에는 〈표 4-2〉와 같은 근로소득공제, 인적공제, 연금보험료공제, 특별공제 및 기타소득공제 등이 포함된다. 과세소득인 총급여액에서 각종공제를 뺀 금액인 과세표준에 〈표 4-3〉과 같은 과세표준에 따른 세율을 곱하여 산출세액을 계산한다. 산출세액에서 〈표 4-4〉와 같은 각종 세액공제를 빼 준 금액이 근로소득세가 된다.

② 2단계 : 이미 낸 세금과 위에서 계산된 근로소득 결정세액 간의 차이를 계산한다. 이미 낸 세금이 더 많다면 차액을 돌려받는다(환급). 결정세액이 더 크면 세금을 추가 납부하여야 한다.

표 4-2 근로소득세의 계산을 위한 소득공제내용 (2008년 기준)

구분		종 류	기본요건	공제내용, 한도 및 준비서류
근로소득공제		근로소득공제	모든 근로소득자	- 총급여액 500만 원 이하: 총급여액 전액 - 500만 원 초과 1,500만 원 이하: 500만 원 + 초과액의 50% - 1,500만 원 초과 3,000만 원 이하: 1,000만 원 + 초과액의 15% - 3,000만 원 초과 4,500만 원, 이하: 1,225만 원 + 초과액의 10% - 4,500만 원 초과: 1,375만 원 + 초과액의 5%
인적공제	기본공제	본인공제		- 근로자 본인, 배우자 및 부양가족 1인당 100만 원 - 가족관계 증명서, 입양증명서 · 입양관계증명서, 외국인 등록사실증명, 시티거자 동거가족상황표, 국민기초생활 보장법에 의한 수급자증명서 등
		배우자공제	연간소득 100만 원 이하	
		부양가족공제	- 자녀: 20세 이하 - 직계존속: 남자 만 60세, 여자 만 55세 이상 - 형제자매 : 만 20세 이하 또는 만 60세(여자 만 55세) 이상 - 국민기초생활보장법에 의한 보호대상자 - 연간소득 100만 원 이하	
	추가공제	경로우대자공제	만 65세 이상인 경우	기본공제대상자에 대하여 - 경로우대자의 경우 1인당 연 100만 원(단, 70세 이상인 경우 연 150만 원) - 장애인의 경우 1인당 연 200만 원 - 부녀자의 경우 연 50만 원 - 자녀양육비의 경우 1인당 연 100만 원 - 출산 · 입양자 1인당 연 200만 원 - 가족관계증명서, 입양관계증명서 또는 입양기관이 발행하는 입양증명서 등
		장애인공제	장애인인 경우인 경우	
		부녀자공제	- 배우자 없는 여성으로 기본공제대상부양가족이 있는 세대주인 경우 - 배우자가 있는 여성인 경우	
		자녀양육비공제	- 6세 이하의 직계비속 · 입양자가 있는 경우	
		출산 · 입양자공제	해당연도에 출생한 직계비속/입양신고한 입양자가 있는 경우	
	다자녀추가공제		- 기본공제대상자에 해당하는 자녀가 2인 이상인 자	- 기본공제대상자인 자녀가 2인인 경우 : 연 50만 원 - 2인을 초과하는 경우: 50만 원 + 2인초과 인원 1인당 100만 원
연금보험료공제			공적연금/퇴직연금 가입자	- 공적연금의 연금보험료 근로자부담액 전액 - 퇴직연금보험료 근로자부담액 전액(연금저축 불입액과 퇴직연금보험료 불입액을 합하여 연간 300만 원 한도)
주택담보노후연금이자비용공제			연금소득있는 거주자	주택담보노후연금이자비용공제 = ①, ② 중 적은 금액 ① 지급받은 연금에 대하여 해당연도에 발생한 이자상당액 ② 200만 원
특별공제	항목별공제	보험료공제	거주자인 근로소득자	- 국민건강보험법, 고용보험법, 노인장기요양보험법에 따라 근로자가 부담하는 보험료 전액 - 기본공제대상자를 피보험자로 하는 보장성보험료로 근로자가 실제로 납부한 금액(연간 100만 원 한도) - 기본공제대상자 중 장애인을 피보험자 또는 수익자로 하는 보험료로 근로자가 실제로 납인한 금액(연간 100만 원 한도)

표 4-2 계속

특별공제	항목별공제	의료비공제	거주자인 근로소득자	①과 ②의 공제대상 의료비를 합한 금액 ① 본인 · 장애인 및 경로우대자의 의료비 : 공제대상 의료비=의료비지출액(다만, '②' 의 의료비금액이 총급여액×3%에 미달하는 경우 그 미달하는 금액을 차감한 금액) ② '①' 을 제외한 기본공제대상자의 의료비는 가. 공제대상 의료비=의료비 지출액−총급여액×3% 나. 공제한도액 : 연 500만 원
		교육비공제		−일반교육비 : − 근로자 본인: 전액(대학원, 직업능력개발훈련수강료 포함) −기본공제대상자(직계존속은 공제대상이 아님) ① 유치원 · 영유아 · 취학전 아동 : 1인당 연200만 원 ② 초 · 중 · 고등학생 : 1인당 연200만 원 ③ 대학생 : 1인당 연700만 원 ④ 대학원생 : 공제대상 아님 −장애인특수교육비(직계 존속포함) : 전액
		주택자금공제		−주택마련저축공제와 합하여 1,000만 원 한도 주택임차차입금 원리금상환액 공제 : 원리금상환액의 40% 장기주택저당차입금 이자상환액공제 : 이자상환액
		기부금공제	종합소득이 있는 거주자	기부금명세서, 기부금영수증
		혼인, 장례, 이사비공제	연간 총급여액이 2,500만 원 이하인 거주자인 근로소득자	각 사유별로 100만 원을 근로소득금액에서 공제
	표준공제		근로소득이 있는 거주자	보험료, 의료비, 교육비, 주택자금, 기부금 및 혼인 · 장례 · 이사에 대한 특별공제를 신청하지 아니하거나, 특별공제액이 100만 원 미만인 경우 연 100만 원을 공제
기타 소득공제		개인연금저축공제	종합소득이 있는 거주자(근로소득자 포함)	불입액의 40%(한도 72만 원)
		연금저축공제		연금저축 불입액과 퇴직연금보험료 불입액을 합하여 300만 원 한도
		투자조합출자 등 공제		중소기업창업투자조합 등에 출자하는 경우 출자액의 10%
		소기업 · 소상공인 공제부금 공제		소기업 · 소상공인공제에 가입하여 납부하는 공제부금 납부액 전액 ⇒ 300만 원 한도
		장기주식형저축 소득공제		당해연도 저축 불입금액 중 납입 1년차 불입액의 20%+납입 2년차 불입액의 10%+납입 3년차 불입액의 5% ⇒ 가입한도: 분기별 300만 원, 연간 1,200만 원
		주택마련저축공제	거주자인 근로소득자	청약저축, 근로자주택마련저축, 장기주택마련저축 불입액의 40% ⇒ 주택임차차입금원리금상환액 공제와 합하여 300만 원, 주택자금공제와 총합계액 1,000만 원 한도
		신용카드 등 사용금액 공제		신용카드 등 사용액 중 총급여액의 20% 초과분의 20% ⇒ 총급여액의 20% 또는 5백만 원 중 적은 금액 한도
		우리사주조합 출연 소득공제		당해연도의 출연금액 전액 ⇒ 400만 원 한도

표 4-3
근로소득 세율 (2008년 기준)

과 세 표 준	세 율	누 진 공 제
1,200만 원 이하	8%	–
1,200만 원 초과 4,600만 원 이하	17%	1,080,000원
4,600만 원 초과 8,800만 원 이하	26%	5,220,000원
8,800만 원 초과	35%	13,140,000원

표 4-4
세액공제의 내용 (2008년 기준)

종 류	공제금액
근로소득세액공제	근로소득산출세액의 55(30)%
기부정치자금세액공제	기부한 정치자금 × 100/110 (공제한도 : 10만 원까지 기부금액의 100/110)
납세조합공제	산출세액의 10%
주택자금 차입금이자 세액공제	이자상환액의 30%
외국납부세액공제	국외근로소득 상당 세액

출처: 국세청 홈페이지(2009).

4.4 지출관리

소득을 극대화하기 위한 또 다른 방법은 현명하게 지출하는 것이다. 특히 지출규모가 큰 비목에서의 합리적인 지출은 가계재정에 큰 도움이 된다. 따라서 주택이라든가 내구재 등 주요 품목에 대해서는 생애주기에 따른 구매계획을 세워 효율적으로 지출해야 한다.

지출의 효율적인 관리를 위해서 해야 하는 행동은 구매 전 단계, 구매단계 및 구매 후 단계로 나누어 살펴볼 수 있다. 이러한 단계를 도식화하여 보면 [그림 4-12]와 같다. [그림 4-12]에서 소비자재무설계와 특히 관련성이 높은 구매 전 단계에 초점을 두어 설명하면 다음과 같다.

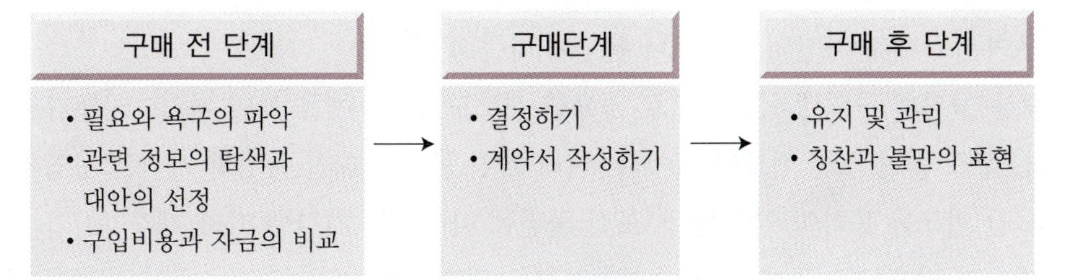

그림 4-12 구매단계별 지출관리행동

1. 구매 전 단계

합리적인 지출은 어떤 물건을 구입하기 앞서 미리 그 필요성을 확인하여 계획적인 지출을 하는 것이다. 계획을 세우는 데 있어서는 관련 정보를 입수하여 여러 가지 대안을 설정하여, 물건의 구입과 유지에 드는 비용을 가계의 자금과 비교하여 보는 것도 필수적이다. 자금이 부족하다면 다시 한 번 구매여부를 검토한 후 꼭 필요하다면 자금을 마련할 수 있는 방법을 모색한다.

(1) 필요와 욕구 파악하기

어떤 물건을 사기 전에 꼭 해야 할 것은 그 물건이 우리 가정에 필요한 것인가를 묻는 것이다. 지금 필요한 것인가, 아니면 자금을 충분히 모은 뒤 구입하여도 되는가, 다른 것이 더 필요한 것은 아닌가, 구입하는 것 말고 다른 방법은 없는가 질문해볼 필요가 있다. 필요성에 대한 질문 시 필요와 욕구를 구분해보는 작업도 필요하다. 욕구란 꼭 필요하지 않지만 바라는 것을 말한다(Garman & Forgue, 2006).

(2) 관련 정보의 탐색과 대안의 선정

여러 가지 대안을 고려하기 위해 필요한 정보를 수집한다. 어떤 정보를 수집해야 하는가는 물건에 따라 다르므로 어떤 정보를 수집해야 하는지를 알아보는 것도 중요한 일이다. 예를 들면 어떤 물건의 경우는 안전성이나 편리성 등이 중요한 특성이 될 수 있고 어떤 물건의 경우는 무게라든지 크기 같은 것이 중요한 것일 수 있다. 이러한 특성들에 대해서는 객관적인 자료를 수집하여야 하지만 각각의 특성에 대한 가중치 부여는 구매자 자신의 필요도나 욕구에 따를 것이다.

모든 물건의 구입에 공통적으로 필요한 정보도 있다. 예를 들면 가격이라든가 구입처, 상표 등이 그런 정보일 것이다. 여러 가지 물건에 대한 특성과 가격을 구입처, 상표 간 비교를 통하여 알아본다. 또한 물건에 따라서는 기간에 따라 가격차이가 나는 경우가 많으므로 구매시기에 대한 정보도 필요하다. 이러한 정보수집은 구매 전 단계에서도 필요하지만 반드시 이 단계에만 국한되는 것은 아니다. 구매단계에서도 지속적인 비교쇼핑을 하는 것이 좋다.

관련 정보는 다양한 경로를 통하여 획득할 수 있다. 광고, 판매원, 진열 등과 같이 판매하는 측에서 제공하는 정보를 수집할 수도 있고(상업적 원천), 가족, 친구, 이웃 등 다른 개인들로부터 정보를 획득하기도 한다(소비자 원천). 또한 신문이나 잡지, 소비자보호단체와 같은 기관에서 제공하는 정보를 이용할 수도 있다(중립적 원천). 각각의 정보원에 따라 장 · 단점이 존재하므로 각각에서 얻은 정보를 비교하여 보는 것도 좋은 정보가 될 수 있다.

(3) 구입비용과 자금의 비교

필요성을 파악하고 여러 가지 대안에 대한 정보를 수집한 후에 또는 그러한 과정에서 비용은 얼마나 들며, 내가 갖고 있는 자금은 얼마인가, 또한 다른 생활비를 고려하여 얼마를 할애할 수 있는가를 계산해 대안들을 비교해 보아야 한다. 이때 비용에는 물건의 가격뿐만 아니라 그 물건을 구입하고 소유하고 유지하는 데 드는 총비용이 포함된다. 물건을 사는 데 드는 부대비용으로는 배달료라든지 중개료, 세금 등이 포함되며, 자금이 부족하여 차용하여 구입한다면 갚아야 하는 이자 등도 포함되는 것이다. 또한 그 물건을 소유하여 유지하는 데 드는 비용도 고려해서, 여러 가지 대안들 중 필요성 또는 욕구를 충족시키면서 비용도 적게 드는 방안을 선택하도록 한다.

이때 여러 가지 지불방법에 따라 비용에 차이가 있는지 살펴보는 것도 좋다. 보통 가격이 비교적 높은 물건을 구입할 경우 현금, 신용카드, 할부구매, 은행대출 이용 등 다양한 지불방법 중 선택할 수 있는 경우가 많다. 이때 대체적으로는 현금이 있다면 현금으로 구입하는 것이 유리한 편이다. 일단 현금으로 구매할 경우는 충동구매를 자제할 수 있고 현금으로 구입할 경우 할인을 받는 경우도 있기 때문이다. 그렇지만 차용을 하여 구입을 하면 더 유리한 경우도 있다. 차용을 하게 되면 앞으로의 재정여건은 현재보다는 좋지 않게 되며 이자비용이 발생된다. 가격이 높은 물건의 구입을 위해서는 단기에 자금을 마련하기 어려우므로 장기적으로 자금마련방법을 모색해두는 것이 필요하다.

2. 구매단계

구매단계에 이르게 되면 구입물건에 대한 보다 실질적인 비교검토가 필요하다. 여러 판매점을 둘러보거나 현장조사를 하고나서 물건과 판매조건을 다시 비교하여 최적의 물건을 구입하도록 한다. 구매결정을 한 후, 구매계약을 할 때 법적인 절차가 필요하다면 하자가 없도록 마무리한다.

3. 구매 후 단계

물건을 구입한 후 적절히 유지 및 관리하는 일은 가계자금의 절약에 실질적인 도움을 준다. 또한 구매 후 문제가 발생할 경우 애프터서비스를 활용하고, 불만이 있을 경우는 문제를 해결하거나 불만을 표현하는 데 적극적인 자세를 취하는 것이 개인적인 차원에서 뿐만 아니라 거시적인 맥락에서도 도움을 줄 것이다. 물건에 대해 만족스러운 경우 만족을 표현하는 것도 장기적인 시각에서 볼 때 가계재정에 도움이 된다(Garman & Forgue, 2006).

>>> 연습문제

1. 개별 소비자나 가계에서 볼 때 금융기관에서 받고자 하는 서비스의 내용은 다를 것이다. 다음의 경우와 같이 받고자 하는 서비스의 내용을 정하여 각각의 소비자나 가계에 적합한 금융기관을 선택하여 보자.

   (1) 집수리를 하기 위한 자금을 대출받고 싶다.
   (2) 3년 동안 쓰지 않아도 될 자금이 1,000만 원 정도 있는데 잘 운영하고 싶다.
   (3) 시간이 부족하여 집이나 사무실에서 은행거래를 하고 싶다.

2. 현재 각종 금융기관에서 제공하고 있는 대출상품의 장 · 단점을 비교하여 보자.

3. 각종 신용카드의 이용수수료, 할부수수료 및 혜택을 비교하여 보자.

4. 신용카드 대금청구서의 예를 찾아 청구서에 실린 용어를 이해하여 보자.

5. 자산의 유형에 따라 내는 세금이 다르다. 세금이 적게 부과되는 자산의 유형을 조사하여 보자.

>>> 유용한 사이트

- 국세청 www.nts.go.kr
- 금융감독원 www.fss.or.kr
- 예금보험공사 www. kdic.or.kr
- 한국신용정보 www.nice.co.kr
- 한국은행 www.bok.or.kr

Chapter 05

수입과 지출관리의 적용

제4장에서는 수입과 지출관리의 기본원리에 대하여 알아보았다. 이러한 원리는 실생활에 적용될 때 그 의미가 있다. 제4장에서 제시하였던 원리는 다양한 재무목표의 달성을 위해 적용될 수 있을 것이지만 개인 소비자나 가계의 입장에서는 목표의 중요도에 있어 우선순위가 있다. 가계의 재무목표 중 주택마련과 자동차마련이라는 목표는 자주 달성해야 할 목표는 아니지만 대부분의 가계가 추구하는 목표이다. 주택마련과 자동차마련을 위한 결정과 자금마련, 차용, 세금관리 및 합리적인 구매는 자주하는 행동은 아니지만 구입에 필요한 자금의 규모가 매우 크기 때문에 장기적인 관점에서 계획되어야 한다. 제5장에서는 주택마련과 자동차마련을 위해 밟아야 할 과정에 대하여 알아본다.

학습목표

1. 자금관리, 차용관리, 세금관리 및 지출관리의 원리를 주택마련에 적용할 수 있다.
2. 주택매매와 관련된 비용을 계산할 수 있다.
3. 아파트청약관련 금융상품을 비교할 수 있다.
4. 주택의 매매계약 및 전세계약 시 확인해야 할 사항을 설명할 수 있다.
5. 주택임차보증금의 보호절차에 대해 설명할 수 있다.
6. 자금관리, 차용관리, 세금관리 및 지출관리의 원리를 자동차구입에 적용할 수 있다.
7. 자동차종합보험의 내용을 이해할 수 있다.

주·요·용·어

주택마련, 임차, 구입, 취득세, 등록세, 재산세, 종합부동산세, 주택청약통장, 주택구입비용, 등기부등본, 주택임차보증금의 보호절차, 확정일자, 자동차종합보험

5.1 주택마련

주택의 임차라든가 구입은 자주하는 결정은 아니지만 자금규모가 크고 주택가격 상승폭이 큰 사회에서는 경제적 안정성 및 재산의 형성에 중요한 영향을 미치기 때문에 장기적인 계획을 세워 신중하게 결정해야 할 사항이다. 4장에서 배운 자금관리, 차용관리, 세금관리 및 지출관리의 원리를 주택마련에 적용하여 보면 다음과 같다.

1. 임차와 구입의 선택

주택과 관련하여 가장 먼저 결정해야 할 사항은 주택을 구입할 것인가 아니면 임차할 것인가의 여부이다. 주택의 구매 또는 임차의 결정은 가계의 소득 및 저축규모와 가계의 생활주기에 따른 필요 및 욕구의 변화에 따른다.

2005년 우리나라의 주거소유 및 점유형태를 살펴보면 자가소유자가 55.6%, 무주택자는 44.4%이다(통계청, 2005). 주택구입시기를 살펴보면 결혼 후 평균 9.4년 뒤 주택을 구입하는 것으로 나타났으며, 결혼 후 자가를 소유할 때까지의 평균적인 이사 횟수는 5회이다(국민은행, 2007). 따라서 많은 가계는 몇 차례의 임차주택에 거주하며 자가주택을 마련하기 위해서는 오랜 준비단계를 밟아야 한다고 할 수 있다. 어느 단계에 이르러 임차를 계속할 것인가 주택을 구입할 것인가는 가계의 자금마련능력과 필요성, 욕구에 근거하여 결정해야 한다.

대다수의 가계가 주택구입을 원하고 있기는 하나 임차가 더 유리한 경우가 있다. 이동이 잦은 사람, 주택가격이 하락할 때, 주택유지 및 관리비용이 높을 때는 주택을 구입하는 것보다는 임차를 하는 것이 가계경제에 보다 유리하다. 또한 주택을 임차하여 사용할 경우 구입할 때보다는 목돈이 들지 않고 관리에 신경 쓰지 않아도 된다는 장점도 있다. 그러나 임차의 경우 정기적으로 임대료를 지불해야 하거나 보증금을 지불함으로써 이자소득획득의 기회를 상실하며, 임대료 상승을 따라 잡기 힘든 경우가 많고 따라서 주거비지출계획을 세우기 어렵다는 단점이 있다. 또한 생활하는

표 5-1 주택보유단계별로 부과되는 세금

구 분	국 세	지방세제	
		지방세	관련 부가세
취득시	인지세 (계약서 작성시)	취득세 등록세	농어촌특별세(국세) 지방교육세
	상속세 (상속받은 경우)		
	증여세 (증여받은 경우)		
보유시	종합부동산세 (일정 기준금액 초과시) 농어촌특별세 (종합부동산세 관련 부가세)	재산세	지방교육세
			공동시설세
			도시계획세
처분시	양도소득세	주민세(소득세할)	해당없음

출처: 국세청(2009l). 『2009 알기쉬운 부동산 세법! 부동산과 세금』. p.9.

데 안정감과 소속감을 갖기 어렵고 마음대로 증 · 개축하기 어렵고 집주인과 원만한 관계를 유지해야 한다는 어려움도 있다.

한편 자가를 소유하게 되면 우선 안정감, 영속성, 자신감 및 책임감을 느낄 수 있으며 주거비지출계획을 세우기가 쉽다. 또한 장기적으로 보면 임대보다 이득인 경우가 많다. 특히 주택가격상승률이 소득상승률보다 높을 때는 일찍 구입함으로써 투자효과도 가질 수 있다. 그에 반해 단점은 그리 많지 않다. 그러나 단기간만 소유할 경우는 계약금 및 이사비용 등 비용이 많이 든다. 또한 주택거래와 보유 시 〈표 5-1〉과 같은 각종 세금을 내야 한다.

2. 주택구입 시

(1) 구매 전 단계

1) 필요를 파악하고 주택에 대한 정보수집하기

주택구입은 장기적인 시각에서 계획되고 실행되어야 한다. 자금마련을 위해서 많은 시간이 필요한데다가 가족의 필요성도 시간에 따라 변화하기 때문이다. 자금마련을 위해서는 일단 가족의 필요성과 자금축적 능력에 맞는 주거요건을 정리하여야 적절한 자금규모와 달성시기를 결정할 수 있을 것이다.

현재와 미래의 가족의 필요성 및 욕구 등을 충족시켜 주는 주택의 크기라든가 방의 수, 주택유형에 대한 가족의 구체적인 의견을 수렴해야 한다. 이는 현재와 미래의 가족의 수, 성별, 연령, 생활패턴 등에 영향을 받을 것이다.

단독주택을 구입할 것인가 아파트, 아니면 연립주택을 구입할 것인가 등 주택유형을 선택하여야 하며, 새집을 구입할 것인가 헌집을 구입할 것인가도 결정해야 한다. 아파트를 새로 분양받고 싶을 때는 아파트 분양자격을 얻기 위한 예금을 들어 두어 청약자격조건을 갖추어 두어야 한다([읽을거리] 참고). 그밖에 도시에 살 것인가, 근교에 살 것인가, 시골에 살 것인가 등 구매 전에 결정해야 할 것이 많다.

가족에게 중요한 주택 특성에 대한 의견이 좁혀졌으면, 해당되는 주택에 관한 관련 정보를 수집한다. 주택의 가격, 입지, 주거규모 및 유형 등에 대한 정보를 수집한다. 이때, 주거지역의 안전, 교육, 문화, 의료, 쇼핑시설도 점검하여야 한다. 또한 그 지역의 물가수준도 고려할 필요가 있다. 낡은 집을 구입할 경우는 건축연한을 고려하여야 한다.

조만간 주택을 구입해야 하는 단계에 이르게 되면 위의 사항을 재검토하여야 하며 이때 실제적이고 구체적인 정보를 수집하여야 한다. 또한 관심 있는 주택을 직접 방문하여 보다 실질적인 비교검토를 해야 한다. 주택을 실제로 둘러보고 여러 가지 특성을 점검해보는 것이 좋은데, 구조적 견고함, 방수여부, 안전성, 에너지 효율성, 배치 등 주택 자체의 특성뿐만 아니라 주변지역의 안정성, 쾌적함, 소음도, 상업시

아파트를 새로 분양 받으려면?

읽을거리

새로 지은 아파트를 분양받기 위해서는 아파트 분양을 위한 예금을 들어 청약할 수 있는 자격을 갖추어야 한다. 아파트 분양을 위한 예금에 가입하기 위해서는 먼저 주택의 종류와 규모를 결정하여야 한다. 국민주택이냐 민영주택이냐에 따라 가입해야 하는 예금이 다르다. 국민주택이란 국민주택기금의 지원에 의해 건설되는 전용면적 85㎡이하(25.7평)의 주택을 말한다. 민영주택이란 국민주택기금의 지원없이 주택건설업자가 건설하는 주택이다. 〈표 5-2〉와 〈표 5-3〉은 주택청약통장의 종류에 따라 특성을 요약한 것이다(국토해양부 홈페이지, 2009).

표 5-2
아파트청약을 위한 예금의 종류

구분	청약저축	청약부금	청약예금	청약종합저축
대상주택	-전용면적 85m² 이하 공공기관건설주택 등 -민간건설기금지원 중형주택 (60~85m²)	-전용면적 85m² 이하 민영주택 -민간건설기금지원 중형주택(60~85m²)	-모든 민영주택 (예치금액에 따라 청약가능한 면적이 다름 〈표 5-3〉 참고) -민간건설기금지원 중형주택 (60~85m²)	모든 주택
가입대상	무주택 세대주	20세 이상의 개인 또는 20세 미만의 세대원이 있는 세대주	20세 이상의 개인 또는 20세 미만의 세대원이 있는 세대주	자격조건 없음
저축방식	매월 일정액 불입 (2~10만 원, 5천 원 단위)	• 정액적립식 : 최저 10만 원 이상 1만 원 단위로 정해진 월저축금을 매월 약정일에 납입 • 자유적립식 : 5만 원 이상 50만 원 이내 1만 원 단위로 금액을 자유로이 하여 매월 약정일에 납입	지역별 청약예치금액 이내 일시불예치 (단위: 만 원)	일시불예치 및 일정액불입(월 2만~50만 원)
1순위 자격	가입 2년 이상 24회 이상 납부한 자	24회 이상 납입하여 금액이 해당청약예금액 이상이 된 자	가입 2년 이상된 자	주택청약 시 해당 주택에 해당하는 규정 적용

표 5-3
민영주택 청약가능면적(전용면적)별 청약예금 예치금액

청약가능면적(전용면적)	서울 · 부산	기타광역시	시 · 군
85m²(25.7평) 이하	300만 원	250만 원	200만 원
102m²(30.8평) 이하	600만 원	400만 원	300만 원
102m² 초과 135m²(40.8평) 이하	1,000만 원	700만 원	400만 원
135m² 초과	1,500만 원	1,000만 원	500만 원

설, 도로, 교육여건 등도 살펴본다. 여러 주택을 둘러보고 나서 최적의 주택을 선택하도록 한다.

2) 구입비용과 자금 비교하기

주택을 구입하려고 할 때 가장 영향을 미치는 요인 중의 하나는 주택가격이다. 주택구입시점에서 주택구입에 들어가는 비용을 자금동원력과 비교하는 것이 꼭 필요하다.

① 주택구입에 드는 비용

주택구입에 드는 비용은 주택가격이 큰 비중을 차지하지만, 세금, 부동산중개료, 주택수선유지관리비, 이사비용, 새로운 가구집기의 구입비, 대출을 받을 경우 이자 및 수수료 등의 비용도 만만치 않다. 주택가격은 크기, 지역, 구조, 수요와 공급에 따라 영향을 많이 받는다.

주택구입 시 내야 하는 세금은 인지세, 취득세, 등록세, 농어촌특별세, 교육세이다. 2009년을 기준으로 주택을 구입하게 되면 계약서를 작성할 때 취득가액에 따라 인지세로 2~35만 원을 내야 한다. 취득세와 등록세의 과세표준은 취득가액이다. 취득세는 취득가액의 1%이다. 국민주택규모를 초과한 경우 취득세액의 30%를 농어촌특별소비세로 내야 한다(국민주택 이하는 농특세 비과세). 등록세도 취득가액의 1%이다. 주택규모와 상관없이 교육세로 등록세의 20%를 내야 하며, 국민주택규모 이상의 주택인 경우 농어촌특별세로 등록세의 20%를 더 내야 한다. 주택 이외의 매매이거나 신축, 상속, 증여로 주택을 취득하여 등록하는 경우는 세율이 다르다. 또한 채권매입할인경비, 인지대, 사법서사수수료 등도 든다. 부동산중개료는 법으로 매매의 경우 거래가격의 0.4~0.9%까지 책정되어 있고 중개업소에 이를 게시하도록 되어 있다. 주택구입을 위해 대출을 받을 경우 지불하게 되는 이자율은 금융기관에 따라 다르다. 주택수선이 필요한 경우라면 수선자금도 마련하여야 한다. 주택구입 시 드는 세금의 예를 들어 보면 〈표 5-4〉와 같다.

또한 주택을 구입한 후 유지관리비를 충당할 수 있는지 점검하기 위해 가스, 전기, 수도, 오물수거료, 재산세 및 종합부동산세 등이 얼마나 드는지 점검해 보는 것이 좋다. 우리나라 도시가구의 소비지출에서 주거비지출에 할애하는 평균적인 비중은 3~4% 정도인 것으로 나타났다(통계청, 2008C).

표 5-4 주택구입 시 내는 세금의 예(주택가격 5억: 국민주택 규모 이상)

세금내역	세금
취득세(취득가액의 1%)	500만 원
농어촌특별소비세(취득세의 30%)	150만 원
등록세(취득가액의 1%)	500만 원
교육세(등록세의 20%)	100만 원
농어촌특별소비세(등록세의 30%)	100만 원
인지세	15만 원
합계	1,365만 원

② 주택구입자금

주택구입을 위한 자금은 장기적인 저축과 투자계획 하에 마련하는 것이 일반적이다. 주택자금 규모는 주택구입 시점의 주택가격과 기타의 비용을 고려한다. 주택구입 시기의 자금은 이제까지 살던 주택의 전세금과 이제까지 주택구입을 위해 저축한 금액이 중요한 비중을 차지하지만, 금융기관에서 융자받을 수 있는 대출금도 주택구입자금으로 이용된다.

주택구입과 관련한 다양한 대출제도가 마련되어 있는데, 대출상품에 따라 자격조건, 대출한도 및 조건, 이율, 상환방식 등이 다르므로 비교 선택하여야 한다. 대출을 할 때는 대출로서 일어나게 되는 소비지출 구조상의 변화를 함께 살펴야 한다. 왜냐하면 대출금은 매달 어느 정도씩은 갚아나가야 하는 지출항목이 되어 다른 소비지출에 부정적인 영향을 미칠 수도 있기 때문이다. 주택을 구입할 때 주택을 담보로 하는 주택자금대출상품을 이용할 수 있다. 특히 장기주택자금을 대출해주는 제도를 모기지론이라고 한다.

(2) 구매단계

특정 주택을 구입하기로 결정한 후에 매매단계에 이르면 매매계약서를 작성하여 구입을 완료하게 된다. 그런데, 계약서를 작성하기 전 몇 가지 사항을 유의하여야 한다. 가장 중요한 것 중의 하나는 주택에 법적인 하자가 없는지 확인하는 것이다. 이때 확인해 보아야 할 사항을 살펴보면 〈표 5-5〉와 같다. 〈표 5-5〉에서 제시한 많은 부분은 주택을 임차할 경우에도 공통적으로 적용된다.

1) 계약 전

부동산을 매매할 때는 등기부등본, 건축물관리대장, 토지대장, 지적도, 임야도, 도시계획확인원 등을 떼어보아야 한다. 등기부등본은 해당 부동산 물건에 대한 권리관계를 기재한 서류이다. 소유권 및 이전, 가등기, 가처분, 예고등기, 압류, 가압류 여부를 확인한다. 등기부등본상 소유자와 토지대장, 건축물관리대장상의 소유자가 다른 경우는 등기부등본을 기준으로 한다.

부동산의 표시, 면적, 지번 등의 사실관계는 시 · 군 · 구청에서 토지대장, 지적도, 임야도 등의 지적공부와 건축물관리대장을 살펴본다. 소유권관련 권리관계 이외의 면적, 지번 등이 지적공부와 등기부등본이 상이할 경우는 위와 같은 부동산 공부를 기준으로 한다. 건축물관리대장 및 토지대장을 열람하여 건물 및 토지면적, 준공시점, 무허가 건물여부를 확인한다. 도시계획확인원도 떼어 보는 것이 좋다. 토지이용계획확인서는 해당 개별필지에 대한 규제사항과 관련된 토지이용계획사항을 증명하는 서류이다. 등기부등본이나 부동산 공부가 실제로 맞는지 현장답사를 실시하도록 한다.

2) 계약 시

계약을 할 때는 계약자와 거래당사자가 등기부등본상 소유주인지를 확인한다. 소유주가 아닌 경우는 대리인과 소유주의 인감증명이 첨부된 위임장을 받아 놓는다.

계약서를 작성할 때는 일반계약서가 아닌 검인계약서에 써야 소유권이 이전된다. 일반계약서로 작성한 경우는 관할 시, 군, 구청에서 검인을 받아야 한다. 계약서에는 거래주택의 위치, 대지면적, 건평, 대금지불일, 소유권이전일, 중도금 및 잔금지불일, 융자금처리문제, 해약 시의 조건을 기록한다.

잔금을 지불할 때는 다시 한 번 등기부등본을 열람하여 계약일 이후에 이중계약이 되어 있는지, 근저당이 추가로 설정되어 있는지 확인한다. 부동산중개료는 법정한도에서 지불하도록 한다. 중개료를 과다하게 요구할 경우는 시나 군 또는 구청에 고발하여 차액을 받아낼 수 있으므로 수수료에 대한 영수증도 꼭 받아두도록 한다.

3) 입주 후

입주 후에는 소유권 이전 등기를 해야 한다. 그러나 그전에 먼저 관할 시 또는 군에 등록세를 납부한다. 소유권 등기를 신청할 때는 등기서류와 등록세납부 증명서를 가지고 등기소에 직접 신청하거나 사법서사에 위임하여 신청하면 된다. 이 경우 사법서사에게 신고필증을 받으면 등기 이전된다. 취득한 날로부터 30일 이내에 관할 시 또는 군에 취득세를 자진신고, 납부한다.

표 5-5
주택의 매매계약 및 전세계약 시 확인해야 할 사항

단 계	확 인 사 항
계약 전	• 등기소 : 등기부등본 – 면적, 위치 – 소유자의 이름과 목적물의 주소를 확인하여 권리관계 및 사실관계 확인 – 소유권보전상태 및 이전, 가등기, 가처분, 근저당 여부 • 시, 군, 구청 : 건축물관리 · 토지대장 – 건물 및 토지면적 – 준공시점 – 무허가건물 여부 • 계약 전에 현장답사 실시 • 계약금 준비
계약 시	• 집주인과 계약서 직접 작성(대리인일 경우 위임장 받음) – 계약당사자임을 확인하고 대리인의 경우 위임장, 인감증명서, 주민등록증을 대조 • 허가증 및 업무보증서가 있는 공증된 중개업소 이용 • 잔금지불 전 등기부등본 재확인 – 이중계약 여부 – 근저당추가 설정 여부 • 검인계약서 이용 : 다음 내용확인 – 등기부등본과 토지대장상의 목적을 표시 – 대금의 액수와 지불시기 – 매수 · 매도인의 성명, 주소, 주민등록번호 – 부동산 명도 시기 – 부동산 소유권 이전 및 매매 물건의 멸실, 훼손 등 매도인의 책임사항 – 특약, 입회인
입주 후	• 이전등기 • 등기이전 신청 시 필요서류 – 매도인 : 검인계약서, 등기권리증, 매도인 인감증명서, 주민등록등본 – 매수인 : 검인계약서, 주민등록등본, 등록세영수필확인서, 통지서, 국민주택채권 매입필증, 토지대장, 건축물관리대장 • 전세일 경우 – 확정일자 또는 전세권 설정 – 전입신고 시 다세대, 아파트 등의 공동주택은 동, 호수기입

3. 주택을 임차할 때

(1) 임차 전 단계

주택을 임차할 때 밟아야 할 단계는 몇 가지 사항을 제외하고는 주택구입 시 밟아야 할 단계와 비슷하다. 먼저 임차주택에 대한 정보를 수집하고 자신에게 적합한 주택인지 점검한 후 임차의 비용과 마련할 수 있는 자금을 비교한다. 임차의 비용은 임차보증금, 부동산중개료, 이사비용을 포함하는 것이다. 마련할 수 있는 임차자금이 부족할 경우 금융기관의 전세자금대출이나 일반대출상품을 이용할 수 있다. 자금이 부족할 경우는 주택규모를 줄이거나 지역도 다시 고려하여 위에서 서술한 단계를 다시 밟아본다.

(2) 임차계약 단계

전세계약을 할 경우에도 등기부등본을 열람하여야 한다. 소유주를 확인하고, 가등기, 가처분, 가압류, 경매신청 등기가 있는지 살펴본다. 전세보증금을 돌려받을 수 있는지 알아보기 위해서이다. 선순위의 담보물건(저당권)이 없으면 안전하다고 하겠으나, 선순위 저당권이 있을 경우에는 선순위 저당액과 전세보증금의 합계가 매매시가보다 작아야 한다. 임차를 하기로 결정을 하게 되면 주택소유주와 임차계약서를 작성하게 된다. 임차계약 시 주의할 점은 주택임차보증금의 보호절차를 밟아 놓아야 한다는 것이다. 임차보증금은 다음의 절차에 따라 보호받을 수 있다.

- **확정일자** : 임차계약을 체결한 후 계약서를 가지고 동사무소에 가서 확정일자를 받는다. 소유주의 동의 필요 없이 세입자가 임의로 할 수 있고 절차와 비용이 간단하다. 확정일자를 받아둔 뒤의 후순위 금액보다 우선변제권을 갖는다. 그러나 선순위의 금액에 대해서는 우선권을 갖지 못한다.
- **전입신고** : 전입신고를 한 경우 소액임대차 보증금제도에 의해 2008년 8월 현재 임대보증금이 수도권 중 과밀억제권역은 6천만 원, 광역시(군지역, 인천지역 제외)는 5천만 원, 그 외 지역은 4천만 원 이내일 경우 경매 시 수도권 중 과밀억제권역은 2천만 원, 광역시(군지역, 인천지역 제외)는 1천 7백만 원, 그 외 지역은 1천 4

백만 원까지 최우선적으로 변제받을 수 있다.

- **전세권 설정** : 전세권은 소유주의 동의를 받아 등기부등본에 근저당 설정을 하는 것이다. 따라서 소유주의 인감증명서도 필요하다. 전세권을 설정하기 위해서는 등록세(전세보증금의 0.2%), 교육세(등록세의 20%), 인지세(1만 원), 수수료(기본수수료 + 가산료 + 기타경비로 5만 원)의 비용이 든다. 전세권이 설정되면 후순위로 설정된 금액보다는 우선변제를 받을 수 있다. 선순위의 금액에 대해서는 우선권을 갖지 못한다.
- **주택임대차 신용보험** : 100m² 미만의 전세 세입자는 임의로 가입할 수 있다. 보험료는 1년에 전세보증금의 약 0.38% ~ 0.70%이다. 유사 시 전액을 보상받을 수 있다.

5.2 자동차마련

2008년 우리나라의 자동차보유대수는 1,678만대를 넘어섰다. 자동차는 이제 대부분의 가구가 구입하여 사용하는 대표적인 내구재인 것이다. 그런데 자동차는 가전제품이나 가구 등과 같은 다른 내구재에 비하여 구입비용과 그것을 운영하는 데 드는 유지비가 큰 내구재이다. 따라서 자동차를 마련하기 위해서는 비교적 장기적인 구입계획이 필요하다. 또한 구입단계에서도 손해를 보지 않고 불필요한 지출이 없도록 신중을 기하도록 한다. 주택마련과 마찬가지로 자금관리, 차용관리, 세금관리 및 지출관리의 원리를 자동차구입에 적용하여 보면 다음과 같다.

1. 구매 전 단계

(1) 자동차에 대한 필요 및 욕구 파악하기

자동차가 나 또는 우리 가정에 필요한가를 파악한다. 또한 자동차가 필요하다면

표 5-6 자동차 선택사양에 대한 필요성 및 욕구 파악을 위한 워크쉬트의 예

선택사양	필요하다	필요하지는 않지만 있으면 좋다	있어도 그만 없어도 그만이다
오토매틱	________	________	________
파워스티어링	________	________	________
파워윈도우	________	________	________
에어콘	________	________	________
에어백	________	________	________
⋮	⋮	⋮	⋮

어떤 목적에서 필요한 것인가 질문해 보는 것도 중요하다. 주목적이 출퇴근용인지 사업용인지 아니면 여가용인지에 따라 차종 선택이 달라질 수 있기 때문이다. 또한 자동차의 경우는 선택사양에 따른 가격차이가 크기 때문에 각각의 사항에 대해 정말로 필요한 것인지 아니면 단지 가졌으면 좋은 것인지 점검해 볼 필요가 있다. 이때 〈표 5-6〉과 같은 워크쉬트를 작성하여, 반드시 필요한 것만 사도록 하는 것도 좋은 방법이다(Garman & Forgue, 2006).

(2) 자동차에 대한 정보의 수집과 대안의 선정

자동차구입과 관련해서 필요한 정보를 수집하여 자신의 필요에 부합한 여러 가지 대안들을 제시해 본다. 새 차를 구입할 수도 있으나 중고차를 구입할 수도 있다. 이때 구입 이외의 다른 대안들(예: 대중교통수단이용, 직장근처로 이사 등)도 함께 고려하여 볼 필요가 있다.

자동차구입 시 고려해야 할 특성은 가격, 유지비, 연비, 안전성, 성능, 파워, 외관, 스타일, 애프터서비스, 중고가격, 선택사양의 가격 등이다. 자동차에 관한 정보는 주위사람, 광고, 팜플렛, 영업사원 또는 자동차구매 관련책자 등에서 얻을 수 있다. 여러 가지 경로를 통하여 관련 정보를 수집하여 비교해 보는 것이 좋다. 특히 가격에 관한 정보는 어느 정도 대안이 좁혀지면 판매점에서 차량구입 견적서를 직접 뽑아보는 것이 좋다.

(3) 비용과 자금을 비교하기

1) 비 용

필요한 여러 특성을 갖춘 대안의 폭이 어느 정도 좁혀졌으면 그 대안들 간의 자동차가격과 그 밖의 비용을 계산하여 자신의 자금동원력 및 유지능력과 비교해 보아야 한다. 자동차의 가격은 기본가격에 선택사양에 대한 가격을 합한 가격을 합한 금액인데, 차량의 가격은 현금으로 지불할 수도 있으며 할부로 할 수도 있고, 일부현금/일부할부로 지불할 수도 있다. 실질적으로 지불하게 되는 가격은 할부로 사느냐 일시불로 사느냐에 따라 다소 차이가 있다.

자동차 차량가격뿐만 아니라 소비자가 지불해야 하는 비용에는 자동차를 운반하는 데 드는 비용인 탁송료와 자동차를 등록하는 데 드는 등록비용도 포함된다. 등록비에는 등록세, 공채매입비 및 기타비용이 포함된다. 또한 등록을 하기 위해서는 책임보험에도 반드시 가입하여야 하며 등록을 한 후에는 취득세를 내야 한다(〈표 5-7〉 참고).

한편 자동차를 선택하는 데는 차량을 유지하는 데 드는 비용도 미리 생각해 두어야 한다. 연료비, 면허세, 자동차세, 보험료, 보수비, 타이어 교체비, 주차비용 등의 자동차를 유지하는 데는 지출해야 하는 비용이 있다. 또한 자동차와 같은 내구재의 경우는 사용연한을 고려하여 연간 감가상각비를 계산해 보는 것도 중요하다.

2) 자금마련

현재 자동차의 구입과 유지에 할애할 수 있는 자금규모와 비용을 비교하여 본다. 자동차를 구입하는 데 드는 비용은 비교적 장기간의 저축을 통하여 마련한다. 그러나 자금이 부족할 경우는 차용을 하여 마련할 수 있다. 다른 내구재와 마찬가지로 자동차의 경우도 일시불로 구입하거나 할부로 구입할 수 있기 때문이다.

표 5-7 자동차 구입관련 세금 (2008년 기준)

구 분	등록세	교육세	취득세
자가용 승용차	과세표준×5%	등록세×20%	과세표준×2%
자가용 승합, 화물차	과세표준×3%	등록세×20%	과세표준×2%
영업용 차량	과세 표준×2%	등록세×20%	과세표준×2%

출처: 국세청 홈페이지(2009).

표 5-8 자동차구입 시 유지비 충당가능여부 점검표의 예

지출비목	지난달 생활비	절약가능한 액수	신규자동차 구입 시의 생활비
식료품비			
주거비			
광열수도비			
가구가사용품비			
피복신발비			
보건의료비			
교육교양오락비			
교통통신비			
기타소비지출			
저축			
기존의 대출상환금			
신규차량 유지비 및 할부금			
합계			

일시불로 자동차를 구입하게 되면 자동차가격의 일정비율을 할인받거나 이자비용이 따르지 않기 때문에 차용하여 사는 것보다 유리하다. 자동차구입을 위한 차용방법에는 카드로 할부구입하는 방식, 자동차회사에서 할부로 구입하는 방식과 은행에서 대출하여 구입하는 방식이 있을 수 있다.

한편 자동차를 유지하는 데 드는 비용을 고려하여야 한다. 현재의 생활비 내역을 바탕으로 검토하여 자동차운영자금을 충당할 수 있는지 살펴보아야 한다. 또한 자동차를 할부로 구입하여 대출금을 갚아나가야 한다면 다른 소비지출에 어떤 영향을 미칠 것인가를 점검하여 본다. 저축을 줄여야 하는지, 다른 생활비지출을 줄여야 하는지, 줄이면 어느 정도 줄여야 하는지 검토한다. 다른 생활비지출에 큰 영향을 미치지 않는 범위 내에서 자동차운영이 가능한지 체크하여야 한다. 〈표 5-8〉은 자동차구입 시 다른 소비지출비목 간의 관계를 고려하여 작성하여 보면 좋은 워크쉬트의 예이다.

2. 구매단계

(1) 계 약

여러 대안들 중에서 적합한 특성을 보유하고 비용도 충당할 수 있는 대안을 선택하여 구입한다. 구입결정을 내렸으면 계약서를 작성하여 매매계약을 하게 된다. 계약을 할 때 주의해야 할 점은 계약서의 내용을 충분히 읽고 내용을 확인해야 한다는 것이다. 가격과 선택사양 등의 목록, 애프터서비스의 내용 등을 세밀히 검토한다. 계약서는 잃어버리지 않도록 잘 보관해둔다. 할부로 차를 구입한 경우는 계약점에서 요구하는 서류를 준비하여 제출한 후 자동차제작증을 발급받는다.

(2) 자동차의 인수

계약점에서 차량가격을 완납하고 나서 출하증을 받아 출하장에 제출하면 세금계산서, 자동차완성검사증, 임시운행허가증과 함께 임시번호판이 부착된 차량을 받을 수 있다.

(3) 보험가입

자동차를 구입하게 되면 자동차책임보험에 의무적으로 가입하여야 한다. 책임보험이란 자동차사고가 났을 때 피해자에게 끼친 물질적 · 신체적 손해를 보상을 하기 위한 보험이다. 반면 자신에게 끼친 물질적 · 신체적 손해를 보상하기 위한 보험은 임의로 선정해야 하는 임의보험이다. 1994년 이후 강제(책임)보험과 임의보험이 종합보험으로 일원화되었다. 종합보험의 내용은 피해자의 생명, 신체적 상해에 대한 배상을 책임지는 대인책임보험, 피해자의 재산상의 손해에 대한 배상을 책임지는 대물배상책임보험부분과 운전자 실수로 인한 자신의 생명이나 신체적 상해에 대한 배상 및 차량의 손해에 대한 배상을 책임지는 자기신체사고 및 차량손해담보부분, 책임보험의 배상책임한도액을 넘는 부분과 무보험차상해를 담보해 주는 부분으로 구성된다. 책임보험은 강제로 들어야 하는 부분이지만 임의보험은 가입자가 선택하여야 한다. 보험료는 차량의 용도(개인용, 업무용, 영업용), 차량특성(차량가액, 에어백 장착여부

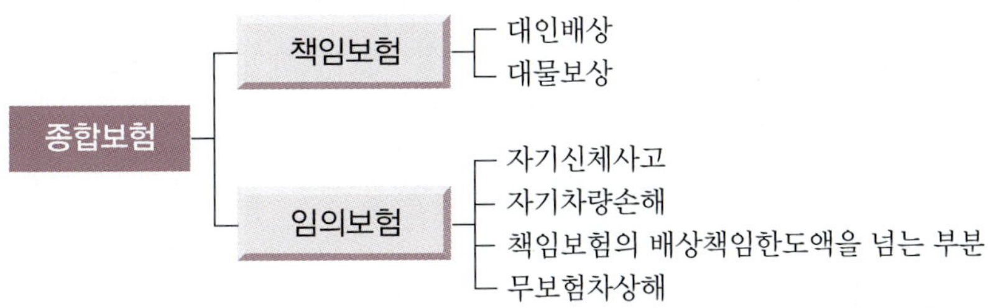

그림 5-1
자동차종합보험의 내용

등), 가입자의 특성(보험가입경력, 연령 및 운전자의 범위, 법규위반경력 등)에 따라 다르다. 자동차보험의 가입기간은 1년으로 매년 보험계약을 체결하여야 한다. 보험회사 간의 자동차보험료와 서비스에서의 차이가 있으므로 비교선택하도록 한다.

(4) 자동차의 등록

자동차 구입절차는 차량등록을 마쳐야 완료된다. 자동차는 차량을 인수할 날로부터 10일 안에 관할 관청에 차량등록을 하여야 운행할 수 있다. 차량등록을 하기 위해서는 다음과 같은 서류를 준비하여야 한다.

- 자동차제작증(계약점)
- 세금계산서(출하장)
- 자동차완성검사증(출하장)
- 임시운행허가증(출하장)
- 임시번호판(출하장)
- 주민등록등본 또는 사업자등록증 사본
- 책임보험영수증
- 등록비용

서류가 준비되면 등록관청에 가서 다음과 같은 절차를 밟아 등록을 마친다.

- 관할 등록관청에 가서 세금계산서와 자동차제작증을 제시하여 등록세 자진 납부영수증을 받는다.
- 등록세 자진 납부영수증에 적힌 액수를 금융기관에 납부한다.

- 금융기관에서 채권을 매입하고 공채매입필증을 받는다.
- 관할 등록기관에서 신규등록신청서를 작성하여 집에서 준비해온 서류와 등록세납부영수증, 공채매입필증을 함께 제출한다.

>>> 연습문제

1. 주택마련을 위해 이용할 수 있는 대출상품을 조사하고 그 특성을 비교하여 보자.

2. 생애주기단계가 서로 다른 가계의 내집마련 전략을 짜보자.

(1) 신혼기 부부
(2) 확대기 부부
(3) 독신가계

3. 본문에서 제시한 단계를 참고로 하여 다음과 같은 상황에서 개별 소비자 또는 가계에서 밟아야 하는 절차에 대하여 알아보자.

(1) 아파트를 새로 분양받으려고 할 때
(2) 경매에 나온 집을 구입하고자 할 때
(3) 집을 팔 때
(4) 중고자동차를 살 때
(5) 자동차를 팔 때

4. 실제로 자신이 구입하고 싶은 자동차의 특성을 알아보고 비용을 산출하여 보자.

>>> 유용한 사이트

- 국세청 www.nts.go.kr
- 국토해양부 www.mltm.go.kr

제 3 부

소득과 자산의 보호

제 6 장 위험관리와 보험

제 7 장 보험의 선택

Personal Finance

개인과 가계의 재무적 안전은 자산의 증대보다 우선적으로 달성되어야 할 과제이다. 특히 어린 자녀가 있는 가계라면, 만일의 경우에 대비한 최소한의 경제적 보장은 다른 어떤 재무목표보다 우선되어야 할 과제이다. 개인적으로 충분히 예측불가능한 위험에 대비할 수 없다면, 보험가입을 고려하여야 한다. 제6장에서는 위험과 위험관리의 방법, 보험의 개념과 보험위험의 조건, 보험계약에 대해서 알아본다. 제7장에서는 보험상품을 선택하기 위한 의사결정과정을 개괄적으로 설명하고 생명보험, 손해보험과 제3보험을 선택할 때 고려해야 할 요인을 제시한다.

Chapter 06

위험관리와 보험

▌제1절 위험과 위험관리
▌제2절 보험의 기초
▌제3절 보험계약의 이해

사람들은 살아가면서 각종 질병과 사고, 실업, 도난, 화재 등 여러 가지 예측할 수 없는 위험에 부닥친다. 어떤 사람은 그런 불행한 운명이 자신에게 일어날 리가 없다고 생각하고 낙관적으로 살아가는가 하면 어떤 사람은 지나치게 불안해하며 하루하루를 지내기도 한다. 위험을 회피하고 '확실한 안전'을 확보하려는 것이야말로 모든 사람들의 소망이다. '위험에 대한 대비'는 최우선의 소비자재무설계 목표이다. 재무적 안전을 위해서는 위험에 대한 지나친 낙관이나 지나친 불안도 바람직하지 않다. 개인과 가계는 일생동안 어떤 종류의 위험에 노출되는가? 그 위험은 어떻게 관리되어야 하는가? 위험관리의 한 대안으로서 보험은 무엇이며 보험을 어떻게 활용해야 하는가? 이 장에서는 이와 같은 문제들에 대해 알아본다.

학습목표

1. 위험의 개념을 파악하고 위험관리 방법을 이해할 수 있다.
2. 보험의 개념을 파악하고 보험위험의 조건을 이해할 수 있다.
3. 보험의 종류를 열거할 수 있다.
4. 보험증권을 구성하는 보험용어와 보험약관의 주요내용을 파악하여 실제로 보험계약을 잘 체결할 수 있다.

주·요·용·어

위험, 위험관리, 보험, 보험위험, 보험의 종류, 사회보험, 민영보험, 생명보험, 손해보험, 제3보험, 보험계약, 피보험자, 보험자, 보험료, 보험금, 계약 전 알릴 의무, 보험약관, 보험증권

6.1 위험과 위험관리

1. 위험이란 무엇인가

위험이란 무엇인가? 위험이란 소망스럽지 않은 어떤 상황이나 사건결과에 대한 불확실성을 말하는 것이다. 즉 위험이란 결과가 기대하는 것과 다를 가능성이 있을 때 발생하는 것이다. 그러나 소비자재무설계에서 위험관리의 대상이 되는 위험은 좁은 의미로 '손해발생의 가능성' 이다. 즉 개인이나 가계가 보유하고 있거나 추구하는 인적 또는 물적 자산에 손해가 발생할 가능성을 위험이라고 할 수 있다. 이 때 손해란 자산가치의 하락을 의미한다.

손해를 가져올 수 있는 위험은 투자위험과 순수위험, 또는 객관적 위험과 주관적 위험으로 구분된다. 투자위험은 주식투자처럼 이익과 손실의 가능성이 동시에 존재하는 위험이고 순수위험은 화재나 자동차 사고의 경우처럼 손실의 위험만이 존재하는 위험이다. 객관적 위험은 위험의 발생가능성을 확률적으로 측정할 수 있는 위험이고 주관적 위험은 개인의 성격이나 감각 등이 불안정하기 때문에 파생되는 심리적인 불확실성이다.

사람마다 그 위험을 수용하려는 정도가 다르다. 위험을 즐기거나 위험에 당황하지 않는 위험수용형(risk taker)이 있는가 하면, 위험에 무관심한 위험중립형(risk neutral)도 있고 위험을 두려워하는 위험회피형(risk avoider)도 있다. 개인이 어떤 유형에 속하는가는 개인의 성격 외에도 개인 또는 가계의 자산수준, 학력, 성별 등에 따라 다르다.

2. 위험의 관리

모든 일에 순서가 있듯이 위험관리에도 순서가 있다. 첫 번째 단계는 위험의 존재를 인식하고 위험과 관련된 정보를 수집하는 것이다. 이를 위해서 어떤 대상 또는 행동이 어떤 경제적 손실의 위험과 연결되어 있는가를 파악한다. 예를 들어, 주택을 소유하고 있는 사람은 화재라는 위험에 노출되어 있고 자동차를 가지고 있는 사람은 도난이나 사고의 위험에 노출되어 있는 것이다.

두 번째 단계는 위험이 실제로 발생했을 경우의 잠재적 손실을 평가해 보는 것이다. 화재가 발생했을 때의 재산 손실액, 인명사고가 났을 때의 상실소득, 배상책임 등을 계산해 보아야 한다. 이를 위해서는 손실의 크기뿐만 아니라 가능한 위험의 빈도와 각 위험의 상대적인 심각성도 추정해 보아야 한다.

세 번째 단계는 위험을 어떻게 관리할 것인가를 결정해야 한다. 위험을 관리하는 방법은 크게 다음 다섯 가지로 나누어 볼 수 있다(Garman & Forgue, 2006).

• 위험회피

위험을 발생시킬 가능성이 있는 행동을 안 하거나 그런 물건을 소유하지 않음으로써 위험의 소지를 원천적으로 봉쇄하는 것이다. 자동차 사고위험을 막기 위해 자동차를 팔아버리는 것이 그 예이다.

• 위험보유

위험의 발생가능성을 알면서도 그 위험을 수용하는 것이다. 위험발생에 대비한 준비가 철저한 경우에는 위험을 보유해도 괜찮지만 무지나 게으름 때문에 위험을 보유하는 것은 곤란하다.

• 손실통제

손실이 발생할 가능성이나 손실의 크기를 감소시킬 수 있는 조치를 취하는 것이다. 예를 들면, 도난방지용 보조자물쇠를 설치하는 방법이 있다.

• 위험이전

일정 비용을 부담하고 위험을 타인에게 완전히 이전시키는 것이다. 축구선수가 다리를 부상당했을 때 발생할 경제적 손실을 보상해주는 조건으로 보험에 드는 것이 그 예이다. 보험은 위험이전의 한 방법이기는 하지만 모든 위험이 보험회사로 이전될 수 있는 것은 아니다.

• 위험감소

개인이 수용할 만한 적정수준으로 위험을 감소시키는 것이다. 일반적으로 보험에

드는 이유는 위험을 타인에게 완전히 이전시키기보다는 가능한 위험을 여럿이 분담하여 개인이 감당할 만한 수준으로 위험의 수준을 낮추기 위한 것이다.

여러 가지 위험관리 방법 중에서 어떤 방법이 적절한가를 알려면 개인별 위험의 정도, 유형과 현재의 위험관리능력을 평가해 보아야 한다.

위험관리의 네 번째 단계는 위험관리 방법을 선택하고 실행하는 것이다. 자동차와 관련된 위험을 관리하려면 자동차를 팔거나(위험회피), 자동차 정비를 하거나(손실통제), 아니면 자동차보험에 가입해야 한다(위험이전, 위험감소). 보험은 사람들이 위험관리의 수단으로 이용할 수 있는 대표적인 방법이다.

위험관리의 마지막 단계는 주기적인 평가와 조정이다. 개인이 처한 환경이 바뀌면 위험의 내용과 발생가능성도 달라진다. 따라서 주기적으로 위험관리 방법을 다시 생각해보는 것이 좋다. 이를테면, 자동차와 관련된 위험은 매년 재평가되므로 자동차보험은 대체로 1년 단위로 재계약을 하게 되어 있다.

6.2 보험의 기초

1. 보험의 개념

보험은 개인과 가계의 경제적 안전감을 누리기 위해 선택하는 대표적인 위험관리 방법 중 하나이다. 한 사회의 구성원인 개인이나 가계는 시민으로서의 지위를 가지고 사회의 연대조직으로부터 사회보험 형태의 사회보장을 받는다. 그러나 사회보장은 사회의 소득을 재분배하는 데 주목적을 두고 있으므로 위험이 발생했을 때 최소한의 생활만을 보장해 줄 수 있을 뿐이다. 따라서 개인의 다양한 욕망을 충분히 충족시킬 수 있을 정도로 대비하기 위해서는 사적 보장을 추가로 하는 것이 바람직하다.

사적 보장의 필요성에 부응하여 1950년대부터 우리나라에 등장하기 시작한 민영보험은 동일한 종류의 위험을 공유한 다수의 사람들이 자발적으로 기금을 함께 조성하고 재난을 당한 소수에게 부조를 해 주는 상호협력 시스템이다. 즉, 보험은 "우연적 사건으로 발생하는 경제적 손실에 대하여 손실을 입은 소수를 손실을 입지 않은 다수가 적은 금액을 갹출하여 보상해주는 제도"이다(김억헌, 2002). 보험가입자는 그들이 재난을 당했을 때는 보험금을 지급받아 손실을 보상할 수 있기 때문에 경제적 이익을 얻고 재난을 당하지 않았을 때는 안전감을 누릴 수 있다는 것 그 자체로 심리적 이익을 얻는다.

보험은 개인들이 비교적 적은 비용으로 경제적 손실과 불확실성에 대비하도록 해준다. 구체적인 예를 들어 설명해 보자. 어느 마을에 1억 원짜리 자기 집을 가진 10,000 가계가 살고 있다고 하자. 통계적으로 연간 화재발생률이 0.05%라면, 1년에 평균 5 채의 집에 화재가 발생하여 마을전체의 총손실은 5억 원이며, 집 한 채당 평균 5만 원의 손실이 있다는 것을 의미한다. 1년에 평균 5 채의 집에 화재가 발생하는데 누가 그 운 나쁜 '다섯'에 낄지는 아무도 모른다. 이때 모든 가계가 5만 원씩을 모아 기금을 만들면 그 총액은 5억 원이 된다. 이 금액은 사고를 당한 다섯 가계에게 집값 전체를 보상해 줄 수 있는 금액이다. 화재를 당하지 않은 9,995 가계는 기꺼이 5만 원을 지불할 것이다. 왜냐하면 5만 원의 '확실한 손실'로 '1억 원의 불확실한 손실'에 대비할 수 있기 때문이다. 만일 화재가 발생하지 않으면, 5만 원은 가계가 매시간 안전감을 누리는 것에 대한 대가로 간주된다.

우리나라 국민 1인당 보험료 지출 추정치를 〈표 6-1〉에서 보면, 2009년에 우리나라 국민 한 사람이 지출한 보험료는 평균 246만 원이었다. 이것은 15년 전에 비해 3배 정도 상승한 것이다. 246만 원 중 생명보험료가 163만 2천 원, 손해보험료가 82만 8천 원으로 생명보험료가 손해보험료의 2배 정도로 추정되었다.

표 6-1
우리나라 국민 1인당 보험료 지출 추정치 (2009년)

(단위: 천원)

구분	생명보험	손해보험	합계
FY2007	1,550	701	2,251
FY2009(F)	1,632	828	2,460

출처: 보험연구원(2009). 보험산업주요지표.

2. 보험위험의 조건

모든 위험이 보험의 대상이 되는 것은 아니다. 보험의 대상이 되는 위험은 다음과 같은 조건을 충족시켜야 한다.

• 개인적 위험

한 번 사고가 발생했을 때 보험집단 전부에 대해 심각한 영향을 줄 수 있는 성질의 위험은 보험의 대상에서 제외된다. 따라서 전쟁이나 천재지변 등으로 동시에 다수가 입는 손실은 보험의 대상이 되지 않는다.

• 재정적 손실의 존재

보험위험은 개인의 재정적 손실, 즉, 현재나 미래의 소득과 자산 가치를 감소시키는 것이어야 한다. 또한 보험의 지급대상이 되려면 손실의 크기가 일정수준 이상이어야 한다.

• 우연한 발생

보험의 대상이 되는 위험은 그 발생이 불확실하고 우연히 발생한 것이어야 한다. 모든 사람에게 죽음은 필연적이지만 그 시기가 불확실하므로 일정기간 내의 사망위험은 보험의 대상이 된다. 물론 고의로 피보험자의 피보험 이익에 더해지는 위험은 보험이 보상하지 않는다.

• 피보험 이익(insurable interest)의 존재

피보험자나 피보험 물건에 위험이 발생할 경우 그로부터 어떤 손실을 입게 되는 사람만이 그 대상을 피보험자 또는 피보험 물건으로 하여 보험에 들 수 있다. 피보험자에 위험이 발생하면 손실을 입게 되는 경우를 '피보험자의 위험에 대해 피보험 이익이 존재한다.' 고 말한다. 피보험 이익을 갖는 사람은 대부분 피보험자 본인이거나 피보험자의 상속자이지만 동업자나 채권자도 피보험 이익을 가질 수 있다. 따라서 누구라도 자신과 상관없는 타인의 주택에 대해서는 보험에 들 수 없고 아무 상관도 없는 제3자를 피보험자로 하여 생명보험에 가입할 수 없다.

• 발생시기의 확정가능성

사고가 발생했을 때에 그 발생시기를 확실하게 알 수 있는 위험만이 보험의 대상

이 된다. 즉, 생명보험에 가입한 사람은 피보험자의 사망시기를 알 수 있어야 한다. 피보험자가 행방불명이어서 사망시기를 확정할 수 없을 때에는 보험금의 지급이 일정기간 유예된다. 자동차보험이나 재산보험은 손실의 측정이 비교적 쉬워서 발생시기를 확정하는 데 별 문제는 없다. 그러나 생명보험이나 건강보험 등은 위험이 발생한 시기를 정확하게 파악할 수 없는 경우가 많아 보험사가 불만을 제기하는 경우가 많은 편이다.

3. 보험의 종류

보험은 크게 사회보험과 민영보험으로 나눈다. 사회보험은 사회의 모든 구성원을

그림 6-1
보험의 종류

대상으로 하며 사회전체의 안정을 유지하기 위한 목적으로 국가 등의 공공기관에서 시행하는 것이다. 사회보험은 보험재원에 각 사람이 기여한 정도에 관계없이 필요한 사람들에게 최소한의 생활보장에 필요한 액수를 지원한다. 따라서 사회보험은 그 가입에 강제성이 있다. 우리나라의 4대 사회보험은 국민연금, 국민건강보험, 고용보험, 산재보험이다. 민영보험은 가입여부를 개인이 결정하고 기여한 정도에 비례하여 혜택을 받는다는 점에서 사회보험과 다르다.

이 장에서 다루고자 하는 보험은 민영보험에 국한한다. 민영보험은 위험을 보유한 대상이 사람 또는 물건인가에 따라 생명보험과 손해보험으로 구분되며, 2003년 5월 보험업법의 전면개정으로 생명보험과 손해보험의 성격을 모두 갖는 보험종목인 제3보험이 추가되었다. 생명보험은 보험사고가 사람의 생존 또는 사망인 경우를 말하며, 손해보험은 보험사고가 재산상의 손해인 경우를 말한다. 제3보험은 사람의 질병, 상해 또는 이로 인한 간병에 관한 경우를 말한다(보험업법 제2조). 또 위험의 대상이 되는 손해가 본인에게 발생하는 경우를 본인보험, 제3자에게 발생하는 경우를 제3자보험이라 한다. 보험가입의 주목적이 보장을 위한 것인가 또는 저축을 위한 것인가에 따라 보장성 보험과 저축성 보험으로 구분된다. 보험의 정의상 위험으로부터 경제적 손실을 보장해주는 것이므로 순수보장성 보험은 있지만 순수저축성 보험은 존재하지 않는다. 이 외에도 계약의 강제성 여부에 따라 강제보험과 임의보험, 계약자의 수를 기준으로 개별보험과 단체보험, 보험금 산정방식을 기준으로 정액보험과 부정액보험으로 구분된다.

6.3 보험계약의 이해

보험증권은 보험자와 보험계약자 사이의 문서화된 협정서이다. 보험증권에는 계약관계자 또는 피보험물건, 가입내용, 계약사항, 보장내용, 그리고 두 당사자 사이의 권리와 의무를 규정하는 내용이 포함되어 있다. 보험증권을 이해하려면 보험용어와 보험약관에 관한 내용을 먼저 이해해야 한다.

1. 보험용어

보험의 종류에 따라 주로 쓰이는 용어들이 다르다. 여기서는 일반 개인과 가계가 가장 많이 가입하는 보험인 생명보험과 손해보험 중 자동차보험에서 주로 쓰이는 용어를 중심으로 기본적인 보험용어를 설명하겠다.

■ 계약관계자와 비용에 관한 용어

- 보험계약자: 자기의 이름으로 보험계약을 청약하고 계약이 성립되면 보험료를 납입할 의무를 지는 사람(생명보험협회, 2008a)
- 피보험자, 피보험물건: 보험의 대상으로서 보험위험을 보유하고 있는 사람이나 물건
- 보험수익자: 보험금 지급사유가 발생했을 때 보험회사로부터 보험금을 지급받는 사람(생명보험협회, 2008a)
- 보험자: 보험금을 지급할 책임을 가진 보험회사
- 보험료: 보험계약자가 보험회사에 정기적으로 납입하는 부금 형태의 금액

그림 6-2
생명보험의 계약관계자

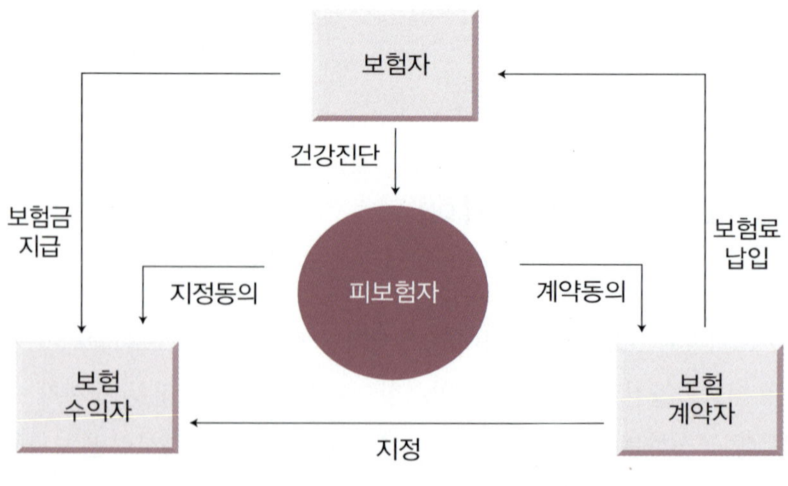

※ 피보험자, 보험수익자, 보험계약자 중 모두 또는 2인이 같을 수 있음.
출처: 생명보험협회(2008a). p.25.

- 보험금: 보험계약이 만료되거나 피보험자가 보험사고를 당하였을 경우 보험자가 보험수익자에게 지급하는 금액으로 만기보험금, 사망보험금, 사고보험금 등으로 구분됨(김동범, 2005)
- 해약환급금: 보험계약자가 보험을 가입한 후에 계속보험료가 납입 최고기간(유예기간)을 지났음에도 불구하고 납입되지 않고 효력이 상실되어 해지되거나 보험을 해약하였을 때 보험계약자의 청구에 의해 지급되는 금액(김동범, 2005)

■ 보험계약에 관한 용어

- 보험증권: 보험계약을 체결할 경우 보험계약의 성립과 그 내용을 명확히 증명하기 위하여 보험회사가 가입한 보험의 종류, 증권번호, 보험기간, 보험료, 보험금 등 계약에 대한 전반적인 내용을 작성한 후 기명날인하여 보험계약자에게 발급하는 증서
- 보험계약청약서: 보험에 가입하기 위하여 계약상 필요한 보험종류와 금액, 고지의무 등 중요한 내용을 적어 청약자 자신이 기명날인 또는 서명하여 보험회사에 제출하는 서류
- 면책기간: 피보험자에게 사고가 발생해도 보험자가 보험금 지급책임이 없는 기간
- 보험기간: 보험회사가 발생한 보험금 지급사유에 대하여 보험금을 지급할 책임을 지는 기간
- 유예기간: 납입기일 내에 보험료를 납입하지 못한 경우 납입을 연장해주는 기간
- 청약철회: 보험계약자가 보험계약을 체결한 후 계약한 상품의 내용, 보장정도 등을 검토할 수 있도록 시간적인 여유를 주어 청약을 철회할 수 있도록 하는 계약자보호제도이며 청약일 또는 제1회 보험료 납입일로부터 15일 이내에 청약철회할 수 있음(김동범, 2005)
- 계약 전 알릴 의무: 보험계약 체결 전에 피보험자의 현재 건강상태, 과거병력, 직업 등 계약의 내용에 관한 중요 사실을 반드시 보험회사에 알려야 할 보험계약자 또는 피보험자의 의무(생명보험협회, 2008a)
- 건강진단: 특정 보험상품 또는 이상의 보험에 가입할 때 보험회사의 의무실이나 회사가 지정한 의원에서 피보험자의 건강상태를 확인하는 절차
- 특약: 주계약의 내용을 확대보완하거나 추가보장에 대한 내용을 부가한 계약

2. 보험약관

보험약관이란 보험회사가 다수의 보험계약자와 계약을 체결하기 위하여 일정한 형식에 따라 미리 마련한 계약의 내용이다. 보험약관은 보험계약의 성립, 보험계약의 효력, 보험계약의 해약 · 해지 · 무효, 보험료 납입, 보험금지급사유, 보험금 청구와 지급, 보험계약자 등의 의무사항 등에 관한 조항들로 구성되어 있다.

(1) 보험계약의 성립

보험계약은 보험계약자의 청약과 보험회사의 승낙으로 이루어진다. 청약은 보험계약자가 보험자에게 보험계약을 요구하는 일방적 의사표시이다. 승낙은 보험계약 희망자의 청약내용을 검토한 후 보험자가 청약을 받아들이는 의사표시이다. 보험계약자는 청약을 한 날 또는 제1회 보험료를 납입한 날로부터 15일 이내에 청약철회를 할 수 있다. 보험자는 건강진단을 받지 아니하는 무진단계약은 청약일로부터, 건강진단을 받는 진단계약은 진단일로부터 30일 이내에 승낙 또는 거절의 표시를 하여야 한다. 보험자가 인수를 거절하거나 보험계약자가 청약을 철회하면 보험자는 그 때까지 계약자가 납부한 보험료를 반환하여야 한다. 보험자가 보험계약자의 청약을 승낙하면 일정한 기간 안에 보험증권을 교부한다.

(2) 보험계약의 효력

보험회사가 보험계약의 청약을 승낙하면 보험회사는 약관이 정한 바에 따라 계약사항에 대한 보장을 한다. 제1회 보험료를 받은 날이 보장개시일이며 보장개시일을 보험계약일로 본다. 계약자가 보험료를 납입기일 안에 못 낼 경우에도 어느 정도의 유예기간을 주며 그 기간 안에는 보험의 효력이 지속된다. 보험료를 유예기간 안에 내지 못하여 보험의 효력이 상실된 경우에도 효력을 부활할 수 있는 방법이 약관에 명시되어 있다.

(3) 보험계약의 실효 · 해약 · 해지 · 무효

보험계약자가 보험료를 납입하지 않아 보험의 효력이 상실되는 것은 실효이다. 보험계약자가 계약의 효력을 소멸시키는 것은 해약이다. 보험계약자가 청약서에 알린 내용이 허위일 경우에 보험자가 계약의 효력을 소멸시키는 것은 해지이다. 타인의 사망을 보험금 지급사유로 하는 생명보험에서는 피보험자의 서면동의를 받지 않았거나 피보험자를 만15세 미만자, 심신상실자, 심신박약자로 하여 사망을 보험금 지급사유로 한 계약은 무효이다.

(4) 보험료 납입

보험료는 선납이 원칙이다. 보험계약자는 보험계약이 성립한 후에는 제1회 보험료를 납입해야 보장이 개시된다. 제2회 이후의 보험료는 납입기간 중 보험계약자가 그 계약의 납입방법에 따라 납입기일까지 납입함을 원칙으로 한다.

(5) 보험금의 지급사유

보험회사는 보험수익자에게 약정한 보험금을 지급하는 경우와 지급하지 않는 경우를 명시해야 한다. 지급사유와 미지급사유는 보험의 종류에 따라 다르다. 또한 각 계약에 따라 다르다. 지급사유는 대체로 사유별로 얼마의 금액을 언제 지급할 것인지를 명시한 것이다. 대체로 보험금을 지급하지 아니하는 경우는 피보험자가 고의로 자신을 해쳤거나 수익자가 피보험자를 해친 경우, 고의로 방화한 경우, 고의로 사고를 냈거나 음주운전과 같이 사고를 낼 위험한 상황을 만든 경우 등이다.

(6) 보험금 청구와 지급

보험계약자 또는 피보험자, 보험수익자는 약관에서 정한 보험금 지급사유가 발생하였을 때 지체없이 이를 보험회사에 알려야 할 보험금 지급사유 발생통지의무가 있다. 그리고 약관에서 정한 소정의 서류를 제출하고 보험금 지급을 청구한다. 보험회사는 정해진 기일 안에 보험금을 지급하여야 한다. 보험회사가 보험금을 정해진 기일 안에 지급하지 않으면 소정의 이자를 물어야 한다. 이 밖에도 약관에는 보험금을 수령하는 여러 가지 방법이 명시되어 있다.

(7) 보험계약자 등의 알릴 의무

보험계약자는 청약서상의 질문 사항에 대해서 알고 있는 사실을 반드시 사실대로 알려야 한다. 계약 전 알려야 할 사항은 피보험자의 현재 및 과거의 질병, 현재의 장애상태와 직접 운전 여부 등이다. 만약 보험계약자 또는 피보험자가 고의 또는 중대한 과실로 인하여 보험금 지급사유 발생에 영향을 미치는 알릴 의무를 위반한 때에는 보험금 지급사유 발생여부에 관계없이 보험회사는 계약을 해지하거나 보험금 지급을 거절할 수 있다. 그러나 보험에 따라서는 일정기간이 지나면 고지의무 위반 여부에 관계없이 보험자가 보험책임을 져야 하는 경우도 있다. 보험회사가 중대한 과실로 계약자의 과실을 알지 못했거나 알고도 1개월 이상 지났거나 또는 과실을 알지 못한 채로 2년(진단계약의 경우 질병에 대하여 보험금 지급사유가 발생하지 아니하고 1년)이 지났을 때는 보험회사가 계약을 해지할 수 없다(생명보험협회, 2008a).

3. 보험증권의 구성

보험증권은 보험계약의 성립과 내용을 증명하기 위하여 보험자가 소정의 사항을 기재하고 기명날인하여 보험계약자에게 교부하는 증권이다. 보험증권은 보험자가 보험계약이 성립한 때에는 지체없이 이를 작성하여 보험계약자에게 교부하여야 한다. 그러나 보험계약자가 보험료의 전부 또는 최초의 보험료를 지급하지 아니한 때에는 그러하지 아니한다(상법 제640조 제1항).

보험증권에는 증권번호, 보험종목, 보험기간, 보험계약의 내용 등이 기재되어 있다. 보험계약의 내용은 계약관계자 또는 피보험 물건, 가입내용, 계약사항, 보장내용으로 구성된다. 첫 번째 부분은 계약관계자 또는 피보험 물건에 관한 사항을 적는 난이다. 생명보험일 경우에는 계약자, 피보험자, 수익자에 관한 사항을 적고 손해보험인 경우에는 피보험 물건, 즉 자동차나 주택에 관한 사항 등을 적는다. 두 번째 부분은 가입내용으로 계약일과 만기일자, 납입주기, 납입방법, 납입일자 등을 기록한 난이다. 세 번째 부분은 계약사항에 관한 난이다. 여기에는 주계약과 특약에 관한 보험금액, 보험기간, 납입기간, 보험료에 대한 것이 기록되어 있다. 마지막 네 번째 부분은 보장내용을 설명하는 난이다. 이곳에는 어떤 경우에 얼마의 보험금이 지급되는

표 6-2
보험증권

무배당 행복 생명보험 [80% 선지급형] 가입증서번호: 2004070654321

• 계약관계자 및 가입내용

			계약일자	만기일자	납입주기	납입방법	합계보험료
	계약자	박미연 630815 -200 ***					
	주피보험자	박미연 630815 -200 ***	2004-07-06	종신	월납	자동이체	75,000원
	종피보험자		특별조건부 인수대상 및 부담보 부위(면책기간)				
수익자	만기/생존						
	입원/기타	박미연 630815 -200 ***					
		정승일 590615 -100 ***					
	사망시						

• 계약사항

특약명	가입금액(원)	보험기간	납입기간	보험료(원)
주계약	10,000,000	종신	10년	40,400
수술계약	10,000,000	39년	10년	3,200
암종합치료특약	10,000,000	39년	10년	18,700
여성건강생활특약	10,000,000	39년	10년	13,200

＊＊＊가 입 상 품 보 장 내 용＊＊＊

• 주계약 박미연

사망보험금	사망 또는 장해등급분류표중 제1급의 장해 상태시 ◇"중대한 질병", "중대한 수술" 또는 "중대한 화상 및 부식" 에 해당하는 사망보험금 중대질병-수술 보험금이 이미 지급되었을 경우	2,000,000원 + 가산보험금
	◇"중대한 질병", "중대한 수술" 또는 "중대한 화상 및 부식"에 해당하는 중대질병-수술 보험금이 지급되지 않았을 경우	10,000,000원 + 가산보험금
중대질병-수술 보험금	최초로 "중대한 화상 및 부식"으로 진단 확정시 또는 중대한 질병 및 수술 보장 책임개시일 이후에 최초로 "중대한 질병"으로 진단받거나 "중대한 수술"시	8,000,000원
안내사항	＊단 중대한 질병, 중대한 수술 또는 중대한 화상 및 부식 중 최초 1회에 한하여 지급함 ＊중대한 질병 및 수술보장 책임 개시일 계약(부활)일로부터 그날을 포함하여 50일이 지난 날의 다음날	

• 수술특약 박미연

수술비	질병 또는 재해의 치료를 직접목적으로 수술의 종류 및 등급분류표에서 정하는 수술시(1회당)	1종수술 200,000원 2종수술 500,000원 3종수술 1,000,000원
안내사항	＊동시에 2 종류 이상의 수술시 그 수술중 가장 높은 급여에 해당하는 1 종류의 수술비 지급함	

• 암종합치료특약 박미연

암치료비	암보장책임개시일 이후 최초로 암으로 진단확정시(단, 최초 1회에 한함)	10,000,000원
기타암치료비	최초로 기타피부암, 상피내암, 경계성종양으로 진단확정시(단, 각 최초 1회에 한함)	2,000,000원
암수술비	암보장책임개시일 이후에 암으로 진단 확정되고 그 치료를 직접목적으로 수술시	최초 3,000,000원
		2회이후 600,000원
기타 암수술비	기타 피부암, 상피 내암, 경계성종양으로 진단확정되고 그 치료를 직접목적으로 수술시	수술1회당 600,000원
안내사항	* 가입후 1년미만 진단 및 수술시 해당 진단비, 수술비의 50%감액지원함	
암입원비	보장책임개시일 이후 암으로 진단확정되고 그 치료를 직접목적으로 4일이상 입원시	3일초과1일당 50,000원

지, 또는 사고등급별 보험금액과 보상하는 사고 유형에 대한 것이 기록되어 있다.

이외에 보험증권을 보험자의 명칭과 연락처 그리고 보험증권의 번호가 있어야 한다. 우리나라 상법에서는 보험증권을 교부할 때 계약자가 꼭 알아두어야 할 보험약관을 같이 교부하도록 하고 있다. 〈표 6-2〉는 생명보험증권의 예를 보여준 것이다.

연습문제

1. 순수위험과 투자위험의 개념을 비교하고 각 위험의 구체적인 예를 들어보자.

2. 생애주기에 걸쳐 개인이나 가계가 부딪치는 순수위험에는 구체적으로 어떤 것이 있는가를 찾아보자. 그리고 이들 위험을 위험회피, 위험보유, 손실통제, 위험이전, 위험감소 다섯 가지 중에서 어떤 방법으로 위험을 관리하는 것이 좋을 것인가를 생각해 보자.

3. 보험계약은 보험계약자가 청약한 후 보험자인 보험회사가 승낙하면 성립한다. 보험회사가 보장해 주는 보험위험의 조건을 생각해 보자.

4. 개인과 가계가 가입할 수 있는 보험을 사회보험과 민영보험으로 나누어 구분해 보고 각각이 보장하는 위험의 종류를 열거해 보자.

5. 주위의 개인 또는 가계가 가입한 생명보험증권과 손해보험증권을 직접 수집하여 계약관계자 또는 피보험물건, 가입내용, 계약사항, 보장내용을 설명해 보자.

유용한 사이트

- 국가법령정보센터 www.law.go.kr
- 국민연금공단 www.nps.or.kr
- 금융감독원 www.fss.or.kr
- 보험개발원 www.kidi.or.kr
- 보험연구원 www.kiri.or.kr
- 생명보험협회 www.klia.or.kr
- 손해보험협회 www.knia.or.kr

Chapter 07

보험의 선택

- 제 1 절 보험가입을 위한 의사결정
- 제 2 절 생명보험
- 제 3 절 손해보험
- 제 4 절 제3보험

이 장에서는 개인과 가계가 보험가입을 위해 선택하고 결정해야 할 일반적인 의사결정과정을 설명한다. 그리고 개인과 가계와 밀접한 관련이 있는 생명보험, 손해보험, 제3보험의 종류를 알아보고 선택할 때 고려사항을 살펴본다.

학습목표

1. 개인과 가계가 보험가입을 위해 선택하고 결정해야 할 일반적인 의사결정과정을 이해할 수 있다.
2. 개인과 가계와 밀접한 관련이 있는 생명보험의 종류와 선택할 때의 고려사항을 설명할 수 있다.
3. 개인과 가계와 밀접한 관련이 있는 손해보험의 종류와 선택할 때의 고려사항을 설명할 수 있다.
4. 개인과 가계와 밀접한 관련이 있는 제3보험의 종류와 선택할 때의 고려사항을 설명할 수 있다.

주·요·용·어

필요보험금, 상실소득계산법, 필요비용계산법, 보험료, 보험모집형태, 보험설계사, 보험대리점, 보험중개사, 보험회사의 임 · 직원, 금융기관보험대리점(방카슈랑스), 대면모집, 비대면모집, 보험계약서, 보험자의 인수, 보험증권의 발행, 보험차익 비과세제도, 보험금 증여의제, 생명보험, 사망보험, 생존보험, 생사혼합보험, 손해보험, 화재보험, 자동차보험, 제3보험, 상해보험, 질병보험, 간병보험

7.1 보험가입을 위한 의사결정

우리는 컴퓨터 하나를 사더라도 매우 신중하게 의사결정을 한다. 가격과 성능, A/S 등에 관한 정보를 얻기 위해 여러 가지 정보원을 활용한다. 심지어 옷 한 벌을 살 때에도 요모조모 따져보고 비교한 후에 사는 경우가 많다. 보험은 컴퓨터나 옷에 비해 상당히 고가의 상품이고 또 오래 소비해야 할 일종의 내구재이다. 따라서 보험을 구매할 때도 신중한 의사결정을 해야 하는 것이 당연하다.

보험은 금융자산의 일종으로 간주되므로 실명으로만 거래할 수 있다. 실명확인을 안 했을 때는 만기보험금이나 해약환급금, 사망보험금 등을 받지 못할 수도 있다. 또한 장기보험상품인 경우 증여세 절감의 좋은 수단이 될 수 있다. 그러나 물가상승 때문에 보험금액의 실질가치가 하락해서 원하던 수준의 보장을 받지 못하게 될 수도 있다. 그러므로 보험을 구매할 때는 우선 보험의 첫 번째 목적이 보장에 있다는 것을 명심해야 한다. 수익률에 집착하는 것은 바람직하지 않으며 중도해약을 하면 원금도 못 찾을 수도 있다는 것도 알아두어야 한다.

1. 보험유형의 선택

위험관리의 한 방법으로 보험을 선택했다면 가장 먼저 해야 할 일은 어떤 보험에 가입해야 할 것인지를 결정하는 것이다. 어떤 보험에 가입해야 할 것인가는 개인이 노출되어 있는 위험의 종류에 따라 다르다. 자동차가 있는 사람은 자동차보험에 가입하고 주택이나 빌딩을 소유하고 있는 사람은 화재보험이나 도난보험에 가입해야 할 것이다. 생명보험과 건강보험은 개인이나 가계의 특성에 관계없이 대부분의 사람들에게 필요하다. 여러 가지 보험 중에서 자신 또는 가계에 가장 필요한 보험이 무엇인가를 평가하고 그에 따라 보험의 구매순위와 구매액, 즉, 보험금과 보험료를 정하도록 한다. 여기서는 생명보험을 중심으로 보험구매의 의사결정과정을 살펴보기로 한다.

2. 보험금과 보험료의 결정

사고가 발생했을 때 많은 보험금을 받으려면, 부담해야 할 보험료도 높아지는 것은 당연하다. 어느 정도의 보험금이 적정할까? 또 어느 정도의 보험료를 부담할 수 있을까? 우선 보험금의 크기를 결정하기 위해 피보험자에게 만일 사고가 생긴 경우 얼마가 필요할 것인지를 계산해 보자. 필요보험금을 결정하는 방법에는 다음 두 가지가 있다(Garman & Forgue, 2006).

(1) 상실소득계산법(The multiple-of-earning approach)

상실소득계산법은 피보험자가 생산활동이 가능한 기간 동안 생존해 있었을 경우, 그의 소득 중 가계에 유입되었을 소득액의 현재가치를 추정하여 필요보험금을 알아보는 방법이다. 피보험자의 세후연간소득과 그 소득이 가능했을 기간, 그리고 이자율을 고려하여 계산한다.

필요보험금 = 연간세후소득 × 0.75 × 이자율지수

세후연간소득의 75%만을 계산하는 이유는 각종 세금과 피보험자 개인의 용돈이 그의 소득액의 25% 정도를 차지하리라고 보기 때문이다. 이자율지수는 일정 이자율에서 일정한 기간 동안 생활하기 위해 일시불로는 세후연간소득의 몇 배가 필요한지를 나타내는 지수이다(부록 3 참고). 가령 일 년에 3,000만 원을 벌던 가장이 부인과 두 자녀를 남기고 사망했다고 하자. 그리고 그가 앞으로 20년간 더 벌 수 있는 직업을 가지고 있었다고 하자. 유가족이 피보험자의 사망으로 상실한 소득은 3억 600만 원(3,000만 원 × 0.75 × 13.6 = 30,600만 원)이다. 13.6은 이자율이 4%일 때 앞으로 20년간 피보험자가 벌 수 있었던 액수는 현재 시점의 세후연간소득의 13.6 배의 소득을 가지고 있는 것과 동일한 가치를 갖는다는 의미이다.

이 방법은 계산이 간단하여 실제에 적용하기가 편리하다는 장점이 있으나 평가대상자의 소득이 불변이고 이자율도 장기간 일정하다는 비현실적인 가정에 기초하고 있다는 점이 문제가 된다.

(2) 필요비용계산법(The need approach)

필요비용계산법은 피보험자가 사망했을 때 유가족들이 생활을 유지하기 위해 필요한 모든 비용을 개별적으로 고려하여 합산하는 방법이다. 이때 고려되어야 할 비용에는 유가족의 기본 생활비와 유자녀의 교육비 외에도 부채상환비용과 장례비용이 포함되어야 한다.

표 7-1 유고시의 필요비용 계산

유가족 생활비

- 유가족들이 자립할 수 있을 때까지의 생활자금
- 현재의 수준을 유지하고자 할 경우, 보통 현재 생활비의 70~80% 정도의 액수가 필요하다.
- 배우자의 경우, 사망까지의 생활비를 계산한다.
- 자녀들의 경우, 교육을 마칠 때까지의 생활비를 계산한다.
- 경우에 따라 최저한의 생활비만 계산할 수도 있다.

유자녀 교육비와 결혼비용

- 자녀수와 희망하는 교육수준에 따라 필요금액을 계산한다.
- 경우에 따라 유자녀의 결혼비용까지 포함할 수 있다.

부채상환자금

- 주택융자금을 포함하여 차입금, 외상매입금, 월부금 등 갚아야 할 모든 부채액을 계산한다.

사고정리자금

- 피보험자가 불의의 사고를 당해 치료를 해야 할 경우에 대비한 비용을 계산한다.

사후 정리자금

- 피보험자가 사망했을 경우에 필요한 기타 자금을 계산한다.
- 장례식 비용과 상속세 등을 고려한다.

위에서 계산한 필요비용에서 기존의 자산총액(기존 보험금 포함)과 유고시 받을 수 있는 퇴직금, 보상금, 국민연금 등의 사회보장 수혜액 등을 빼면 필요보험금을 계산할 수 있다. 필요보험금이 결정되면 보험기간과 보험료 납입기간에 따라 보험료를 결정한다. 보험기간이 길고 보험료 납입기간이 짧을수록 월 보험료는 올라간다. 보험금과 보험기간, 보험료 납입기간 외에도 피보험자의 성별, 연령, 직업 등에 따라 보험료가 달라진다.

3. 보험회사 선택

(1) 보험가입 방법

보험상품을 판매하는 보험자에는 손해보험회사와 생명보험회사, 유사보험을 취급하는 우체국과 농협 및 수협이 있다. 2009년 현재 우리나라에는 22개 생명보험회사와 27개 손해보험회사가 있다(생명보험협회, 2008b; 손해보험협회, 2008b).

보험가입은 보험계약의 체결을 중개 또는 대리하는 자를 선택하는 것으로부터 시작한다. 보험모집형태별로 보면, 보험설계사, 보험대리점, 보험중개사, 보험회사의 임 · 직원, 금융기관보험대리점(방카슈랑스)이 있다(보험업법 제83조). 보험모집방법별로 보면, 대면모집과 전화(TM), 인터넷(CM), 홈쇼핑 등 비대면모집이 있다.

보험모집형태별 가입방법

• 보험설계사

보험설계사는 보험회사를 위하여 보험계약의 체결을 중개하는 자(보험업법 제2조)로서 보험계약체결 대리권, 보험료 수령권, 고지의무 수령권이 없으며 소속회사에 대한 의무가 있다. 보험회사는 소속보험설계사가 되고자 하는 자를 금융위원회에 등록하여야 한다(보험업법 제84조 제1항 〈개정 2008.2.29〉). 보험설계사는 생명보험설계사, 손해보험설계사, 제3보험설계사로 구분하며, 그 등록요건은 금융위원회가 정하는 기관에서 생명 · 손해 · 제3보험 중에서 소속회사 관련 보험모집에 관한 연수과정을 이수한 자 또는 생명 · 손해 · 제3보험 중에서 소속회사 관련 보험 관계업무에 1년 이상 종사한 경력이 있는 자이다(보험업법 시행령 제27조, [별표 3] 〈개정 2008.2.29〉). 이 제도는 1978년 3월 1일에 보험모집인 등록제로 도입되었으며(보험업법 제145조 1977년 12월 31일 전부개정), 2003년 8월 30일 보험설계사 등록제로 변경되었다(보험업법 제84조 2003년 5월 29일 전부개정).

방카슈랑스 제도 도입에 따른 보험설계사의 영업위축을 방지하기 위해 교차모집제도가 도입되어 2008년 8월 30일부터 시행되었다. 교차모집제도는 생명보험회사에 속한 보험설계사가 1개의 손해보험회사를, 손해보험회사에 속한 보험설계사가 1개의 생명보험회사를 선택하여 동 회사의 상품을 판매하는 제도이다(보험업법 제85조).

보험설계사를 통한 생명보험 가입은 2007년도 총수입보험료의 42%로 가장 높았으며(생명보험협회, 2008b), 손해보험 가입은 33.6%로 대리점 다음으로 높은 비중을 차지하고 있었다. 보험대리점과 마찬가지로 비대면채널의 성장으로 최근 그 비중이 약간 감소하고 있는 추세이다(손해보험협회, 2008b).

금융감독원은 보험협회와 공동으로 보험설계사 등의 효율성을 높이고 보험상품의 완전판매를 유도하기 위해 2008년 5월 우수설계사 인증제도를 도입하였다. 이 제도는 설계사 등의 근속기간, 보험계약 유지율, 모집실적, 완전판매 여부 등을 종합적으로 평가하여 우수설계사 자격을 부여하며, 우수설계사에게는 인증로고를 명함, 보험안내서, 보험증권 등에 부착하여 보험영업에 활용할 수 있도록 인센티브를 주고 있다. 우수인증설계사는 동일한 보험회사에서 장기간 모집활동에 종사(평균 근속년수 9.9년)하면서 보험상품에 대한 전문지식을 바탕으로 고객에 대한 신뢰성을 확보하고 있는 것으로 평가받고 있다(금융감독원, 2009).

• 보험대리점

보험대리점은 보험회사를 위하여 보험계약의 체결을 대리하는 자(보험업법 제2조)로서 특정 보험회사를 위해 보험계약체결 대리권, 보험료 수령권, 고지의무 수령권을 가지며 소속회사에 대한 의무가 있다. 보험대리점이 되고자 하는 자는 금융위원회에 등록하여야 한다(보험업법 제87조 제1항, 〈개정 2008.2.29〉). 보험대리점은 생명보험대리점, 손해보험대리점, 제3보험대리점으로 구분되며, 그 등록요건은 총리령 정하는 기관에서 생명 · 손해 · 제3보험 중 소속회사 관련 보험모집에 관한 연수과정을 이수한 자 또는 생명 · 손해 · 제3보험 중 한 보험 관계업무에 2년 이상 종사한 경력이 있는 자를 4명 이상 두고 있는 법인이다(보험업법 시행령 제30조, [별표 3] 〈개정 2008.2.29〉). 이 제도는 1978년에 허가제로 도입되었으며 1995년 4월 28일에 등록제로 법제화되었다(보험업법 제145조 1995년 1월 5일 일부개정).

보험대리점을 통한 생명보험 가입은 2007년 현재 총수입보험료의 9.3%로 가장 낮았으며(생명보험협회, 2008b), 손해보험 가입은 47.1%로 가장 높은 비중을 차지하고 있었다. 최근 방카슈랑스와 인터넷, 홈쇼핑 등의 비대면채널의 성장으로 그 비중이 감소하고 있는 추세이다(손해보험협회, 2008b).

• 보험중개사

보험중개사는 독립적으로 보험계약의 체결을 중개하는 자(보험업법 제2조)로서 보험계약체결 대리권, 보험료 수령권, 고지의무 수령권이 없으며 소속회사에 대한 의무가 없다. 보험중개사가 되고자 하는 자는 금융위원회에 등록하여야 한다(보험업법 제89조 제1항, 〈개정 2008.2.29〉). 보험중개사는 생명보험중개사, 손해보험중개사, 제3보험중개사로 구분되며, 그 등록요건은 금융위원회가 정하는 기관이 실시하는 생명보험중개사 시험, 손해보험중개사 시험 또는 제3보험중개사 시험에 합격한 자를 임원 또는 사원의 3분의 1 이상 갖추고 상근하는 법인이어야 한다(보험업법 시행령 제34조, [별표 3] 〈개정 2008.2.29〉). 이 제도는 1995년 4월 1일 보험중개인 허가제로 도입되었으며(보험업법 제150조의 2, 1995년 1월 5일 일부개정), 2003년 8월 30일 보험중개사 등록제로 변경되었다(보험업법 제89조 2003년 5월 29일 전부개정).

보험중개사는 여러 보험회사를 상대하고 고객의 입장에서 유리한 조건을 찾는다는 점에서 소속된 한 보험회사의 보험상품만을 판매하는 보험설계사, 보험대리점 또는 보험회사 임 · 직원과 계약을 체결하는 것과 다르다. 보험중개사를 통한 생명보험 가입은 거의 없었으며(생명보험협회, 2008b), 손해보험 가입은 2007년도 총수입보험료의 0.9%로 아주 작은 비중을 차지하고 있었다(손해보험협회, 2008b).

• 보험회사의 임 · 직원

소비자가 직접 보험회사에 가서 정규사원인 임원 또는 직원에 의해 계약을 체결하는 것이다. 보험회사의 임 · 직원을 통한 생명보험 가입은 2007년 현재 총수입보험료의 전년대비 8.1%p 감소한 14.4%의 점유율로 설계사, 방카슈랑스에 이어 세 번째 순위였으며(생명보험협회, 2008b), 손해보험 가입은 2007년도 총수입보험료의 12.7%

표 7-2
보험모집 형태별 권한과 의무

구 분	보험설계사	보험대리점	보험중개사	보험회사 임 · 직원
계약체결 대리권	없음	있음	없음	있음
보험료 수령권	없음	있음	없음	있음
고지의무 수령권	없음	있음	없음	있음
소속회사에 대한 의무	있음	있음	없음	있음

자료: 나승성(2007); 정홍주(1996).

로 자동차보험, 전문성을 필요로 하는 특종보험, 기업을 대상으로 하는 퇴직보험 등의 계약을 주로 체결하고 있었다(손해보험협회, 2008b).

위에서 설명한 네 가지 보험모집 형태는 각각 권한과 의무가 다르다. 그 내용을 표로 제시하면 〈표 7-2〉와 같다.

• 금융기관보험대리점(방카슈랑스)

금융기관보험대리점 제도, 즉, 방카슈랑스란 "은행 등 금융기관이 보험회사의 대리점 자격으로 보험상품을 판매하는 제도이다"(나승성, 2007: 169). 방카슈랑스는 지난 2003년 8월 30일부터 시행되었으며 생명보험의 개인보장성보험과 손해보험의 개인용 자동차보험과 장기보장성보험(종신보험)의 판매가 2008년 4월 1일 시행될 예정이었다(보험업법 제83조, 시행령 제40조 제2항). "그러나 설계사 고용불안, 금융산업 간 불균형 심화, 불완전판매 증가 등의 많은 부작용이 노출됨에 따라 제2단계의 나. 조항의 시행이 전면 철회되었다"(손해보험협회, 2008b: 12). 2008년 3월 28일 이후 금융기관보험대리점 등이 모집할 수 있는 보험상품의 범위는 〈표 7-3〉과 같다.

보험대리점을 통한 생명보험 가입은 2007년 현재 총수입보험료의 9.3%로 가장 낮았으며(생명보험협회, 2008b) 손해보험 가입은 47.1%로 가장 높은 비중을 차지하고 있었다. 최근 방카슈랑스와 인터넷, 홈쇼핑 등의 비대면채널의 성장으로 그 비중이 감소하고 있는 추세이다(손해보험협회, 2008b).

방카슈랑스 제도를 통한 보험가입은 생명보험에서 2003년 제도도입 이후 꾸준히 30%대를 유지하며 보험설계사 다음으로 중요한 판매채널로 자리매김하고 있다. 2007년도 생명보험 총수입보험료의 34.2%가 방카슈랑스 채널로 가입된 것이었다(생명보험협회, 2008b). 손해보험 가입은 지속적으로 높은 증가율을 보이고 있으며 2007년도 총수입보험료의 5.3%가 방카슈랑스 채널로 가입된 것이었다. 또한 손해보험 방카슈랑스의 95.3%가 장기보험이었다(손해보험협회, 2008b).

보험모집방법별 가입방법

보험모집방법별 가입방법은 모집하는 사람을 직접 만나 가입하는 대면모집을 통한 보험가입과 전화(TM), 인터넷(CM) 등의 통신수단을 이용한 비대면모집을 통한 보험가입으로 구분해볼 수 있다.

표 7-3 금융기관보험대리점 등이 모집할 수 있는 보험상품의 범위

1. 제1단계: 2003년 8월 30일부터 2005년 3월 31일까지

생명보험	손해보험
가. 개인저축성 보험	가. 개인연금
(1) 개인연금	나. 장기저축성보험
(2) 일반연금	다. 화재보험(주택)
(3) 교육보험	라. 상해보험(단체상해보험 제외)
(4) 생사혼합보험	마. 종합보험
(5) 그 밖의 개인저축성 보험	바. 신용손해보험
나. 신용생명보험	

2. 제2단계

가. 2005년 4월 1일 이후(보험기간 만료 시 환급금이 지급되는 상품은 2006년 10월 1일 이후)

생명보험	손해보험
가. 제1단계 허용상품 나. 개인보장성 보험 중 제3보험(주계약에 한하고, 저축성보험 특별약관 및 질병사망 특별약관을 부가한 상품을 제외한다)	가. 제1단계 허용상품 나. 개인장기보장성 보험 중 제3보험(주계약에 한하고, 저축성보험 특별약관 및 질병사망 특별약관을 부가한 상품을 제외한다)

나. 삭제 〈2008.3.28〉

생명보험	손해보험
가. 제1단계 허용상품 나. 제3보험을 포함한 개인보장성 보험	가. 제1단계 허용상품 나. 제3보험을 포함한 개인장기보장성 보험 다. 자동차보험(개인용)

출처: 보험업법 시행령 [별표 4] (보험업법 시행령 제40조제2항관련) 〈개정 2008.3.28〉.

• 대면모집을 통한 보험가입

현재 우리나라의 보험가입은 보험설계사, 보험대리점, 보험중개사, 보험회사 임·직원, 금융기관대리점의 사람을 직접 만나 보험에 가입하는 대면모집을 통한 것이 대부분이다. 손해보험의 경우, 가입이 2007년 현재 총수입보험료의 5.3%로 2003년 도입된 이래 지속적으로 높은 증가율을 보이고 있다.

• 비대면모집을 통한 보험가입

전화(TM), 인터넷(CM), 홈쇼핑 등 통신수단을 이용한 비대면모집은 2003년 8월

30일부터 법제화되었으며 비대면모집을 하는 자는 보험업법 제83조에서 정하고 있는 보험을 모집할 수 있는 자, 즉, 보험설계사, 보험대리점, 보험중개사, 보험회사 임 · 직원, 금융기관대리점이어야 한다(보험업법 제96조). 비대면모집을 통한 보험가입은 손해보험의 경우, 가입이 2007년 현재 총수입보험료의 8.3%로 "온라인 시장, 홈쇼핑 시장의 성장과 함께 점차 증가하고 있다"(손해보험협회, 2008b).

(2) 보험자 평가기준

어떤 회사의 보험에 들 것인가를 결정하기 위해서는 동일조건에서 보험회사별 보험료, 보상범위, 부대 서비스를 비교해 보는 것이 좋다. 보험료는 원칙적으로 회사마다 자율적으로 결정하게 되어 있다. 보험회사 간 부대 서비스의 차이를 보고 보험을 선택하는 경우가 많다. 다만 회사의 신용도를 평가하기 위해 총자산 규모나 책임준비금 규모, 배당실적 등을 알아볼 수 있으면 좋을 것이다. 금융감독원이나 보험개발원은 소비자들이 이용할 만한 보험관련 자료를 인터넷을 통하여 제공하고 있다.

우리나라 보험시장에는 선진보험기법과 막강한 자본력을 가진 외국계 보험회사의 진출이 활발해지고 있다. 또한 2009년 2월 자본시장통합법이 시행되어 은행 등 타 금융권과 결합한 형태의 보험기관도 등장할 것이다. 이처럼 보험을 판매하는 보험자가 다양한 형태로 존재하게 되면 보험자마다 각기 다른 장 · 단점을 가진 보험상품을 개발하여 판매하게 될 것이다. 따라서 어느 회사를 선택하느냐에 따라 보험료와 보상범위가 많이 달라지게 될 것이다.

만일 계약한 보험자가 경영미숙이나 기타의 이유로 파산하면 보험료를 납입하던 계약자는 어디서 보상을 받을 수 있을까? 보험사는 쉽게 파산하지 않는다. 왜냐하면 재보험을 통하여 나름대로 위험전가방안을 마련해 두기 때문이다. 이런 경우를 위해 보험법은 금융감독원에 보험보증기금을 설치하도록 하고 있다. 보험보증기금이란 보험금액의 지급을 보장하기 위해 보험사가 미리 일정액을 떼어 적립해 놓은 기금이다. 보험회사가 파산하면 소비자는(개인계약자에 한하여) 이 기금으로부터 일정금액 범위 내에서 보험금을 받을 수 있다. 따라서 일단 금융위원회의 인가를 받은 보험자라면 보험금을 못 받을 염려는 하지 않아도 좋다.

4. 보험계약서 작성

(1) 신청서 작성

보험계약자는 피보험자나 물건에 대해 서술하고 보험료를 결정하여 문서로 가입을 신청한다. 보험설계사, 보험대리점, 보험중개인을 직접 만나거나 보험회사나 은행 창구를 직접 찾아가 대면으로 신청할 수 있다. 또는 인터넷, 전화, 홈쇼핑을 통해 비대면으로 신청할 수도 있다.

(2) 보험자의 인수

보험자가 계약자의 청약을 승낙하는 것을 인수라고 한다. 보험회사가 청약을 인수하면 보험효력이 발생한다. 만일 가입자가 보험자가 정한 기준에 못 미치는 경우 보험자는 가입을 거절당할 수도 있다. 청약자의 인수여부를 결정하는 사람을 인수자(underwriter)라 한다.

(3) 보험료의 최종결정

보험료율은 보험금의 단위당 구매비용이라고 할 수 있다. 가입자가 속한 집단(classes)의 손실발생 가능성에 따라 달라진다. 보험료는 보험금의 단위 수에 보험료율을 곱해서 계산한다. 보험료를 자동이체시킬 경우에는 대개 보험료를 약간 감해준다.

(4) 보험증권 발행

제1회 보험료를 납입하면 보험회사는 보험증권을 발행한다. 주소가 바뀌면 보험계약자는 즉시 보험자에게 이를 통보하여야 한다. 또 보험기간 중에 보험기간이나 보험금액, 납입방법 등이 바뀔 수도 있으므로 보험조건이 적혀 있는 보험증권을 잘 보관해 두어야 한다.

5. 보험과 세제혜택

보험은 일차적으로 생활의 안정을 위하여 구입하는 것이지만 개별가계와 사회의 안정에 기여하는 바가 크기 때문에 국가는 일정한 세제혜택을 주고 있다. 개인 보험계약자의 경우 보험관련 세제혜택의 내용을 보면 다음과 같다.

(1) 보장성보험료 소득공제

우선 일용근로자를 제외한 근로소득자는 연말정산할 때 당해연도에 지출한 보장성보험료 합계액 중 연간 100만 원(2008년의 경우)까지 소득공제를 받을 수 있다. 사망보험, 자동차보험, 질병보험 등이 보장성보험에 해당된다. 또 장애인을 피보험자 또는 보험수익자로 하는 장애인전용 보장성보험료도 추가적으로 당해 연도 납입보험료 중 100만 원을 한도로 소득공제를 받을 수 있다(국세청, 2008; 금융감독원, 2008).

(2) 저축성보험의 보험차익 비과세제도

저축성보험의 보험계약일로부터 계약유지기간이 10년 이상의 장기인 경우 만기 또는 중도해지 시 수령하는 금액 중에서 납입보험료의 합계액을 초과하는 금액에 대하여는 이자소득세를 내지 않아도 된다. 보험차익은, 만기환급금이 납입한 보험료의 합계보다 큰 경우, 만기환급금에서 납입보험료 합계액을 뺀 금액이다(금융감독원, 2008).

(3) 연금보험료 소득공제

2000년 12월 31일 이전에는 비과세되었던 연금소득이 2001년 1월 1일 이후부터 과세소득으로 전환됨에 따라 지역가입의무자만 공제하던 것을 국민연금과 공무원연금 등 공적연금보험료에 대해서는 본인부담액 전액을 소득공제를 받을 수 있게 되었으며, 2006년 1월 1일 연말정산 시부터 퇴직연금은 확정기여형 퇴직연금보험료 불입액과 연금저축 불입액을 합하여 300만 원 한도로 소득공제를 받을 수 있게 되었다(국세청, 2008; 금융감독원, 2008).

(4) 상속세 · 증여세에서의 금융 · 보험관련 세제

• 상속 보험금을 포함한 금융재산 상속공제

손해 · 생명보험에 가입한 피보험자(피상속인)가 사망하게 되면 보험수익자(상속인)가 받는 사망보험금은 세법상 상속재산으로 보아 상속세를 과세한다. 이때 상속개시일 현재 보험금 포함한 순금융재산에 대해 2천만 원 이하일 경우 전액, 2천만 원 초과 1억 원 이하일 경우 2천만 원, 1억 원 초과일 경우에는 20%를 최고 2억 원까지 상속공제를 받을 수 있다(국세청, 2009f; 금융감독원, 2008).

• 장애인 등을 보험수익자로 하는 계약의 보험금에 대한 증여세 비과세

장애인을 보험수익자로 할 경우에는 연간 4천만 원 이하의 보험금은 증여세를 내지 않아도 된다(국세청, 2009f).

• 보험금 증여의제

생명보험 또는 손해보험에 있어서 보험계약자와 보험수익자가 다른 경우에는 보험사고(사망제외) 또는 만기환급금 상당액을 보험수익자에 대한 증여재산으로 보아 보험수익자에게 증여세를 부과한다(금융감독원, 2008). 보험계약기간 안에 보험수익자가 타인으로부터 재산을 증여받아 보험료를 불입한 경우에는 그 보험료불입액에 대한 보험금상당액에서 당해 보험료불입액을 차감한 가액을 보험수익자의 증여재산가액으로 한다(상속세 및 증여세법 제34조).

7.2 생명보험

1. 생명보험의 정의

생명보험이란 사람의 생존 또는 사망에 관하여 약정한 급여의 제공을 약속하는 것(보험업법 제2조)으로서 조기사망, 상해 또는 질병, 노령화 등의 우연한 사고로 인

한 경제적 손실을 보장하는 것이다(이경룡, 2009). 생명보험은 우연한 사고에 대비하는 보장기능뿐만 아니라 생애주기 전체에 걸친 주택마련, 자녀교육, 은퇴 후 대비 등을 위한 저축기능도 동시에 갖추고 있다(생명보험협회, 2008a). "생명보험은 사람의 생사를 보험사고로 하고 보험사고가 발생할 경우 보험계약 시 정한 금액을 지급하는 정액보상이란 점에서 보험사고 발생 시 실제로 생긴 손해를 보상하는 것을 목적으로 하는 손해보험과는 〈표 7-4〉에서와 같이 다르다"(생명보험협회, 2008a).

표 7-4
생명보험, 손해보험, 제3보험의 비교

구 분	생명보험계약	손해보험계약	제3보험
보험대상	사람의 생존 · 사망	재산상의 손해	신체의 질병, 상해, 간병
보상방법	정액보상	실손보상	정액보상, 실손보상
보험기간	장기	단기	장기

출처: 생명보험협회(2008a). pp.46, 224.

1962년 보험업법 제정과 경제개발을 위한 내자동원의 수단으로 육성되기 시작한 우리나라 생명보험산업은 1960년대 이래 약 20여 년간 급속한 양적 성장을 하였다(이경룡, 2009). 1980년대 중반 이후 보험시장 개방이 가속화되었다. 우리나라의 생명보험산업은 2007년 12월 말 현재 총자산 305조 원, 연간수입보험료 75조 원에 달하는 세계 7위의 생명보험강국으로 성장하였다(생명보험협회, 2008b).

2. 생명보험상품의 종류

생명보험상품은 주보험의 보험사고를 기준으로 보장기능과 저축기능의 차별화에 따라 분류된다. 피보험자가 사망했을 때의 보장기능을 주목적으로 할 것이냐, 피보험자가 생존했을 때의 저축기능을 주목적으로 할 것이냐에 따라 상품 구성이 달라진다. 현재 판매되고 있는 상품은 보험금 지급사유에 따라 피보험자가 사망했을 때에만 보험금을 지급하는 사망보험, 생존했을 때에만 보험금을 지급하는 생존보험, 그리고 사망보험과 생존보험의 장 · 단점을 보완한 생사혼합보험의 세 가지로 구분된다.

(1) 사망보험

사망보험은 피보험자가 보험기간 중에 사망했을 때 보험금을 지급하는 보험계약이다. 사망보험은 저축기능보다 보장기능을 강조한다. 피보험자가 생존했을 때에는 전혀 보험료가 지급되지 않는 사망보험을 순수보장성 보험이라고 한다. 사망보험의 목적은 피보험자인 가장의 사망으로 발생할 수 있는 남은 가족의 경제적 필요를 충족시키는 데 있다.

사망보험은 보장기간이 일정한 기간인가 또는 종신인가에 따라 정기보험과 종신보험으로 구분된다. 정기보험은 계약시점으로부터 일정한 기간 안에 피보험자가 사망했을 경우에만 보험금을 지급하는 보험이다. 계약기간 최종일까지 생존해 있을 경우에는 보험금은 지급되지 않을 뿐 아니라 납입된 보험료도 환급되지 않고 계약은 소멸된다. 일반적으로 보험료가 가장 저렴한 장점이 있으나 만기보험금이 없다는 점을 알고 있어야 한다. 종신보험은 피보험자의 일생을 담보하고 피보험자가 어느 때 사망하더라도 보험금을 지급하는 사망보험이다. 종신보험은 유족보장을 유일한 목적으로 하여 이용된다.

(2) 생존보험

생존보험은 피보험자가 보험만기일까지 생존하였을 때에만 보험금을 지급하는 보험이다. 생존보험은 보장기능보다 저축기능을 강조한다. 피보험자가 보험기간 중에 사망하였을 때에는 보험금뿐만 아니라 그 때까지 납입한 보험료도 환급받지 못한다.

우리나라에서 판매되고 있는 대표적인 생존보험으로는 교육보험과 연금보험이 있다. 교육보험은 부모에게 불의의 사고가 나더라도 자녀들이 교육을 받을 수 있도록 교육비와 기초생활비를 지급하는 보험이다. 교육보험에서는 부모가 자녀를 피보험자로 하여 가입하는 것이 보통이다. 보험계약자가 일정기간 보험료를 납입하면 자녀의 연령에 따라 교육비를 지급한다. 또한 자녀가 사망했을 때에는 별도의 보험금 없이 납입보험료만 환급해 주나 보험계약자(부모)가 사망할 때에는 보험료가 면제되고 유자녀들에게 약정한 교육비 및 생활비를 지급한다.

연금보험은 일정기간 보험료를 납입한 후 피보험자가 연금개시 시점 이후 계속 생존했을 때에 매년 계약일에 일정금액을 지급하는 보험이다. 연금보험에는 피보험자가 종신까지 지급하는 불확정연금과 피보험자의 생사에 불구하고 일정기간(10년 또는 20년 등)만을 지급하는 확정연금이 있다. 또 계약 후 즉시 연금지급을 개시하는 즉시 연금과 몇 년 후 또는 피보험자 연령 몇 세부터 지급이 개시되는 거치식연금이 있다. 또한 두 사람 이상의 피보험자를 정해서 연합된 생존자들에게 연금을 지급하되 최후의 생존자가 사망할 때까지 연금을 지급하는 연생연금도 있다. 연생연금은 부부연금보험 등에 널리 이용되고 있다. 부부가 생존했을 때에는 약정된 연금액 전부를 지급하고, 어느 한 쪽이 사망했을 때에는 최초연금액의 반액 또는 2/3 정도로 감액 조정된 연금액이 생존자에게 지급된다.

(3) 생사혼합보험

생사혼합보험이란 만기보험금이 없는 사망보험의 단점과 피보험자 사망했을 때 보험금이 지급되지 않는 생존보험의 단점을 보완한 보험이다. 생존보험은 보장기능과 저축기능이 모두 있으므로 다른 보험에 비해 보험료가 높다. 실제로는 사망보험이나 생존보험보다 생사혼합보험이 더 많이 사용되고 있다. 생사혼합보험의 대표적인 것은 양로보험이다. 양로보험은 피보험자가 사망했을 때에는 보험금을 지급하고, 피보험자가 생존했을 때에는 만기환급금을 지급한다.

주계약 외에 각종 질병이나 상해에 대한 치료비를 지급하도록 하는 특약을 부가하는 것이 일반적이다. 생사혼합보험은 저축의 수단이나 은퇴 후 대비책, 또는 특정 목적을 위한 자금적립의 수단으로 많이 이용된다.

보장내용 이외에도 보험기간과 계약자 배당유무 등에 따라 생명보험을 여러 가지로 분류할 수 있다. 우선 보험기간에 따라 일반적으로 보험기간 10년 미만의 보험을 단기보험, 10~20년 사이의 보험을 중기보험, 그 이상을 장기보험, 최장기는 종신만기보험으로 구분한다.

보험료 납입방법은 납입주기에 따라 월납, 6월납, 연납, 일시납으로 구분한다. 또한 납입기간에 따라 보험기간과 동일한 기간에 걸쳐 계속 보험료를 납입하는 전기납과 보험기간보다 짧은 기간 동안 보험료를 납입하는 단기납으로 구분한다. 납입방법에 따라 우편송금, 지로, 자동이체, 신용카드결제, 단체납입으로 구분한다. 계약대상이 개인 또는 단체인가에 따라 개인보험과 단체보험으로 구분하고, 단체보험에는 단체할인요율을 적용한다. 또한 계약자 배당유무에 따라 유배당보험과 무배당보험

그림 7-1
생명보험료의 구성

으로 구분하고, 피보험자의 수에 따라 특정한 1인을 피보험자로 하면 단생보험, 2인 이상을 피보험자로 하면 연생보험으로 구분한다(생명보험협회, 2008a).

3. 생명보험상품의 선택

우리나라 생명보험상품의 특징은 상품의 수명이 짧고 저축성의 비중이 높다는 것이다. 저축기능이 강조된 상품은 당연히 보장기능이 낮아서 보험 본래의 의미를 감소시키거나 보험료를 올린다. 상품마다 저축성과 보장성의 비율이 다양하므로 여러 가지 보험을 무차별적으로 비교하는 것은 아무런 의미가 없다. 다만, 보험은 최소한의 보장기능을 가지므로 기타 금융기관에 비해 수익률은 낮은 편이라는 것을 염두에 두어야 한다.

(1) 생명보험 가입절차

생명보험에 가입할 때에는 먼저 필요보험금액과 보험종목을 결정하고 그 다음에 최소한의 비용으로 살 수 있는 보험상품을 골라야 한다. 그 가입절차를 설명하면 다음과 같다.

- 보험계약자가 청약신청서를 작성하여 보험계약을 신청한다.

- 보험자는 직접 또는 그 대리인으로 하여금 청약자에게 약관을 교부하고 계약자와 보험자가 지켜야 할 권리와 의무를 설명한다.
- 계약자는 피보험자의 병력과 현재의 건강상태, 신체의 장해상태, 연령, 직업, 생활환경 등에 관한 가입자의 고지의무를 이행한다. 이때 필요에 따라 건강진단을 받기도 한다.
- 보험자는 정해진 기일 안에 계약을 승낙 또는 거절한다.
- 계약이 승낙되면 보험자는 보험증권을 교부한다.

계약자는 주계약 외에도 특약조항을 선택하여 추가할 수 있다. 특약이란 주계약에 부가하여 주계약 내용을 보충하는 조항을 말하며, 보험업감독규정상 보장성보험만 추가할 수 있다. 예를 들면, 사망보험에 가입하려고 하는 계약자는 일반사망 외에 재해사망, 상해, 재해입원, 질병입원, 성인병입원 등에 대한 다양한 특약을 선택할 수 있다. 특약의 부가는 주보험에서 보장되지 않는 부분에 대하여 완벽한 보장을 부가하여 상품의 매력을 증진시킨다. 계약자의 다양한 욕구를 만족시키기 위한 것으로 주보험에 포함되어 있는 고정부가특약과 계약자의 선택에 의해 임의로 가입할 수 있는 선택부가특약이 있다.

(2) 보험금 지급절차

보험약관에서 정한 보험금 지급사유가 발생하면 보험계약자는 필요한 청구서류를 갖추어 보험금을 청구한다. 필요한 서류는 소정의 청구서, 사고증명서, 보험증권, 주민등록증과 같은 신분증이다. 보험자는 청구일로부터 3 영업일 이내에 보험금을 지급한다. 만일 보험사고에 대해 조사가 필요한 경우 이 기간은 10 영업일 이내로 연장된다.

보험 가입 시 알아두면 유익한 사항 (읽을거리)

① 변액보험 및 자산연계형보험 등 투자성보험 가입 시 유의사항('07.11.6)
② 민영의료보험 가입 시 알아두어야 할 사항('07.12.10)
③ 보험계약 체결 및 유지와 관련한 계약자의 권리('08.1.22)
④ 보험 가입 시 알아두면 유익한 다양한 보험특약('08.2.27)
⑤ 노후대비를 위한 연금보험 가입 시 알아두어야 할 사항('08.4.22)
⑥ 보험계약 청약 시 '계약 전 알릴 의무'와 관련된 유의사항('08.5.16)
⑦ 화재사고를 보장하는 보험과 관련된 가입자의 유의사항('08.6.9)
⑧ 태아보험 가입 시 알아두면 유익한 사항('08.6.24)
⑨ 실버보험 계약자 유의사항('08.8.11)
⑩ 보험소비자에게 유익한 보험관련 세제('08.9.19)

* 금감원 인터넷 홈페이지(www.fss.or.kr) '보도홍보자료'

7.3 손해보험

1. 손해보험의 정의

모든 개별경제주체는 여러 가지 천재지변이나 인위적인 위험 때문에 자신의 신체나 소유하는 재산에 손해 또는 손실을 입거나 타인의 손실에 대해 책임을 져야 할 때가 있다. 그러나 개별경제주체는 이러한 손해가 언제 발생할 것인지, 어느 정도의 규모로 발생할 것인지를 전혀 예측할 수 없기 때문에 단독으로는 충분하고 효율적인 대응을 할 수 없게 된다. 손해보험이란 우연한 사고로 인하여 발생하는 손해를 보상하는 것(보험업법 제2조)으로서 예측할 수 없는 재난으로부터 발생하는 재산상의 손실위험에 대처하기 위하여 만들어진 상호보장적 성격의 경제제도이다. 즉, 다양한 위험으로 인하여 경제적 손해를 입게 되는 다수의 경제개별주체가 모여서 공동준비금을 마련하고 이를 가지고 발생한 손해를 보상해 주는 제도이다.

우리나라 손해보험산업은 1963년 자동차손해배상보험법이 제정되어 자동차보험 산업의 성장의 기틀을 마련되었으며, 이 밖에 경제발전과 무역의 증대에 따라 재산 · 책임보험 분야에서 다양한 보험상품이 개발되었다(이경룡, 2009). 우리나라의 생명보험산업은 2007년 12월말 현재 총자산 65조 7,931억 원, 32조 6,925억 원의 보험료를 거수하여 세계 7위의 손해보험시장으로 성장하였다(손해보험협회, 2008b).

2. 손해보험상품의 종류와 선택

손해보험은 사람의 생명을 담보하는 생명보험보다 훨씬 다양한 위험을 담보한다. 손해보험 중 가장 먼저 등장한 것이 해상보험과 화재보험이고 그 후 자동차보험을 비롯하여 여행보험, 보증보험, 주택보험 등 다양한 보험이 계속 개발되어 왔다. 현재 우리나라 보험회사가 취급하는 손해보험으로는 화재보험, 해상보험(항공 · 운송보험 포함), 자동차보험, 보증보험, 배상책임 · 도난 · 여행보험 등의 특종보험, 보장기능과 저축기능을 겸한 장기손해보험, 개인연금, 퇴직보험(퇴직연금) 등이 있다.

우리나라 손해보험사에서 취급하는 보험종목별 수입보험료의 구성비를 보면 〈표 7-5〉와 같다. 2007년 회계연도의 종목별 보험료의 구성은 장기손해보험 50.0%로 가장 높고, 자동차보험 32.3%, 특종보험 8.7% 순이었다. 장기 저축성 보험과 보장성 보험의 기능이 혼합된 장기손해보험(2.3%P)과 개인연금(0.3%P)의 구성비는 2007년

표 7-5 손해보험종목별 수입보험료의 구성비 (단위: 백만 원, %)

구 분	2006년		2007년		전년동기대비	
	금액	구성비	금액	구성비	금액	증감률
화 재	313,250	1.1	307,517	0.9	−5,733	−1.8
해 상	632,378	2.2	651,783	2.0	19,405	3.1
자동차	9,539,721	33.2	10,563,957	32.3	1,014,236	10.6
보 증	1,142,670	4.0	993,935	3.0	−148,735	−13.0
특 종	2,584,257	9.0	2,837,143	8.7	252,886	9.8
장기손해	13,684,527	47.7	16,348,732	50.0	2,664,205	19.5
개인연금	797,464	2.8	999,426	3.1	201,962	25.3
합 계	28,694,260	100.0	32,692,494	100.0	3,998,234	13.9

출처: 손해보험협회(2008b). p.23.

대비 상승하였다. 그러나 자동차보험(0.9%P) 등의 순수한 보장성 보험의 구성비는 전년대비 하락하였다(손해보험협회, 2008b).

(1) 화재보험

화재보험이란 우연한 화재의 발생 또는 벼락으로 인하여 피보험사의 물건에 발생한 손해를 보상하는 재산보험이다. 화재보험은 화재로 인한 손해 외에도 화재로 인한 소방손해와 피난손해까지도 담보한다.

화재보험은 화재로 인한 손해를 이유여하를 막론하고 보상하여야 한다. 그러나 실제로는 약관으로 그 보상범위를 상당히 제한하고 있다. 즉, 낙뢰나 자연발화, 폭풍우로 인한 화재손해, 옆 집 화재로 인한 우리 집의 손해, 화재를 피하려고 밖에 내어놓은 가구의 손실 등은 보상한다. 그러나 전쟁, 폭동으로 인한 화재손해, 다리미 사용하다가 태운 양복과 마루, 어린이가 실수로 난로 위에 놓아둔 골동품이 타버린 경우 등은 보상하지 않는다.

화재보험의 보험기간은 1년이 원칙이다. 그러나 단기요율을 적용하면 1년 미만의 계약도 가능하다. 또한 1년 이상의 장기계약을 체결하는 경우에는 2차년도부터는 보험료를 할인해 준다. 화재보험의 보험료는 기본적으로 가입물건인 주택이나 창고, 공장 등의 등지와 건물급수에 따라 결정된다. 등지는 소방도로 유무에 따른 분류이다. 건물급수는 건물구조(기둥, 벽, 층수 기준)에 따른 분류이다. 화재보험에는 도난위험이나 전기위험, 폭발위험 등에 관한 특약을 부가할 수 있다.

(2) 자동차보험

우리나라 자동차등록대수는 1997년에 1,000만 대, 2008년에는 1,600만 대를 넘어서 대부분의 개인과 사업자가 자동차를 보유하고 있다(국토해양부, 2008). 우리나라에서는 순수보장성 손해보험 중에서는 자동차보험의 비중이 가장 높다. 〈표 7-5〉에서 저축성 손해보험인 장기손해보험과 개인보험을 제외한 순수손해보험 중에서 자동차보험의 비중은 68.8%에 달한다.

• 자동차보험이란

자동차보험이란 피보험자가 자동차를 소유, 사용 또는 관리하는 동안에 발생한 사고로 인하여 피보험자에게 생긴 손해를 보험자가 보상할 것을 목적으로 하는 보험이다(박세민, 2007). 다른 보험과 마찬가지로 자동차보험도 위험의 담보와 손해의 분산을 통하여 개인과 사회의 안정을 보장한다. 그에 더하여 자동차 소유자가 과실로 인해 자동차 사고를 냈을 때 과도한 피해보상으로 인해 파산하는 것을 막고 선의의 피해자를 보장하는 기능도 있다. 또한 자동차 사고 발생유무에 따라 보험료가 할증되거나 할인되므로 사람들이 자동차를 주의를 기울여 운전하게 하여 사고를 예방하는 기능도 가지고 있다.

우리나라의 자동차보험은 강제보험인 책임보험과 임의보험인 자동차종합보험의 두 가지 체계로 나뉘어져 있다가 1994년 8월 이후 이 두 보험이 '자동차보험' 이란 명칭으로 상품이 단일화되었다. 1963년 자동차손해배상보장법(이하 자배법)이 제정된 이후 의무적으로 가입하던 운행에 따른 인체치상의 손해를 배상해 주는 기존의 책임보험은 대인배상 I (책임보험)로, 자동차종합보험에서의 대인배상은 대인배상 II (책임보험초과손해)로 변경되었다(박세민, 2007). 2003년 8월 21일 자배법이 개정되어 2005년 5월 22일부터 대물배상책임보험 가입도 의무화되었다.

• 자동차사고로 인한 손해의 종류

자동차로 생길 수 있는 사고는 크게 인사사고와 재물사고로 나뉘는데, 자동차보험은 이 모두를 취급한다. [그림 7-2]에서와 같이 인사사고는 대인배상책임손해, 자

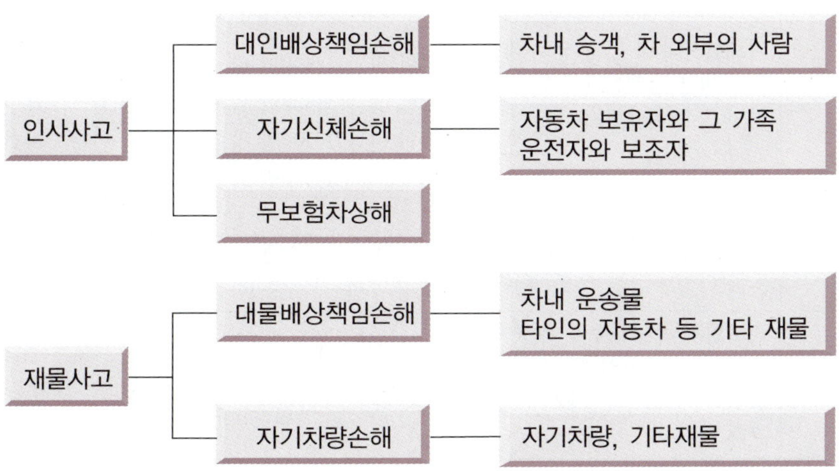

그림 7-2
자동차사고로 인한 손해의 종류

기신체손해, 무보험차상해를 일으킨다. 재물사고는 대물배상책임손해와 자기차량손해를 가져온다.

• 자동차보험의 보험종목과 보상한도

우리나라 자동차보험은 대인배상 I (의무보험), 대인배상 II (의무보험초과손해), 대물배상의 세 가지 배상책임보험을 포함하여 자기신체사고보험, 무보험차상해보험, 자기차량손해보험의 여섯 가지 종목으로 구성되어 있다. 자동차보험의 보험종목별 담보내용과 보상한도는 〈표 7-6〉에 제시되어 있다.

표 7-6 자동차보험의 보험종목별 담보내용과 보상한도

<table>
<tr><th>보험종목</th><th>담보내용</th><th colspan="4">보험가입금액(보상한도)</th></tr>
<tr><td rowspan="3">대인배상
I
(의무보험)</td><td rowspan="3">타인을 사망, 부상케 함으로써 자배법에 의해 지게 되는 배상책임 손해</td><td colspan="4">1인당 (2005.2.22이후 사고)</td></tr>
<tr><td>사망</td><td>부상</td><td colspan="2">후유장해</td></tr>
<tr><td>1억 원</td><td>2,000만 원</td><td colspan="2">1억 원</td></tr>
<tr><td>대인배상
II</td><td>타인을 사망, 부상케 하여 법률상 배상책임을 짐으로써 입은 손해 중 대인배상 I 을 초과한 손해</td><td colspan="4">1인당: 5,000만 원/1억 원/2억 원/3억 원/무한</td></tr>
<tr><td>대물배상
(의무보험:
1,000만 원)</td><td>타인의 재물을 멸실, 파손하여 입은 법률상 배상책임 손해</td><td colspan="4">1사고당: 1,000만 원/2,000만 원/3,000만 원/
5,000만 원/1억 원/무한</td></tr>
<tr><td rowspan="6">자기신체
사고</td><td rowspan="6">피보험자의 사망, 부상 손해
(손해발생 금액이 1만 원 이하인 경우 취급면책)</td><td colspan="3">1인당</td><td rowspan="2">1사고당</td></tr>
<tr><td>사망</td><td>부상</td><td>후유장해</td></tr>
<tr><td>1,500만 원</td><td>1,500만 원</td><td>1,500만 원</td><td>무한</td></tr>
<tr><td>3,000만 원</td><td>1,500만 원</td><td>3,000만 원</td><td>무한</td></tr>
<tr><td>5,000만 원</td><td>1,500만 원</td><td>5,000만 원</td><td>무한</td></tr>
<tr><td>1억 원</td><td>1,500만 원</td><td>1억 원</td><td>무한</td></tr>
<tr><td>무보험차
상해</td><td>무보험차에 의한 신체상해 손해</td><td colspan="4">피보험자 1인당 최고 2억 원
(1사고당 무한)</td></tr>
<tr><td>자기차량
손해</td><td>피보험자동차의 충돌, 접촉, 전복, 도난, 화재 및 태풍, 홍수, 해일로 인한 자기차량 손해</td><td colspan="4">보험 증권에 기재된 가입금액
(자기부담금: 0원/5만 원/10만 원/20만 원/
30만 원/50만 원 등)</td></tr>
</table>

출처: 손해보험협회(2008a). p.159.

1) 배상책임보험

① 대인배상 I 보험(의무보험)

대인배상 I 보험은 피보험자가 피보험자동차를 소유, 사용, 관리하는 동안에 생긴 피보험자동차의 사고로 인하여 남을 죽게 하거나 다치게 한 때 법률상 손해배상책임을 짐으로써 입은 피보험자의 손해를 보상하는 보험이다. 이 보험의 보상한도는 피보험자가 사망했을 때는 피해자 1인당 최저 2,000만 원부터 최고 1억 원, 부상을 입었을 때는 14급 80만 원부터 1급 2,000만 원, 후유장해일 때는 14급 630만 원부터 1급 1억 원이다(자배법 제5조 제1항, 시행령 제3조 제1항, 제2항).

② 대인배상 II 보험

대인배상 II 보험은 대인배상 I 을 초과하는 피보험자의 손해를 보상하는 임의보험이다. 보상한도는 보험가입금액을 한도로 하며, 5,000만 원부터 무한까지 가입할 수 있다. 대부분 무한보상에 가입하고 있다. 이 보험은 대인배상 I 에 가입하는 경우에 한하여 가입할 수 있다(개인용자동차보험 표준약관).

③ 대물배상보험(1,000만 원까지 의무보험)

대물배상보험은 피보험자가 피보험자동차를 소유, 사용, 관리하는 동안에 생긴 피보험자동차의 사고로 인하여 남의 재물을 없애거나 훼손한 때에 법률상 손해배상책임을 짐으로써 입은 피보험자의 손해를 보상하는 보험이다. 이 보험의 보상한도는 1,000만 원까지는 의무보험이며, 무한까지 가입할 수 있다(자배법 제5조 제2항, 시행령 제3조 제3항).

2) 자기신체사고보험

자기신체사고보험은 피보험자가 피보험자동차를 소유, 사용, 관리하는 동안에 생긴 피보험자동차의 사고로 인하여 피보험자 자신이 죽거나 다쳤을 때 손해를 보상하는 보험이다. 이 보험의 피보험자 1인당 보상한도는 사망, 부상, 후유장해에서 보험가입금액에 따라 다르게 가입할 수 있다(개인용자동차보험 표준약관).

3) 무보험차상해보험

무보험차상해보험은 피보험자가 무보험자동차에 의하여 생긴 사고로 죽거나 다친 때, 그로 인한 손해에 대하여 피보험자에게 손해배상책임을 지는 사람이 보상하는 보험이다. 이 보험의 보상한도는 피보험자 1인당 2억 원이다. 이 보험은 대인배상 Ⅰ, 대인배상Ⅱ, 대물배상, 자기신체사고에 모두 가입하는 경우에 한하여 가입할 수 있다(개인용자동차보험 표준약관).

4) 자기차량손해보험

자기차량손해보험은 피보험자가 피보험자동차를 소유, 사용, 관리하는 동안에 충돌, 접촉, 전복, 도난, 화재 및 태풍, 홍수, 해일 등의 사고로 인하여 피보험자동차에 직접적으로 생긴 손해를 보상하는 보험이다. 이 보험의 지급보험금은 피보험자동차에 생긴 손해액과 비용을 합한 액수에서 보험증권에 기재된 자기부담금을 공제한 금액이다(개인용자동차보험 표준약관).

• 교통사고처리특례법의 보험가입 특례

자동차보험에 가입한 사람은 1981년 제정된 교통사고처리특례법에 따라 사망사고 또는 뺑소니사고나 사상자를 유기한 사고의 경우를 제외하고는 합의와 관계없이 형사처벌을 면제받을 수 있다(교통사고처리특례법 제4조). 그러나 〈표 7-7〉의 11개 항목 사고일 때는 특례법상의 처벌특례 제외혜택을 받지 못한다(교통사고처리특례법 제3조).

• 자동차보험료

자동차보험의 보험기간은 1년이다. 보험료는 기본보험료, 특약요율, 가입자특성요율, 우량할인·불량할증요율, 특별요율에 따라 달라진다. 기본보험료는 차량의 종류, 배기량, 용도, 보험가입금액, 성별, 연령 등에 따라 미리 정해놓은 기본적인 보험료를 말한다. 특약요율은 운전자 연령한정 운전 특약 또는 가족운전자 한정 특약을 가입할 때에 적용하는 요율이다. 가입자특성요율은 기명피험자의 보험가입기간과 교통법규위반경력에 따라 적용되는 요율로서 최저 40%에서 최고 200% 사이에서 보험회사별로 자율적으로 결정한다. 또한 장기무사고로 장기무사고보호등급이 된 보험가입자의 경우 사고점수 1점 이하의 사고일 때에는 등급의 차감이 없다. 또 사고점수 2점 이상인 사고일 때에는 최초 1점을 뺀 나머지 점수로 등급을 계산한다. 보험가입 특별요율을 적용할 경우 에어백이 장착된 경우 보험료가 낮아진다(손해보험협회, 2008a; 이해일 외, 2008).

표 7-7 교통사고처리 특례법상의 처벌특례 제외 11개 항목 자동차사고

① 신호위반
② 중앙선 침범
③ 제한속도위반(20km 초과)
④ 앞지르기 금지 위반
⑤ 건널목 통과방법 위반
⑥ 횡단보도 보행자보호의무 위반
⑦ 무면허 운전
⑧ 음주 및 약물복용 운전
⑨ 보도침범 사고
⑩ 개문발차 사고
⑪ 어린이 보호구역 내 어린이 신체상해

출처: 교통사고처리특례법 제3조.

(3) 신종보험

신종보험이란 화재보험, 해상보험, 자동차보험 외에 비교적 최근에 생긴 손해보험을 총괄적으로 이르는 명칭이다. 신종보험에는 특종보험과 보증보험이 있다. 특종보험에는 배상책임보험, 도난보험, 레저종합보험, 유아교육기관종합보험, 여행보험 등이 있으며 그 중에서는 배상책임보험의 비중이 높은 편이다.

• 배상책임보험

배상책임보험이란 자신의 잘못으로 타인의 인명이나 재산에 발생한 손실을 배상해 주기 위한 보험이다. 책임보험은 일상생활에서 발생하는 위험과 손해를 분산시켜 개인과 사회의 안정을 가져오는 보험 본래의 기능을 강조한 것이다. 이것은 피보험자가 책임져야 할 사고로 말미암아 피해자인 제3자에게 발생하는 손해에 대한 배상책임을 보험사가 지게 되는 보험이다. 이른바 간접손해를 보상할 것을 목적으로 한다는 점에서 다른 손해보험과 다르다. 배상책임보험의 종류에는 피보험자의 자동차 등 개인소유물 때문에 발생하는 사고를 담보로 하는 개인배상책임보험, 기업활동 수행 중에 발생하는 사고를 담보하는 기업배상책임보험, 의사 · 변호사 · 회계사 등이 업무수행 중 과실이나 태만으로 인하여 생긴 위험을 담보하는 전문직업인 배상책임보험이 있다.

• 보증보험

보증보험이란 채무자가 자기의 채무이행을 보증하기 위하여 보험계약자가 되고, 채권자를 피보험자로 하여 자신의 채무불이행 또는 불법행위로 인하여 채권자가 입은 손해를 보상해주는 보험이다. 보험계약자는 채무자이면서 보험료 납입자가 되고 채권자는 사고가 발생했을 때 해당 보험의 수혜자가 된다. 따라서 보증보험의 당사자는 세 사람이 된다.

7.4 제3보험

1. 제3보험의 정의

제3보험은 2003년 5월 보험업법이 전면 개정되면서 새롭게 도입된 보험업의 한 종류이다. 제3보험이란 사람의 질병 · 상해 또는 이로 인한 간병에 관하여 약정한 급여를 제공하거나 손해를 보상하는 것을 말한다(보험업법 제2조). 앞의 〈표 7-4〉에서와 같이 생명보험의 정액보상적 특성과 손해보험의 실손보상적 특성을 동시에 가지고 있는 보험이다. 예를 들어, 질병을 보장하는 상품의 경우 "그 보험대상은 사람이므로 생명보험의 영역"이며 "질병으로 인한 소득상실의 보장, 각종 질병치료비의 실손보상 등은 손해보험의 성격을 갖고 있다." 이러한 종류의 위험을 담보하는 보험종목을 제3보험이라고 한다(생명보험협회, 2008a).

2. 제3보험상품의 종류와 선택

제3보험은 사람의 신체를 보험대상으로 하며, 신체의 상해, 질병, 그리고 그에 따라 필요하게 된 간병을 보장하는 보장성 보험이다. 제3보험상품의 주보험에는 일반사망보장이 없다. 만일 상해보험에 가입하면 질병사망에 대한 보장이 없다. 또한 질병보험에 가입하면 질병사망 및 상해사망 보장이 없다. 제3보험상품은 정액보상 및 실손보상 모두 가능하다(생명보험협회, 2008a). 제3보험상품은 상해보험, 질병보험, 간병보험의 세 가지로 나뉜다.

(1) 상해보험

상해보험은 우연한 급격한 외래 사고로 사람의 신체에 입은 상해에 대하여 치료에 소요되는 비용 및 상해의 결과에 기인한 사망 등의 위험을 보장하는 보험이다(보험업감독규정: 보험종목구분기준). 사람의 생사 그 자체를 보험사고로 하는 생명보험과는 구분된다(손해보험협회, 2008a). 상해보험의 종류는 만기환급금의 유무에 따라 순수보장형과 만기환급형으로 구분된다. 보장내용에 따라 일반재해 보장형, 교통재해 보장형, 각종 레포츠 보장형 등으로 구분될 수 있다(생명보험협회, 2008a).

(2) 질병보험

질병보험은 질병에 걸리거나 질병으로 인한 입원 · 수술 등의 위험(질병으로 인한 사망을 제외한다)을 주로 보장하는 보험이다(보험업감독규정: 보험종목구분기준). 질병보험의 종류는 만기환급금의 유무에 따라 순수보장형과 만기환급형으로 구분되며, 보장내용에 따라 암보장형, 성인병보장형, 특정질병 집중보장형 등으로 구분될 수 있다(생명보험협회, 2008a).

(3) 간병보험

간병보험은 활동불능 또는 인식불능 등 타인의 간병을 필요로 하는 상태 및 이로 인한 치료 등의 위험을 보장하는 보험이다(보험업감독규정: 보험종목구분기준). 우리나라는 2008년 7월 1일부터 노인성 질병을 가진 사람에 대해서는 공적 장기간병보험인 노인장기요양보험제도가 시행되고 있다. 노인성 질병이 아닌 경우에는 민영 장기간병보험에 가입할 수 있다. 민영 장기간병보험은 보험금 지급방식에 따라 정액보상형과 실손보상형으로 구분된다. 상품구조에 따라 독립형태의 연금형, 종신보장형, 정기보장형으로 구분되며 특약형태의 장기간병보험이 있다(생명보험협회, 2008a).

연습문제

1. 노승미(31)씨와 이가람(32)씨는 결혼한 지 4년된 부부이며 네 살짜리 아들과 두 살짜리 딸이 있다. 이들은 맞벌이 부부로 부인은 초등학교 교사이고 남편은 대기업 대리이다. 가계소득은 두 사람 소득을 합하여 대략 연봉 6,000만 원 정도이다. 자산으로는 아파트 전세금 2억 원이 있고 사용 중인 승용차 한 대가 있다. 금융자산으로는 5,000만 원 정도의 예 · 적금과 채권이 있다. 이들은 어떤 종류의 보험을 얼마나 들어야 할까를 생각해 보자.

2. 서른 살된 건강한 기혼남자가 생명보험에 가입하려고 한다. 보상조건이 비슷한 여러 보험상품을 찾아 보험료를 비교한 후, 그 사람에게 적절한 보험상품을 선택해 보자.

3. 여러 가지 생명보험 상품을 탐색하여, 각 상품의 총보험료 중 보장성 보험료의 비율을 비교해 보자.

4. 올해 새롭게 출시된 신종보험들을 찾아보고 각 보험이 담보하는 위험들을 나열해 보자.

5. 계약자의 알릴 의무, 즉, 고지의무 위반으로 보험금을 받지 못했거나 분쟁이 발생한 사례를 찾아보자.

6. 자동차보험과 관련된 분쟁사례를 찾아보고 그 문제와 관련된 약관을 찾아 평가해 보자.

유용한 사이트

- 국가법령정보센터 www.law.go.kr
- 국민연금공단 www.nps.or.kr
- 금융감독원 www.fss.or.kr
- 보험개발원 www.kidi.or.kr
- 보험연구원 www.kiri.or.kr
- 생명보험협회 www.klia.or.kr
- 손해보험협회 www.knia.or.kr

제 4 부

자산의 증대

제 8 장 투자의 기본원리

제 9 장 투자전략

Personal Finance

대부분 사람들의 기본적인 재무목표는 자산을 모으는 것이다. 비상자금을 위해서, 또는 자녀의 교육, 결혼, 주택마련과 같은 가족의 다양한 재무목표를 이루기 위해서 사람들은 많은 자산을 갖길 원한다. 그러면 어떻게 자산을 모을 수 있는가? 가장 간단한 방법은 소득보다 적게 지출함으로써 남는 것을 모으는 것이다. 그러나 적절한 투자대안의 선택을 통해 우리는 더욱 효율적인 방법으로 자산을 증대시킬 수 있다. 제4부에서는 재무설계의 실행을 위한 행동계획을 다룬다. 투자를 통한 자산의 증대를 위해, 투자의 기본원리를 알아보고 각 투자대안의 구체적인 특성과 선택에 관하여 살펴본다.

Chapter 08

투자의 기본원리

당신은 집을 사기 위해, 개인사업을 하기 위해, 해외여행을 하기 위해, 안락한 노후를 위해, 투자하고 있는가? 어떤 목표를 위해 투자하는가는 매우 중요하다. 그런데, 그만큼 또 중요한 것은 목표를 달성하기 위해 어떤 수단을 사용하는가, 즉, 투자방법을 아는 것이다. 투자는 한 번 잘못 선택하면 쉽게 빼낼 수가 없고 큰 희생이 따른다. 그러므로 시행착오를 통해 값비싼 교훈을 얻기 전에, 투자에 관한 사전 지식을 갖추는 것이 필요하다. 본 장에서는 구체적인 투자수단을 배우기 전에 알아야 할 기본원리를 다룬다.

학습목표

1. 투자를 하기 전에 명확히 해야 할 투자이유와 자세, 투자자금 마련, 투자를 위한 검토사항을 설명할 수 있다.
2. 투자를 위한 행동계획을 세울 수 있다.
3. 투자목표를 설정할 수 있다.
4. 다양한 투자대안을 이해하고 비교할 수 있다.
5. 투자수익을 결정하는 주요원천을 설명할 수 있다.
6. 포트폴리오의 기본원리와 투자전략에 따른 포트폴리오 전략을 설명할 수 있다.

주·요·용·어

투자, 투자자금, 투자목표, 투자대안, 대여, 소유, 체계적 위험, 비체계적 위험, 시장 위험, 이자율 위험, 구매력 위험, 재무 위험, 유동성 위험, 투자수익, 원금으로부터의 파생수익, 포트폴리오, 자산배분전략, 분산, 달러평균원가법, 공격적 투자전략, 방어적 투자전략

8.1 투자의 준비

얼마간의 돈이 있다고 무조건 주식이나 부동산에 투자하려 들면 안 된다. 투자하기 전에 왜 투자를 하는지, 무엇이 필요한지, 투자자금은 어떻게 마련해야 하는지 알아야 한다.

1. 왜 투자를 하는가

사람들이 투자를 하는 기본동기는 최대한의 가능한 수익을 얻어서 궁극적으로 재무목표를 달성하기 위한 것이다. 따라서 투자에 대한 의사결정은 미래의 수익을 위해 현재 자산의 가치를 이용하지 않고 포기하는 기간 간 선택인 셈이다. 투자와 잘 혼동하는 것으로 투기가 있다. 투기는 사행심을 조장하여 아무런 생산적 도움도 주지 않으면서 단기 차익을 노리는 도박성 거래행위를 말한다.

당신은 어떤 재무목표를 위해서 투자하려고 하는가? 그 목표를 이루기까지 얼마의 기간이 남아 있는가? 먼 훗날을 위해 투자하는가? 아니면 가까운 장래를 위해 투자하는가? 어느 정도의 위험을 감수할 수 있는가? 미래의 사용을 위해 현재 얼마를 포기할 수 있는가? 당신은 왜 투자하는가?

2. 투자를 위한 자세

투자를 위해 갖추어야 할 바람직한 자세는 다음과 같다.

- **빨리 많은 돈을 벌려는 태도를 삼가야 한다.** : 대부분 목표하는 돈을 준비할 시간적 여유가 없을 때 빨리 많은 돈을 벌려고 한다. 그러나 이러한 태도는 가진 것까지 잃게 하는 경우가 많다. 따라서 돈의 필요를 사전에 인지하여 미리 대비

하는 것이 중요하다.

- 투자하는 돈을 다 잃는다 해도 생활을 영위하는 데 큰 지장을 초래해서는 안 된다. : 투자할 때 남의 돈을 빌려서 하거나 기본 생활비에 사용될 자금을 사용하지 않는 것을 원칙으로 해야 한다. 자신과 가정생활에 영향을 미치는 투자는 삼가야 한다.
- 정확히 잘 이해하기 전에는 투자하지 않는다. : 주위에서 높은 수익을 보장한다며 투자를 유도하는 경우에, 오히려 시간적인 여유를 갖고 검토한 후에 결정해야 한다.
- 투자결정 전에는 배우자와 의논한다. : 또는 다른 가족원이나 전문가의 자문을 구한다.
- 투자하기 전에 당신의 투자기질을 점검한다. : 가령 손실을 당했을 때 밤에 깨지 않고 편안하게 잠을 이룰 수 있는가? 내 위장은 튼튼한가? 즉, 위험을 감당할 수 있는 수준이 어느 정도 되는가? 현명한 투자는 자신의 기질과 투자전략을 일치시키는 것으로 달성된다.

3. 투자를 위한 검토사항

투자하기 전에 다음과 같은 사항을 검토해 보라.

- 자신의 경제규모에 맞춰 생활하고 있는가? : 과도한 부채가 없고 평소에 예기치 않았던 지출을 감당할 만한 비상자금이 마련되어 있다면 투자에 대해 생각해 볼 수 있다.
- 적합한 재무적 완충장치가 있어야 한다. : 필요할 때 손쉽게 자금마련을 위해 이용할 수 있는 신용의 확보와, 생활을 보호해줄 수 있는 보험, 특히 책임보험, 건강보험, 생명보험에 들어 있는 것이 중요하다.

4. 투자자금의 마련

투자하기 위해서는 투자할 자금이 있어야 한다. 투자할 돈이 전혀 없다고 생각하는 사람들은 다음의 가능성들을 생각할 수 있다.

- 일반 저축구좌에 돈이 얼마나 있는가? 3~6개월간의 수입만큼만 비상자금을 위해 놔 두고, 그 이상의 금액은 수익이 높은 대안에 투자할 수 있다.
- 계획하고 있는 물건을 사지 않고 지낼 수 있는가? 그렇다면 그 금액만큼 투자자금으로 활용할 수 있다.
- 더 이상 사용하지 않는 소유물을 팔아서 자금을 마련할 수 있는가?
- 가능한 한 긴축재정으로 지출을 줄이고 먼저 저축하라. 그리고 그것으로 투자자금을 마련하라.
- 강제적인 저축계획을 이용하라. 적금이나 자동이체를 이용한다.
- 뜻밖의 여유자금을 투자자금으로 이용할 수 있다. 가령 갑자기 생긴 돈을 이용하거나, 할부금을 다 갚은 후 같은 금액만큼 계속 저축할 수 있다.
- 일 년에 한 달간만 긴축운영을 해보라. 그 달만은 꼭 필요한 것만 쓰고 나머지는 저축한다.

이상에서 주의할 점은 투자자금을 조성하는 데 너무 무리해서는 안 된다는 것이다. 예컨대 차가 고장 나서 고쳐야 하고 부인이 실직해서 여유가 없는데도, 투자할 돈을 억지로 마련할 필요는 없다. 투자자금은 적어도 단기간 없이 지내도 되는 자금이어야 한다.

8.2 투자를 위한 행동계획

성공적인 투자를 하기 위해서는 계획을 세우고 그것에 따라 실행해야 한다. 투자를 위한 행동계획의 단계는 다음과 같다(그림 8-1).

그림 8-1
투자를 위한 행동계획

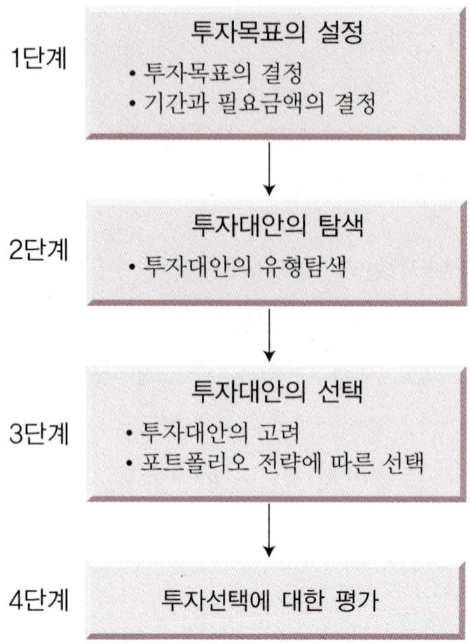

1. 투자목표의 설정

1단계는 투자목표를 설정하는 것이다. 목표가 현실적이고 투자준비가 되어 있으면, 투자를 할 수 있다. 우선 투자목표를 결정하고 가용자원을 검토하여, 기간과 필요금액을 결정한다.

(1) 투자목표의 결정

투자목표에 대한 명확한 이해 없이는 일관성 있는 투자결정을 하기 어렵다. 투자목표는 전체적인 재무목표의 일부여야 한다. 투자목표는 투자제약에 따라, 또 다양한 개인적 요인에 따라, 특히 생애주기나 환경이 변함에 따라 변하게 된다. 일반적이고 공통적인 투자목표의 예를 들면 다음과 같다.

- 생활비 마련을 위한 현재소득 확보 : 현재의 수익을 가장 중시하는 경우이다. 은퇴기 가족처럼 그들의 생계의 일부나 전부를 투자소득에 의존해야 하는 경우

이런 목표가 중요하다.

- **자산증식과 현재소득을 동시에 추구** : 현재소득과 자본이득을 같이 추구하는 경우의 목표이다.
- **장기적인 자산증식** : 상당히 장기간에 걸친 자본이득의 증가에 목적이 있는 경우로, 투자분석에 많은 시간과 노력을 사용할 수 없는 사람들이 전형적으로 가지는 목표이다.
- **공격적인 자산증식** : 현재소득보다는 최대한의 자본이득에 목표를 두는 경우이다.
- **절세** : 높은 세율을 가진 사람들이 갖는 목표이다.

이상의 목표들은 상호배제적인 것은 아니다. 개인의 상황에 따라 몇 가지 목표를 같이 가지기도 하고, 다양한 배합이 가능하다.

(2) 기간과 필요금액의 결정

투자목표는 제2장, 3장에서 다루었던 재무목표 설정의 경우와 마찬가지로 언제까지 얼마를 목표로 하는지로 요약되어야 한다. 그리고 투자기간은 언제부터 언제로 할 것인지 결정한다. 전체액수는 재무목표에 근거한다. 예를 들면 다음과 같이 그림

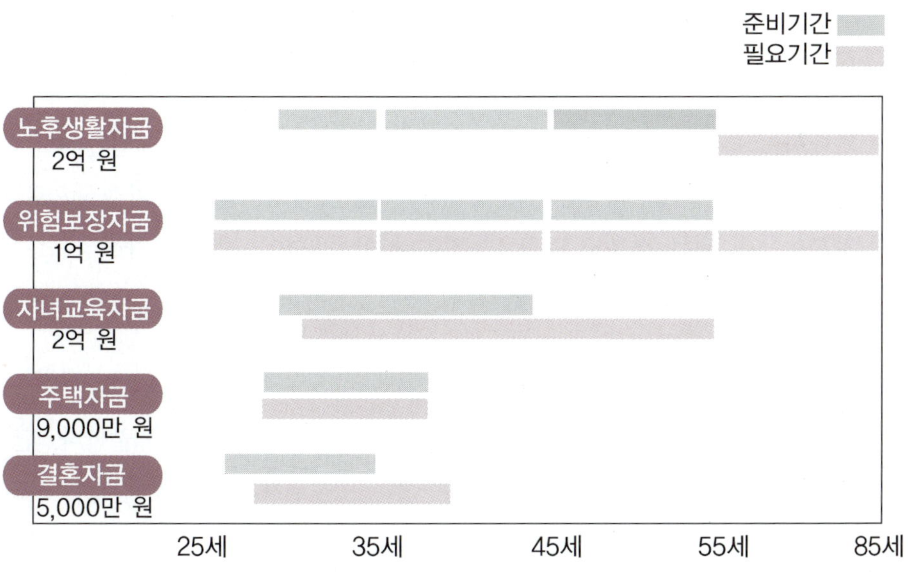

그림 8-2
재무목표에 따른 필요기간과 준비기간, 필요금액의 요약 예시

을 그려서 요약해본다(그림 8-2).

2. 투자대안의 탐색

투자행동의 두 번째 단계는 잠재적 위험과 수익률 측면에서 투자대안을 비교하는 것이다. 우선 투자대안의 유형을 살펴보자.

(1) 투자대안의 유형

투자대안은 다음과 같은 기준으로 구분해 볼 수 있다.

1) 투자의 방법에 따른 투자대안

투자의 방법에는 크게 두 가지가 있는데, 대여와 소유이다.

- 대여(loanership): 이자를 받고 돈을 빌려주는 것을 대여라 한다. 은행이나 다른 금융기관에 돈을 예치시키는 것, 채권을 사는 것 등은 대여라 할 수 있다. 금융기관이나 정부 또는 회사에 돈을 빌려주는 셈이다. 대여는 약속된 이자로 인한 수익을 가져온다. 대개 고정수익이므로 인플레이션에 대한 방어 정도가 약하다.
- 소유(ownership) : 수익에 대한 어떤 약속이나 보장도 없지만, 자산의 성과를 기대하여 투자하는 방법이 소유이다. 주식이나 부동산 등의 매입은 소유의 예이다. 이때 수익은 배당금이나 임대료와 같은 파생수익과 평가절상으로 인한 자본이득이 되는 경우도 있고, 동산이나 골동품처럼 오직 평가절상으로 인한 자본이득만 기대하는 경우도 있다.

2) 투자의 기간에 따른 투자대안

- 단기투자 : 단기투자는 대개 1년 미만의 기간을 요하는 투자를 말한다. 단기투자로 높은 수익을 얻을 수 있는 전문성을 가진 투자가들은 많지 않다. 따라서 대부분의 단기투자 수익률은 낮은 편이다.
- 장기투자 : 장기투자는 2년 이상의 기간을 요하는 투자를 말한다. 2년에서 6년

미만, 6년에서 10년 미만, 10년 이상의 장기투자로 나누기도 한다. 기간이 길어질수록 수익률이 높고 자본이득으로 인한 수익을 기대할 수 있으나, 인플레이션이나 시장변동으로 인한 여러 가지 위험을 감수해야 한다.

3) 투자의 수익과 위험정도에 따른 투자대안

- **확실한 수익투자** : 현재소득을 주로 창출하는 투자대안으로, 은행저축, 국채, 공채 등이 있다.
- **장기적 수익투자** : 상당기간 이익을 내는 투자대안으로, 회사채, 연금보험, 주식배당금 등을 포함한다.
- **성장투자** : 장기적 차익을 내는 투자대안을 말하는데, 보수적 투자와 투기적 투자의 중간이다. 펀드 등을 들 수 있다.
- **투기적 성장투자** : 성장과 투기를 목적으로 하는 투자대안으로 보통주를 포함한다.
- **완전한 투기적 투자** : 변동성과 성장잠재력이 매우 높은 투자대안으로, 위험도 가장 높다. 귀금속, 골동품투자 등이 있다.

(2) 투자대안의 비교기준

모든 면에서 우월한 투자대안은 없다. 다른 말로 하자면 완전한 투자대안이란 존재하지 않는다. 따라서 투자대안을 선택할 때는 여러 가지 측면에서 비교를 할 필요가 있는데, 일반적으로 고려해야 할 요인은 다음과 같다.

1) 위 험

흔히 손실의 가능성이 거의 없는 투자를 안전한 투자라고 말한다. 이때는 안전한(safe) 투자라는 의미보다는 안정적(stable) 투자라는 말이 더 적당하다. 안정적인 투자는 투자의 원금은 보존되지만, 실제로 안전한가? 여기서 액면금액에서의 안정성인지 아니면 구매력에서의 안정성인지 구별이 필요하다. 즉, 액면금액에서 안정적인 투자는 인플레이션을 방어하지 못하므로, 구매력을 상실할 위험이 있는 것이다. 안정적인 투자가 실제로 안전한 투자라고 할 수는 없다.

사람들은 투자위험을 투자한 돈을 잃어버리게 되는 가능성으로 생각하는 경우가 많다. 그러나 투자위험은 어떤 투자대안에 대한 실제수익이 기대수익과 다를 수 있는 가능성의 정도를 말한다. 따라서 모든 투자에는 위험이 따르는데, 투자위험은 크게 체계적 위험과 비체계적 위험으로 구분할 수 있다.

① 체계적 위험

체계적 위험은 거시경제변수에 기인하여 모든 위험자산에 영향을 미치는 변동성을 말하며, 자산배분을 분산함으로써 감소시킬 수 있는 위험이 아니다. 즉, 분산불가능한 위험으로, 다음과 같은 위험이 이에 속한다.

- **시장 위험** : 개별적 투자제공자의 재무적 능력과 상관없이 전체적인 증권시장, 부동산시장, 또는 특정 산업, 특정 증권의 가격 변동으로부터 일어나는 위험이다. 예를 들어 전체 주식시장이 하락함에 따른 위험으로, 이 경우에는 우량주식(재무위험이 적은)을 선택했더라도 상당한 가격의 하락을 경험할 수 있다. 대개 주식이 시장 위험의 영향을 가장 많이 받는다.
- **이자율 위험** : 전체 자본시장의 이자율 수준이 변함에 따라 기존의 투자가격에 변화가 오는 위험을 말한다. 일반적으로 시장이자율이 상승하면 기존 채권의 시장가격은 하락한다. 역으로 이자율의 하락은 기존 채권의 시장가격 상승을 초래한다. 따라서 기존 채권의 시장가격은 이자율 수준과 역으로 변화한다. 예컨대 2년 전 연 9%의 이자율을 가진 채권을 구입했는데 현재는 연11%의 이자율로 채권이 발행된다면, 이미 구입한 채권을 판다고 할 때 그 가격은 만기금액 아래로 하락한다. 이자율 위험이 가장 큰 투자대안은 고정수익을 약속한 대안이다.
- **구매력 위험** : 투자수익의 장래 구매력에 대한 불확실성이다. 일반적인 가격수준이 투자수익률보다 더 빨리 상승할 때, 특히 지속적인 인플레이션 시기에 구매력 감소의 위험에 처하게 된다. 인플레이션에 대비한 투자라는 개념은 매우 현실적이고 중요한 것이다. 그러나 어떤 투자도 완벽한 인플레이션 방어책은 없으므로, 다른 가용한 투자대안에 비해 매력적인 수익률을 주는가 하는 것도 같이 고려해야 한다.

② 비체계적 위험

비체계적 위험은 포트폴리오가 가지는 고유위험이라 할 수 있다. 즉, 포트폴리오를 잘 구성하면 분산가능한 위험으로, 다음과 같은 위험이 있다.

- **재무 위험** : 투자대안의 제공자가 어려움에 처하거나 파산함으로써 약속을 지키지 못할 위험이다. 예를 들어 회사채를 산 사람은 그 발행회사가 정기적인 이자지불을 못하고 또 만기에 원금을 돌려주지 못하는 재무 위험에 처할 수 있다.
- **유동성 위험** : 유동성 위험이란 자산을 급히 현금으로 전환할 때 발생할 수 있는 자산가치의 손실을 의미한다. 쉽게 혼동하는 개념으로 시장성이 있다. 시장성은 팔 수 있는 시장을 찾을 수 있는 능력을 말하는 한편, 유동성은 시장성이 있을 뿐 아니라 안정된 가격을 얻을 수 있는 정도까지 포함한다. 예를 들어 저축예금은 필요할 때 청구서를 써서 내면 언제든지 현금으로 찾을 수 있으므로 유동성이 높은 투자대안이다. 반면 적금은 약정기한이 있기 때문에 그 전에 현금으로 찾기 위해서는 이익의 일부를 포기해야만 한다. 부동산은 시장성과 유동성 위험이 크다. 유동성이 높을수록 잠재적 수익이 낮은 경우가 많으므로, 상황과 목표에 따라 시장성과 유동성을 수익과 바꿀 수 있는지를 결정해야 한다.
  투자대안에 따른 위험정도를 예시하면 〈표 8-1〉과 같다. 그러나 이러한 투자대안의 특성은 경제상황에 따라 변동이 있을 수 있으므로, 상황과 시기에 따라 다소 달라진다고 보아야 할 것이다.

표 8-1 투자의 종류에 따른 위험정도

투자대안	시장 위험	이자율 위험	구매력 위험	재무 위험	유동성 위험
저축 · 적금	낮음	낮음	중간	낮음	낮음
연금저축 · 연금보험	낮음	낮음	높음	낮음	낮음
채권	중간	높음	높음	낮거나 중간	낮음
주식	높음	중간	중간	중간	낮음
부동산	높음*	중간	높음	낮음	높음

자료: Garman & Forgue(2006). pp.374-375.

* 부동산의 경우 대개 시장 위험이 크지 않은 것으로 인식되나, 부동산버블에 대한 경고가 국내외에서 잇따르고 있는 상황에서는 시장 위험이 높다고 할 수 있다.

유동성을 중요하게 고려해야 하는 상황은? 읽을거리

- 장기적으로 현금이 필요할 일이 없는 경우에는 유동성은 낮더라도 수익률이 높은 대안이 좋다. 그러나 투자자금을 곧 다른 곳에 써야 할 경우에는 유동성이 중요하다. 즉, 재무목표의 성격과 긴급성에 따라 달라진다.
- 다른 자산의 성격, 특히 유동성의 정도에 따라 달라진다.
- 나이가 많은 투자자일수록 유동성이 중요하다.
- 개인의 신용도와 신용을 제공하는 기관에의 접근성이 약할수록 유동성이 중요하다.
- 비상자금이나 보험 등의 대책이 마련되어 있지 않을 때, 투자대안의 유동성은 중요하다.

2) 투자수익

투자의 우선적 목적은 수익을 얻는 것이다. 투자수익은 다음과 같이 크게 두 가지로 분류된다.

- **원금으로부터의 파생수익** : 파생수익으로는 이자, 배당금, 이자소득, 임대료 등이 있다.
- **자본이득** : 취득원가 이상으로 증권이나 다른 자산을 팔 때 발생하는 수익이다. 즉, 매매차익을 말한다. 매매할 때는 자본손실도 발생할 수 있다.

투자가들은 그들의 파생수익과 자본이득을 합한 총 투자수익을 극대화하기를 원한다. 즉, 수익률이 클수록 매력적인 투자대안이 된다. [그림 8-3]에서 수익률에 따른 투자결과를 비교해 보자. 다른 조건이 동일하다면 가장 높은 수익률의 기회를 택해야 한다. 수익률의 1, 2% 차이도 몇 년이 경과한 후에는 상당한 차이를 만들 수 있다.

그러나 대개 투자의 잠재적 위험이 클수록 잠재적 수익도 크다. 위험은 손실과 이득, 양면의 잠재적 가능성을 내포하기 때문이다. 따라서 투자목표, 현 재정수준, 나이, 성격, 부부간의 동의정도 등에 따라 수익률과 위험도를 조정하여 최적 조건을 갖춘 투자대안을 찾는 것이 성공적인 투자의 근본 조건이 된다. 잠재적 위험과 잠재적 수익에 따라 투자대안을 분류해 보면 [그림 8-4]와 같다.

그림 8-3
수익률에 따른 100만 원의 투자가치

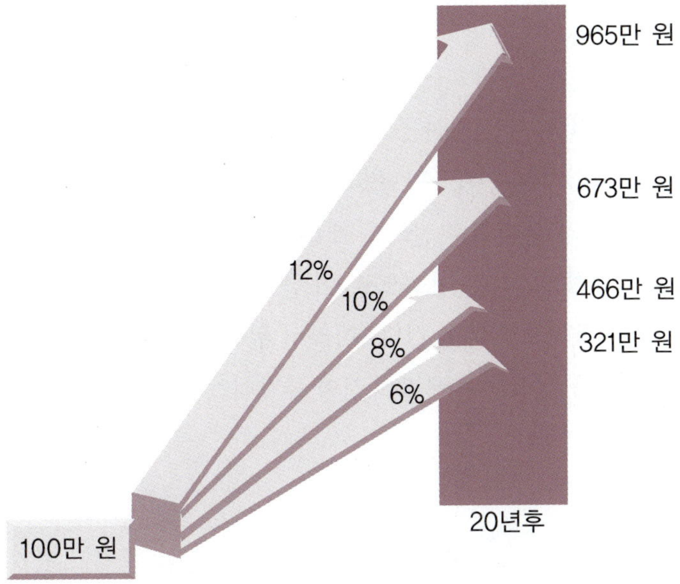

출처: Root & Mortensen(1996). p.29.

그림 8-4
위험과 수익에 따른 투자대안

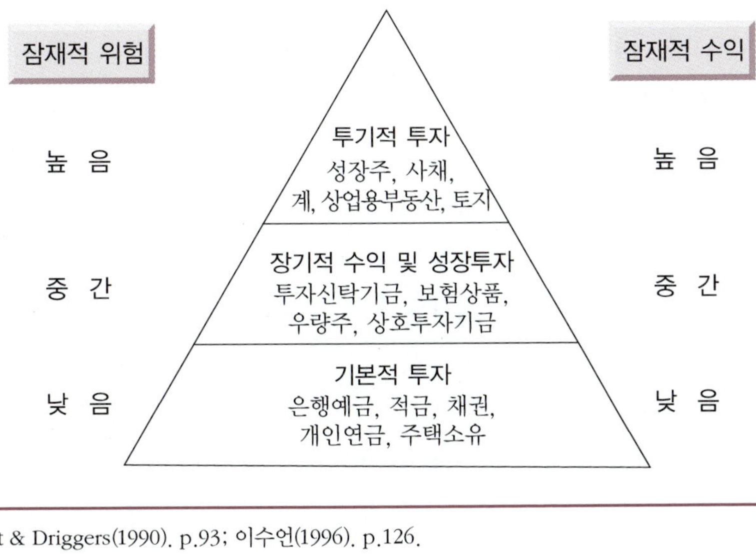

출처: Leet & Driggers(1990). p.93; 이수언(1996). p.126.

3. 투자대안의 선택

대부분의 투자자는 여러 형태의 자산을 가지고 있다. 포트폴리오란 둘 이상의 복수자산구성을 말한다. 투자자는 전체 포트폴리오를 고려해서 가장 적합한 투자대안을 선택해야 한다. 즉, 여러 형태의 자산으로 배분하여 투자대안을 선택할 때, 위험을 최소화하면서 수익을 최대화하는 방향으로, 또한 투자목적에 맞는 포트폴리오를 개발하고 수행하는 것을 목적으로 해야 한다. 따라서 우선 투자선택의 제약요인을 고려하고, 포트폴리오 전략을 결정한 후에 구체적인 투자대안을 선택하는 것이 좋다.

(1) 투자선택의 제약요인

모든 투자자들은 포트폴리오를 관리할 때 제한하는 요인들을 가지고 있기 마련이다. 투자자들은 이러한 제약요인하에서 최적의 포트폴리오를 구성해야 한다. 투자제약요인으로는 다음과 같은 것들이 있다.

- 원금의 손실위험에 대처할 수 있는 능력. 이러한 능력은 직업과 소득의 안정성, 다른 소득원천의 유무, 나이, 건강, 가족적 책임, 순자산, 특정목표를 위한 투자원금의 사용계획, 생활비지출을 위해 투자소득의 필요 정도 등에 의해서 달라진다.
- 필요한 유동성과 시장성의 정도
- 시장의 상승세와 하락세를 극복할 수 있는 정도. 특히 증권시장의 경우, 하락세에 시세가 좋아질 때까지 기다릴 수 있는 능력을 고려한다.
- 가족의 소득세나 상속세 등의 상황
- 가용한 투자관리 서비스의 질
- 위험에 대한 태도와 인내심. 자산의 양도 같고 투자목적도 같고 나이도 같은 두 사람이라도 그들이 감수하고자 하는 위험의 정도에 따라 투자결정이 다를 수밖에 없다.

(2) 포트폴리오 전략: 자산배분전략

자산배분전략이란 위험을 관리하면서 개인의 투자목표를 달성하기 위해 보유자산을 주식, 채권, 부동산 및 현금성 자산 등 여러 종류의 자산에 일정 부분씩 나누어 투자하는 것을 말한다. 즉, 위험수준에 비해 기대수익을 극대화하여 투자대안 간의 이상적인 균형을 꾀하기 위한 기법이다. 연구결과들에 따르면 장기수익률을 위해서는 특정 투자대안의 선택보다는 적절한 자산배분이 더욱 중요하다고 한다. 자산배분전략의 기초는 분산에 있다.

1) 분 산

분산이란 서로 다른 위험특성을 가진 투자대안을 선택하는 방법이다. 한 유형의 투자수익이 내려가면 다른 유형의 투자수익은 증가할 수 있어, 개별적인 투자의 변동에서도 전체적인 포트폴리오가 안정되도록 한다. 분산의 기본목적은 손실위험을 최소화하는 것이다. 뿐만 아니라 분산투자는 보수적인 투자와 공격적인 투자를 같이 고려하는 것이므로 보수적인 대안에만 치우쳐서 투자하는 경우보다 수익가능성이 높다([그림 8-5] 참조).

분산은 다양한 방법으로 가능하다. 분산의 평가는 한 분야의 수익이 아니라 전체 포트폴리오가 올리는 수익에 근거해야 한다.

- **다양한 투자대안 간의 분산투자** : 주식, 채권, 저축구좌, 부동산과 같은 투자대안들의 가격이 같이 변동하는 경우는 거의 없으므로 경제적 변동으로부터의 보호장치가 될 수 있다. 대개 대여와 소유 간의 투자균형을 맞추고, 유동성을 고려한다.
- **투자대안 내의 분산투자** : 보통주에 투자하더라도 다양한 회사 간에, 또는 다른 산업분야 간에 분산하는 것을 말한다.
- **만기일에 따른 분산투자** : 채권이나 저축구좌와 같이 고정된 만기금액이 있는 투자대안을 만기일에 따라 분산하는 것으로, 정기적으로 투자할 새로운 자본을 마련할 수 있으며, 시장위험을 줄일 수 있는 이점이 있다.
- **지역에 따른 분산투자** : 특정 지역에 한정된 투자보다는 여러 지역, 혹은 다양한 국가들에 분산투자하는 것이 좋다. 높은 수익을 기대하기는 어렵지만 변동

성이 작아서 안정적인 수익을 추구할 수 있는 선진국 시장인지 아니면 높은 투자위험을 안고 높은 수익을 추구하는 이머징 마켓인지 구분하여, 국내시장과는 다른 성격의 시장에 투자를 하는 것이 투자위험을 줄일 수 있다.

2) 공격적 투자전략과 방어적 투자전략

공격적 투자전략은 최대의 수익을 추구하는 것이다. 따라서 평균 이상의 투자위험을 용납한다. 반면, 방어적 투자전략은 투자위험을 최소화하는 것을 추구하므로, 수익이 낮은 것을 감수한다. 다음 특징에 따라 공격적 투자전략과 방어적 투자전략을 구분할 수 있다(표 8-2).

모든 면에서 공격적인 투자전략을 취하거나 아니면 방어적인 전략을 취하는 경우

그림 8-5
분산투자의 이익

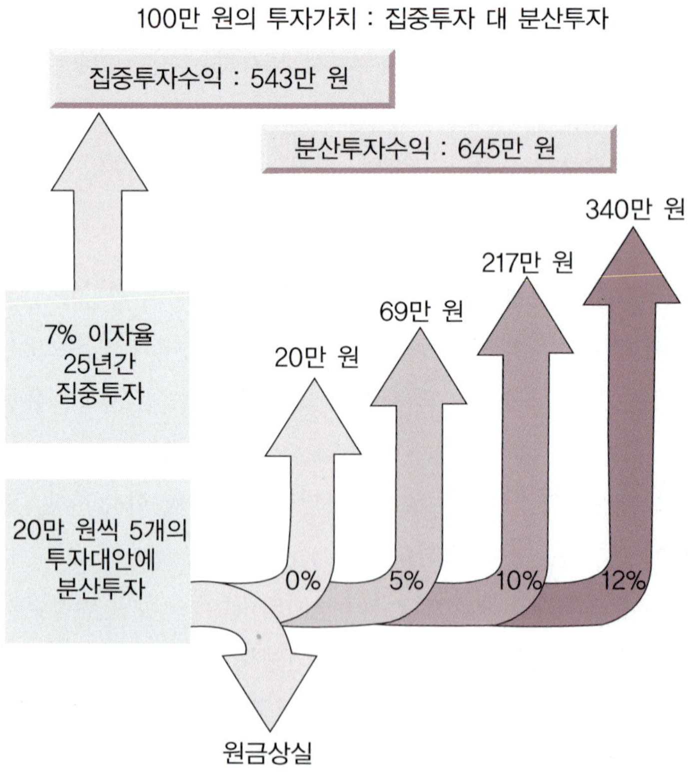

출처: Root & Mortensen(1996). p.48.

표 8-2
공격적 투자전략과 방어적 투자전략

	공격적 투자전략	방어적 투자전략
투자목표	최대한의 자본이득 달성	현재소득의 극대화
투자시기	시장예측에 따라 매매시기 결정	정기적인 시간간격이나 일정한 기준을 정해 놓고 매매시기 결정
거래의 빈도	빈번함	장기투자를 원칙으로 함
투자기법의 사용	많은 기법과 투자매체 이용	위험한 기법을 이용하지 않음
신용의 이용	적극적인 신용이용	신용의 이용을 계획하지 않음
분산의 정도	집중투자	분산투자

는 드물다. 그러나 중간 규모 또는 소규모의 포트폴리오를 가진 투자자들은 일반적으로 방어적 전략을 취하는 경우가 많다.

3) 달러평균원가법(dollar-cost averaging)

달러평균원가법이란 주식투자기법의 하나로, 투자대안의 가격에 상관없이 일정 기간마다 동일한 금액을 투자하는 것을 말한다. 이 기법에 따르면, 주식시장이 호경기일 경우에는 주식가격이 높으므로 적은 수의 주식을 사게 되며 불황기에는 반대로 많은 수의 주식을 사게 되어 장기적으로는 저렴한 가격으로 구입하게 된다. 이 기법은 투자시기에 따른 위험을 감소시키며 단기적인 시장위험으로부터도 보호를 해준다. 그러나 초기에 장기적으로 투자할 만큼 가치 있는 대안을 선택하는 것이 중요하다.

(3) 자산배분의 예

합리적인 자산배분율은 경제여건에 따라서, 즉, 시기에 따라서 달라질 수 있다(그림 8-6). 또한 투자전략의 특성에 따라 자산배분이 달라진다. 예컨대 공격적 투자전략이냐 방어적 투자전략이냐에 따라 자산배분은 [그림 8-7]과 같이 다르다.

(4) 생애주기에 따른 포트폴리오

포트폴리오관리 측면에서 볼 때 생애주기는 세 단계로 나눌 수 있다. 각 단계에 적합한 포트폴리오에 대해서 살펴보자.

그림 8-6
시기에 따른 자산 재배분 과정

▶ 자산 재배분 과정 개념도

〈단위:%〉

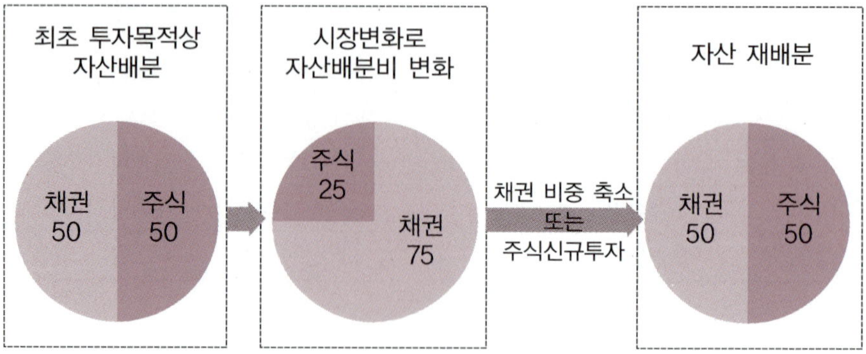

출처: 매경이코노미, 2008.12.17.

• 형성기–자산축적기 : 축적기에 중요한 것은 갑작스런 죽음이나 상해로부터의 보장, 자녀교육, 주택과 같은 기본자산의 마련, 비상자금의 형성 등이다. 이러한 목적에 맞는 포트폴리오는 유동성이 높고, 급속하지는 않지만 꾸준한 저위험 투자대안을 위주로 하는 것이다.

그림 8-7
투자전략에 따른 자산배분의 예

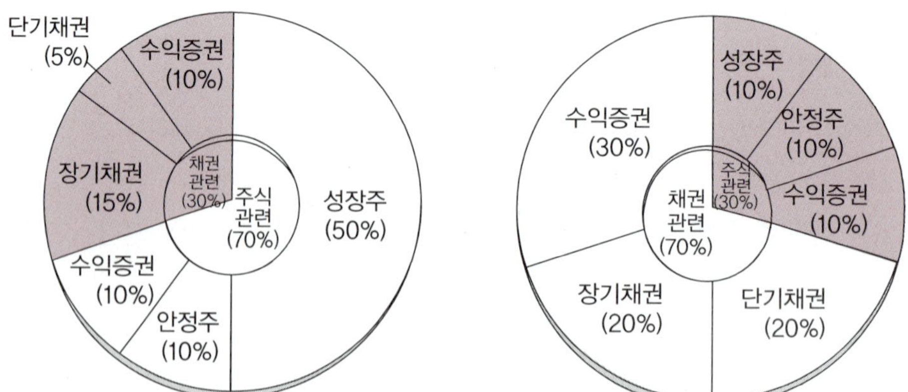

공격형 포트폴리오 : 성장주 중심의 투자 방어형 포트폴리오 : 안정주, 채권중심의 투자

출처: 이만우 · 박광희(1994). p.138.

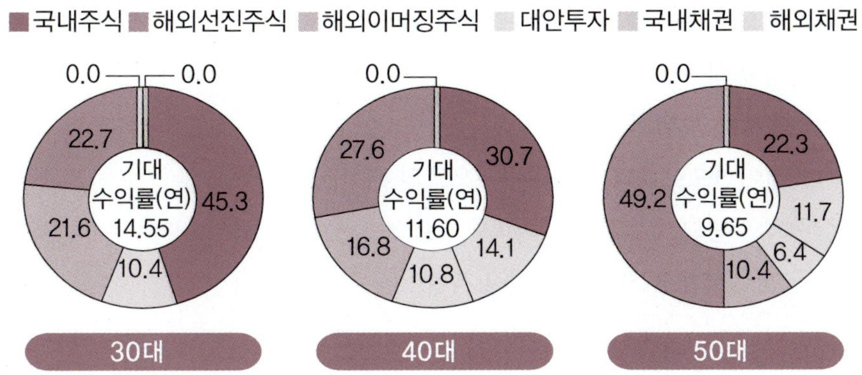

그림 8-8
연령대별 자산 배분 모델 포트폴리오

출처: 매일경제, 2008.7.4.

- **확대기－자산성장기** : 성장기는 수입이 정상에 다다를 때, 그리고 가족의 기본적 필요와 긴급상황에 대한 보장이 되어 있을 때 찾아온다. 주로 중 · 장년층이 이에 속한다. 이때는 투자손실을 극복할 수 있는 시간과 자금의 여유가 있으므로, 아주 방어적인 투자대안으로부터 다소 위험을 내포하는 투자대안으로 전환할 수 있다. 또한 자신의 투자성향을 어느 정도 파악하고 있으므로, 투자성향에 맞는 포트폴리오를 구성하는 것이 좋다.
- **축소기－자산보존기** : 은퇴를 하게 되는 나이에 가깝게 되는 시기다. 이때는 재산증식을 위한 위험부담을 회피하고, 과거에 모아둔 재산을 보존하는 것이 중요해진다. 공격적 투자로 인한 손실을 만회할 수 있는 시간적 · 경제적 여유가 없기 때문이다. 따라서 포트폴리오는 덜 위험한 투자대안을 위주로 전환해야 하며, 안전한 투자대안이되 장기적인 수익보다는 현재소득을 중요시해야 한다.

4. 투자선택에 대한 평가

선택한 투자대안이 투자목표를 달성하는 데 적합한지 정기적으로 평가한다. 특히 다음과 같은 상황의 변화가 있을 때 포트폴리오를 재평가해 볼 필요가 있다.

- 외부사건의 변화
  - 주식시장의 중요한 상승과 하락
  - 세법의 변화
  - 기업규제법의 변화
  - 인플레이션으로부터 디플레이션으로의 변화, 또는 역관계
  - 정치적인 변화
  - 신 국제무역협정 또는 해외 무역제한

- 개인적 상황의 변화
  - 결혼
  - 임신
  - 상속
  - 세율의 변화
  - 자녀의 대학진학
  - 사별이나 이혼
  - 은퇴

포트폴리오를 구성하고 재평가하기 위해서 투자자는 정보를 필요로 한다. 투자정보에 관한 책, 잡지, 신문, 기업체에서 제공하는 보고서 등을 참조로 할 수 있다. 스스로의 관리에 자신이 없으면 재무설계 전문가를 찾아 상담하는 것도 고려해 볼 수 있다.

>>> 연습문제

1. 투자를 하고 싶은데 현재 준비된 투자자금은 전혀 없다. 투자자금을 마련할 수 있는 방안에는 어떤 것이 있겠는지 생각해 보자.

2. 투자대안 중 대여와 소유는 어떻게 다른가? 그리고 각각의 예로는 어떤 것이 있는가?

3. 우리나라의 현재상황에서 투자대안에 따른 위험특성을 평가해 보자.

4. 최근 몇 년간 우리나라의 투자대안별 평균수익률이 얼마나 되는지 조사해 보자.

5. 우리 집의 현재 포트폴리오를 작성하고 평가해 보자.

6. 포트폴리오 관리에 있어서 분산의 좋은 점을 예를 들어 설명해 보자.

>>> 유용한 사이트

- 삼성투신운용 www.samsungfund.com
  – 투자자교육, 자산배분스쿨 등
- 제로인 www.funddoctor.co.kr
  – 펀드스쿨, 투자클리닉 등

Chapter 09

투자전략

자산을 증식하기 위해서는 다양한 투자전략을 모색하여야 한다. 금융기관의 금융상품을 활용할 수도 있으며, 직접 투자를 할 수도 있다. 투자의 대상도 매우 다양하다. 본 장에서는 금융상품을 이용하는 법, 증권에 투자하는 방법, 부동산에 투자하는 방법을 다룬다.

학습목표

1. 금융상품의 종류와 특성을 설명할 수 있다.
2. 재무목표에 적합한 금융상품을 선택할 수 있다.
3. 주식투자의 기본개념과 주식투자의 원리를 이해할 수 있다.
4. 채권투자의 기본개념과 채권투자의 원리를 이해할 수 있다.
5. 부동산투자의 기본개념과 부동산투자의 원리를 이해할 수 있다.

주·요·용·어

금융상품, 저축상품, 정기적금, 정기예금, 간접투자상품, 수익증권, 펀드, 신탁상품, 저축성 보험상품, 변액보험, 어음관리계좌, 표지어음, 기업어음, 양도성 예금증서, 환매조건부채권, 랩어카운트, 주가지수연동 금융상품, 증권, 증권시장, 주식시장, 채권시장, 발행시장, 유통시장, 주식, 채권, 부동산투자 수익률, 총소득승수, 자본화율, 할인현금유량

9.1 금융상품의 이용

1. 금융상품의 종류와 활용

구매력을 유지하고 더 나아가 이득을 얻기 위해서는 금융기관에서 판매하고 있는 금융상품을 이용하는 것이 바람직하다. 금융상품이란 각종 금융기관에서 판매하고 있는 저축상품, 간접상품, 보험상품, 대출상품, 기타상품 등을 말한다. 이 중 자산증식을 위해서는 주로 저축상품과 증권상품이 이용될 수 있다. 보험상품은 불의의 사고나 재난으로 발생하는 경제적 손실에 대비하기 위해 만들어진 금융상품이다. 보험상품은 본래 저축이나 투자의 목적으로 이용되지는 않지만 저축성 보험상품과 투자를 하여 수익을 추구하는 보험상품도 있다.

(1) 저축상품

저축상품은 금융기관에 자금을 맡겨두는 예금이나 적금을 말한다. 예금은 크게 요구불예금과 저축성예금으로 구분된다. 요구불예금은 수시로 필요한 생활자금이나 회사 운영자금 등을 금융기관에 안전하게 보관하는 예금이며 재산증식을 위한 목적은 가지고 있지 않다. 이와 달리 저축성예금은 이자 수입을 주된 목적으로 하는 예금이다. 예금상품은 위험이 낮은 반면 정해진 금리 이상의 수익을 기대할 수는 없다. 저축성예금은 다음과 같이 분류할 수 있다.

1) 정기적금

정기적금은 일정기간을 정해 놓고 매월 일정액을 적립하여 만기에 일시금을 받는 가장 전통적인 적립식 상품이다. 목돈을 마련하기 위해 이용된다.

2) 정기예금

일정기간 동안 예치하여 두고 그 대가로 이자를 받는 예금을 말한다. 정기적금과 정기예금은 은행은 물론 상호저축은행, 새마을금고, 우체국, 상호금융 등 대부분의 금융기관에서 취급하고 있다. 예치기간과 예치금액도 다양하다. 이자는 매월 지급받을 수도 있으며, 다른 적금에 불입할 수도 있으며, 만기에 원금과 함께 받을 수도 있다.

(2) 간접투자상품

어느 정도 위험을 안고 상대적으로 높은 수익을 얻고자 할 경우 전문금융기관에 투자를 맡길 수 있다. 간접투자상품의 수익은 예금이자보다 높을 수 있으나 원금 손실의 가능성이 있다. 또한 수익의 발생 여부에 관계없이 별도의 수수료를 지급하여야 한다. 간접투자상품명에는 신탁, 펀드, 수익증권 등의 용어가 사용되고 있다. 운영주체의 법률상의 지위 등과 같이 투자자 입장에서는 구분하지 않아도 되는 특성도 있으나 투자대상이나 수익의 안정성 등 알아두어야 하는 특성도 있다.

1) 신탁상품

신탁상품이란 금융기관이 고객들의 자금을 대신 운용해 주고 그 성과를 분배해 주는 상품을 총칭한다. 신탁상품은 은행과 투자신탁회사에서 취급하고 있는데, 기본적으로는 실적배당형이지만 은행상품에는 실적배당형과 함께 확정금리형도 있다. 은행의 확정금리형(원본보전형) 상품에 가입한 고객들은 예금자보호법에 따라 가입시 약속받은 금리만큼을 보장받을 수 있다. 개인연금신탁, 노후생활연금신탁, 근로자퇴직적립신탁, 일반불특정금전신탁, 적립식목적신탁 등이 확정금리형 상품이다. 반면 원금이 보장되지 않는 실적배당형 상품은 신종적립신탁, 특정금전신탁, 근로자우대신탁, 비과세가계신탁, 슈퍼가계신탁, 슈퍼적립신탁, 기업금전신탁, 국민주신탁 등의 상품이 있다. 한편 투신사들이 판매하고 있는 신탁상품은 크게 공사채형(채권)과 주식형으로 나뉘고 펀드라고 지칭되고 있다

2) 펀 드

펀드는 수익증권과 뮤추얼펀드로 나뉜다. 수익증권은 투자자가 자산운용회사에

돈을 맡겨 펀드가 조성되면 주식이나 채권, 부동산, 파생상품 등 투자하여 이익이 발생하면 돌려받을 수 있는 권리를 표시한 증서이다. 수익증권은 펀드투자자와 펀드자금을 운용하는 자산운용사, 펀드자금을 보관하는 수탁회사(은행) 사이에서는 서로 계약적 관계를 형성하기 때문에 수익증권을 계약형 투자신탁이라고도 한다. 반면 뮤추얼펀드(mutual fund)는 펀드마다 하나의 서류상 회사를 만들어 관리한다는 점에서 수익증권과 다르다. 뮤추얼펀드에 투자하는 것은 돈을 주고 회사의 주식을 사는 것과 같다. 그래서 뮤추얼펀드를 회사형 투자신탁이라고도 부른다. 그러나 투자자 입장에서는 그렇지만 수익증권이나 뮤추얼펀드는 투자자 입장에서는 투자기간이나 투자자금 차이가 거의 없기 때문에 두 가지 개념을 굳이 구분할 필요는 없다. 수익률은 펀드운용사의 펀드 운용 능력에 따라 좌우된다.

투자자 입장에서는 펀드를 다음과 같이 구분하는 것이 더 유익하다. 투자대상에 따라 채권에 주로 투자를 하면 채권형 펀드라고 하며, 주식에 주로 투자하면 주식형 펀드라 하며, 채권과 주식에 혼합하여 투자하면 혼합형 투자라고 한다. 또한 부동산에 주로 투자하는 부동산간접투자형 펀드와 선박 등의 실물자산에 투자하는 실물간접투자형 펀드도 있다. 대표적인 부동산간접투자상품에는 리츠(REITs: real estate investment & trusts)가 있다. CP, CD 등 단기금융상품에 주로 투자하는 MMF(money market fund)도 있다. MMF는 가입기간에 제한이 없어 환금성이 좋은 데다 일정한 수준의 수익도 기대할 수 있어 단기자금을 운용하기에 좋다.

펀드는 납입방법에 따라 거치식 펀드와 적립식 펀드로 구분한다. 거치식 펀드는 목돈을 일시에 납입하는 펀드이며, 적립식 펀드는 매달 일정 금액을 투자하는 펀드이다. 일정 금액을 적립식 펀드에 가입하면 주가가 떨어져 쌀 때는 주식을 많이 사게 되고, 주가가 비쌀 때는 주식을 적게 사게 되어 평균매입단가를 낮추는 효과를 볼 수 있는데, 이러한 효과를 코스트 에버리징 효과(cost averaging effect)라고 한다.

펀드는 투자지역에 따라 국내의 주식이나 채권 등에 투자하는 국내펀드와 해외의 주식이나 채권에 투자하는 해외펀드가 있다.

(3) 저축성 보험상품

보험의 주기능은 위험보장이다. 그러나 위험보장의 기능은 물론 저축의 기능까지 갖고 있는 보험이 있는데, 이러한 보험을 저축성 보험이라고 한다. 납입한 보험료보다 만기 시 지급되는 급부금이 더 많은 보험은 목돈마련이나 노후생활자금을 대비해 주므로 저축성 보험이라고 하는 것이다. 저축성 보험은 만기에 이자수익이 발생하기 때문에 납입보험료를 초과하여 환급된 금액에 대해서는 이자소득세를 과세함이 원칙이나 2009년 현재 10년 이상 유지된 저축성 보험의 보험차익에 대해서는 비과세된다. 그렇지만 저축성 보험은 납입한 보험료 중 일부는 사고보험금으로 지급되기 때문에 만기 시 수익률이 타금융상품에 비해서는 떨어진다.

1) 순수저축보험

순수저축보험이란 특약을 통해 다양한 보장을 추가할 수는 있으나 기본적으로는 저축기능에 충실한 보험이다. 자녀들을 위한 교육보험 또는 장기주택마련저축보험 등이 이에 속한다.

2) 보장성 저축보험

보장성 저축보험은 일반적인 보장보험의 보장을 갖추고 있으면서 건강관리자금이나 만기 시 적립금 등을 주는 보험상품이다.

3) 유니버셜저축보험

유니버셜저축보험이란 저축보험에 유니버셜기능이 추가된 보험을 말한다. 유니버셜보험이란 기본보장 외에 납입보험료의 자유로운 설정이 가능하고, 일정기간 의무납입기간이 지나면 납입중지, 추가납입 등 자유로운 보험료납입, 자유로운 중도인출도 가능하여 다양한 용도로 보험을 활용할 수 있다.

4) 변액보험

변액보험이란 투자실적에 따라 보험금 지급액수가 달라지는 실적배당형 보험상품이다. 계약자가 납입한 보험료를 유가증권 등에 투자하고 그 운용실적에 따라 사망보험금이나 해약환급금 등이 변동된다. 다른 금융권의 금전신탁이나 수익증권, 뮤추얼펀드와 유사하다.

(4) 기타 금융상품

1) 어음관리계좌

어음관리계좌(CMA: cash management account)는 예탁금을 어음이나 채권에 투자하여 수익이 나면 배당을 해주는 상품을 통칭하며, 종합자산관리계정이라고도 한다. 고객의 자금을 주로 양도성예금증서(CD), 국공채 등의 채권에 투자한다. 투자금융회사와 종합금융회사의 대표적인 단기금융상품이나 2005년 6월부터 증권회사에서도 취급하고 있다. 자유로운 입출금이 가능하지만 단기간 예치해도 높은 이자를 주므로 단기여유자금을 운영하는 데 적합하다. 공과금자동납부, 급여이체, 인터넷뱅킹 등 은행업무가 가능하며, CD기를 통한 출금도 가능하다. 종금사 CMA는 예금자보호대상이나 증권사 CMA는 예금자보호대상이 아니다.

2) 자유금리 기업어음

기업어음(CP: commercial paper)은 기업이 자금조달을 목적으로 발행하는 어음형식의 단기채권이다. 종합금융사의 대표적 상품으로 기업과 투자자 사이의 자금 수급관계 등을 고려하여 금리를 자율 결정하는 실세금리연동형 확정금리상품이다. 우리나라에서는 국내 우량기업이 실세금리로 발행한 어음을 금융회사가 인수하여 판매하고 있다. 1개월 이상 1년 이내의 단기투자에 유리한 상품으로서 500~1,000만 원 이상의 목돈을 예치할 수 있다. 종금사에서 판매하는 예금자보호대상 상품이다.

3) 표지어음

기업들은 자금조달을 목적으로 기업어음(CP), 무역어음 등을 발행하는데, 금융기관들이 이들 어음을 근거로 만든 별도의 어음(표지)을 표지어음이라고 한다. 은행, 종합금융사, 상호신용금고 등에서 판매하고 있고, 만기 1년 이하의 단기상품으로 실세금리를 반영하는 실세금리연동형 확정금리상품이다. 예금자보호대상 상품이며, 양도(배서양도)가 가능하며, 이자부로 발행되는 것이 아니라 할인식으로 발행되고, 만기이전에 중도해지 할 수 없다.

4) 양도성 예금증서

양도성 예금증서(CD: certificate of deposits)는 만기이전에 중도해지는 할 수 없으나 무기명으로 발행하기 때문에 중도에 양도가 가능하며, 이자부로 발행되는 것이 아니라 할인식으로 발행되는 정기예금증서이다. 은행이 직접 팔거나, 증권회사를 통해 유통거래되며, 500~1,000만 원 이상의 금액을 30일 이상 1년 이내의 기간 동안 예치할 수 있는 단기금융상품이다. 예금자보호대상이 아니다.

5) 환매조건부채권

환매조건부채권(RP: repurchase agreement)은 일정기간 후에 특정가격으로 다시 매입 또는 매도할 수 있는 조건이 부여된 채권이다. 1일 이상 1년 이내에서 만기를 정할 수 있으며, 은행은 500만 원 이상, 증권사는 100만 원 이상이면 자금을 예치할 수 있는 단기금융상품이다. 다른 단기금융상품과는 달리 할인식이 아닌 액면식으로 발행되어 만기시점에 약정이자가 지급되므로, 투자자 입장에서는 확정금리예금상품과 유사하다. 예금자보호대상에서 제외되기는 하지만 기초채권이 우량한 경우에는 자산손실의 가능성이 거의 없다.

6) 랩어카운트

랩어카운트(wrap account)는 "포장하다"라는 뜻의 "wrap"과 "계좌"를 의미하는 "account"가 결합된 말인데, 하나의 계좌를 통해 주식, 채권, 펀드, 파생상품 등 여러 금융상품 중에서 투자자의 기호에 맞는 상품을 골라 전문가가 운용해 주는 종합자산관리계좌이다.

7) 주가지수연동 금융상품

- **주가지수연동 정기예금**(ELD: equity-linked deposit) : 원금을 안전한 자산에 운용하여 만기 시 원금은 보장하고 장래에 지급할 이자의 일부 또는 전부를 주가지수의 움직임에 연동한 파생상품에 투자하여 고수익을 추구하는 상품이다.
- **주가지수연동증권**(ELS: equity-linked securities) : 일반적으로 운용자산의 대부분은 국공채에 투자하여 원금을 보전하고, 나머지 일부 자산을 주가와 연동되는 파생상품에 투자함으로써 초과수익을 확보하는 증권이다. 투자원금과 수익이 주가지수 또는 개별주가에 연동되는 금융상품이다.
- **주가지수연동펀드**(ELF: equity-linked fund) : 주가지수연동증권과 마찬가지로 운용자산의 대부분은 국공채에 투자하여 원금을 보전하고, 나머지 일부자산을

증권회사에서 발행한 ELS Warrant(권리증서)를 편입해 펀드수익률이 주가에 연동되도록 설계된다. 투자원금과 수익이 주가지수 또는 개별주가에 연동되는 투자신탁펀드이다.

2. 금융상품의 선택

금융기관의 종류도 많은데다가 금융상품도 매우 다양하여 일반소비자가 자신에게 알맞은 금융상품을 선택하는 것이 쉽지는 않다. 금융상품을 선택할 때 고려해야 하는 요소에는 저축과 투자목적, 금액, 기간, 수익성, 안전성, 환금성, 세금, 대출가능 여부 등이 있다(한국은행, 2009b).

(1) 저축과 투자목적을 고려한 금융상품의 선택

저축이나 투자의 목적은 인생에 필요한 자금을 마련하는 것이다. 주택자금을 마련하기 위하여, 자녀의 교육 및 결혼자금을 마련하기 위하여, 노후생활을 보장하기 위하여, 재난에 대비한 보장자금을 마련하기 위하여 등 다양한 목적을 갖는다. 여가자금의 마련이라든가 고가의 물건을 구입하고자 하는 목적이 있을 수도 있다. 각 금융기관에서는 목적에 맞는 다양한 상품을 개발하여 놓고 있으므로 목적별 상품에 대한 정보를 구하여 비교 · 선택한다.

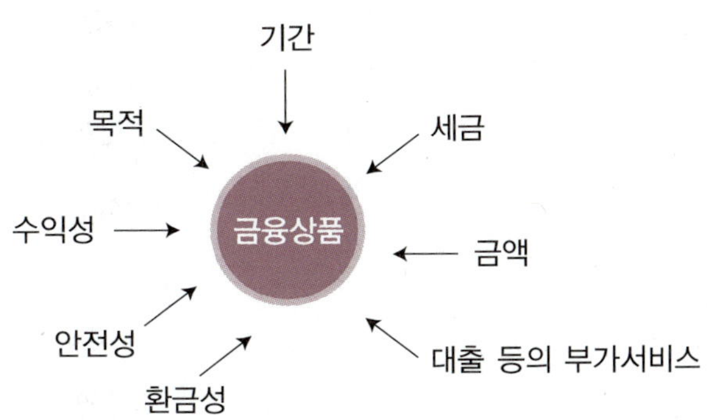

그림 9-1
금융상품의 선택

(2) 저축과 투자금액을 고려한 금융상품의 선택

저축이나 투자자금의 규모에 따라 금융상품을 선택한다. 자금이 많아 목돈을 증식하고 싶은 경우 거치식이나 예금을 이용하며, 자금이 적고 목돈마련이 목적인 경우는 적립식 또는 적금을 이용한다.

(3) 저축과 투자기간을 고려한 금융상품의 선택

저축이나 투자하는 자금의 필요시기에 따라 금융상품을 선택해야 한다. 예금의 경우 장기로 예치하는 경우 높은 이자를 받을 수 있지만, 중도에 해지하게 되면 중도해지 수수료를 내거나 약정금리보다 낮은 중도해지 이율을 적용받게 되어 손실을 볼 수 있다. 필요할 때 언제든지 보유자산을 별다른 손해 없이 현금화할 수 있는 정도를 환금성 또는 유동성이라고 한다. 자금의 필요시기를 잘 예측하여 저축 및 투자기간을 선택하도록 한다.

(4) 수익성을 고려한 금융상품의 선택

금융상품의 수익성은 금리(이자율) 또는 수익률로 판단된다. 금리란 돈을 빌린 사람이 일정기간 돈을 빌려 쓴 것에 대한 대가로서 지급하는 이자의 원금에 대한 비율을 말한다. 수익률이란 실적에 따라 배당금이 달라지게 되는데, 원금에 대한 배당의 비율을 말한다.

금리는 단리와 복리로 나눌 수 있는데, 단리보다는 복리의 실질금리가 더 높다. 금리는 또한 확정(고정)금리와 변동금리로 나눌 수 있는데, 확정금리란 가입시점부터 만기까지 동일한 금리가 적용되는 금리이며, 변동금리는 가입 후 만기이전에 적용되는 금리가 변동하는 것을 말한다. 앞으로 금리가 상승할 것으로 예상될 경우 변동금리 상품에 투자하는 것이 유리하고, 금리가 내려갈 것으로 예상되면 고정금리 상품이 유리하다. 실적배당형 상품의 경우에는 기대수익이 높은 만큼 안전성은 낮다. 또한 수익률은 미리 알 수 있는 것이 아니고 결과적으로 계산되는 것이기 때문에 예측하기 어렵다.

각 금융기관에서는 금리나 수익률을 다양한 형태로 제시하고 있다. 표면금리 이외에 이자지급 방법, 세금우대 여부 등 실질금리나 실질수익률에 영향을 미치는 요인을 함께 고려하여 수익성을 평가하여야 한다.

(5) 안전성을 고려한 금융상품의 선택

금융상품의 안전성이란 원금과 이자가 보전될 수 있는 정도를 말한다. 모든 금융상품은 정도의 차이가 있으나 원금과 이자를 보전하는 데 위험이 따른다. 금융기관의 파산 등으로 인한 채무불이행 위험과 금융상품의 시장가격 변동에 따른 가격하락위험 등이 존재하는 것이다. 따라서 우량한 금융기관을 활용하고 예금자보호장치가 마련되어 있는 금융상품을 선택한다. 또한 실적배당형 상품을 선택하고자 할 때는 기대수익이 높다면 그에 따라 가격하락위험도 높을 가능성이 크다는 사실을 인식하여야 한다.

(6) 세금을 고려한 금융상품의 선택

이자소득에 대하여는 15.4%의 세금을 내야 한다(이자소득세 14%와 주민세 1.4%). 따라서 실질적으로 받는 이자는 세금을 뺀 금액이라고 할 수 있다. 그러나 일부 금융상품은 세금을 부과하지 않거나(비과세 금융상품), 세금을 낮추어주거나(세금우대금융상품), 소득공제를 통하여 동일한 금리의 일반금융상품보다 실질이자율을 높여주고 있다.

(7) 기 타

금융상품을 이용하여 자산을 증식하려는 경우 위에서 제시한 요소뿐만 아니라 다른 경제적인 측면을 고려하여야 한다. 예를 들면 대출이 필요할 경우는 대출을 해줄 수 있는 상품을 들어두어야 한다. 대출상품의 경우는 여러 금융기관의 상품을 개별적으로 비교 · 선택하기보다는 한 금융기관을 이용하면, 대출조건이 좋아지므로 상품별 비교보다는 금융기관별 비교가 더 이로울 때가 있다.

9.2 증권투자

증권투자란 주식과 채권에 대한 투자를 말한다. 어느 정도의 위험을 감수하면서 수익을 높이고자 하면 증권에 직접 투자할 수 있다. 직접 투자를 하기 위해서는 증권거래가 발생하는 증권시장과 주식과 채권의 특성을 이해하고, 주식투자와 채권투자의 원리에 대해 알아야 한다.

1. 증 권

일반적으로 넓은 의미의 증권 또는 유가증권이란 금융시장의 자금거래에서 발생되는 금전적인 청구권을 증서로 표시한 것으로서 수표, 어음, 상품권, 주식, 채권 등을 모두 포함한다. 그러나 좁은 의미의 증권은 시장에서 자유로이 거래될 수 있는 자본증권만을 의미한다. 자본증권은 주식과 채권과 같이 자본의 일정 부분의 소유와 그 과실(열매)인 배당이나 이자에 대한 청구권을 나타내는 증서이다(변종국 외, 1996).

2. 증권시장

(1) 증권시장의 의미

금융시장은 자금공급자와 자금수요자가 모여서 금융거래를 형성시키는 시장을 말한다. 증권시장은 금융시장의 하나로, 유가증권이 발행되고 유통되는 시장이다. 즉 증권시장은 유가증권이 정부나 공공단체 또는 기업으로부터 일반투자자에게 공급되고 다시 많은 투자자들 사이에 매매되는 시장을 말한다. 이러한 증권시장은 [그림 9-2]와 같이 직접금융시장이자 자본시장에 속한다.

그림 9-2
금융시장의 분류

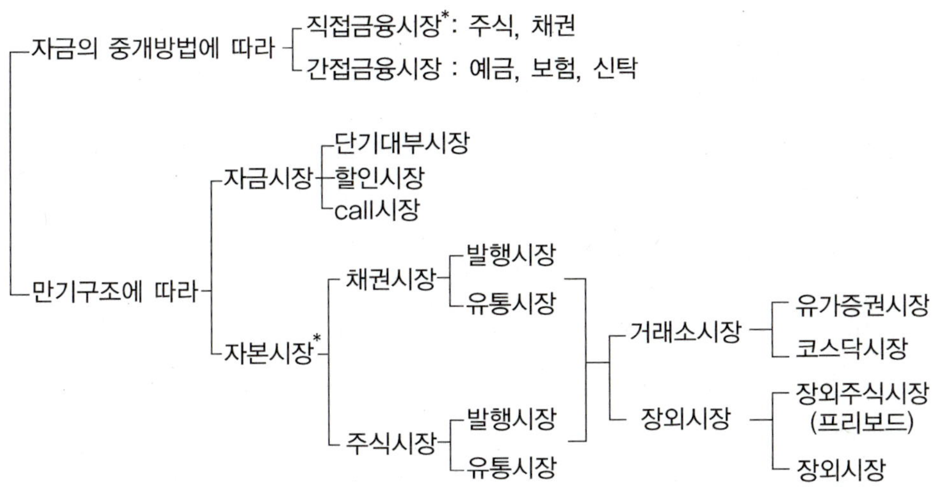

* 증권시장에 해당됨.

1) 직접금융시장으로서의 증권시장

기업이나 정부가 경영에 필요한 자금을 내부자금으로 충당하는 것을 자기금융이라고 하고, 외부로부터 자금을 조달하는 것을 외부금융이라고 한다. 기업이 외부에서 자금을 조달하는 방법은 직접금융과 간접금융 방법이 있다. 직접금융은 주식이나 회사채를 발행하여 투자자로부터 자금을 직접 조달하는 것을 말한다. 간접금융은 금융기관의 예금을 빌려 오는 것을 말한다. 증권시장은 자금수요자인 기업 또는 정부가 자금공급자인 투자자로부터 자금을 직접 조달하고 그 대가로 주식 또는 채권 등의 청구권을 제공하는 직접금융시장이다. 이에 비해 저축, 보험, 신탁 등의 금융시장은 은행, 보험사, 투신사 등의 금융중개기관을 통해서 자금공급자로부터 자금수요자에게 자금이 간접적으로 흐르는 간접금융시장이다.

2) 자본시장으로서의 증권시장

금융시장은 대부기간에 따라 단기금융시장(자금시장), 장기금융시장(자본시장)으로 나뉜다. 자본시장은 장기자금의 공급과 조달이 이루어지는 시장이다. 장기자금은 주식이나 채권 등의 유가증권으로 조달되므로 자본시장이 곧 증권시장으로 해석되는 경우가 많다. 단기금융시장은 만기가 1년 이내인 금융상품이 거래되는 시장이다.

(2) 증권시장의 종류

1) 추상적 시장과 구체적 시장

증권시장은 넓은 의미로는 증권의 수요와 공급이 조절되는 추상적 시장을 의미한다. 그렇지만 좁은 의미로는 일정한 시간에 일정한 장소에서 다수의 매매관계자들이 모여 증권을 팔고 사는 구체적 시장을 뜻한다.

2) 주식시장과 채권시장

거래되는 증권의 종류에 따라 주식시장과 채권시장으로 나뉜다. 주식에 투자한다는 것은 회사의 주인이 된다는 것이다. 자신이 낸 돈만큼 권리를 가지게 된다. 주주가 회사에 대해 가지는 법률상의 권리는 이익배당청구권, 의결권, 잔여재산청구권 등이 있다. 주식시장은 주식이 거래되는 시장이다.

채권시장이란 채권이 거래되는 시장을 말한다. 채권이란 원금상환 및 이자지급조건, 투자기간 등이 발행 시 확정되어 있는 유가증권으로 일종의 차용증서를 말한다. 채권에 투자한다는 것은 기업이나 정부에 돈을 빌려주는 것이다.

3) 발행시장과 유통시장

증권시장이란 주식이 발행되고부터 증권회사, 투자자로 유통하는 과정이 일어나는 시장을 총칭한다(한국거래소 홈페이지, 2009). 증권시장은 발행시장과 유통시장으로 구분된다.

- **발행시장** : 기업이나 정부가 주식과 채권 등의 증권을 최초로 발행하여 주선기관(증권회사)을 거쳐 투자자에게 매각하여 자금을 조달하는 시장이며 1차적 시장이라고도 한다. 발행시장은 구체적 시장이 아니라 추상적 시장이다.
- **유통시장** : 유통시장이란 발행시장의 상대개념으로서, 이미 발행된 증권이 개인투자자 또는 증권회사, 보험회사, 은행 등 기관투자가 사이에서 매매되는 시장을 말하며 매매시장 또는 제2차시장이라고도 한다. 유가증권이 실질적으로 매매되는 시장으로, 증권거래소와 같이 장소가 정해진 구체적이고 가시적인 시장이다.

4) 거래소시장과 장외시장

증권시장은 일정한 조직과 설비를 갖춘 거래소에서 거래되는 거래소시장과 거래소의 조직과 설비를 이용하지 않고 중개인의 통신망 연결을 통하여 거래가 이루어지는 장외시장으로 나눌 수 있다. 주식은 주로 거래소시장을 통해 거래가 집중적으로 이루어지고 있으나 채권거래는 대부분 장외매매를 통하여 이루어지고 있다.

거래소시장은 기존의 거래소가 통합증권거래소 체제로 단일화됨에 따라 하나의 거래소 내에 사업본부제 형식으로 유가증권시장, 코스닥시장, 선물시장으로 각각 독립적인 시장으로 구분되었다. 서울 여의도에 있는 한국거래소가 이에 해당된다(한국거래소 홈페이지, 2009).

- **유가증권시장** : 통상 유가증권의 매매거래가 이루어지는 시장을 유가증권시장이라고 할 수 있지만, 한국증권선물거래소법 등 법률상 유가증권시장은 종전의 거래소시장을 말한다. 일반투자자가 거래소시장에서 주식을 매매하고자 할 경우에는 반드시 거래원으로 등록된 증권회사에 위탁해야 하며, 어떤 회사의 주식이나 채권이 유가증권시장에서 거래되기 위해서는 상장이라는 절차를 거쳐야 한다. 상장(listing)이란 유가증권을 증권선물거래소에서 매매할 수 있도록 등록하는 것이다. 상장심사를 거쳐 매매대상으로 인정된 증권을 상장증권이라 하며, 상장증권을 발행한 회사를 상장회사라고 한다. 상장절차는 유가증권의 원활한 유통과 공정한 가격형성을 통해 투자자를 보호한다.
- **코스닥시장** : 유가증권시장이 상대적으로 안정적 투자기회를 제공하는 시장인데 반해 코스닥시장(KOSDAQ)은 중소 · 벤처기업 중심의 고위험-고수익을 추구하는 역동적인 증권시장이다. 미국 나스닥(NASDAQ)을 본떠 만들었다. 유망 벤처기업, 중소기업 등에게는 장기안정적인 자금을 조달할 수 있도록 기회를 부여하고 투자자에게는 유가증권시장에 상장된 대형주 이외에 작지만 강한 기업들의 주식에 투자할 수 있는 수단을 제공하고 있다. 코스닥시장에서 매매를 하고자 하는 기업은 코스닥시장에 상장되어야 한다.

장외시장에는 프리보드와 장외시장이 있다.

- **프리보드** : 유가증권시장 및 코스닥시장에 상장되지 않은 기업주권의 매매를 위해 한국금융투자협회가 개설 · 운영하는 새로운 증권시장이다. 조직화된 장외주식시장이라는 면에서 순수한 장외시장과 다르다.
- **장외시장** : 거래소의 조직과 설비를 이용하지 않고 중개인의 통신망 연결을 통하여 거래가 이루어지는 시장이다. 장외시장은 거래의 대부분이 주로 증권회사

의 창구에서 이루어진다고 해서 점두시장이라고도 한다. 거래소시장은 집중경쟁매매방식으로 거래가 이뤄지는 단일시장인 데 반해, 장외시장은 증권회사 창구에서 개별적으로 이뤄지는 비조직적인 시장이다.

3. 증권의 종류

증권은 주식과 채권으로 구분된다. 주식은 다시 보통주와 우선주로 구분된다. 각 증권유형의 차이를 〈표 9-1〉에서 살펴보자.

(1) 주 식

주식(또는 주권)은 주식회사의 주주로서의 출자에 대하여 교부받는 유가증권이다.

1) 보통주

배당가능 이익이 발생했을 때나 잔여자산이 분배될 때 우선주 다음 순위로 소정의 배당이나 자산분배를 받을 수 있는 주식이다. 보통주는 투표권을 행사하여 기업을 통제할 수 있고, 잠재적인 자본이득 또는 손실이 있다.

2) 우선주

배당가능 이익이 발생했을 때나 잔여자산이 분배될 때 보통주에 우선하여 소정의 배당이나 자산분배를 받을 수 있는 주식이다. 우선주는 회사의 경영 참가에는 관심이 없고 배당 등 자산소득에만 관심이 있는 투자자를 대상으로 회사의 자금을 용이하게 융통하기 위해서 발행된다.

(2) 채 권

국가, 지방자치단체, 회사 등이 불특정 다수 또는 특정의 투자자들로부터 자금을 차입하기 위해 발행하는 유가증권을 말한다. 일정한 기간 후에 원금을 반제할 것과 기간 중에 일정한 이자의 지불을 약속한 일종의 차용증서이다. 원금의 반제와 이자의 지불이 확실히 보증되어 있다는 점에서 확정이자부 증권이라고도 한다. 기업이익

표 9-1
증권유형의 비교

증권	기업이익에 대한 권리	투표권	현재소득	잠재적 자본이득/손실	자산청구권 우선순위[a] (기업파산시)
보통주	있음	있음	배당금 보장되지 않음	있음	3
우선주	확정배당금	없음	배당가능이익 있으면 배당금 지불	- 있음 - 고정배당률과 상환조항이 포함된 경우 채권투자와 유사	2
채권	없음	없음	기업재무상태 안정적이면 이자 보장	이자율 또는 기업 신용등급 변화가 있을 경우 있음	1

주: a 우선순위가 높은 경우 1, 총손실위험은 낮음.
자료: Bailard et al. (1986).

에 대한 권리와 주주총회의 투표권이 없으나 기업파산 시 잔여자산 분배 순위가 1순위이다. 채권의 발행기관, 이자지급방법, 보증유무에 따라 여러 가지로 분류된다.

1) 발행기관에 따른 분류

- **국공채** : 정부나 지방자치단체 또는 토지개발공사 등의 특별법인이 발행하는 채권이다. 일반적으로 신용도가 좋으나 소액채권일 경우는 관리의 어려움이 있다. 채권의 상환기간은 다양하다.
- **금융채** : 산업금융채권, 중소기업금융채권, 국민주택채권 등 특수금융기관이 장기대출자금을 조달하기 위해 발행하는 채권이다. 금액제한 없이 언제라도 은행창구에서 매매가 가능하기 때문에 거래가 편리하고 안전하며 수익성도 비교적 좋고 안정적이다.
- **회사채** : 주식회사가 발행하는 채권이다. 발행회사의 신용을 기초로 회사채의 투자가치와 안전성을 평가한다.

2) 이자지급방법에 따른 분류

- **이표채** : 채권발행 시 채권의 권면에 정기적으로 지급할 이자율(coupon interest rate)이 명기된 것이다. 회사채의 대부분이 이에 속한다.
- **복리채** : 채권의 권면에 표시되어 있는 이자가 재투자되어 만기 시에 원금과 이자를 일시에 지급받는 것이다.

• **할인채** : 지급받을 이자를 채권발행 시 액면에서 미리 공제한 것이다.

3) 보증유무에 따른 분류

• **보증채** : 금융기관이 지급보증을 제공하는 채권이다. 우리나라의 회사채는 80% 이상이 보증채이다.

• **무보증채** : 금융기관의 지급보증이 없이 완전히 발행자의 신용에 의존하는 채권이다.

4. 주식투자

(1) 주식투자를 위한 기본 용어

1) 주 가

보통 주식의 시장거래가격을 말한다. 주가는 수요와 공급에 따라 매시간 변동한다. 반면 액면가는 주식의 권면에 기재되어 있는 금액을 말한다.

2) 종합주가지수

증권시장에 상장된 전 종목의 주가변동을 날마다 종합한 지표이다. 한국종합주가지수(KOSPI: Korea Composite Stock Price Index)는 1980년 1월 4일의 주가를 100으로 하여 유가증권시장에 상장된 모든 보통주식의 주가변동을 알려주는 지표이다. 주가에 상장주식수를 가중한 지수로서 기준시가총액에 대한 비교시가총액의 비율을 표시하고 있는데, 주식자산가치의 변동을 통하여 시장전체의 주가변동을 파악할 수 있게 해준다. 예를 들면 종합주가지수가 1000을 넘었다는 것은 그 동안 국내 상장주식의 주가수준이 10배로 상승했다는 의미가 된다.

$$\text{종합주가지수} = \frac{\text{비교시점의 상장주식 시가총액}}{\text{기준시점의 상장주식 시가총액}} \times 100$$

한국주가지수200(KOSPI200)은 대표적인 주식 200종목을 선정하여 산출한 지수이고, 코스닥지수(KOSDAQ index)는 코스닥시장 전체의 주가동향을 파악할 수 있는 지수이다.

3) 거래량

일정기간 동안 매매된 개별종목의 주식수량 또는 시장전체의 합계수량을 말한다.

4) 배 당

주식회사가 주주에게 출자자본에 대한 대가로 지불하는 것으로, 이익의 분배에 해당한다. 일반적으로 현금으로 지불되며, 이것을 배당금이라고 한다.

(2) 주식투자의 원리

1) 주식투자수익

주식투자로부터 얻을 수 있는 수익은 주식의 매매 시 매입가격과 매도가격 간의 시세차이인 자본이득(손실)과 일정기간 동안 투자원금에 대한 기업이익의 분배로서 받는 배당금인 파생수익이 있다. 따라서 주식투자수익률은 아래와 같다.

$$\text{주식투자수익률} = \left[\frac{(\text{매도가격} - \text{매입가격}) + \text{배당금액}}{\text{매입가격}}\right] \times 100$$

$$= \text{자본이득수익률} + \text{배당수익률}$$

2) 주식투자분석

주식투자를 하기 위해 시장이나 기업을 분석하게 된다. 주식투자분석은 기본적 분석과 기술적 분석으로 구분된다. 기본적 분석과 기술적 분석을 통하여 투자대상기업과 매매시점을 결정한다.

- 기본적 분석(fundamental analysis) : 증권투자에 있어서 기업의 자산가치, 이익가치, 기술력, 신용상태 및 평판 등의 기본적 요소를 중심으로 개별기업이 발행한 증권의 내재가치를 평가하는 분석방법이다. 경제분석, 산업분석, 기업분석 및 증권분석으로 나누어진다. 기본적 분석은 개별증권의 시장가격과 내재가치를 비교 평가하여 그 결과를 투자의사결정에 이용하는 것을 목적으로 한다(한국거래소, 2009).
- 기술적 분석(technical analysis) : 기술적 분석은 주식수급, 시장인기, 투자자

의 심리 등 경제외적 요소를 토대로 주식시세의 동향을 파악하는 분석방법이다. 주가지수, 주가이동평균선, 거래량 등의 과거 챠트 형태를 파악하여, 현재 또는 미래의 주가움직임을 유추하는 방법이다. 기술적 분석은 시장요인을 분석하기 때문에 시장분석이라고도 한다(한국거래소, 2009).

(3) 주식투자의 장 · 단점

1) 장 점

- 인플레이션을 방어할 수 있다.
- 잠재적 수익이 높다. 즉, 은행저축이나 채권투자보다 더 높은 수익을 얻을 수 있다.
- 시장성이 높다. 즉, 수시로 매도할 수 있다.

2) 단 점

- 시장위험이 크다. 경기순환주기, 증권시장의 변동, 특정 산업 · 특정 증권의 가격 변동으로 주가가 폭락할 위험이 있다.
- 유동성 위험이 크다. 수시로 매도할 수 있으나 안정된 가격을 포기해야 할 위험이 있다.
- 이자율 위험이 크다. 예상하지 못한 높은 인플레이션이 있으면 채권 등의 다른 투자대안의 이자율이 오르고 주가는 하락하는 위험이 크다.

5. 채권투자

(1) 채권투자를 위한 기본 용어

1) 잔여기간

채권 상환 만기 시까지 남은 기간이다. 만일 다른 조건이 일정하다면 잔여기간이 길수록 채권의 가치가 높아진다.

2) 쿠폰이자율(coupon interest rate)

채권발행 시 일정기간 동안 정해진 기일에 채권발행자가 채권보유자에게 지급하기로 약속한 확정이자율을 말한다. 채권의 액면가액에 대한 연간이자금액의 비율로 나타낸다. 표면이자율이라고도 한다. 만일 다른 조건이 일정하다면 쿠폰이자율이 클수록 채권의 가치가 높아진다.

3) 액면가

채권의 권면에 기재되어 있는 금액을 말한다. 현재 우리나라의 경우, 액면의 최저한도를 1만 원 이상으로 발행하도록 되어 있다.

4) 채권가격

채권은 보통 액면금액보다도 약간 낮은 가격으로 발행되는 것이 일반적이다. 또한 발행된 채권은 만기가 되기 전에 유통된다. 실제 발행가격 또는 실제 거래되는 유통가격을 채권가격이라고 하며 액면가와는 다르다. 채권가격은 수시로 변동한다.

(2) 채권투자의 원리

1) 채권투자수익

채권투자수익은 채권의 매매 시 매입가격과 매도가격 간의 시세차이인 자본이득(손실)과 일정기간 동안 정해진 기일에 확정적으로 지급되는 이자(coupon interest)인 파생수익의 두 부분으로 구성되어 있다. 즉, 채권투자수익률은 아래와 같다.

$$\text{채권투자수익률} = \left[\frac{(\text{매도가격} - \text{매입가격}) + \text{이자금액}}{\text{매입가격}} \right] \times 100$$

$$= \text{자본이득수익률} + \text{이자수익률}$$

2) 채권가격의 변동과 매매

채권을 매입한 투자자는 정기예금과 마찬가지로 정해진 날짜에 이자와 원금을 상환받기 때문에 채권투자는 단순하다고 생각하기 쉽다. 그러나 채권투자가 정기예금과 다른 점은 만기이전에 매매되기 때문에 가격이 형성된다는 점이다. 확정금리 채권의 가격은 시장이자율 변동에 따라 결정된다. 시장이자율 변동에 따라 채권가격이

그림 9-3
시장이자율 변동에 따른 채권가격의 변동과 채권투자 시기의 결정

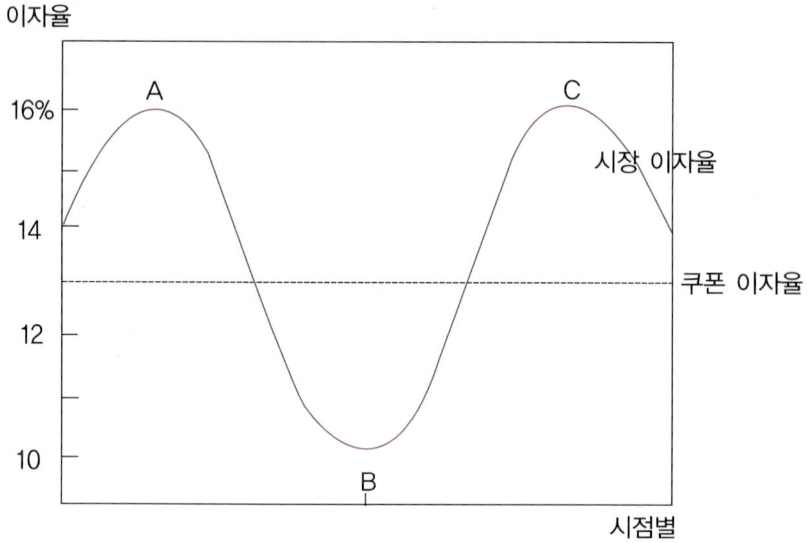

A : 시장이자율 상승 ⟶ 채권가격 하락 ⟶ 채권매입
B : 시장이자율 하락 ⟶ 채권가격 상승 ⟶ 채권매도
C : 시장이자율 상승 ⟶ 채권가격 하락 ⟶ 채권매입

어떻게 달라지는가를 [그림 9-3]에서 보도록 하자.

채권의 쿠폰이자율이 13%라고 하자. (A) 시장이자율이 16% 정도로 오르면, 쿠폰이자율이 13%인 채권을 보유하는 것은 상대적으로 불리하므로 채권의 가격이 떨어진다. 따라서 이때는 싼 가격으로 채권을 매입하는 것이 좋다. (B) 시장이자율이 10% 정도로 떨어지면, 쿠폰이자율이 13%인 채권을 보유하는 것은 상대적으로 유리하므로 채권의 가격이 올라간다. 따라서 이때는 비싼 가격으로 채권을 매도하는 것이 좋다. (C) 다시 시장이자율이 16% 가까이 오르면, 채권가격이 떨어지므로 싼 가격의 채권을 재매입하는 것이 좋다.

(3) 채권투자의 장 · 단점

1) 장 점

- 디플레이션을 방어할 수 있다.
- 저축보다 높은 이자를 지급한다.

- 확정이자를 통해 정기적인 소득을 보장한다.
- 우량기업의 채권일 경우 안전성이 높다.
- 시장이자율이 하락할 때 채권가격이 상승하여 자본이득을 얻을 수 있다.

2) 단 점

- 채무불이행 위험이 있다.
- 이자율 위험이 크다. 시장이자율의 작은 변화도 채권가격에 큰 변화를 줄 수 있다. 특히 시장이자율이 상승할 때 채권가격이 하락하여 자본손실을 볼 수 있다.
- 인플레이션 위험이 크다. 인플레이션은 이자율을 인상시키고 그에 따라 채권가격을 하락시킨다. 또한 채권의 액면가는 인플레이션이 되도 인상되지 않는다.

9.3 부동산투자

부동산은 일차적으로 거주 또는 점유의 목적으로 이용되나 부의 축적을 위한 투자수단으로서도 이용될 수 있다. 우리나라의 경우 자가 보유에 대한 열망이 높고 상당히 오랫동안 부동산의 가치가 물가보다 빠른 속도로 증가하여 왔으므로 많은 사람들이 부동산투자에 관심을 가져왔다. 참고로 과거 10여 년간의 우리나라의 부동산 가격 변동상황을 살펴보면 다음과 같다. 특히 아파트의 경우 1999년에서 2007년 사이에 가격이 거의 2배가량이나 증가하였다(표 9-2). 투자수익을 얻는 데는 여러 가지 위험이 따른다. 수익과 위험은 거의 비례하는데 부동산투자의 평균 수익률이 높다는 것은 투자 시의 위험의 크기도 그만큼 크다는 것을 의미한다.

표 9-2 주택가격지수(전도시, 매매)(2007, 12 = 100.0)

유형별	1999	2000	2001	2002	2003	2004	2005	2006	2007	2008
종합	60.7	63.1	69.3	80.7	85.3	83.5	86.9	97.0	100.0	103.1
단독	87.1	84.6	87.4	94.2	94.9	91.5	92.5	97.3	100.0	102.0
연립	70.3	69.5	75.0	83.0	84.9	80.3	81.1	92.3	100.0	107.9
아파트	48.2	53.1	60.8	74.6	81.8	81.3	86.1	97.9	100.0	102.3

출처: 국민은행, 전국주택가격동향조사.

1. 부동산투자의 장 · 단점

부동산투자는 은행예금이나 주식, 채권 등 다른 투자수단과 비교해 볼 때 다음과 같은 장 · 단점을 가지고 있다(Garman & Forgue, 2006).

(1) 부동산투자의 장점

부동산투자의 장점 중 첫 번째는 파생소득과 자본이득을 모두 얻을 수 있다는 점이다. 즉, 부동산을 타인에게 임대하여 임대료 소득을 올릴 수 있을 뿐만 아니라 소유주가 직접 사용, 소비하는 경우에도 자산가치가 증가하는 자본이득을 얻을 수 있다.

둘째, 부동산투자의 경우 타인의 자본을 빌려 투자할 수 있는 차입자금투자(leverage)가 가능한 경우가 많다. 우리나라에서도 주택을 구입할 때 구입자금의 일정부분을 융자받을 수 있는 금융상품이 증가하고 있다. 1996년 이후 주택할부금융업이 활발해지면서 융자금액은 구입자금의 70~80%까지 이르고 있다. 이 융자를 통한 비용으로 부동산투자를 하여 수익률을 증가시키는 것이 가능하다. 자기자본투자와 차입자금투자의 경우를 비교해 보자. 2억 원짜리 주택을 자기자본으로 현금을 주고 구입하여 임대료로 5,000만 원을 벌었다면 수익률은 25%(5,000만/2억)가 된다. 만일 2억 원의 1/2인 1억 원을 융자받아 투자했다고 하자. 그 때의 수익 5,000만 원은 자기자본투자액 1억 원에 대한 수익이므로 수익률은 50%가 된다. 물론 융자액에 대한 지불이자를 합치면 실제 수익률은 더 줄어들지만 자기자본투자보다는 수익률이 높은 편이다.

셋째, 부동산 보유로 인한 세금혜택을 누릴 수 있다. 주택은 어느 사회에서나 보유를 권장하는 권장재로서의 성격을 가지고 있어서 자가 보유를 촉진하는 여러 정책적인 배려가 있게 된다. 우리나라에서도 주택구입을 위해 대출받은 금액에 대한 이자액 공제, 주택 감가상각비의 손비 인정, 일정조건 충족 시 양도소득세 면제 등 주택소유자에게 다양한 세제혜택을 주고 있다. 감가상각비를 손비로 인정하는 경우를 예를 들어 보자.

A씨는 5억 원짜리 주택을 소유하고 있는데 이 중 2억 원은 토지가격이라고 하자. A씨는 이 주택을 임대해 주고 연간 6,000만 원의 임대소득을 올리고 있다. 만일 주택

의 연간 감가상각비율이 5%라면 주택가격 3억 원의 5%인 1,500만 원이 1년간의 감가상각비가 된다. 이때 A씨가 내야 할 세금은 6,000만 원에서 감가상각비 1,500만 원을 뺀 4,500만 원에 해당세율을 곱한 금액이다. A씨가 다른 소득이 전혀 없다면 세율이 17%일 경우 A씨는 657만 원(4,500만 원×17%−108만 원)의 소득세를 내야 한다. 이는 6,000만 원에 대한 세금 1,038만 원(6,000만 원×26%−522만 원)보다 381만 원이 적은 금액이다.

(2) 부동산투자의 단점

한편 부동산투자는 다음과 같은 단점도 가지고 있다(Garman & Forgue, 2006). 첫째는 투자위험이 크다는 것이다. 특히 불경기에 불리한데 위험요인이 발생했을 경우 수익하락폭이 다른 투자에 비해 큰 편이다. 또한 주택관련 부채액이 많고 이자율이 높을 때는 단기적으로 다른 투자보다 수익률이 낮을 수도 있다. 왜냐하면 부동산투자에서 자본이득을 얻으려면 비교적 장기간이 필요하기 때문이다. 둘째, 투자과정이 복잡하다. 부동산시장은 경기 외에도 인구구조, 교통, 공해, 학군 등 여러 요인의 영향을 받는다. 또한 거래에 중개인을 필요로 하고 법적과정(등기, 저당 등)도 수반된다. 셋째, 부동산투자는 유지와 관리를 위해 많은 시간을 필요로 한다. 임차자를 찾고 거래하는 데도 시간이 걸리고 임대료 연체 시의 관리, 수선과 유지의 책임규명 등과 관련된 복잡한 문제가 생길 수도 있다. 때로는 법적투쟁까지 필요한 경우가 있다. 또한 주택을 여러 채 보유한 경우 보유세 및 양도소득세 등의 세금을 더 많이 내야 한다. 넷째, 투자초기에 거액이 필요하다. 주택은 다른 상품에 비해 단일 품목으로는 가장 비싼 상품 중 하나라고 할 수 있다. 또한 거래 시 각종 세금과 부동산중개수수료 및 기타 각종 수수료가 든다. 다섯째, 유동성이 낮다. 급히 자산을 매매해야 할 경우에 팔리지 않을 수도 있고 급하게 매각할 경우 큰 손실을 무릅써야 할 경우도 있다.

2. 부동산투자 수익률의 계산

(1) 총소득승수

총소득승수(Gross Income Multiplier)는 투자의 수익에 비해 부동산의 가치가 과대평가되어 있는지 또는 과소평가되어 있는지를 알아보기 위한 것이다. 총소득승수는 부동산의 시가를 연간 임대소득으로 나누어서 구한다. 가령 연간 임대료가 4,000만 원인 주택의 시가가 2억 4,000만 원이라면 총소득승수는 240,000,000/40,000,000=6이 된다. 이 승수가 작을수록 가능한 소득에 비해 부동산시가가 저평가되어 있다는 의미이므로 미래의 투자수익률이 높으리라고 기대할 수 있다. Garman과 Forgue(2006)는 총소득승수가 8 이상이면 투자수익을 기대하지 않는 것이 좋다고 하였다.

(2) 자본화율

자본화율(Capitalization Rate)은 투자수익률을 구하는 한 지표로 총소득승수의 역개념이다. 이는 순임대소득(총임대소득에서 유지 · 관리비용을 뺀 것)을 부동산시가(또는 총투자액)로 나눈 것이다. 예를 들어 연간 총임대소득이 2,000만 원이고 부동산 유지와 관리를 위한 비용(감가상각비와 부채상환액 제외)이 200만 원이어서 순임대소득이 1,800만 원이라고 하자. 총투자액이 2억 4,000만 원이라면 자본화율은 1,800/24,000=0.075이다. 즉 7.5% 의 수익률을 보이고 있다는 것이다. 자본화율은 지나치게 낮을 경우 부동산가격이 고평가되었다고 말할 수 있다. 자본화율의 적정크기는 시장이자율에 따라 달라진다.

(3) 할인현금유량

할인된 현금유량(Discounted Cash Flow)이란 미래의 일정기간 동안 부동산투자에서 벌어들일 수 있는 액수를 현재의 가치로 할인하여 나타낸 것이다. 이 방식에서는 시간가치에 따라 할인된 세후의 현금유량의 합이 현재의 부동산가격보다 높을 경우 투자수익을 기대한다. 가령 8억 원짜리 주택을 사서 5년간 임대한 후 10억 원에 팔 예정이라고 하자. 연간 세후 임대수익은 첫해에 4,000만 원, 다음 해부터 5년째 되는

표 9-3 할인된 현금유량과 현재가치 계산의 예 (단위: 만원)

연도	세후 현금유량	수익률 10%일 때 미래 1원의 현재가치	세후 현금유량의 현재가치
1	4,000	.909	3,636
2	4,200	.826	3,469
3	4,400	.751	3,304
4	4,600	.683	3,142
5	4,800	.621	2,981
부동산 매각	100,000	.621	62,100
부동산의 현재가치			78,632

해까지는 4,200만 원, 4,400만 원, 4,600만 원, 4,800만 원이라고 가정하자. 만일 물가 상승률이 10%로 예상된다면 각 연도의 1원의 현재가치는 〈표 9-3〉과 같다. 이때 세후 현금유량은 각각 3,636만 원에서 2,981만 원까지의 값을 갖는다. 5년간의 세후 현금유량을 모두 합치면 7억 8,632만 원이 되는데, 현재의 부동산 가격은 8억 원이므로 이 부동산은 투자가치가 없다고 할 수 있다.

3. 부동산투자의 종류

(1) 주 택

주택은 대표적인 부동산 투자대안이다. 주택은 임대소득을 얻기가 쉽고 또 경우에 따라 직접 살면서 동시에 자본소득을 도모할 수도 있는 투자대상이다. 일반적으로 주택구입 시 수익률 판단을 위해 가장 많이 사용하는 지표는 전세가격 대 매입가격의 비율이다. 아파트의 경우 전세가격이 매입가격의 60~70%를 초과하는 시기가 매입의 적기이다(이만우 · 박광희, 1994).

주택투자의 대안으로는 재개발아파트, 재건축아파트, 조합주택, 공매나 경매주택, 전원주택 등을 꼽을 수 있다(김명규, 1994). 재개발아파트에 투자하는 것은 재개발 조합원의 지분을 매입해서 조합원 자격으로 집을 마련하는 것을 말한다. 지분을 매입한다는 것은 조합원이 소유한 토지와 건물을 매입함으로써 장차 아파트를 분양받을 수 있는 권리를 확보하는 것을 말한다. 재개발아파트의 장점은 청약예금에 가입하지 않은 사람이나 이미 주택을 보유한 사람도 재개발의 조합원 지분을 매입하는 것이 가능하다는 점이다.

재건축은 지은 지 20년이 지난 주택이 대상이다. 재건축아파트에 투자한다는 것은 재건축이 예상되거나 사업이 진행되고 있는 아파트를 매입하는 것을 말하는데, 재개발이 세입자에게도 분양권을 주는 반면에 재건축은 주택 소유자에게만 분양권을 준다. 재건축아파트는 재개발의 경우와 같이 청약예금에 가입하지 않은 사람이나 이미 주택을 보유한 사람도 매입하는 것이 가능하다. 재개발이 세입자 대책과 국공유지 불하절차, 무자격자 처리 등 복잡한 절차를 거치는 반면에 재건축은 이러한 절차가 필요 없으므로 사업진행속도가 빠르다.

조합주택은 청약예금이나 청약부금에 가입하지 않았거나 순위가 낮은 무주택자들이 결성한 조합에서 분양하는 주택이다. 직장조합의 경우 해당 직장에서 2년 이상 근무하여야 하고 지역주택조합원은 주민등록증을 다른 지역으로 옮기면 자격이 상실된다.

경매 및 공매주택이란 채무를 갚지 못해 채권자에게 차압된 주택으로 법원이나 한국자산관리공사에서 대리하여 입찰해주는 주택을 말한다. 경매 및 공매주택은 시가보다 가격이 낮을 뿐 아니라 공매부동산의 경우 최고 5년까지 대금을 분할납부할 수 있는 장점이 있다. 특히 몇 차례 유찰된 물건은 절반가격에도 살 수 있다. 경매주택은 차압된 주택을 법원에서 대리입찰해 주는 것이다. 법원이나 신문의 '입찰부동산 매각공고', '전문경매정보지' 등을 보면 입찰정보를 입수할 수 있다. 공매주택은 한국자산관리공사가 취급하는 것으로 비업무용 부동산과 압류부동산으로 나뉜다. 경매나 공매주택을 살 때는 주택에 대한 권리관계가 복잡할 수 있기 때문에 반드시 등기부등본을 세밀히 검토하는 등 주의가 필요하다.

전원주택은 최근에 부동산시장에서 인기를 끌고 있는 상품 가운데 하나이다. 전원주택을 구입할 경우에는 교통여건과 함께 인근의 근린생활시설, 문화시설이 있는지 여부를 살펴봐야 한다. 이 같은 요건이 갖춰져야만 필요할 때 팔 수 있는 환금성이 크기 때문이다. 전원주택을 짓는 데는 토지거래허가와 농지전용허가 등 여러 가지 절차를 거쳐야 한다.

(2) 토 지

가격상승을 기대하기 위해서는 개발예정지 주변이나 준농림지가 유리하다. 예를 들면 공단이 생기거나 고속도로가 뚫려 지역개발이 활성화 될 수 있는 곳 등이 투자 유망지역이라 할 수 있다. 준농림지는 다른 용도로 전용할 수 있다는 점이 특색이다. 1996년부터는 농지법이 개정돼 외지인이라도 주소를 옮기지 않고 농지를 소유하는 것이 허용되었다. 이들 토지는 잘 선택하면 많은 투자수익을 기대할 수 있으나 위치 선정이 잘못되면 오히려 가격이 떨어질 수도 있다.

(3) 상가와 콘도미니엄

상가에 대한 투자는 성공할 경우 상당한 투자수익을 올릴 수 있는 반면, 그렇지 않을 경우 임대조차 안 되어 매각 시 거래가격이 분양가를 밑도는 경우도 있다. 초보자의 경우에는 다른 무엇보다 임대전망이 밝은 아파트상가, 전철역 주변상가, 전문상가, 주상 복합건물의 상가 등을 선택하는 것이 좋다. 한편 콘도회원권은 1993년경부터 투자가치를 잃어가고 있는 추세이나 가족들이 콘도주변의 레포츠 시설을 자주 이용한다면 구입할 만하다.

(4) 오피스텔

오피스텔은 원래 주거형 사무실의 용도로 지어진 것이나 점차 주거로 전용할 목적으로 오피스텔을 찾는 사람이 늘고 있다. 오피스텔은 1가구 2주택에 해당되지 않아 중과세를 피할 수 있다는 점에서도 주목받고 있다. 오피스텔은 대개 주변교통이 편리하고 편의시설이 잘 갖추어진 곳에 자리 잡고 있어 주변에 임대수요만 충분하면 투자가치가 높은 종목이다. 그러나 지나친 공급과 분양면적에 비해 낮은 전용면적, 그리고 상대적으로 비싼 관리비가 단점이다. 오피스텔의 임대료는 지역에 따라 다르지만 매매가의 40~60% 정도이다.

연습문제

1. 다음과 같은 금융상품의 예를 찾아보자.

(1) 대출상품
(2) 세제혜택관련 상품
(3) 노후생활자금마련을 위한 상품
(4) 3개월 동안 목돈운영을 위한 상품

2. 금융기관에 비치되어 있는 상품안내서를 수집하여 내용을 이해하고 금융기관 또는 금융상품에 따라 그 내용을 비교하여 보자. 쉽게 이해할 수 있으며 비교하기 쉬운가? 그렇지 않다면 그 이유는 무엇인가? 어떤 점이 어떻게 개선되어져야 하는가? 안내서를 직접 만들어 보자.

3. 보통의 경우 개별 가계가 하나의 재무목표를 갖는 경우는 드물다. 다음의 예와 같이 실제로 주위에서 개별가계를 면담하여 재무목표 및 재무상태를 파악하고 나서 그 가계에 적합한 투자전략을 세워보자.

(예) 박형구 씨는 32세의 기혼 남성으로서 현재 중견기업체의 계장이다. 현재 전업주부인 부인과 유치원에 다니는 아들과 4살짜리 딸이 있다. 박씨의 현재 연봉은 보너스와 수당을 포함하여 3,000만 원이다. 박씨 가정에서 저축이 가능한 금액은 월 80만 원 정도이다. 박씨 부부가 갖고 있는 최우선의 목표는 3년쯤 후에 서울에 24평형 아파트를 마련하는 것이다. 박씨 부부는 또한 6개월 뒤에 칠순이 되는 부모님의 칠순잔치를 베풀어 들이고 싶고 두 자녀의 교육비도 조금씩 비축해두어야 한다는 생각을 갖고 있다. 현재 쓰고 있는 자동차도 6년 정도 되어서 3년 내에는 자동차를 새로 구입하여야 할 것 같다. 박씨가 현재 보유하고 있는 재산현황은 다음과 같다.

전세금	1억 원
개인연금보험	월 20만 원씩 15회 불입
내집마련주택부금	300만 원(3년 뒤 무주택 우선공급대상)
적립식펀드	월 50만 원씩 24회 불입
보통 및 저축예금 잔고	200만 원
부채	500만 원

4. 신문의 주식시세표에 쓰인 여러 가지 용어를 설명하여 보자.

5. 시장이자율이 올라갈 때, 채권의 가격은 어떻게 변하는가? 이때 채권을 사는 것이 좋을까? 아니면 파는 것이 좋을까? 설명해 보자.

6. 지역별 주택시세 증가율에 관한 정보를 얻어 1년 만기 정기예금의 이자율과 비교해 보자. 지난 1년간 주택시세의 증가율이 정기예금 이율보다 높은가? 어느 지역의 어떤 유형의 주택가격이 많이 상승했는가?

7. 결혼 전에 각각 집을 가지고 살던 A씨와 B씨가 결혼하였다. 두 집 중 하나를 처분하려고 하는데, 어떤 요건을 충족시켜야 양도소득세가 면세되는가를 알아보자.

유용한 사이트

- 한국거래소 www.krx.co.kr

제 5 부

은퇴설계와 상속

제 10 장 은퇴설계

제 11 장 노후재산의 증여와 상속

Personal Finance

현대사회는 평균수명이 늘어나고 조기퇴직 등으로 인해 퇴직 후 사망까지의 기간이 20년 이상으로 길어지면서 경제적으로 안정된 은퇴생활을 보장하기 위한 은퇴설계가 점점 중요해지고 있다. 제10장에서는 은퇴설계를 위해 필요한 기본지식으로 은퇴기의 소비지출수준과 이를 충당하기 위한 소득원에 대해 알아본다. 구체적인 방안으로 국민연금, 퇴직연금과 개인연금에 대해 살펴본다.

자산을 소유한 사람들은 대체로 자신의 자녀에게 재산을 상속하거나 기부를 통해 사회로 환원하고자 하는 꿈을 가지고 있다. 제11장에서는 평생 모은 재산을 노후에 어떻게 관리하고 누구에게 물려줄 것인가를 생각해 보고, 재산을 물려준다면, 경제적인 방안은 무엇인가에 대해 알아본다.

Chapter 10

은퇴설계

- 제1절 은퇴설계의 필요성
- 제2절 은퇴기 소비지출과 소득원
- 제3절 국민연금
- 제4절 퇴직연금
- 제5절 개인연금
- 제6절 장기주택저당대출 (역모기지론)

은퇴는 직업이나 일로부터의 은퇴이지, 삶으로부터의 은퇴를 의미하는 것은 아니다. 현재 생존하고 있는 60세 남성은 약 20년, 60세 여성은 25년의 평균적인 은퇴생활을 해야 한다. 이 수치는 평균적인 수치일 뿐이며, 의료기술의 발달로 10여 년 정도 연장될 것으로 예상된다. 따라서 적절한 은퇴계획을 수립해야 안정적인 노후생활을 누릴 수 있다. 은퇴설계는 특별히 근로소득이 없는 은퇴 이후의 생활을 위해 필요한 자금과 각종 건강보험과 같은 보장계획을 수립해 준다. 개인재무설계에서 은퇴설계는 여러 분야 중 알파와 오메가라고 할 수 있다. 그 이유는 재무설계가 인생의 마지막 순간까지 행복하고 인간다운 삶을 보장하기 위한 계획이기 때문이다. 재무설계를 필요로 하는 가장 큰 이유 중 하나가 은퇴설계를 위한 것이며, 어떤 방식으로 재무설계를 시작하든지 은퇴설계가 되지 않는다면 제대로 된 재무설계, 완성된 재무설계라고 할 수 없기 때문이다.

학습목표

1. 은퇴 후 재무설계가 필요한 이유를 이해할 수 있다.
2. 은퇴 후 필요한 생활비를 계산하고 설계를 할 수 있다.
3. 국민연금의 개념과 특징을 설명할 수 있다.
4. 퇴직연금의 개념과 유형 및 특징을 설명할 수 있다.
5. 장기주택저당대출(역모기지론)의 개념과 형태를 설명할 수 있다.

주·요·용·어

기대여명, 은퇴 후 소득, 연금제도, 소득대체율, 준공적 연금, 노령연금, 장애연금, 퇴직연금, 확정급여형 퇴직금, 확정기여형 퇴직금, 개인퇴직계좌, 장기주택저당대출(역모기지론), 종신지급제도

10.1 은퇴설계의 필요성

(1) 노령인구의 증가

생활수준의 향상으로 국민의 평균수명은 늘어나는 반면, 출산율은 낮아져 부양해야 할 노령인구가 급격히 증가하고 있다.

(2) 노인부양의식의 약화

핵가족화의 급속한 진행으로 자녀의 노인부양의식이 약화되어 노인 생계유지가 커다란 사회문제로 대두되어 가고 있는 실정이다. 따라서 모든 국민은 소득능력이 있을 때 스스로 노후를 준비하여야 한다.

(3) 은퇴 후 소득의 감소

보통 개인이나 가계의 입장에서 볼 때, 은퇴기에 이르러서는 수입보다 지출이 더 크기 때문에 미리 은퇴 후 경제적 대비책을 마련해 두는 것이 필요하다.

표 10-1 연도별 노령인구의 증가추이 (단위: 천명, %)

연도	총인구	65세 이상 인구	65세 이상 인구 구성비	노인부양률	노령화 지수
1980	3,124	1,456	3.8	6.1	11.2
1990	42,869	2,195	5.1	7.4	20.0
1998	46,287	3,069	6.6	9.3	30.4
2000	47,008	3,395	7.2	10.1	34.3
2008	48,606	5,016	10.3	14.3	59.3
2010	48,875	5.357	11.0	15.0	67.7

주: 노인부양률=(65세 이상 인구/15~64세 인구)×100,
노령화 지수=(65세 이상 인구/1~14세 인구)×100
출처: 통계청(2006). 『장래인구추계』. p.50.

10.2 은퇴기 소비지출과 소득원

노인 인구는 급격히 증가하고 있는 데 비하여 자녀의 노인부양의식은 약화됨에 따라 스스로 노후를 준비하는 것이 중요하다. 은퇴계획은 ① 은퇴기에 필요한 생활비가 어느 정도 인가를 추정하고 ② 이러한 비용을 언제부터, 어떻게 조달할 것인가를 결정하는 작업에서 시작된다.

1. 은퇴기 소비지출 추정

은퇴기에 어느 정도 생활비가 들 것인가를 미리 정확하게 추정하는 것은 쉽지 않다. 우선 정기적으로 필요한 액수와 은퇴시점, 은퇴 후 몇 년간 더 살 것인가에 따라 은퇴 후에 필요한 총생활비 액수가 달라지게 된다. 이를 식으로 나타내면 다음과 같다.

은퇴 후 필요한 생활비* = 매년 필요한 액수 × 은퇴 후 기대여명

* 인플레이션을 고려하지 않음

은퇴 후 매년 또는 매달 필요한 액수를 추정하는 방법에는 여러 가지가 있을 수 있다. 예를 들면, 〈표 10-2〉와 같이 통계청의 가계동향조사 자료를 이용하여 노인가계가 평균적으로 어느 정도의 지출을 하고 있는지를 참고하는 방법이 있을 수 있다(통계청, 2008). 이러한 통계치를 이용하면 은퇴기에는 은퇴 전과 비교하여 지출액과 지출구조에 어떤 차이가 나타나는지 알게 되어 예산을 세우는 데 도움을 받을 수 있다.

또 다른 방법은 은퇴 후에 지출할 생활비를 은퇴 전 지출의 70% 정도로 잡는 것이다(이만우 외, 1994). 예컨대, 현재 매년 2,000만 원 정도의 생활비를 지출하고 있다면 은퇴 후에는 1,400만 원 정도(2,000만 원×0.7)가 생활비로 소요될 것이라고 추정하는 것이다. 그러나 이러한 계산은 자녀의 출산 및 배우자 유무 등에 따른 가족 수의 변동에 따라 달라질 수 있다.

표 10-2 노인가계와 비노인가계의 월평균 소비지출 구성비의 비교

지출항목		노인가계	비노인가계	비노인가계 대비 노인가계 소비지출규모
소비지출	총소비지출	1,558,660	2,316,022	0.673
	식료품	453,871	581,768	0.780
	주거	58,655	81,565	0.719
	광열 · 수도	104,158	110,558	0.942
	가구집기가사용품	57,568	108,564	0.530
	의류 및 신발	62,814	123,669	0.508
	보건의료	155,091	109,801	1.412
	교육	33,821	256,199	0.132
	교양오락	66,888	114,682	0.583
	교통 · 통신	236,999	418,143	0.567
	기타소비지출	328,795	411,077	0.800

자료: 통계청(2008a). 『가계동향조사』.

표 10-3 연령별 기대여명(단위: 년)

연령	10	20	30	35	40	45	50	55	60
남	66.62	56.80	47.13	42.32	37.57	32.98	28.56	24.30	20.21
여	73.17	63.28	53.53	48.68	43.85	39.04	34.30	29.61	25.00
연령	65	70	75	80	85	90	95	100+	
남	16.33	12.81	9.70	7.14	5.20	3.83	2.91	2.35	
여	20.52	16.26	12.36	9.02	6.38	4.48	3.18	2.36	

자료: 통계청(2007c). 『생명표』.

은퇴 후에 어느 정도 더 살 것인가는 언제 은퇴를 할 것인가 또는 〈표 10-3〉에서와 같이 개인의 성별 및 연령에 따른 기대여명에 따라 달라지게 된다. 만약 65세에 은퇴할 것으로 기대된다면, 은퇴 후에 보내게 되는 연한은 남성의 경우 16.33년이 되고 여성의 경우 20.52년이 된다. 우리나라는 현재 퇴직시기가 일정치 않고 정년시기가 희망정년시기에 비해 점차 낮아지고 있으며, 평균 수명의 연장으로 기대여명이 길어져 은퇴 후 노후생활이 길어지고 있기 때문에 은퇴 후 재무설계는 꼭 필요하다.

2. 은퇴 후 소득마련

은퇴 후에 필요한 비용을 언제부터 어떻게 마련할 것인가?

(1) 언제부터 시작할 것인가?

은퇴준비는 젊을 때부터 하는 것이 좋다. 일찍 시작하게 되면 매년 또는 매월 저축해야 하는 액수가 줄어 부담이 적어지고, 조기퇴직이나 실업 등에 대한 대비도 할 수 있다.

(2) 얼마만큼씩 저축을 해야 하는가?

지금부터 은퇴준비를 다시 한다고 가정했을 때 은퇴 후 필요로 하는 생활비를 위해 어느 정도씩 저축해야 하는가?

먼저 노후를 위해 이미 가입해 둔 저축액과 연금의 은퇴 후 수령액을 알아야 한

나의 은퇴자금을 가지고 15년을 생활하려면 매달 얼마씩 생활비로 쓸 수 있을까? 읽을거리

은퇴하기 전까지 얼마의 자금을 마련해야 노후생활을 안정적으로 보낼 수 있을지를 계산하는 것도 중요하지만, 자신이 마련한 은퇴자금을 은퇴 후 균등하게 나누어 사용하는 것도 중요하다. 이를 위해서도 특별한 공식이 필요하다. 일정량의 은퇴자금이 마련되면 이 자금에 이자가 파생하게 되고 이러한 이자가 매월 생활비에 충분히 조달되지 못한다면 원금도 균등하게 소비할 수밖에 없게 된다.

다음 〈표 10-4〉는 이자율과 은퇴자금 사용연수에 따른 월생활비 계산 공식비율이다. 예를 들어, 어떤 은퇴 가계가 1억 5,000만 원의 은퇴 원금을 가지고 15년간 균등한 생활을 하기를 원한다면 〈표 10-4〉에서와 같이 사용연수와 이자율로 계산한 월생활비지수를 곱해주면, 매월 사용할 수 있는 생활비가 계산된다. 즉 만일 연이자율이 6%이고 15년간 생활하기를 기대한다면, 월생활비지수 0.00844를 1억 5,000만 원에 곱해주면 126만 6천 원이 나오게 된다.

매월 생활비 범위=1억 5,000만 원×0.00844=126만 6천 원

표 10-4 은퇴자금 사용연수와 이자율로 계산한 월생활비지수

연수 연간 이자율(%)	5	10	15	20	25
4%	0.01842	0.01012	0.00740	0.00606	0.00527
5%	0.01887	0.01061	0.00791	0.00660	0.00585
6%	0.01933	0.01110	0.00844	0.00716	0.00644
7%	0.01980	0.01161	0.00899	0.00775	0.00707
8%	0.02028	0.01213	0.00856	0.00836	0.00772

다. 은퇴 후 필요한 생활비에서 이 액수를 뺀 액수가 모자라는 액수이며 지금부터 준비해야 할 금액이 된다. 이 액수를 퇴직할 때까지 남은 기간(퇴직시점－현재의 연령)으로 나누어 주면, 퇴직할 때까지 매년 저축해야 할 액수가 된다. 그러나 이상의 계산은 이자율과 인플레이션이 서로 상쇄된다는 조건에서 계산된 것이므로 이자율 및 인플레이션율에 따라 저축액수는 달라지게 되고, 은퇴 후 보유하게 되는 저축액에도 차이가 있을 수 있다. 따라서 때로는 은퇴 후에 지출조정이 필요한 경우도 있다. 은퇴 후 마련된 은퇴자금을 갖고 어느 정도씩 지출해야 하는가를 [읽을거리]를 통하여 설명하겠다.

(3) 어떻게 마련할 것인가?

• 은퇴 후 소득원

은퇴 후 소득원에는 은퇴 전 연금가입자의 경우, 연금, 퇴직금을 받은 가계에는 퇴직금에서 나오는 이자, 은퇴 전 마련한 부동산이나 투자로부터 파생되는 소득 등이 있을 수 있다. [그림 10－1]을 보면, 2007년 현재 65세 이상 노인은 '자녀 또는 친척지원(42.1%)'을 가장 많이 받고 있으며, '근로소득 또는 사업소득(31.3%)'이 있는 경

그림 10-1
65세 이상 인구 생활비 마련 방법

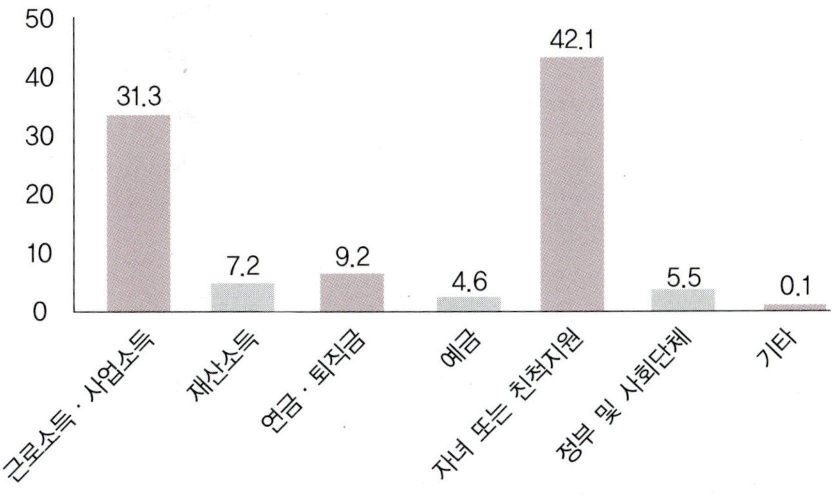

자료: 통계청(2007b). 『사회통계조사』.

우가 그 다음으로 많고, 연금 · 퇴직금(9.2%), 재산소득(7.2%), 예금(4.6%)을 합하면 21%의 노인가계가 은퇴설계를 하여 생활비를 마련하고 있음을 알 수 있다.

• 3층 노후생활 보장론

노후생활을 위해서는 경제활동기간에 발생하는 소득의 일부를 일정기간 동안 적립한 후 그 적립된 기금을 경제활동이 중단된 일정 연령 이후의 생존기간 또는 미리 정한 일정기간에 걸쳐 인출하여 사용해야 한다. 이때 일정수준만큼의 소득을 계속 유지하도록 하여야 하는데, 이때 이용할 수 있는 방법이 연금제도(annuity)라고 할 수 있다. 연금을 이용하여 노후소득을 보장하는 방법과 관련한 '3층 노후생활 보장체계' 가 [그림 10-2]에 제시되어 있다. 3층 노후생활 보장체계란 국민연금과 같은 사회보장성 공적연금으로 기초생활수준을 보장하고, 기업이 종업원의 퇴직 후 안정된 생활을 퇴직연금으로 보장하며, 이보다는 높은 수준인 표준적인 생활을 개인연금으로 보장하는 것을 말한다.

우리나라의 경우 은퇴 후 연금이 은퇴 전 소득수준을 어느 정도를 대체하는지 알아보기 위해 소득대체율을 살펴보면, 2002년 당시 일하고 있던 근로자의 평균 소득 및 이 사람이 65세 되었을 때 수령할 예정인 연금을 기준으로 하면 소득대체율은 44.3%가 된다. 이에 반해 소득대체율이 가장 높은 국가는 룩셈부르크(109.8%)와, 오스트리아(93.2%)이다. 미국과 일본의 소득대체율은 각각 51.0%, 59.1%로 중위수준의 국가이었으며, OECD국가의 평균 소득대체율은 63.7%로 조사되었다(OECD,

그림 10-2
3층 노후생활 보장체계

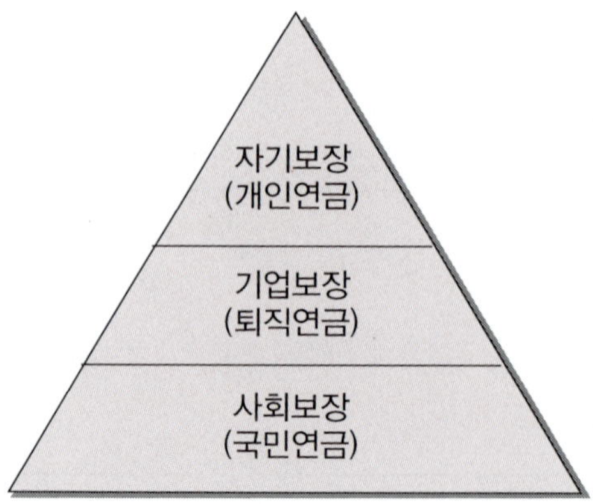

2005). 우리나라의 소득대체율은 다른 국가와 비교하였을 때 낮은 편이며, OECD국가의 평균에도 미치지 못한다. 따라서 은퇴 후 생활을 위해 필요하다고 계산된 액수보다 적을 경우 개인연금이나 기타 자산축적을 통한 대비책을 세워야 할 것이다.

10.3 국민연금

국민연금은 모든 근로자가 의무적으로 일정금액의 연금액을 근로소득에서 공제하고 근로자가 은퇴한 이후 받을 수 있는 연금제도이다. 이것은 가입자인 국민이 노령, 폐질 또는 사망으로 소득능력이 상실 또는 감퇴된 경우 본인이나 그 유족에게 일정액의 급부를 행하여 안정된 생활을 할 수 있도록 국가가 운영하는 장기적인 소득보장제도로 건강보험제도와 함께 우리나라 사회보장제도의 2대지주라 할 수 있다.

처음 국민연금이 시작된 1988년에는 10인 이상의 근로자를 사용하는 사업장을 당연적용 사업장으로 하였으나 이후 제도를 점차 확대하여 현재는 1인 이상의 근로자를 사용하는 사업장은 모두 당연적용 사업장으로 확대하여 실시하고 있다. 국민연금제도가 은퇴가계의 재무문제를 해결하기 위한 하나의 대안임에는 틀림이 없다.

1. 국민연금제도의 특징

국민연금제도는 다음과 같은 다섯 가지의 특징이 있다(국민연금관리공단, 2009).

(1) 모든 국민이 가입대상으로 강제성이 있다.

국민연금은 혼자서 대비하기 어려운 생활의 위험을 모든 국민이 연대하여 공동으로 대처하는 제도로 강제가입을 채택하고 있다.

(2) 소득재분배로 사회통합에 기여한다.

국민연금은 동일한 세대 내의 고소득계층에서 저소득계층으로 소득이 재분배되는 "세대 내 소득재분배" 기능과 미래세대가 현재의 노인세대를 지원하는 "세대 간 소득재분배" 기능이 동시에 포함되어 있다.

(3) 지급 보장의 안정성을 가진다.

국민연금은 국가가 지급을 보장하기 때문에 국가가 존속하는 한 반드시 지급된다.

(4) 노령연금 이외에도 장애 · 유족연금 등 다양한 혜택이 있다.

장애연금은 가입 중에 발생한 질병이나 부상으로 장애가 남았을 경우 장애정도(1~4급)에 따라 자신과 가족생활을 보장하기 위해 장애가 존속하는 한 지급한다.

(5) 물가상승에 따른 실질가치를 보장한다.

처음 연금을 지급할 때는 과거 보험료 납부소득에 연도별 재평가율을 적용하여 현재가치로 재평가하여 계산한다. 또 연금지급 중에도 전국 소비자물가변동률에 따라 금액이 조정된다.

2. 가입자

(1) 가입대상 및 가입요건

국내에 거주하는 18세 이상 60세 미만의 국민은 모두가 국민연금 가입대상이 된다. 다만, 공무원, 군인, 사립학교교직원은 가입대상에서 제외된다. 가입자는 〈표 10-5〉와 같이 크게 세 가지 유형으로 분류할 수 있다.

표 10-5 가입자 유형 및 가입조건

종 별		종 류	가입요건
사업장가입자	적용대상	일반가입자	• 근로자 1인 이상 사업장에 종사하는 18세 이상 60세 미만의 자
		특례적용	• 국민연금 가입사업장에 종사하는 18세 미만의 근로자로 자기가 원하여 사용자의 동의를 받아 가입한 자
		외국인	• 국민연금 적용사업장에 종사하는 외국인 또는 외국에 거주하는 재외동포로서 국내에 체류하면서 국민연금 적용사업장에 종사하는 자
	적용대상 제외자 (임의가입자로 가입 가능)		• 「공무원연금법」, 「사립학교교직원연금법」, 「별정우체국법」에 의한 퇴직연금 · 장해연금 · 퇴직연금일시금이나 「군인연금법」에 의한 퇴직연금 · 상이연금 · 퇴직연금일시금을 받을 권리를 얻은 자(퇴직연금 등수급권자) • 「국민기초생활보장법」에 따른 수급자
지역가입자	적용대상	일반가입자 외국인	• 18세 이상 64세 미만으로서 사업장가입자가 아닌 자 • 18세 이상 60세 미만으로서 국내에 거주하는 외국인(국내체류 재외동포 등 포함)
	적용대상 제외자 (임의가입자로 가입 가능)		• 다음 해당자의 배우자로서 별도의 소득이 없는 자 –타공적연금가입자 –사업장가입자 · 지역 · 임의계속가입자 –별정우체국직원 –노령연금수급자 · 퇴직연금수급권자 • 18세 이상 27세 미만인 자로서 별도의 소득이 없는 자(연금보험료를 납부한 사실이 있는 자는 제외) • 퇴직연금등수급권자 • 「국민기초생활보장법」에 의한 수급자
임의계속가입자	임의가입자		• 사업장가입자 및 지역가입자 이외의 18세 이상 60세 미만의 자 * 본인의 신청에 의해 가입
	사업장 임의계속가입자		• 사업장에 종사하는 60세 이상 65세 미만의 자로 연장가입 신청한 자
	지역 임의계속가입자		• 60세에 달한 지역가입자로서 65세 미만까지 연장가입 신청한 자
	기타 임의계속가입자		• 60세에 달한 지역가입자로서 65세 미만까지 연장가입 신청한 자 및 지역 · 사업장 임의계속가입자를 제외한 임의계속가입자

* 특수직종근로자로서 특례노령연금수급권을 취득한 자는 60세 미만이라 하더라도 임의계속가입자를 제외한 임의계속가입자
* 국민연금 가입대상 제외자 : 「공무원연금법」, 「군인연금법」 및 「사립학교교직원연금법」의 적용을 받는 공무원, 군인 및 사립학교교직원

출처: 국민연금관리공단(2009a). 『알기 쉬운 국민연금』. http://www.nps.or.kr

표 10-6
국민연금가입자 현황
(09.2.28.현재, 명)

구 분	'05년말	'06년말	'07년말	'08년말	'09년 2월말
계	17,124,449	17,739,939	18,266,742	18,335,409	18,311,069
사업장가입자	7,950,493	8,604,823	9,149,209	9,493,444	9,507,826
지역가입자	9,123,675	9,086,368	9,063,143	8,781,483	8,740,747
임의가입자	26,568	26,991	27,242	27,614	28,350
임의계속가입자	23,713	21,757	27,148	32,868	34,146

출처: 국민연금관리공단(2009b). 『연도별가입자관리』. http://www.nps.or.kr

(2) 가입현황

우리나라의 국민연금가입자수를 〈표 10-6〉에서 보면, 2007년 말 이후 1,800만 명을 넘었으며, 2008년 말 이후 세계경제위기의 영향으로 실업률의 증가로 가입증가율이 다소 감소하였다.

3. 연금보험료

국민연금을 타기 위해 매달 내야 하는 보험료는 가입자의 표준소득월액에 해당 연금보험료율을 곱하여 계산한다.

연금보험료=가입자의 표준소득월액×연금보험료율

이렇게 계산된 연금보험료는 사업장가입자의 경우 소득의 9%에 해당하는 금액을 본인과 사업장의 사용자가 각각 절반, 즉, 4.5%씩 부담하여 매월 사용자가 납부한다. 사업장가입자의 연금보험료는 가입자가 개별적으로 납부할 수 없고, 사용자에 의하여 일괄적으로 납부한다.

다만, 국민연금제도가 농어촌 지역으로 확대, 시행되기 시작한 95년부터 농어업에 종사하는 가입자에게 연금보험료의 일부를 국고에서 보조해주고 있다. 지원대상은 농어업인인 지역가입자 또는 농어업인으로서 지역가입자에서 임의계속가입자로 된 경우에 한하며 농어촌구조개선특별회계의 재원에 기초하고 있다. 지원금액은 2009년 현재 국고보조대상자 1인당 월별 지원금액인 기준소득월액 730,000원 이하의 경우 본인 보험료의 50%에 해당하는 금액을 지원받고 기준소득월액 이상인 경우 보험료의 50%에 해당하는 금액을 정액 지원받는다(국민연금공단, 2009).

4. 연금수령방법

(1) 연금의 산정

국민연금의 급여 구성은 기본연금과 부양가족연금액으로 구성되어 있다.

연금액=기본연금액×연금종별 지급률 및 제한율+부양가족연금액

- **기본연금**

기본연금액은 다음 공식으로 산정한다.

기본연금액

$$=\underbrace{[2.4(A+0.75B)\times P1/P}_{1988\sim1998년} + \underbrace{1.8(A+B)\times P2/P}_{1999\sim2007년} + \underbrace{1.5(A+B)\times P3/P}_{2008년} +$$

$$\underbrace{1.485(A+B)\times P4/P}_{2009년} + \underbrace{1.2(A+B)\times P23/P}_{2028년\ 이후} + \underbrace{X(A+A)\times C/P}_{출산크레딧} + \underbrace{X(A+1/2A)\times 6/P]}_{군복무크레딧} \times$$

$$(1+0.05n/12)$$

- A=연금수급 전 3년간의 평균소득월액의 평균액
- B=가입자 개인의 가입기간 중 기준소득월액의 평균액
  ※ 가입자 개인의 가입기간 동안의 기준소득월액을 매년 보건복지가족부장관이 고시하는 연도별 재평가율에 의하여 연금수급 전년도의 현재가치로 환산한 후 그 합계액을 가입자의 전체 가입월수로 나누어 산정
- P=가입자의 전체 가입월수(노령연금액 산정 시에만 출산 및 군복무 크레딧을 포함한 전체 가입월수)

구 분	1988~1998년	1999~2007년	2008~2027년	2028년
상수	2.4	1.8	1.5(매년 0.015씩 감소)	1.2
소득대체율	70%	60%	50%(매년 0.5% p씩 감소)	40%
가입월수	P1	P2	P3…P22	P23

- n = 20년 초과월수(노령연금액 산정 시에만 출산 및 군복무 크레딧을 포함한 전체 가입월수)
  ※ 2009. 03. 01 이후 지급사유발생자에게 적용할 연금 수급 전 3년간의 평균소득월액(A) : 1,750,959원
- X : 1.5 ~ 1.2까지의 비례상수 중 노령연금 수급권 취득시점의 상수
- C : 추가가입기간 12, 30, 48, 50 (균분하는 경우에는 6, 15, 24, 25)
  (출산 및 군복무 크레딧으로 인한 연금액 및 증가되는 가입기간은 노령연금액 산정 시에만 적용됨)

출처: 국민연금관리공단(2009a). 『알기 쉬운 국민연금』. http://www.nps.or.kr

다음 예에서 기본연금액을 계산하여 보자.

1945년 5월 8일생인 김영옥 씨는 1988년 1월 oo회사에 입사하여 2009년 5월 최종 퇴사하였다. 회사 전체의 표준 월소득이 100만 원이라고 하면, 기본연금액은 위 기본연금액 공식으로 산정하면, 노령연금액은 연 7,618,800원(월 634,900원)이다.

노령연금 계산내역을 살펴보면, A값은 1,750,959원이고, B값은 1,946,434원이며 출산 크레딧과 군복무 크레딧은 김영옥 씨에게는 적용되지 않는다.

연금액 산정식은 총 국민연금 가입월수(P) 237개월이고 1988~1998년의 가입월수는 132개월(P1)이고, 1999년~2007년의 가입월수는 108개월(P2)이며, 2008년 가입월

표 10-7
가입기간별 월소득 등급

기 간	월소득	기준 소득월액	재평가율	재평가된 표준소득	월수	연도별 재평가 금액계
1988.01~1988.12	1,000,000	1,020,000	4.675	4,768,500	12	57,222,000
1989.01~1989.12	1,000,000	1,020,000	4.133	4,215,660	12	50,587,920
1990.01~1990.12	1,000,000	1,020,000	3.599	3,670,980	12	44,051,760
1991.01~1991.12	1,000,000	1,020,000	3.009	3,069,180	12	36,830,160
1992.01~1992.12	1,000,000	1,020,000	2.611	2,663,220	12	31,958,640
1993.01~1993.12	1,000,000	1,020,000	2.311	2,357,220	12	28,286,640
1994.01~1994.12	1,000,000	1,020,000	2.036	2,076,720	12	24,320,640
1995.01~1995.03	1,000,000	1,020,000	1.880	1,917,600	3	5,752,800
1995.04~1995.12	1,000,000	990,000	1.880	1,861,200	9	16,750,800
1996.01~1996.12	1,000,000	990,000	1.724	1,706,760	12	20,481,120
1997.01~1997.12	1,000,000	990,000	1.558	1,542,420	12	18,509,040
1998.01~1998.12	1,000,000	990,000	1.388	1,374,120	12	16,489,440
1999.01~1999.12	1,000,000	990,000	1.356	1,342,440	12	16,109,280
2000.01~2000.12	1,000,000	990,000	1.376	1,362,240	12	16,346,880
2001.01~2001.12	1,000,000	990,000	1.352	1,338,480	12	16,061,760
2002.01~2002.12	1,000,000	990,000	1.326	1,312,740	12	15,752,880
2003.01~2003.12	1,000,000	990,000	1.239	1,226,610	12	14,719,320
2004.01~2004.12	1,000,000	990,000	1.169	1,157,310	12	13,887,720
2005.01~2005.12	1,000,000	990,000	1.117	1,105,830	12	13,269,960
2006.01~2006.12	1,000,000	990,000	1.081	1,070,190	12	12,842,280
2007.01~2007.12	1,000,000	990,000	1.044	1,033,560	12	12,402,720
2008.01~2008.12	1,000,000	1,000,000	1.00	1,000,000	12	12,000,000
2009.01~2009.05	1,000,000	1,000,000	1.00	1,000,000	5	5,000,000

출처: 국민연금관리공단(2009c). 『예산연금모의계산』. http://www.nps.or.kr

그림 10-3
개인별 연금의 구성

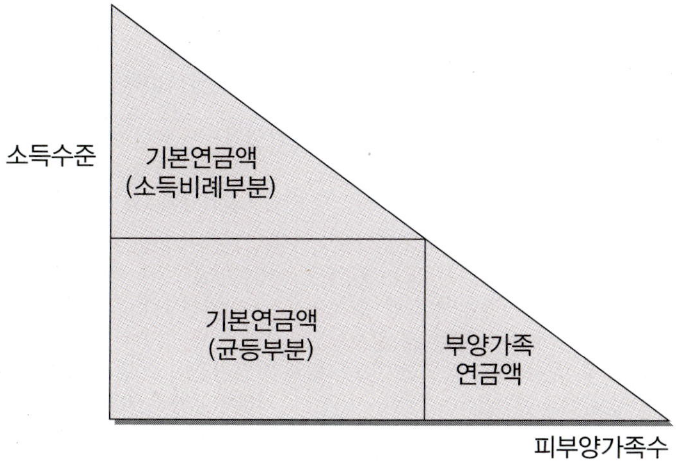

수는 12개월(P3)이고, 2009년의 가입월수는 5개월(P4)이다. 20년 초과월수(n)는 17개월이며, 가입기간별 월소득 등급은 〈표 10-7〉과 같다.

위의 기본연금액의 계산은 국민연금관리공단 홈페이지(http://www.nps.or.kr) 예산연금모의계산을 통해 간단히 계산할 수 있다.

• **부양가족연금**

부양가족연금은 수급권 취득 당시 또는 수급권자에 의하여 생계를 유지하던 배우자, 자녀 또는 부모가 있는 경우에 지급하는 일종의 가족수당 성격의 부가급여이다. 노령연금, 장애연금의 경우에는 연금수급권을 취득한 후에 새로이 수급권자에 의하여 생계를 유지하는 지급대상자가 있는 경우에도 부양가족연금액이 지급된다. 부양가족연금액은 피부양가족수에 따라 높아지게 된다. 이를 그림으로 그려 보면, [그림 10-3]과 같다.

(2) 연금의 지급방법

국민연금은 일정기간이 지났거나 특정연령에 도달하면 지급받을 수 있다. 이를 노령연금이라고 한다. 국민연금은 또한 국민연금가입 중 장애를 입었을 경우는 장애연금을, 가입자가 사망하였을 경우는 유족연금을 지급받을 수 있다. 노령연금, 장애연금, 유족연금의 수령요건 및 연금액 계산법을 〈표 10-8〉에 제시하였다.

표 10-8

국민연금의 종류, 수령요건 및 금액 계산 방법

국민연금의 종류		수급요건	액수계산법
노령연금	완전노령연금	가입기간 20년 이상, 60세에 도달한 자(65세 이전까지는 소득이 없을 경우에 한함)	가입기간이 20년 이상인 경우 -기본연금액100%+부양가족연금액
노령연금	감액노령연금	가입기간 10년 이상 20년 미만으로 60세에 도달한 자(65세 이전까지는 소득이 없을 경우에 한함)	가입기간이 10년 이상인 경우 -기본연금액50%+부양가족연금액 * 가입기간이 1년 증가 시 지급률 5%씩 증가
노령연금	재직자노령연금	완전노령연금수습권자 또는 감액연금수급권자가 65세 이전에 소득이 있는 업무에 종사하는 경우(소득있는 업무 종사 하지 않으면 완전노령이나 감액노령연금으로 전환)	가입기간이 10년, 60세인 경우 -기본연금액50%×50%(재직자연령별지급액) * 가입기간 1년 증가 시 지급률 5%씩 증가 * 연령1세 증가 시 연령별지급률 10%씩 증가 가입기간이 20년인 경우 수급연령에 따라 기본연금액의 50%~90% 부양가족연금은 지급되지 않음
노령연금	조기노령연금	가입기간 10년 이상, 연령 55세 이상인 자가 소득이 있는 업무에 종사하지 아니하고, 60세 도달 전에 청구한 경우(60세 전에 소득 있는 업무종사 시 그 기간 지급정지하고, 60세 이후 65세 이전에는 재직자노령연금으로 전환)	가입기간이 10년, 55세인 경우 -기본연금액 50%×70% + 부양가족연금액 * 가입기간 1년 증가 시 지급률 5%씩 증가 * 수급개시연령 1개월 초과 시마다 지급률 0.5%씩 증가
노령연금	분할연금	가입기간 중 혼인기간 5년 이상인 노령연금수급권자의 이혼한 배우자가 60세 이상이 된 경우	배우자이었던 자의 노령연금액(부양가족연금액 제외) 중 가입기간 중 혼인기간(5년 이상)에 해당하는 연금액의 1/2
장애연금		• 가입 중에 발생한 질병 또는 부상으로 인해 완치된 후에도 장애가 남았을 때 장애정도(1급~4급)에 따라 급여를 지급	장애등급1등급 -기본연금액100%+부양가족연금액 장애등급2등급 -기본연금액80%+부양가족연금액 장애등급3등급 -기본연금액60% +부양가족연금액 장애등급4등급 -기본연금액225%
유족연금		• 노령연금 수급권자가 사망한 경우 • 가입자가 사망한 경우(단, 가입기간이 1년 미만인 경우 가입 중에 발생한 질병이나 부상으로 사망한 경우) • 가입기간 10년 이상 가입자이었던 자가 사망한 경우 • 가입기간 10년 미만의 가입자 이었던 자가 가입 중에 발생한 질병이나 부상으로 가입 중 초진일 또는 가입자 자격상실 후 1년 이내의 초진일로부터 2년 이내에 사망한 경우	10년 미만 -기본연금액40%+부양가족연금액 10년 이상 ~ 20년 미만 -기본연금액50%+부양가족연금액 20년 이상 -기본연금액60%+부양가족연금액

자료: 국민연금공단(2009a). 『알기 쉬운 국민연금』. pp.11-15.

준공적 연금이란? 읽을거리

준공적 연금이란 특수직에 종사하는 사람(공무원, 군인, 사립학교 교직원)을 대상으로 하는 연금제도이다. 이러한 연금제도는 공무원연금, 군인연금, 교원연금제도로 불리어지고 있고, 이러한 연금제도들은 퇴직금규정 대신 각각 별도의 연금법 적용을 받게 된다. 퇴직 시 자격요건에 따라 퇴직일시금, 퇴직연금, 퇴직연금일시금, 퇴직연금공제일시금 등의 급부를 받게 된다.

준공적 연금과 일반 퇴직금과의 주된 차이점은 다음과 같다.

- 일반 퇴직금제도는 기업주가 퇴직금비용을 전액부담하는 반면, 특수직의 퇴직금제도는 본인, 국가(지방자치단체, 학교경영자)가 일정률(각각 50%씩)을 부담한다.
- 퇴직급부 이외에 장해급부, 유족급부, 재해보상금 등의 종합적인 생활보장기능을 갖고 있다.
- 퇴직금 지급 형태도 일시금 또는 연금 형태로 되어 있고 특히 연금수급 시 물가상승을 반영하여 지급한다.
- 세제면에서도 모든 급부가 비과세 처리된다.

10.4 퇴직연금

퇴직연금이란 기업이 근로자의 퇴직 후 생활의 안정을 위하여 재직기간 중 현금 또는 현금(주식 등)을 적립하여 퇴직 이후 연금급여를 지급하는 제도를 말한다. 이러한 퇴직연금제도는 공적연금과의 역할관계에 따라 강제제도 또는 임의제도로 도입할 수 있다.

1. 적용대상

2005년 12월부터 도입된 우리나라 퇴직연금 적용대상은 5인 이상 사업장에서 1년 근속 이상의 근로자에게 적용되며, 2010년까지 5인 미만 기업까지 의무화될 예정이다(근로자퇴직급여보장법 2장, 부칙,' 05. 1. 27 제정, ' 05. 12. 1 시행).

2. 퇴직연금의 유형

2005년 12월 1일부터 시행된 「근로자 퇴직급여 보장」에 의한 퇴직연금의 유형은 확정급여형 퇴직금, 확장기여형 퇴직연금 및 개인퇴직계좌로 구분된다(고광수 · 오승현, 2007).

- **확정급여형 퇴직금**(DB: Defined Benefit Retirement Pension) : 근로자가 지급받을 급여의 수준이 사전에 결정되며 퇴직연금, 사용자의 적립금 부담은 적립금 운용결과에 따라 변동되는 형태를 말한다. 임금이 계속 인상되는 연공급 임금체계를 가지고 있거나, 경영이 안정적이어서 급여를 떼일 염려가 없는 사업장의 경우 적합하다.
- **확정기여형 퇴직금**(DC: Defined Contribution Retirement Pension) : 급여의 지급을 위하여 사용자가 부담하여야 할 부담금의 수준이 사전에 결정되고, 근로자의 연금 급여는 적립금 운용수익에 따라 변동되는 형태의 퇴직연금이다. 연금제 및 임금피크제 실시사업장, 기업의 수명이 짧거나 경영이 불안정하여 급여의 수급이 담보되기 어려운 사업장에 적합하다.
- **개인퇴직계좌**(IRA): 퇴직급여제도의 일시금을 수령한 자 등이 그 수령액을 적립 · 운용하기 위하여 퇴직연금사업자에게 설정한 저축계좌를 의미한다.
  최근 직장이동이 빈번하여 평균근속기간이 5.8년에 불과하고, 비정규근로자 증가, 퇴직금 중간정산제 및 연봉제의 확산 등으로 퇴직금이 소액생활자금으로 소진되는 사례가 많다. 이러한 문제점을 보완하기 위하여 도입되는 개인퇴직계좌는 근로자가 퇴직 또는 직장을 옮길 때 받은 퇴직금(퇴직연금일시금)을 세제혜택을 받으면서 자기명의 계좌에 적립했다가 연금 등 노후자금으로 활용할 수 있도록 하는 제도이다. 근로자가 퇴직금을 개인퇴직계좌에 적립할지 여부는 강제사항이 아니라 스스로 선택할 수 있다.

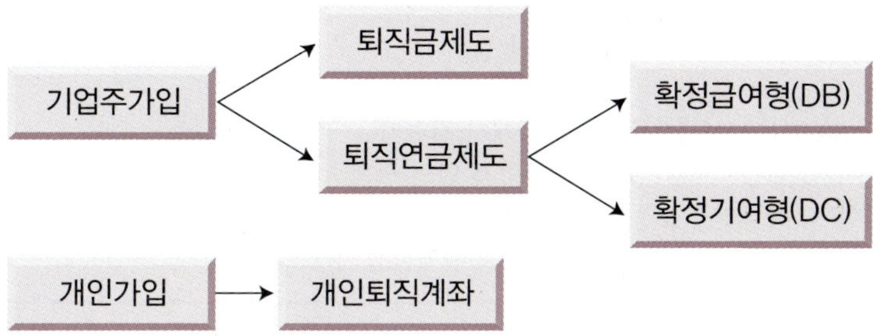

그림 10-4 퇴직급여제도의 구조

3. 퇴직연금제도의 현황

우리나라 퇴직금제도는 5인 이상 사업장의 1년 근속 이상 근로자에게만 적용되기 때문에 2005년 12월부터 2008년 현재까지는 봉급생활자의 약 50%, 전 취업자의 약 30%만이 그 혜택을 받고 있다(노동부, 2008). 또 중도 퇴직과 퇴직금 중간정산 등으로 인해 노후소득보장 의미는 크게 퇴색되어 있다. 노후소득보장 기능을 강화하기 위해서는 적용대상 근로자의 확대방안을 보다 적극적으로 검토할 필요가 있다.

10.5 개인연금

모든 근로자가 기업 퇴직금의 혜택을 받는 것은 아니다. 또 만일 근로자가 기업 퇴직금 혜택을 받는다고 하더라도 퇴직 후 받는 퇴직금이 자신의 생활수준을 유지하는 데 부족할 경우도 있다. 이때 이용할 수 있는 제도가 개인연금이다.

1. 개인연금이란

개인연금이란 장기적 저축을 통해 퇴직 후에 일정한 소득을 얻을 수 있도록 금융

표 10-9
개인연금의 가입요건 (2001년 이후)

- 가입대상: 만 18~60세(연금개시나이-10세)
- 납입한도: 월 100만 원(또는 3개월 300만 원)
- 납입주기: 월납, 3개월납
- 납입기간: 10년납, 15년납, 전기납(연금개시 전까지)
- 연금개시시기: 55세~70세 사이에서 계약자 임의 선택
- 연금지급형태: 확정연금 또는 종신연금 형태

(소득세법 제20조, 21조, 제129조 및 조세특례제한법 제86조)

기관에 임금 중 일정액을 일정기간 동안 납입하고 이 자금을 유용하게 투자하도록 하여 자신이 지정한 일정기간 후에 은퇴자금을 수령하거나 연금의 형태로 매월 또는 매년 수령하도록 하는 제도이다.

이는 1994년 6월부터 시행하고 있으며 은행, 투자신탁, 보험회사 및 농 · 수 · 축협에서 함께 취급하고 있다. 2001년 이후의 개인연금의 가입요건은 〈표 10-9〉에서와 같다.

2. 개인연금의 세제 혜택

개인연금은 다음과 같이 세제 혜택을 받을 수 있는 저축수단이다(소득세법 제20조, 21조, 제129조 및 조세특례제한법 제86조).

- 2001년 이후 개인연금 가입자는 연간 적립보험료 300만 원까지 소득공제 혜택을 받을 수 있다(2001년 이전 가입자에 대한 연금소득공제금액은 연 납입금액의 40%까지 공제되면서 그 한도액 72만 원). 개인연금보험료 소득공제는 근로소득 생활자에게 한정하지 않고 모든 소득생활자에게 적용된다.
- 10년 이상 보험료를 적립한 후 연금을 수령할 경우 이자소득세는 비과세 처리한다. 그러나 보험만기 전에 중도해약하거나 보험료 납부기간 만료 후 일시금 형태로 지급받을 경우는 이자소득세를 과세하고 특히 보험가입일로부터 5년 내 중도해약한 경우에는 적립보험료의 4%해당액을 중도해약 추징세액으로 추징한다. 예를 들어, 매월 15만 원씩 3년간 540만 원을 불입한 상태에서 중도해약하는 경우 추징세액은 21만 6천 원이다(15만 원×12개월×3년×4%= 216,000원).

3. 개인연금 상품의 선택

개인연금 취급기관은 장기신탁이나 장기연금을 취급하는 은행(신탁), 보험사(생·손보사), 투신사, 농·수·축협조합의 단위조합이다. 각 기관별 개인연금 상품의 특성은 〈표 10-10〉과 같으며, 장·단점을 고려하여 선택하여야 한다.

은행에서는 실적에 따라 변동금리를 적용하는 저축성 상품 중에서 선택할 수 있다. 넓은 점포망을 갖고 있고 자동이체가 가능하므로 이용하기 편리하다. 중도해지 시 원금과 일정 이자액도 지급받을 수 있다.

보험회사에서는 실적배당형뿐 아니라 금리연동형과 금리확정형이 모두 있다. 그러나 중도해지 시 불이익을 당하기 쉽다. 일정기간 이상을 불입해야 원금확보가 가능하다. 투자신탁회사의 개인연금신탁은 타금융기관에 비해 수익률이 높은 편이다. 그러나 자동이체가 불가능하고 점포망도 취약하여 거래가 불편하다. 농·수·축협 및 우체국의 경우, 개인연금 상품은 은행의 개인연금신탁과 유사하다. 그러나 수익률과 대출전문성 등에 있어서 은행, 보험사, 투자신탁에 미치지 못한다.

표 10-10 금융기관별 개인연금저축의 특성

구 분	은 행	보험		투자신탁	농·수·축협
		생명	손해		
수익률	실적배당	금리연동형 금리확정형 실적배당형	금리연동형 금리확정형	실적배당	금리연동형 금리확정형
적립방식	자유식	정액식	정액식	자유식	정액식
거래편리성	넓은 점포망, 자동이체 가능	모집인을 통한 거래, 자동이체 가능		점포망취약, 자동이체 불가능	넓은 점포망 (특히, 농협) 자동이체 가능
중도해지시	원금 및 일정 이자지급	일정기간 불입 해야 원금확보	일정기간 불입 해야 원금확보	원금 및 일정 이자지급	일정기간 불입 해야 원금보장
형태	신탁	보험	보험	신탁	공제보험
예금자보호	보호	보호/비보호	보호	비보호	보호

출처: 재무관리로 부자되기(2007). "금융기관별 개인연금의 특성요약". http://cafe.naver.com/spus23.cafe?iframe_url=/ArticleRead.nhn%3Farticleid=219

10.6 장기주택저당대출(역모기지론)

현재 우리나라는 급격한 출산율 저하 및 의학발달에 따른 수명 연장으로 매우 빠른 속도로 인구의 고령화가 진행되고 있으나, 사회구조의 변화와 공 · 사적 연금 시스템의 미흡으로 고령자를 위한 사회안전망이 상당히 부족하여 노후생활에 대한 불안감이 증대됨에 따라 노후생활에 필요한 자금을 연금 형태로 지급하는 장기주택저당대출(역모기지론) 제도가 2007년 7월 11일에 도입되었다(한국주택금융공사, 2009).

1. 장기주택저당대출(역모기지론)이란

장기주택저당대출(역모기지론, reverse mortgage loan)은 주택을 소유하고 있으나 자체수입이 부족한 고령자가 보유주택을 담보로 사망 또는 주택매각할 때까지 노후생활에 필요한 자금을 연금 형태로 받아 안정된 노후생활을 확보하는 제도이다.

장기주택저당대출(역모기지론) 도입은 복지적 · 경제적 측면에서 고령자 지원을 위한 사회적 부담을 경감시키고 고령자 측면에서는 자식이나 주위의 도움 없이 고령자가 스스로 경제적 문제를 해결할 수 있는 방안이 될 수 있다. 사회 전체적인 측면에서도 상대적으로 적은 규모의 재정 지원으로 고령층의 복지문제를 해결할 수 있어 저비용 · 고효율의 예산운용이 가능하며 부수적으로 부동산 시장의 안정도 기대할 수 있다.

2. 장기주택저당대출(역모기지론) 적용대상

노후를 대비하는 주택연금, 즉, 장기주택저당대출(역모기지론)제도의 가입자격은 부부 모두가 만 60세 이상이며, 1세대 1주택자를 적용대상으로 하고 있다. 장기주택저당대출(역모기지론)의 주요내용은 〈표 10-11〉과 같다.

표 10-11 주택연금의 주요내용

구 분	내 용
이용 대상	만 60세 이상(배우자 포함), 1가구 1주택자
대상 주택	시가 9억 원 이하 단독, 다세대, 연립주택 및 아파트
거주 요건	연금 수령기간 중엔 해당 주택에 계속 거주해야 함.
대출 한도	5억 원 이하
대출 금리	변동금리 적용(3개월 CD금리 + 1.1%)
세제 혜택	– 당해연도에 납부해야 할 재산세의 25%를 감면 주택가격 3억 이상, 전용면적 85m² 이하, 연소득 1,200만 원 이하인 가입자 – 연간 2백만 원까지 대출이자비용 소득공제 주택가격 3억 이하, 연소득 1,200만 원 이하의 가입자
보증료	– 초기보증료 : 주택가격의 2% 이하를 최초 대출실행 시 납부 – 연보증료 : 보증잔액의 연 0.5%를 매월 납부
대출금 조기수령	일정한도(대출한도의 50%) 내에서 개별인출을 허용 (종신혼합형의 경우)
취급 금융회사	국민은행, 기업은행, 농협중앙회, 신한은행, 우리은행, 하나은행

출처: 주택금융공사(2009).『주택연금상품안내』. http://www.khfc.co.kr/mortgageloan/mortgageloan_index.jsp

3. 장기주택저당대출(역모기지론) 형태

장기주택저당대출(역모기지론)은 대출금 지급방식에 따라 일시금 지급방법, 월 일정금액 지급방법, 신용한도액 설정 등으로 구분되고, 월 일정금액 지급방법은 만기 여부에 따라 종신지급제도와 일정기간 지급제도로 구분된다(강종만 · 이석호, 2006).

- **종신지급제도(tenure payment)** : 장기주택저당대출(역모기지론)의 가장 일반적인 형태로 차입자의 주거상태가 변화하거나 차입자가 사망할 때까지 일정금액 지급이 보장되는 방법이다. 종신지급제도는 역모기지 차입자가 담보로 제공된 소유주택에서 거주하고 있는 한 약정된 금액은 지속적으로 지급된다.
- **일정기간 지급제도** : 대출기간을 사전에 약정하고 대출기간 동안 약정금액을 지급하는 제도이다. 일정기간 지급제도에서는 월지급금이 종신지급제도에 비해 많으나, 대출자금은 대출기간 종료시점에서 상환되어야 한다. 대출자금의 상환

은 주택매각을 통하여 이루어지는 것이 일반적이며, 차입자가 대출기간 내에 사망하는 경우에는 사망시점으로 대출기간 종료시점을 정한다.

- **신용한도액**(credit line)**설정제도** : 사전에 정해진 약정한도금액 내에서 차입자가 필요시 수시로 대출 받을 수 있는 제도로서 차입자의 자금수요에 따라 융통성이 있다.

4. 장기주택저당대출(역모기지론) 활성화의 문제점

국내 금융기관의 장기주택저당대출(역모기지론) 취급실적이 저조함은 일반적으로 고령자의 후손에 대한 주택상속욕구에 기인하지만, 이외에도 다음과 같은 구조적인 문제들이 장기주택저당대출(역모기지론) 활성화를 저해하는 것으로 판단된다.

(1) 현재 장기주택저당대출(역모기지론) 차입자가 예상보다 장수하거나 담보주택 가치 하락 및 금리 상승으로 대출 원리금이 담보주택 가치를 초과할 때 발생하는 장기주택저당대출(역모기지론) 취급금융기관의 손실을 보전하는 보증(또는 보험)제도가 미흡하다.

(2) 장기주택저당대출(역모기지론) 대출종류가 기간제로 제한되고 대출기간도 비교적 단기로 고령자가 장기주택저당대출(역모기지론)을 이용함으로써 노후생활 안정을 확보할 수 있는 가능성이 매우 제한적이다.

(3) 장기주택저당대출(역모기지론)이 주택을 담보로 하는 금융상품임에도 불구하고 타 주택담보대출에 비해 대출금리가 높고 세제혜택 등이 없어 장기주택저당대출(역모기지론) 월지급금 산정기준금액과 이용자가 받는 지급금이 작아 고령자에 대한 소득지원효과가 제한적이다.

(4) 현재 금융기관에서 취급하는 장기주택저당대출(역모기지론)은 실질적으로 장기 부동산담보 분할대출로서 저소득 고령자를 위한 소득지원 기능은 매우 제한적이다.

'은퇴 후 생활 액션플랜'

읽을거리

"은퇴 후 큰 돈 못벌어도 명함에 새길 직함은 있어야죠"

올해 71세인 홍덕화 씨는 전 직장에서 퇴직한 지 10년이나 지났지만 요즘도 매일 오전 9시면 아내에게 "집 잘 보라"는 말을 남기고 문 밖으로 나선다. 골프나 등산을 즐기는 것도 아니고 매일같이 친구를 만나는 것도 아니다. 그는 경영컨설팅 회사인 '상지경영컨설팅'의 대표이사이다.

상지컨설팅의 역사는 1990년으로 거슬러 올라간다. 당시 신용보증기금 이사로 근무하면서 경영지도사 자격증 시험을 준비하던 남대우 씨가 친한 친구들끼리 컨설팅회사를 만들어 퇴직 후 함께 활동하자는 제안을 내놓았고 이에 뜻을 같이한 16명이 이듬해인 1991년 모두 경영지도사 자격증을 취득, 회사를 건립했다. 정부, 금융, 산업, 언론 등 다양한 분야에 30~40년간 몸담으면서 쌓은 전문지식과 경험, 탄탄한 인맥이 이들의 강점이다.

이들의 주요고객은 자본 유치에 어려움을 겪고 있거나 고가의 경영 컨설팅을 받을 형편이 못 되는 중소기업이다. 30~40대 젊은 사업가에게는 고민 상담까지 마다하지 않는 인생 선배 역할도 한다.

최근 들어 이처럼 은퇴 후에도 전문성과 경험을 살리면서 보람된 삶을 살고자 하는 사람들을 위한 프로그램이 늘어나고 있다. 시민단체인 희망제작소는 '행복설계 아카데미'를 통해 전문직 퇴직자들이 학교나 사회단체 등 비영리기구(NPO)에서 일할 수 있도록 주선해 주고 있다. 한경아카데미(http://ac.hankyung.com)는 20년 이상의 전문직 경력을 가진 사람들을 대상으로 '시니어 비즈니스 코치' 과정을 운영 중이다. 한국능률협회컨설팅이 주관하는 경영지도사 자격증을 따면 상지컨설팅과 같은 경영 컨설턴트 활동을 할 수 있다. 경영지도사는 주로 중소기업의 의뢰를 받아 경영 전반에 걸친 문제점을 찾아내고 해결책을 제시하는 역할을 한다.

출처: 한국경제(2009). "은퇴 후 큰 돈 못벌어도 명함에 새길 직함은 있어야죠"(보도 '09.5.13).
http://www.hankyung.com/news/app/newsview.php?aid=200905136958

>>> 연습문제

1. 자신의 미래가족형태(예: 딩크가족, 전통가족 등…)에 따라 은퇴 후 소득원이 어떤 것일지에 대해 예측해 보고, 자신이 생각하는 은퇴 후 지출과 소득에 맞추어 은퇴설계를 해보자.

2. 국민연금의 가입자를 대상으로 언제부터 얼마나 연금수령을 받을 수 있는지 계산해 보자.

3. 자신의 가족이나 주변의 기업 퇴직금수혜대상이 되는 사람을 찾아 근속연수에 따라 어느 정도의 퇴직금이 수령가능한지 계산해 보자.

4. 개인연금 보험가입 시 얼마를 가입해야 소득공제 혜택을 높게 받을 수 있는지 계산해 보자.

>>> 유용한 사이트

- 경향신문 재무설계 www.money2007.co.kr
- 한국재무설계 www.koreafp.co.kr

Chapter 11

노후재산의 증여와 상속

- 제1절 노후재산의 관리
- 제2절 증 여
- 제3절 상 속

자산을 소유한 대부분의 사람들은 자신의 자녀나 친지에게 재산을 상속시키고자 하는 바람을 가지고 있으며 어떻게 자녀에게 재산을 분배할 것인가에 관심을 가지게 된다. 이 장에서는 상속 시기, 상속재산의 자녀 분배방법, 사회로의 환원 등에 관한 노후재산의 관리에 대해서 알아본다. 그리고 재산을 물려주는 과정에서 국가는 재산의 양에 따라 차이는 있지만 상당한 세금을 부과하므로 많은 사람들은 세금부담의 두려움을 갖는다. 따라서 재산의 증여와 상속을 세금과 관련하여 설명한다.

학습목표

1. 노후재산의 관리방법을 이해할 수 있다.
2. 증여세의 개념과 특징을 이해하고 증여세 절세방안을 설명할 수 있다.
3. 상속의 개념과 유형을 이해하고 상속세 특징 및 절세방안을 설명할 수 있다.

주·요·용·어

증여, 증여세, 증여세액, 증여세 절세방법, 상속, 상속세, 상속세액, 상속세 절세방안

11.1 노후재산의 관리

1. 재산을 물려주는 시기

사람들은 50대 후반이나 60대 초반이 되면 자신이 소유한 재산과 자녀들과의 관계를 어떻게 정립할 것인가를 생각하게 된다. 과거 전통적 가치관을 따르면, 부모의 재산이 자녀의 재산이 되고 자녀가 부모를 모시고 함께 살아가는 것을 당연하게 여겼다. 그래서 부모들 중에는 아직도 재산관리를 할 수 있는 연령임에도 불구하고 재산을 자녀들에게 사전 증여하는 경우도 종종 있게 된다.

그러나 자신의 재산을 자녀에게 물려주고 난 후 그에게 얹혀살거나 눈치를 보며 용돈을 타 쓰는 노인의 경험담에 비추어 재산 증여의 시기에 신중을 기해야 한다는 지적이 일고 있다. 또한 아직 사회적 경험이 적은 자녀는 재산관리 능력이 미숙하여 모처럼 증여받은 재산을 다 날려 버리는 사례도 적지 않다. 따라서 재산 문제에 관한 한, 부모 자식지간이라 하더라도 일정한 선을 그어 두는 것이 피차를 위해 좋을 것이다.

이러한 근거로 최근에 와서 부모가 노후에 자녀에게 경제적으로 의존하지 않고 독립적으로 살고자 하는 의식이 높아져 자신의 자산은 스스로 관리하고자 하는 경향이 증가하고 있다. 부모는 자기 소유 재산을 관리할 능력이 있는 한, 스스로 관리해 나가도록 노력하는 것이 바람직하다. 체력이 떨어져 활동할 능력이 감퇴되었을 때는 신임할 만한 대리인을 두어서 관리하도록 할 수도 있다. 만일 부모 자신이 상당히 많은 재산을 소유하고 있는 경우라면, 두 단계로 나누어서 자녀에게 재산을 물려주는 방법을 택할 수 있다. 재산의 일부는 자신이 은퇴를 하는 시기에 증여해 주고 나머지는 유언에 의해서 사후에 상속되도록 조치를 취하는 방법이다.

2. 누구에게 재산을 물려줄 것인가

전통적으로 재산상속이라 하면 대체로 상속 우선권이 큰 아들에게 있었다. 부모를 부양할 의무와 호주의 상속권이 장자에게 있었으므로 대부분의 재산이 장자에게 상속이 되고 그러한 관습이 법적으로도 허용이 되어왔던 것이다. 그러나 사회 가치관의 변화에 따른 가족법 개정으로 상속법도 개정되었다.

개정가족법에 의하면 아무런 유언이 없이 사망한 후 상속되는 지분은 자녀의 경우 출생순위나 성별에 관계없이 동일한 비율로 상속을 받게 되었고, 배우자는 자녀 지분의 1.5배를 받게 되었다. 그러나 많은 경우 상속에 관한 한 부모가 미리 어느 정도의 계획을 가지고 자신이 결정한 사항을 유언장에 기록하여 두었다가 사망 후 상속한다. 따라서 부모가 누구에게 어떻게 상속할 것인가를 결정하게 된다.

서구에서는 부모가 자식에게 재산을 상속하는 경우뿐만 아니라 노후에 자신의 재산을 계속 유지하고 생활을 하다가 손자나 손녀에게 상속을 하는 경우도 간혹 있다. 부모가 상속을 생각할 만큼 연령이 많아지면 자식은 이미 경제적으로 자립하여 나름대로 자신의 생활을 해나가고 있기 때문이다. 따라서 남은 재산이 있는 경우 손자나 손녀에게 물려주기도 하고 자신의 노후에 지극하게 돌보아 준 사람이라든가 비영리단체 등에 자산을 기부하는 경우도 많다. 재산상속을 꼭 자신의 직계자녀에게만 물려주고자 하는 의식은 많지 않다. 왜냐하면 재산을 상속할 때 상속세가 매우 많아서 자녀에게 상속을 하는 것이 의미가 없는 경우가 많기 때문이다.

재산상속을 결정할 경우 자식보다는 배우자에 대한 배려가 있어야 한다(박재간, 1990). 인간 수명에 관한 우리나라 기대수명을 보면, 여자(83세)는 남자(76세)보다 대체로 7세 정도 오래 사는 것으로 나타나고 있다(통계청, 2008). 부부간에는 남자가 여자보다 연령이 높은 경우가 많으므로 아내는 남편 사망 후 7~10년을 더 사는 것이 보편적 현상이다. 일반적으로 우리나라의 관례로는 재산을 의례히 자식에게 상속해주면 된다고 생각해왔는데, 그것은 효심이 강했던 전통사회에서는 무방한 일이었으나 경로 효친 사상이 현저히 감퇴되고 있는 현대 사회에서는 남편이 사망한 후 아내에 대한 배려가 강구되어야 한다. 자녀들은 젊고 건강하고 능력이 있으므로 설사 상속받은 유산이 없더라도 스스로의 생계를 해결해 나갈 수 있지만 배우자의 경우는 생전에 대책을 강구해 두지 않으면 후에 많은 어려움에 봉착할 염려도 있으므로 배우자에 대한 배려를 우선으로 해야 한다. 배우자에게 상속된 재산은 후에 그가 사망하면 재차 자녀에게 상속될 수 있으므로 자녀에게도 그리 큰 문제가 되지 않을 것이다.

3. 사회로의 환원

우리는 자신의 생애를 통해 열심히 모은 재산을 자녀에게 상속하기보다는 사회기관에 기부하는 경우를 신문기사를 통해 종종 보게 된다. 자녀에게 과다한 재산을 상속할 경우, 재산 상속 문제로 인해 가족 간의 갈등이 빚어지기도 하고 지나치게 많은 재산으로 인해 자녀의 생활태도가 방탕하게 되기도 한다. 이런 경우를 보면 자녀에게 많은 재산을 상속할 경우는 재산의 규모에 따라 누진적으로 상속세가 부과되기 때문에 생활할 수 있을 정도의 적정한 액수를 제외한 재산을 사회에 기부하는 것도 한 방안이 될 수 있다. 서구사회에서는 재산의 세습을 억제하기 위해서 많은 재산을 사회에 환원하는 것을 제도적으로 장려하고 있다. 이 경우 세금이 전액 면제되며 자신의 명예나 이름을 남길 수 있어서 재산가들 중에는 이런 방법을 택하는 경우가 많다.

우리나라에서도 최근 사회의 뜻있는 사람들이 모여 자녀에게 재산 안 물려주기

82세 한의학자, KAIST에 쾌척

읽을거리

국내 원로 한의학자가 과학기술 발전과 인재 양성에 써달라며 KAIST에 578억 원 상당의 재산을 내놨다. KAIST는 류근철(82 · 모스크바국립공대 종신교수 · 한의학 박사) 전 경희한방병원 부원장이 578억 원 상당의 부동산과 소장품 등을 기탁했다고 13일 밝혔다.

그는 "수십 년 동안 월급을 꼬박꼬박 예금하고 한의원을 운영해 돈을 벌어 빌딩을 샀는데 빌딩의 수요자가 많아 몇 번 옮기는 과정에서 재산이 불어났다."며 "그 순간 '이 돈은 내 돈이 아니구나' 라는 생각이 들어 10여 년 전부터 보람 있는 곳에 재산을 환원할 방안을 고심해 왔다."고 기부 배경을 밝혔다. 그는 고향인 천안의 천동초등학교에 1억 5,000만 원을 들여 학생과 주민이 이용하도록 다목적 체육관과 게이트볼 및 골프 연습장 등을 기증했고 경남 산청군에서는 무료 진료활동을 오랫동안 해 왔다. 류 박사는 "재산을 기부하겠다고 하자 주변에서 노망든 것 아니냐는 반응이 많아 기탁증서에 정신감정서를 첨부하고 싶은 심정"이라며 "기부를 둘러싸고 가족 간에 합의를 보는 데 어려웠지만 자식들이야 교육시켜 시집 장가보냈으면 그걸로 된 것 아니냐."고 털어놨다.

* 출처: 동아일보(2008). "82세 한의학자, KAIST에 쾌척"(보도 ' 08.8.14).
http://news.donga.com/fbin/output?n=200808140048

운동을 전개하고 있기도 하다. 많은 재산을 모아 자녀에게 물려주기 위해 애를 쓰기 보다는 자녀가 독립적으로 살 수 있을 정도의 보조만을 하고 나머지 재산은 사회로 환원하고자 생각하는 것도 미래의 복지사회를 위한 하나의 공헌이라고 할 수 있다.

11.2 증 여

증여란 생존해 있는 사람이 아무런 대가를 받지 않고 다른 사람에게 재산을 물려주는 것이다. 대부분 부모들은 자신의 재산을 자녀에게 남겨주고자 한다. 그러나 현대의 자유민주주의 국가에서는 원칙적으로 재산의 세습을 금하고 있다. 따라서 무상으로 재산을 취득하는 경우는 증여세를 내도록 하고 있다. 재산이 많은 경우는 증여세를 많이 내야 하지만, 재산이 그렇게 많지 않은 경우에는 이러한 증여세를 부담하지 않고 증여를 받을 수 있다.

1. 증여세

증여세란 다른 사람으로부터 아무런 대가없이 재산을 취득하게 되는 경우 취득한 사람에게 증여받을 재산에 대하여 부과하는 세금을 말한다. 증여세 과세대상은 민법상 증여뿐만 아니라 거래의 명칭, 형식, 목적 등에 불구하고 경제적 가치가 있는 유·무형의 재산을 타인에게 직·간접적 방법을 통해 무상으로 이전하여 타인의 재산가치의 증가를 가져온 경제적 실질이 있는 경우에는 모두 해당된다.

(1) 증여세 신고

증여를 받을 사람은 증여를 받은 날로부터 3개월(외국에 주소를 둔 자는 9개월) 내에 그 주소지 관할 세무서에 증여세 신고를 해야 한다. 기간 내에 신고하면 세금의 10%를 공제받고, 신고하지 않으면 20%의 가산세를 물게 된다(국세청, 2009).

(2) 증여세를 내야 하는 경우

증여재산은 본래의 증여재산과 증여는 아니나 결과적으로 그와 같은 효과가 발생한 재산(간주증여)을 말하며, 증여재산에 대하여는 증여 당시의 시가에 의해 산정된 가액에 따라 10~40%세율의 증여세가 부과된다(국세청, 2009). 증여재산으로 간주되는 재산은 〈표 11-1〉과 같다.

표 11-1 증여세 과세 대상 (2009년 기준)

- 증여세 과세대상 배우자 상호간 또는 직계존비속 간에 재산을 양도한 경우(대가를 지급한 경우 제외)
- 재산을 특수관계가 있는 사람에게 시가의 70% 혹은 130% 이상의 가액으로 재산을 양도하거나 시가와 대가와의 차액이 1억 원 이상인 경우
- 채무를 면제받거나, 다른 사람이 빚을 대신 갚아주어 경제적 이익을 받은 경우
- 특수관계가 있는 자의 토지를 무상으로 사용하는 경우
- 보험료를 내지 않은 사람이 보험금을 타는 경우
- 세금을 내지 않을 목적으로 실질적인 소유권이 없는 제 3자의 명의로 재산을 등기, 등록 또는 명의개서한 경우
- 기업의 합병 또는 증자 · 감자로 인해 주주가 받은 이익
- 특수관계자로부터 취득한 주식의 상장시세 차익
- 재산을 취득한 자금 또는 채무를 상환한 자금출처 불분명한 경우
- 전환사채이익, 결손법인과의 거래, 토지무상사용권, 금전무상대부 등 사실상 증여와 같은 경제적 이익을 얻은 경우

출처: 국세청(2009e). "상속세 및 증여세법 제2조".
http://taxinfo.nts.go.kr/docs/customer/law/statute_popup_dadan.jsp

표 11-2 증여세 비과세 대상 (2009년 기준)

- 국가 또는 지방자치단체로부터 증여받은 재산의 가액
- 소액주주 기준에 해당하는 우리사주 조합원이 취득한 주식의 취득가액과 시가와의 차액으로 인하여 받은 이익에 상당하는 가액
- 정당법의 규정에 의한 정당이 증여받은 재산의 가액
- 사내근로복지기금 · 우리사주조합 및 근로복지진흥기금 등이 증여받은 재산의 가액
- 사회통념상 인정되는 이재구호금품, 치료비, 피부양자의 생활비, 교육비 기타 이와 유사한 것으로서 다음에 해당하는 것
- 신용보증기금법에 의하여 설립된 신용보증기금, 신기술사업금융지원법에 의해 설립된 기술신용보증기금 등이 증여받은 재산의 가액
- 국가 · 지방자치단체 또는 공공단체가 증여받은 재산의 가액
- 장애인을 보험금 수취인으로 하는 보험으로서 연간 4천만 원 이하의 보험금

출처: 국세청(2009i). "상속세 및 증여세법 제46조".
http://taxinfo.nts.go.kr/docs/customer/law/ statute_popup_dadan.jsp

(3) 증여세를 면제받는 경우

증여재산 중 〈표 11-2〉의 재산에 대하여는 증여세를 면제 또는 과세하지 않거나 합산하여 과세한다.

(4) 증여세 계산법

[그림 11-1]에서 증여세 계산방법을 보면, 증여세는 증여재산의 가액에서 증여재산공제를 한 금액(과세표준)에 세율을 곱하면 된다. 그리고 앞에서 설명한 바와 같이

그림 11-1
증여세액 계산 방법

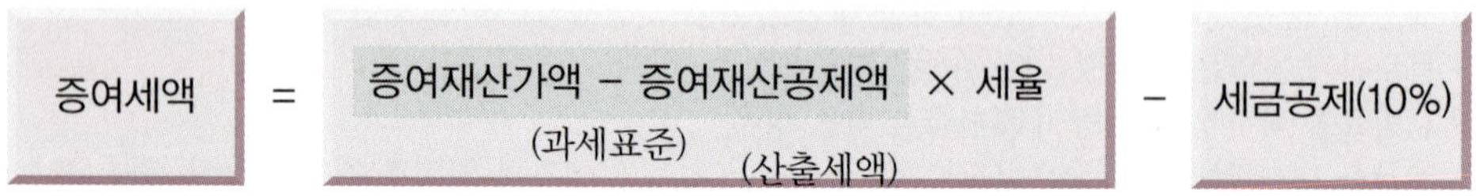

그림 11-2
증여세액 계산의 구조

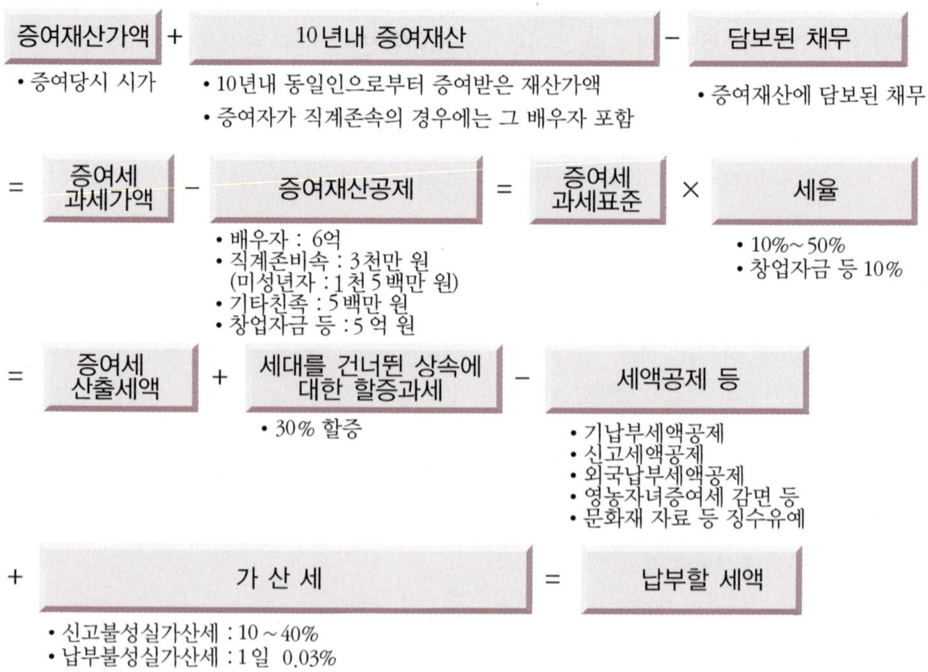

출처: 국세청(2009n). 『세금절약 가이드 Ⅱ -증여세절세전략』. p.166.

표 11-3
증여세의 공제 내용과 세율

<table>
<tr><td rowspan="4">공제내용 및 한도</td><td>구분</td><td colspan="2">공제한도</td></tr>
<tr><td>배우자공제</td><td colspan="2">6억 원</td></tr>
<tr><td>직계존비속공제</td><td colspan="2">3천만 원(미성년자 경우 1천 5백만 원)</td></tr>
<tr><td>기타친족</td><td colspan="2">5백만 원</td></tr>
<tr><td rowspan="6">증여세율</td><td>구분</td><td>증여세율</td><td>누진공제액</td></tr>
<tr><td>1억 원 이하</td><td>10%</td><td>-</td></tr>
<tr><td>5억 원 이하</td><td>20%</td><td>1천만 원</td></tr>
<tr><td>10억 원 이하</td><td>30%</td><td>6천만 원</td></tr>
<tr><td>30억 원 이하</td><td>40%</td><td>1억 6천만 원</td></tr>
<tr><td>30억 원 초과</td><td>50%</td><td>4억 6천만 원</td></tr>
</table>

출처: 국세청(2009g). "상속세 및 증여세법 제55조–57조".
http://taxinfo.nts.go.kr/docs/customer/law/statute_popup_dadan.jsp

증여신고기간 내에 신고하였을 때에는 10% 세액공제혜택을 받을 수 있다. 증여세의 공제내용과 증여세율은 〈표 11–3〉을 참조하면 된다. 수증자를 기준으로 당해 증여 전 10년 이내에 공제받은 금액과 당해 증여에서 공제받을 금액의 합계액은 위의 공제금액을 한도로 한다. 창업자금 및 가업승계 주식 등 사전증여를 하면, 5억 원을 증여재산 공제한 후 증여세 특례세율(10%)을 적용한다(국세청, 2009).

증여세 공제한도 예를 들어보자. 아버지로부터 여러 번에 걸쳐 재산을 증여받았다면, 10년 이내의 증여재산가액을 합한 금액에서 3,000만 원을 공제 받을 수 있다. 아들이 아버지와 어머니로부터 각각 재산을 증여받은 경우라면, 아버지로부터 증여받은 재산가액과 어머니로부터 증여받은 재산가액의 합계액에서 3,000만 원을 공제받을 수 있다. 아버지와 삼촌으로부터 각각 재산을 증여받은 경우라면, 아버지로부터 증여받은 재산가액에서 3,000만 원을 공제받을 수 있고, 삼촌으로부터 증여받은 재산가액에서 500만 원을 공제받을 수 있다.

다음의 예를 통하여 증여세액을 계산하여 보자.

사례 1) 29세인 아들이 아버지로부터 사업자금 1억 원을 증여받았을 경우

- 과세표준＝1억 원－3,000만 원(＝7,000만 원, 직계존속)
- 산출세액＝7,000만 원×10%＝700만 원

신고기간 내에 증여세 신고를 하게 되면 10%(70만 원)를 공제받을 수 있으므로 세액공제를 차감한 후 29세인 아들이 부담해야 할 증여세액은 630만 원이 된다.

사례 2) 35세의 딸이 아버지로부터 1억 5천만 원을 증여받았을 경우

- 과세표준=1억 5천만 원−3,000만 원(=1억 2,000만 원, 직계존속)
- 산출세액=1억 2,000만 원×20%−누진공제 1,000만 원=1,400만 원

  신고기간 내에 증여세 신고를 하게 되면 10%(140만 원)를 공제받을 수 있으므로 세액공제를 차감한 후 35세인 딸이 부담해야 할 증여세액은 1,260만 원이 된다.

(5) 자금출처 조사대상자로 선정되었을 경우

미성년의 자녀나 소득이 확실하지 않은 처의 명의 또는 성년의 자녀라 하더라도 소득이 확실하지 않은 경우에, 부동산을 취득하거나 주식 또는 은행에 상당량의 예금을 한 경우 증여로 간주하여 자금 출처를 조사받게 되는 경우가 있다. 자금출처조사대상이 되는 기준은 〈표 11-4〉와 같다.

세무서로부터 자금출처 조사대상자로 선정되었을 경우 통지받은 날로부터 15일 이내에 회신해야 하며, 자금출처를 증빙할 수 있는 때는 증빙서를 구비하여 반드시 회신을 하도록 한다. 자금의 출처로 인정받아 제출할 수 있는 것에는 다음과 같은 것들이 있다.

- 소득세 납세증명서 또는 납세 영수증(종합소득, 퇴직소득, 산림소득 등)
- 다른 재산을 처분한 경우에는 매매계약서나 등기부 등본
- 융자나 남의 돈을 빌린 경우에는 부채증명서
- 전세보증금이 있는 경우에는 전세계약서

표 11-4
자금출처 조사 기준표

구분	취득재산		채무상환	총액한도
	주택	기타재산		
1. 세대주인 경우 가. 30세 이상인 자 나. 40세 이상인 자	2억 원 4억 원	5천만 원 1억 원	5천만 원	2억 5천만 원 5억 원
2. 세대주가 아닌 경우 가. 30세 이상인 자 나. 40세 이상인 자	1억 원 2억 원	5천만 원 1억 원	5천만 원	1억 5천만 원 3억 원
3. 30세 미만인 경우	5천만 원	3천만 원	3천만 원	8천만 원

출처: 권리분석과 배당실무 블로그(2007). "증여세 자금출처조사기준".
http://blog.naver.com/ lim1251/150024088462

이와 같은 자료의 입증금액이 취득자금의 80% 이상이 넘게 되면 증여세가 과세되지 않는다(단, 취득재산이 10억 원을 초과하는 경우, 그 초과되는 금액에 대해서는 9%를 입증하여야 한다).

2. 증여세의 절세방안

(1) 자금출처 조사기준에 못 미치는 주택 및 부동산 구입을 통한 증여

우리나라 세법은 자녀의 결혼 시 부모가 집 한 채 정도 마련해 주는 경우 증여이기는 하지만 일정취득가액 미만이면 세금을 부과하지 않는다는 원칙을 세워놓고 있다. 예를 들면, 30세 이상인 세대주가 2억 원 미만의 주택을 구입했을 때는 자금출처 조사를 받지 않는다. 주택이 아닌 경우에는 5,000만 원 미만까지 자금출처 대상에서 제외된다.

비록 30세가 넘었지만 세대주로 독립하지 않았다면 주택인 경우에 1억 원 미만까지, 주택 이외인 경우 5,000만 원 미만까지는 증여세의 과세대상에 해당되지 않는다. 40세 이상의 세대주인 경우에는 주택은 4억 원 미만까지, 주택외의 부동산 및 기타 자산은 1억 원 미만까지는 자금출처를 조사받지 않는다.

30세 미만인 자녀에게 1억 원짜리 아파트를 사줬다면 등기를 하자마자 세무서로부터 "증여세 우편질문서"라는 것이 날아올 것이다. 비록 정부 고시가격이 시가보다 낮다고 하지만 시가가 1억인 경우 자금출처 대상에서 제외되는 5,000만 원을 초과했기 때문이다. 고시가격으로 8,000만 원이라고 한다면 5,000만 원을 초과하는 3,000만 원만 세금을 내야 하는 것이 아니라 8,000만 원 전액에 대해 세금을 내야 한다.

증여세 우편질문서를 작성할 때는 세금을 납부한 소득원을 적어야 한다. 근로소득세 연말정산 영수증이나 소득세 신고서 사본 등이 있으면 이를 첨부하는 것이 필요하다.

(2) 증여 공제한도 및 기간의 이용

자금출처 조사대상이 될 경우 증여세를 부과하게 되는데, 이 경우에도 증여세를 부과하지 않는 공제액이 있다. 배우자로부터 증여받을 때 공제받을 수 있는 공제금액과 직계 존비속으로부터 증여받을 때 공제받을 수 있는 금액이 다르다. 배우자로부터 증여받은 경우 6억 원에 대해서는 합법적인 증여로 간주한다.

직계존비속으로부터 증여를 받을 경우 3,000만 원(미성년자의 경우 1,500만 원)까지 세금이 공제된다. 증여 공제금액은 기간이 10년이기 때문에 자녀에게 미리 증여를 해주고 싶은 경우에는 어릴 때부터 자녀에게 공제금액만큼 증여하는 것이 유리하다.

이 경우 증거를 남기기 위해 금융기관의 저축상품을 이용하는 것이 바람직한 방법이다. 미성년자인 자녀명의로 통장개설이 가능한 금융상품이나 자녀가 수혜대상이 되도록 연금보험 등을 이용하는 것이 좋다. 만일 공제금액에 해당되는 금액을 태어났을 때부터 10년마다 증여했다면, 25세 때에는 6,000만 원에 해당하는 증여자산에 대해 세금을 내지 않고 증여가 가능하다. 즉 20세 이전까지는 1,500만 원씩 2번 증여하고, 20세 이상이 되어서 3,000만 원을 증여하는 것이다.

(3) 자녀가 결혼할 때 증여

자녀가 결혼할 때 자신이 모은 돈으로 주택을 구입해 줬다면 자녀가 직장생활로 벌어들인 수입은 명확한 자금 출처를 밝히는 가장 좋은 자료가 된다. 연봉이 2,000만 원이라면 이는 모두 소득으로 간주한다. 설사 1,500만 원을 생활비로 사용하고 500만 원만 저축했다고 하더라도 이 경우 모두 2,000만 원을 모은 것으로 간주한다.

자녀가 결혼할 경우 축의금은 증여세의 대상이 되지 않는다. 결혼식 방명록을 보관해 두면, 이것도 증빙자료가 된다. 방명록에 적힌 사람 수와 축의금 총액을 비교했을 경우 상식적인 수준에서 맞는다면, 증여세를 물지 않는다.

(4) 재산 증여의 취소

재산의 증여에 있어 증여한 재산을 되돌려 받거나 증여를 취소할 경우 증여세를 물지 않을 수도 있다. 증여받을 날로부터 3개월 이내에 반환 및 재증여할 경우 처음부터 증여가 없었다고 보고 증여세를 부과하지 않는다.

11.3 상 속

사람들은 자신의 자산이나 소유물들을 누군가에게 상속하고자 한다. 자산의 양이 많고 적음을 떠나 상속을 해야 할 대상이 여럿이 있을 경우 상속분의 분배를 놓고 가족 간에 이견을 보여 갈등을 빚는 경우가 적지 않다. 생전에 유언을 하지 않으면 고인을 위해 헌신적으로 돌봐준 사람에게 고마움의 표시로 자신의 자산 일부를 상속하고자 하여도 법률로 정해진 상속법에 따라 상속되므로 이런 경우에는 자신의 상속의지를 미리 유언을 통해 명확히 밝혀 두는 것이 좋다.

1. 상속이란

상속이란 사망한 후 자녀 또는 친지, 관련기관에서 자기 소유의 자산 또는 유물의 소유권을 이전시키는 행위를 의미한다. 상속은 사망으로 인하여 개시되고, 피상속인의 주소지에서 개시한다. 이때 사망은 병 또는 사고로 인한 자연사가 보통이지만 실종 등으로 인해 사망으로 취급할 필요가 있는 경우도 있다.

(1) 유언에 의한 상속

- **유언의 정의** : 유언이란 유언을 한 사람이 사망한 후에야, 유언대로 법률상 효력이 생기게 하는 법률행위를 말한다.
- **유언의 방식** : 유언의 방식에는 보통방식과 특별방식이 있다. 보통방식에도 네 종류의 유언방식이 있다. 자세한 내용은 〈표 11-5〉에 제시되어 있다.
- **유언의 효력** : 유언은 유언자 본인이 사망한 때부터 효력이 발생한다(보통의 유언). 유언에 정지조건이 있는 경우에 그 조건이 유언자의 사망 후에 성취할 때에는 그 조건을 성취한 때부터 유언의 효력이 생긴다(정지 조건부 유언).

표 11-5
유언의 방식

유언방식	종류	내용
보통방식*	자필증서유언	전문, 연월일, 성명을 자기 자신의 글로 쓰고 도장 찍어 하는 유언
	녹음유언	유언자가 유언을 녹음하여 하는 유언
	공정증서	유언공정기관인 공증인에게 가서 하는 유언
	비밀증서유언	내용을 아무도 모르게 비밀로 하여 두는 유언
특별방식		질병시 유언(전염병격리자유언 등)이나 기타 급박시 유언의 경우, 적어도 2사람의 증인이 있어야 하며, 유언을 필기한 후 유언자와 증인에게 읽어 들려주어 정확한지를 승인한 후 증인의 서명날인으로 유언하는 방법

* 보통방식 : 특별한 사정이 없는 상황에서 유언을 하는 일반적인 방법
출처: 민법 제5편 2장

(2) 법률에 의한 상속

유언이 없는 상태에서 상속이 개시된 경우 그 상속인이 될 사람은 피상속인과 어떤 사이였던가에 따라 상속순위가 결정된다. 제1순위는 아들, 딸 등 "직계비속"이다. 아들, 딸이 이미 사망하였을 때는 그 아들, 딸의 자녀가 상속한다. 같은 순위의 상속인이 여러 사람 있을 때는 공동으로 상속한다.

제2순위는 아버지와 같은 "직계존속"이다. 장남이 사망한 경우, 손자가 있을 때는 그 손자가 상속하므로 부모는 장남의 재산을 상속할 수 없다. 직계존속이 여러 사람 있을 때, 피상속인과 촌수가 가까운 선순위로 상속한다.

제3순위는 피상속인의 "형제자매"이다. 형제자매에게는 대습상속이 인정되어 있으므로 상속개시 당시 형제자매가 이미 사망하였거나 결격으로 상속할 수 없게 되어 있으면 그의 자녀(조카나 질녀)가 상속한다(대습상속).

제4순위는 4촌 이내의 "방계혈족"이다. 큰 아버지, 작은 아버지, 고모, 외숙부, 이모는 3촌이고 이들의 아들, 딸 모두는 4촌이다. 3촌과 4촌이 동시에 살아있을 때는 3촌이 우선 상속받는다.

한편 배우자의 상속순위는 남편과 아내가 낳은 자식이 있을 때는 배우자는 자식들과 공동상속을 한다. 자식이 없을 때는 시부모가 남편의 재산을 며느리와 공동상속하고, 장인 · 장모가 딸의 재산을 사위와 공동상속한다. 배우자는 법률상 혼인한 배우자이어야 배우자 상속권이 인정된다. 그리고 법률상이 아닌 사실상의 배우자에게는 배우자 상속권 대신 다른 방도를 강구하여 보호하고 있다. 예컨대, 특별 연고자

표 11-6
상속의 순위

1순위	직계비속, 배우자	항상 상속인이 된다.
2순위	직계존속, 배우자	직계비속이 없는 경우 상속인이 된다.
3순위	형제자매	1, 2순위가 없는 경우 상속인이 된다.
4순위	4촌 이내의 방계혈족	1, 2, 3순위가 없는 경우 상속인이 된다.

출처: 민법 제1000조

*법정상속인의 결정에 있어서 같은 순위의 상속인이 여러 명인 경우에는 촌수가 가장 가까운 상속인을 우선순위로 하며, 촌수가 같은 상속인이 여러 명인 경우에는 공동상속인이 된다. 피상속인의 직계비속으로 자녀 2인과 손자녀 2인이 있는 경우 자녀 2인이 공동상속인이 되며 손자녀는 법정상속인이 되지 못한다.

에게 재산을 나누어주는 재산분여, 임차권의 승계, 산재유족보상의 수령 등으로 보충하고 있다.

피상속인은 유언에 의하여 공동상속인의 상속분을 지정할 수 있으며(유언상속), 유언상속이 없는 경우에는 공동상속인이 협의하여 분할하거나 민법에 규정된 법정상속분에 따라 상속재산을 분할한다. 같은 순위의 상속인이 여러 명일 때에는 그 상속분은 동일한 것으로 하며, 상속분은 직계비속과 공동으로 상속하는 때에는 직계비속의 상속분에 5할을 가산하고, 직계존속과 공동으로 상속하는 때에는 직계존속의 상속분에 5할을 가산한다.

표 11-7
법정상속분의 예시

구분	상속인	상속인	
		상속분	배분율
피상속인의 자녀 및 배우자가 있는 경우	장남 · 배우자만 있는 경우	장남 1	2/5
		배우자 1.5	3/5
	장남 · 장녀(미혼) 배우자가 있는 경우	장남 1	2/7
		장녀 1	2/7
		배우자 1.5	3/7
	장남 · 장녀(출가) 2남, 2녀 배우자가 있는 경우	장남 1	2/11
		장녀 1	2/11
		2남 1	2/11
		2녀 1	2/11
		배우자 1.5	3/11
피상속인의 자녀가 없고 배우자 및 직계존속(부 · 모)이 있는 경우		부 1	2/7
		모 1	2/7
		배우자 1.5	3/7

출처: 국세청(2009m). 『세금절약 가이드 Ⅱ－상속세절세전략』. p.118.

2. 상속세

상속세는 어떤 사람의 사망에 의하여 무상으로 재산이 이전될 때, '상속세 공제액' 등을 초과하는 경우 그 초과액에 대해 과세되는 세금이다. 상속재산은 상속인의 수나 재산의 분배내용에 관계없이 유산액을 기준으로 한다.

(1) 상속세 신고와 납부

재산상속인은 상속개시를 안 날로부터 6개월(외국에 주소를 가진 자는 9개월) 이내에 피상속인의 주소지 관할 세무서에 상속세 신고를 해야 하고, 기간 내에 신고하면 10%를 공제받는다. 그러나 신고기간 내에 신고하지 않거나, 신고해야 할 과세표준에 미달하게 신고한 때에는 20%의 가산세를 물게 된다. 또한, 납부되지 않는 금액에 대해서도 미납세액의 10%를 추가로 내야 한다. 따라서 신고와 납부가 모두 이루어지지 않았다면 모두 합해 30%의 가산세를 내야 한다.

(2) 상속세를 내야 하는 경우

상속재산은 본래의 상속재산과 일정요건에 해당하는 「간주상속재산」 및 「증여재

표 11-8
상속재산 과세 대상

본래의 상속재산	간주상속	추정상속재산
• 상속개시 당시 피상속인이 소유하고 있는 경제적 가치가 있는 물건과 재산적 가치가 있는 모든 재산	• 보험금 -피상속인사망으로 지급받는 생명보험 또는 손해보험금 -피상속인이 보험계약자가 되거나 보험료 지불한 경우 • 신탁재산 피상속인이 신탁한 재산 • 퇴직금 등 : 퇴직금, 퇴직수당, 공로금, 연금 또는 이와 유사한 것	• 상속개시 전 처분재산 및 인출금액 -1년이내: 재산종류별로 2억 원 이상 -2년이내: 재산종류별로 5억 원 이상 • 상속개시 전 국가 · 지방자치단체 · 금융기관에 부담한 채무 -1년이내: 부담채무합계액 2억 원 이상 -2년이내: 부담채무합계액 5억 원 이상 • 사용처 미소명 금액에서 처분재산가액 또는 부담채무액 20% 상당액과 2억 원 중 적은 금액을 차감하여 상속세 과세가액에 산입 • 국가 · 지방자치단체 · 금융기관 이외의 자에게 부담한 채무

출처: 국세청(2009d). "상속세및 증여세법 제1조".
http://taxinfo.nts.go.kr/docs/customer/law/statute_popup_dadan.jsp

산」을 포함하며, 이에 대해서는 상속세가 부과된다. 상속재산으로 과세되는 경우는 〈표 11-8〉에 제시되어 있다.

(3) 상속세를 면제받는 경우

상속재산가액에서 공과금, 장례비, 채무와 같은 특정한 재산은 과세가액에서 공제하거나 비과세한다. 이에 대한 자세한 내용은 〈표 11-9〉와 같다.

표 11-9 과세가액의 불산입 및 비과세

상속세액=과세표준×세율-세액공제(10%)
* 과세표준=과세가액-상속공제(기초 · 배우자 · 인적 · 금융재산상속 등 : 일괄공제)
* 과세가액=상속재산가액-공과금 · 장례금 · 채무+증여재산(창업자금 등 포함)

출처: 국세청(2009g). "상속세 및 증여세법 제16조".
http://taxinfo.nts.go.kr/docs/customer/law/statute_popup_dadan.jsp

그림 11-3 상속세액 계산의 구조

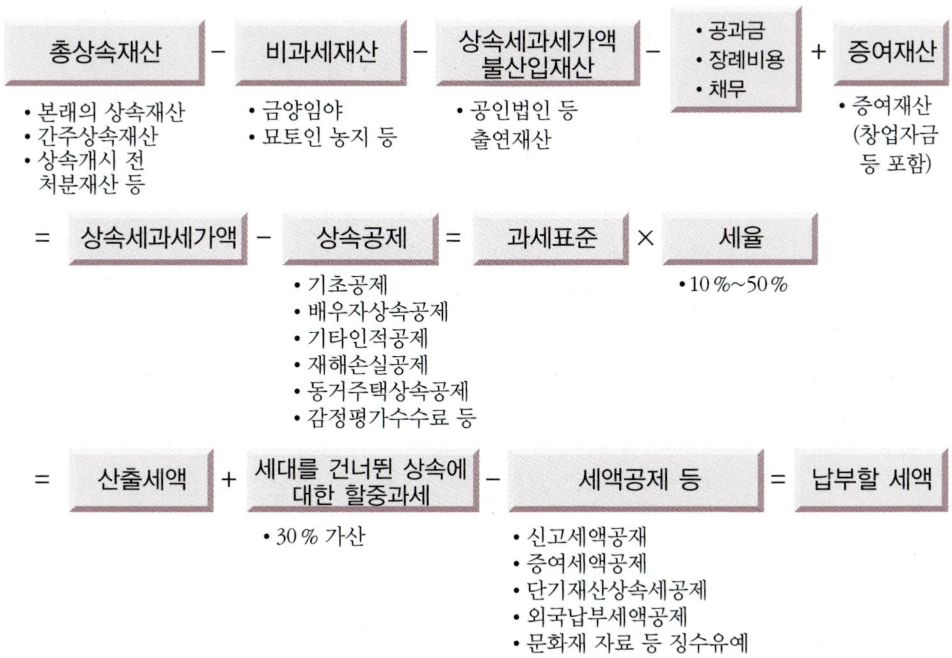

출처: 국세청(2009n). 『세금절약 가이드 Ⅱ-상속세절세전략』. p.119.

(4) 상속세 계산법

상속세는 상속재산가액에서 공과금, 장례비, 채무를 공제한 금액(과세가액)에서, 다시 기초공제, 인적공제, 물적공제를 공제한 나머지 금액(과세표준)에 세율을 곱하면 된다. 상속세도 증여와 마찬가지로 상속신고기간에 신고를 할 경우, 10%의 세액공제를 받을 수 있다. 상속세의 계산법은 아래와 같다. 상속세의 공제종류 및 한도액

표 11-10 상속세 공제종류 및 공제한도

<table>
<tr><th></th><th colspan="2">구분</th><th colspan="2">공제한도</th></tr>
<tr><td rowspan="6">상속재산에서 공제되는 경우 (상속세 및 증여세법 14조, 16조, 17조)</td><td colspan="2">공과금</td><td colspan="2">피상속인에게 귀속하는 조세 등 공과금</td></tr>
<tr><td colspan="2">장례비</td><td colspan="2">피상속인의 장례비용
*최하 500만 원, 자료증빙 시 1,000만 원 한도
*납골비용이 있을 경우 500만 원 한도 추가공제</td></tr>
<tr><td colspan="2">채무</td><td colspan="2">피상속인의 채무(임대보증금, 사인 간 및 사업상 채무)</td></tr>
<tr><td colspan="2">공익신탁재산</td><td colspan="2">종교, 자선, 학술 기타 공익법인출연재산</td></tr>
<tr><td colspan="2">감정평가수수료</td><td colspan="2">감정평가법인의 감정평가수수료 500만 원 한도
기타 신용평가전문기관에 의뢰한 평가수수료</td></tr>
<tr><td colspan="2">재해손실공제</td><td colspan="2">신고기한 내의 재난으로 인한 손실가액</td></tr>
<tr><td rowspan="10">상속세 과세가액에서 공제되는 경우 (상속세 및 증여세법 18조-22조)</td><td colspan="2">기초공제</td><td colspan="2">일반인 2억 원
가업상속인 2억 원+가업상속재산가액 1억 원 한도
영농상속인 2억 원+영농상속재산가액 2억 원 한도</td></tr>
<tr><td rowspan="5">인적공제</td><td>배우자공제</td><td colspan="2">법정상속액 전액 공제(5억~30억 한도)</td></tr>
<tr><td>자녀공제</td><td colspan="2">1인당 3,000만 원(자녀수, 나이, 동거여부 상관없음)</td></tr>
<tr><td>미성년공제</td><td colspan="2">500만 원×20세까지의 연수</td></tr>
<tr><td>연로자공제</td><td colspan="2">60세 이상, 3천만 원</td></tr>
<tr><td>장애자공제</td><td colspan="2">500만 원×75세까지의 연수</td></tr>
<tr><td colspan="2">일괄공제[a]</td><td colspan="2">일반상속-5억
가업상속-6억
영농상속 공제-7억</td></tr>
<tr><td colspan="2" rowspan="3">금융재산 상속공제[b]</td><td>2,000만 원 이하</td><td>당해 금융재산가액 전액</td></tr>
<tr><td>2,000만 원~1억 원 이하</td><td>2,000만 원</td></tr>
<tr><td>1억 초과</td><td>금융재산가액의 20%
(2억 한도)</td></tr>
</table>

[a]일괄공제 : ① 기초공제+기타 인적공제(배우자공제를 제외한 인적공제)를 대신하여 일괄로 5억 원 공제 가능, 단, 배우자가 단독상속할 경우는 일괄공제를 택할 수 없다.

[b]상속재산에 금융재산이 포함되어 있는 경우로, 여기서 금융재산이란 예 · 적금, 보험료, 출자금, 주식 등을 모두 포함한 것이다.

출처: 국세청(2009f). "상속세 및 증여세법 제14조 ,16조, 17조, 18조-22조".
http://taxinfo.nts.go.kr/docs/customer/law/statute_popup_dadan.jsp

표 11-11
상속세 세율

과 세 표 준	세 율	누 진 공 제
1억 원 이하	10%	–
1억 원 초과~5억 원 이하	20%	1천만 원
5억 원 초과~10억 원 이하	30%	6천만 원
10억 원 초과~30억 원 이하	40%	1억 6천만 원
30억 원 초과	50%	4억 6천만 원

출처: 국세청(2009h). "상속세 및 증여세법 제26조".
http://taxinfo.nts.go.kr/docs/customer/law/statute_popup_dadan.jsp

에 대해서는 〈표 11-10〉을 보고, 상속세율에 관해서는 〈표 11-11〉을 참조한다.

다음의 예를 통하여 상속세액을 계산하여 보자.

김영희 씨가 사망하여 그 가족들이 상속을 받게 되었는데, 남기고 간 상속재산의 내용은 다음과 같다.

표 11-12
김영희 씨의 상속재산

- 주택: 아파트 30평(기준시가 2억 4,000만 원)
- 토지: 공시지가금액 5억 2,000만 원
- 은행예금: 5억 2,000만 원
- 은행차입금: 2,000만 원
- 장례비용: 500만 원
- 공과금: 100만 원
- 유족: 배우자와 세 자녀(23세, 21세와 18세)

위의 상속재산에 대한 상속세액을 산정하여 보면,

- 과세가액＝12억 8,000만 원－(2,000만 원＋500만 원＋100만 원)
  ＝12억 5,400만 원

- 과세표준
  a: 일괄공제를 적용하는 경우
  - 과세가액＝12억 5,400만 원－(일괄공제 5억 원＋배우자공제 5억 원＋금융재산 상속공제 1억 400만 원)＝1억 5,000만 원

b: 일괄공제를 적용하지 않는 경우

과세표준=12억 5,400만 원-(기초공제 2억 원)+배우자공제 5억 원+자녀공제 3,000만 원×3인+미성년공제 500만 원×2 (미성년자녀 1명, 18세 자녀가 20세까지의 연수 2년)+금융재산 상속공제 1억 400만 원)
=3억 5,000만 원

따라서 이 경우 일괄공제를 적용하는 것이 유리하다.

• 산출세액=(1억 5,000만 원×20%)-1,000만 원=2,000만 원

만약 김영희 씨의 배우자와 세 자녀가 6개월 이내에 신고하면 10%의 세액공제를 받을 수 있으므로 세액공제를 차감한 납부세액은 1,800만 원이 된다.

3. 상속세 절세방안

(1) 상속 전 1년 이내에는 재산의 처분을 자제하자.

상속개시 1년 이내에 처분한 재산으로 그 금액이 2억 원 이상이거나 2년 이내에 5억 원 이상인 경우 객관적 용도가 명확하지 않는 것은 상속재산에 포함된다. 2억 원 이상인지 여부는 부동산의 경우는 총매매대금을 기준으로 판단하고, 예금의 경우는 피상속인의 예금계좌에서 인출된 금액의 합계액에서 피상속인의 예금계좌에 재입금된 금액을 차감한 금액을 기준으로 판단하면 된다. 상속개시 전 처분재산이 1년 이내에 2억 원 이상이거나 2년 이내에 5억 원 이상인 경우에는 반드시 사용처에 대한 증빙을 확보해 두어야 한다.

(2) 종합과세 하는 상속세보다는 개별과세 하는 증여세를 내도록 하자.

상속세는 피상속인이 남긴 재산액 모두를 합친 금액에 대해서 과세하지만 증여세는 증여를 받은 사람별로 세액을 계산하게 된다. 따라서 단순히 과세가액의 면에서 보면 상속보다는 증여가 더 유리하다고 볼 수 있다.

(3) 상속재산보다 부채가 많은 경우에는 상속을 포기하라.

상속이 개시되면 피상속인의 재산상의 모든 권리와 의무는 법률상 모두 상속인이 물려받게 된다. 상속재산이 부채보다 많다면 별 문제가 없으나, 부채가 상속재산보다 많은 경우 상속재산으로 피상속인의 채무를 전부 갚지 못하므로 상속인 자기의 고유재산을 가지고 갚아야 하는 경우가 발생할 수 있다. 이를 방지하기 위해 민법에서는 상속포기제도를 두어 상속인을 보호하고 있다.

(4) 배우자 상속공제를 최대한 활용하라.

상속재산이 10억 원 이하이고 배우자가 있다면 상속세가 과세되지 않으므로 모친에게 상속을 하지 않더라도 상속세 측면에서는 아무런 문제가 없으나, 상속재산이 많아 상속세가 과세되는 경우에는 모친에게 상속을 하는 경우와 하지 않는 경우 상속세 부담에 있어서 차이가 많이 난다.

먼저 모친에게는 재산을 한 푼도 상속하지 않는다고 하면, 35억 원에서 일괄공제 5억 원, 배우자 공제 5억 원을 차감하면 상속세 과세표준이 25억 원이 되며, 이에 대한 상속세는 8억 4천만 원이 나온다. 모친에게 법정상속지분대로 상속을 하는 경우를 살펴보면, 법정상속지분은 모친이 3/7, 자녀가 각각 2/7씩이므로 모친이 15억 원, 자녀가 각각 10억 원씩 상속받게 된다. 이런 경우 35억 원에서 일괄공제 5억 원, 배우자공제 15억 원을 차감하면 상속세 과세표준은 15억 원이 되며, 이에 대한 상속세는 4억 4천만 원이 된다. 따라서 모친에게 법정지분대로 상속을 하게 되면 4억 원이나 상속세가 절감된다.

(5) 증여재산공제 한도 내에서 배우자나 자녀에게 미리 증여를 해두자.

「상속세 및 증여세법」에서는 배우자 간에 증여를 하는 경우에는 6억 원을 공제해 주고, 직계존비속 간에 증여를 하는 경우에는 3천만 원(미성년자가 직계존속으로부터 증여를 받는 경우에는 1천 5백만 원)을 공제해 주도록 하고 있다. 따라서 배우자에게는 6억 원, 자녀에게는 3천만 원(자녀가 미성년자인 경우에는 1천 5백만 원)의 범위 내에서 증여를 하면 증여세를 내지 않고서도 상속세를 줄일 수 있다.

'재무설계 더 생각해보기'

읽을거리

위대한 유산

플로리다 걸프 해안의 작은 마을에 사는 8살의 핀 벨은 누나와 함께 살고 있었다.

핀 벨은 탈옥한 죄수 루스티그를 우연히 도주케 한 계기로 루스티그로부터 막대한 돈을 상속받지만 핀 벨은 이 돈이 모르는 은인으로부터 상속받은 것으로 생각했다.

상속자 핀 벨은 상류사회와 어울리면서 신사로 거듭 나지만 자신을 돌봐 주었던 고향의 누나와 매형 대장장이 "조"를 부끄러워하는 등 자신의 주변 사람을 경멸하는 속물이 되고 만다.

후에 은인의 정체가 죄수 루스티그라는 것을 알자 핀 벨은 막대한 유산을 포기하게 되고 갈등하며 몰락한다. 그러나 자신이 경멸했던 주변사람들의 사랑은 결코 사라지지 않았다. 자신의 주변 사람들과 가족의 순수하고 참된 사랑을 느끼면서 그가 동경했던 상류사회가 결국 허무하다는 것을 깨닫고 참된 사랑을 찾는다.

즉 유산은 돈이 아닌 사람의 마음(즉, 사랑)이라는 진정한 유산의 의미를 보여주는 영화

진정한 의미의 유산은 물질적인 돈이나 사회적 계급이 아닌 진정한 의미의 사랑임을 깨닫게 하는 영화이다. 우리도 눈에 보이는 물질적인 유산을 바라보고 기대하면서 진정한 유산에 대한 의미는 잊고 있는 것이 아닌지 생각해 보아야겠다. 부모의 물질적 유산의 상속에 급급해 진정한 부모의 사랑은 잊고 살지는 않는가?

>>> 연습문제

1. 만일에 상속할 재산이 있다면 재산상속은 누구에게 언제 하는 것이 적당한지 생각해 보고 그 이유를 발표하여 보자.

2. 증여나 상속 시 생긴 세금문제의 사례를 찾아보고 이의 절세방안을 알아보자.

3. 박영철 씨(60세)의 현재 자산상태는 다음과 같다.

재 산 종 류	기 준 시 가	시 가 기 준
상가건물	5억 6,000만	시가 10억
L시 소재 밭	5,000만	시가 1억
40평 아파트	1억	시가 1억 5,000만
은행예금	4억	4억 5,000만(이자 포함)
생명보험	1억	1억(사망시 수령보험금)
상장주식	4,000만	시가 5,000만
합 계	12억 5,000만	시가 18억 5,000만
상속인	서영미(부인, 56세) 박현우(장남 33세) 박현승(차남 30세, 미혼) 박현주(장녀 28세, 미혼)	

박씨는 위의 자산을 자신의 부인과 자녀들에게 상속하고자 한다. 아파트는 장남에게 상속하고, 시골에 있는 밭은 차남에게 상속할 계획이며, 상장주식은 장녀에게 상속할 계획이다. 또한 예금은 부인에게 상속하고, 상가건물은 부인과 자녀 앞으로 동일지분으로 상속한다는 구상을 갖고 있다. 이러한 경우, 박씨는 어느 정도까지 세금 없이 증여 · 상속할 수 있는가? 또한, 초과액이 있다면 그 초과금액에 대한 증여 · 상속의 절세방안에 대해 생각해 보자(계산 시 시가기준 참고).

4. 유언장을 작성하는 경우 어떤 형식의 유언장을 마련해야 하는지 알아보고 가상적으로 작성하여 보자.

5. 주변에 유언 없이 돌아가신 분의 상속 시 어떤 문제가 생길 수 있는지 알아보고 이의 처리과정은 어떻게 해야 하는지 조사하여 보자.

>>> 유용한 사이트

- 국세청 www.nts.go.kr
- 한국재무설계 www.koreafp.co.kr

제 6 부

미래사회와 소비자재무설계

제 12 장 사회변화와 소비자재무설계

Personal Finance

미래사회는 글로벌사회, 신용사회, 고령화사회, 다원사회, 지속가능소비사회 등으로 다양하게 표현된다. 사회 변화는 인간의 가치관과 생활양식뿐만 아니라 소비자역할에도 변화를 요구한다. 이러한 미래사회의 다양한 변화는 소비자재무설계의 필요성을 증가시키며, 개인과 가계의 자산관리, 신용관리 등과 같은 재무문제에 대한 전문적인 서비스 요구를 높인다.

제6부에서는 인간생활에 미치는 미래사회의 변화를 글로벌사회, 신용사회, 고령화사회를 중심으로 짚어보고 이에 대한 대처로서 소비자재무설계의 중요성과 소비자재무설계사의 제도화에 대해 알아보고, 소비자재무설계사 자격제도와 우리나라 소비자재무설계사제도에 대해 자세히 살펴보기로 한다.

Chapter 12

사회변화와 소비자재무설계

▌제1절 변화하는 사회와 소비자재무설계

▌제2절 소비자재무설계사 자격제도

과학기술의 급격한 발달로 인해 사회는 급격하게 변화해 왔으며, 세계는 시간과 공간의 장벽이 극복되면서 하나의 지구촌으로 변하고 있다. 특히 정보화사회의 원동력이 되는 정보통신기술의 발달로 글로벌사회가 확산되고, 또한 신용사회에서의 다양한 문제들이 대두되고 있다. 한편, 의료기술의 발달과 소득수준의 향상으로 인간의 수명이 크게 연장되면서 고령화사회로 진입하게 되었다. 이 장에서는 변화하는 사회의 모습으로 글로벌사회, 신용사회, 고령화사회의 3가지 측면에서 소비자재무설계의 중요성과 소비자재무설계사제도에 대해 살펴보기로 한다.

학습목표

1. 빠른 속도로 사회가 변화하는 원인을 설명할 수 있다.
2. 세계 사회가 변화하는 모습을 알아보고 구체적인 특징을 파악할 수 있다.
3. 글로벌사회, 신용사회에서 소비자들이 겪는 문제가 무엇이며, 미래지향적 관점에서 어떻게 대비해야 하는지를 설명할 수 있다.
4. 사회변화에 따른 소비자재무설계의 중요성을 설명할 수 있다.
5. 우리나라 소비자재무상담제도를 활용할 수 있는 능력을 기를 수 있다.
6. 전문직으로서의 재무설계사의 역할이 무엇인지 말할 수 있다.

주·요·용·어

소비자재무설계, 글로벌사회, 신용사회, 고령화사회, 소비자재무설계사제도, 소비자재무설계사자격인증, 재무서비스, 재무설계서비스, 재무상담, 재무교육, 소비자재무설계사, 일임투자자산운용사, 자산관리사(FP), 종합자산관리사(IFP), AFPK, CFP

12.1 변화하는 사회와 소비자재무설계

인류는 20세기 후반부터 21세기에 들어서면서 역사상 어느 시기보다 빠른 속도의 사회변동을 겪고 있다. 다시 말해서 인류는 미래를 향한 일대 비약의 시기에 다다르고 있으며 일찍이 없었던 새로운 운명을 창조하는 변혁에 직면하고 있다. 이러한 변화의 이면에 자리 잡고 있는 핵심적 요소는 기술발달로 인한 정보통신혁명이며, 이의 파급효과가 세계사회 전반과 개인에 대해 중대한 영향을 미치고 있다. 월스트리트에서 시작된 금융위기의 한파가 급속하게 전 세계를 휩쓰는 현상도 21세기 변화의 한 모습이다.

21세기가 특별히 중요한 이유는 문명사적으로 하나의 전환기가 될 것이라는 점에 있으며, 어떠한 측면을 강조하느냐에 따라 여러 가지 모습의 사회를 연상할 수 있다. 운송과 통신기술의 진전으로 인해 우주가 하나로 연결될 수 있는 세계사회, 정보통신기술의 발달로 인한 정보 및 신용사회, 개성의 추구로 소비자의 생활양식이 다양해진 다원사회, 개인이 소비자라는 정체성의 발현을 통해 시민적 참여와 적극성이 실천되는 시민사회, 소비자들의 환경친화적 소비가 더욱 중요한 이슈로 부각되는 지속가능소비사회 그리고 의학과 의료기술발달로 인해 노인이 증가하는 고령화사회 등이라고 할 수 있다.

본 절에서는 사회변화의 모습 중 소비자재무설계와 관계가 깊은 글로벌사회, 신용사회, 고령화사회에 대해 고찰하기로 한다.

1. 글로벌사회

과학기술과 정보통신의 발달로 시간과 공간의 장벽이 극복되고 있으며, 세계가 하나의 지구촌으로 그 모습을 지니게 되었다. 선진국들의 개방 압력으로 개발도상국과 후진국들도 세계화의 장으로 나가지 않을 수 없게 되었으며, 세계 각국은 고립과 폐쇄보다 개방과 상호교류 속에서 공존을 누릴 수 있다고 느끼게 되었다.

오늘날 우리 주변에서는 다국적기업의 생산과 판매, 외국인노동자 및 결혼 이민자의 증가, 해외여행과 유학, 해외근무, 문화와 정보 및 금융자원의 국제적 교류가 급속하게 이루어지고 있다. 심지어는 글로벌화로 인해 미국에서 시작된 금융위기가 곧바로 세계 각국의 경제위기를 초래하게 되는 게 오늘날의 현실이다.

글로벌사회가 되면서 소비자들의 생활에 어떠한 변화를 가져오게 되는가? 개방화의 대표적인 예로 금융시장 개방, 유통시장 개방, 금리자율화, 환율 변동폭 제한 폐지, 전자상거래 확산 등을 들 수 있다. 환율의 변동은 즉시 수입품의 가격에 반영되어 물가의 변동을 초래하며 이는 가계지출과 직결된다. 금리자율화와 유통시장 개방, 금융시장 개방도 국제적인 관계 속에서 중요한 의미를 지니며 가계의 재정상태와 소비자재무관리행동에 영향을 미친다.

외국의 채권을 국내에서 구매할 수 있게 되고, 가계는 외국인이 소유한 국내금융기관을 통하여 금융자산을 관리하는 것이 가능하게 된다. 가계가 금융자산의 투자포트폴리오를 구성할 때 국내 경제사정뿐만 아니라 환율과 국제적인 경제동향을 고려하지 않으면 안 되는 시대가 되었다.

금융권에서도 개방화에 따른 금융기관의 빠른 변화 때문에 소비자재무설계 전문인력에 대한 수요가 증가하고 있다. 금융시장 개방으로 인해 금융기관의 경쟁력이 절실해졌기 때문에 금융기관마다 고객만족 경영 등을 기본으로 하는 대응방안을 마련하게 되었다. 또한 금리자유화로 인한 수지약화의 가능성 때문에 가계대출을 증가시키고 고객서비스지원체계에 대한 관심이 고조되었다.

한편, 세계적인 교류는 물질 화폐, 사람, 정보 등을 통해 이루어질 수 있는데, 물질교류의 확대로 인해 백화점뿐만 아니라 동네 문구점까지 수입품이 전시되면서 소비자선택의 폭이 넓어지게 되었다. 인터넷을 이용한 세계 각종 생활정보도 시간과 공간의 장벽을 넘어서 소비자 개인에게 빠르게 침투하고 있으며, 뉴스를 통하여 지구상에서 일어나는 모든 사건이 순식간에 보도되면서 세계 인류의 소비자문제에 대한 공감대와 이에 대한 대응도 빠르게 확산되고 있다. 글로벌사회에서는 e-컨슈머리즘시대가 열리면서 광우병을 일으키는 쇠고기문제와 같은 소비생활상의 문제들이 빠르게 노출되고 전파되면서 세계소비자시민으로서의 문제의식이 높아지고 이에 대한 대처도 공동으로 하지 않으면 안 되게 되었다.

글로벌사회에서는 경제를 비롯하여 정치, 사회, 종교, 문화, 생활 등 모든 영역에서 다양한 행위주체들 간에 상호의존성이 더욱 심화되고 있다. 세계가 하나임을 실감하게 되는 글로벌사회가 펼쳐지면서 소비자들이 더불어서 공동의 이슈를 풀어가야 할 기회가 점점 증가하고, 이에 대처할 수 있는 제도와 인력양성이 필요하게 되었다(이기춘 외, 2008). 복잡해지는 소비자의 재무관리문제와 금융산업에서의 요구에 대처하기 위해서도 소비자재무설계 업무의 전문성이 더욱 증대된다.

2. 신용사회

21세기를 만들어가는 또 하나의 커다란 추세는 정보화였으며, 인간의 생활에 급격한 변화를 야기했다. 정보사회의 원동력이 되는 정보통신기술의 발달로 인하여 신용사회의 도래는 급격히 진전되고 있다. 금융기관, 신용카드회사, 할부판매자 등과 같은 신용공여자가 담보나 보증이 없어도 온라인 전산망을 통해 신용평점제(Credit Scoring System)를 이용하여 신용카드를 발급해주거나 소비자대출을 해주는 소비자신용의 획득과 신용카드를 사용한 거래가 손쉽게 이루어지게 된다.

신용사회란 미래의 소득으로 오늘을 소비하는 사회를 일컫는다. 즉, 미래소득을 담보로 앞으로 갚을 것을 약속하며, 거기에다 이자와 수수료라는 상당한 대가를 치루고 갚겠다는 약속으로 돈을 빌려쓰는 사회이다. 믿음이 그만큼 큰 사회이고 신용이 재산이 되는 사회이기도 하다(이기춘 외, 2008).

우리나라는 고도성장과 더불어 정보기술을 중심으로 한 기술혁신의 진전으로 신용경제사회로 도약하기 시작하였다. 이후 국가의 소비자신용장려정책 지원 아래 신용사회로의 진전은 신용카드 이용의 급격한 증대, 내구재를 중심으로 한 할부거래의 증가, 소비자금융제도의 활성화 등으로 이어져 왔다.

소비자신용거래는 소비자의 입장에서 볼 때 신용이라는 미래의 지불능력을 담보로 현재에 필요한 재화와 서비스를 구매하게 하여 총효용을 극대화시켜 주므로 기간간 자원배분을 합리적으로 이루게 해주는 장점을 갖는다. 또한 소비자신용은 긴급자금을 융통해주기도 함으로써 현재소득과 소비의 갭을 메워 주는 수단으로 작용하기도 한다.

소비자신용은 재무관리를 위한 합리적 도구이면서도 다른 한편으로는 신용불량과 같은 문제를 일으키기도 한다. 즉, 소비자신용의 이용은 편의성이라는 혜택과 부채의 증가라는 피해의 양면성을 갖고 있다.

돌이켜 보면 우리나라의 외환위기 직후 신용카드를 매개로 저소득층들이 빚의 늪에 빠졌으며, 중산층들까지도 주택담보대출로 인해 빚의 멍에를 지는 일들이 발생하였다. 신용의 무분별한 사용은 특히 비계획구매, 충동구매, 과시소비, 모방소비 등의 촉매가 되어 신용카드문제를 유발하게 된다. 또한 소비자신용거래의 증가로 인해 다중 · 다액 채무를 지는 소비자가 늘어나고 불량채권이 누적되면서 소비자채무불이행, 소비자파산* 등의 문제가 증가하고 있다.

가시적이며, 한정되어 있고, 사용하면서 증감을 피부로 느낄 수 있는 화폐를 주로 사용하던 시대에는 지출 즉시 발생하는 화폐감소가 주는 고통이 충동구매나 과시소비 등을 억제할 수 있었다. 또한 미래의 화폐자원은 미래를 위해서 남겨질 수 있는 가능성이 높았다. 사용하는 데 화폐보다 쉽고, 그 사용에 대한 사회적 비난이 적은 신용카드나 이와 유사한 첨단카드를 이용한 신용사용이 급증하는 신용사회에서는 미래의 화폐자원이 한순간의 지나친 카드사용으로 일시에 고갈될 위험이 증가한다.

가계부채 역시 채무불이행문제의 지속과 소비자파산의 증가로 이어질 수 있고 가계의 안정과 유지와 관련되기 때문에 가계부채는 개인 소비자와 가계뿐만 아니라 국가의 중요한 관심사가 된다. 신용문제는 개인적인 불행을 가져올 뿐 아니라 사회적인 문제로 확대되어 다른 신용이용자에게도 영향을 미치게 된다. 그리고 소비자신용의 이용은 시간이 흐름에 따라 더욱 증가한다. 거래의 투명성이나 편의성 등과 더불어 전자거래 같은 새로운 거래의 확대, 소비의 지속적 증가 등은 앞으로 신용을 더욱 중요한 경제도구로 만들 것이다. 이로 인하여 신용을 어떻게 관리하느냐는 개인뿐만 아니라 사회의 유지에 중요한 근간이 될 것이다.

소비자신용에 대한 이해는 소비자의 현재와 미래를 가로지르는 소비행동을 설명해 줌과 동시에 사회를 이해하는 데 도움이 된다. 따라서 구체적인 대응방안의 하나인 소비자재무설계는 정보화로 인한 신용사회에서 그 중요성이 더욱 증가한다(이기

* 소비자파산이란 개인이 신용대출이나 빚보증 등으로 과다한 채무를 졌으나 갚을 능력을 상실한 경우 법원에 채무를 면제시켜달라고 신청하는 제도이다. 우리나라에서는 1962년 파산법이 제정된 이후 30여년이 넘게 신청이 없어 사문화된 제도로 인식되어 왔다. 그러나 1997년 5월 30일에 서울지법이 과다한 빚보증을 이기지 못해 파산신청을 한 대학교수부인에게 파산선고 결정을 내렸고, 1997년 28일에 면책결정을 내렸다. 그 결과 빚 전액을 탕감 받음은 물론 파산자로서 받았던 각종 공 · 사법 불이익에서 벗어나게 되었다.

춘 외, 2008).

3. 고령화사회

세계보건기구(WHO)는 고령화를 '조용하게, 거의 눈에 띄지 않게 진행되지만 점차 속도가 붙어 앞으로 25년이 지나면 그 윤곽이 분명해질 사회혁명'으로 정의했다. 의학과 의료기술의 발달로 인해 질병에 대한 예방과 치료가 증진되고 소득수준의 향상에 따른 식생활을 비롯한 각종 생활의 편의로 인해 인간의 수명은 나날이 연장되고 있다. 한편 출산율은 오히려 저하되면서 고령화사회로 빠르게 진행되고 있다. 더욱이 베이비 붐 세대가 은퇴 단계에 들어가면 우리 사회는 급속하게 고령사회로 진입하게 될 것이다.

우리나라가 늙어가는 속도는 초고속이다. 유엔이 정한 고령화사회(65세 이상 인구 비중이 전체 인구의 7% 이상 차지)로 2000년에 접어든 우리나라가 고령사회(65세 이상 인구 비중 14%)로 갈 때까지 걸리는 시간은 19년(2019년)에 불과하다.

고령화는 생산이 가능한 연령층(14~64세)의 규모와 비중을 축소시킬 뿐만 아니라 노동에 참여하고 있는 인구 중에서도 고령자들이 차지하는 비중을 증가시켜 노동생산성을 떨어뜨린다.

노인기란 생물 · 사회 · 심리적 과정을 포함한 복합된 현상이 나타나는 시기로 몇 세부터를 노인기로 보느냐에 따라 다양한 견해를 보인다. 미국이나 영국의 경우 직장에서 은퇴한 이후의 생활을 노후생활로 보는 경우가 가장 많다. 또한 노인 스스로가 지각하는 노인기에 대한 개념도 국가마다 차이가 있는데, 노인지각연령은 미국의 경우 80세, 영국은 75세, 일본은 65~70세였다.

우리나라 통계청 발표에 의하면 2008년 7월 1일 현재 우리나라 총 인구 중 65세 이상 인구가 차지하는 비율이 10.3%이며, 2016년에 이르면 유소년인구(0~10세) 100명당 노인 인구가 100.7명이 될 것으로 예상된다(통계청, 2008f). 인간의 기대수명은 계속 증가할 것이며, 미래의 은퇴자들은 장기간의 은퇴기간 동안 더 많은 소비를 하게 될 것이다.

한편 인플레이션으로 물가는 상승하는 반면 불충분한 재정자원으로 인해 고령가계는 생활수준의 저하를 겪게 될 가능성이 높아진다. 통계청의 고령자조사에서도 고령자들이 경험하는 가장 어려운 문제가 '경제적인 어려움' 으로 나타났다. 그 이유는 근로소득이 감소하게 되는 반면 자녀교육과 결혼, 건강악화 등의 원인에 따라 의도하지 않았던 지출이 증가하기 때문이었다.

소득증가와 고령화의 급속한 진전으로 노후준비에 대한 소비자의 관심이 증가하면서 생애주기에 적합한 장기재무설계 및 자산관리의 필요성을 절감하게 되었다. 고령자 가계는 비고령자 가계에 비해 기본 생계비 외에 쇠약해진 건강을 관리하기 위한 의료비 및 재택서비스와 여가활동을 위한 비용이 필요하게 된다. 만일 노후를 미리 대비하지 못하면 재정자원의 감소로 생활수준이 하락하게 되고 그 이상으로 진전되면 빈곤상태로 전락하게 된다. 따라서 젊어서부터 은퇴를 대비한 재무관리의 필요성이 절박하다(김민정 · 최현자, 2008).

자산이 있는 고령자 가계는 노년기에 자산의 처분과 매매 등이 필요한데, 이 경우에도 충분한 정보를 가지고 있지 못할 뿐 아니라 의사소통이 부족하고 고독, 외로움, 안정에의 필요를 느끼기 때문에 보다 잘 이용당하거나 기만당하기 쉽다. 급속하게 고령화사회로 진입한 우리 사회는 국민연금제도의 문제점과 맞물려서 소비자들의 노후 불안감을 증폭시킨다. 따라서 은퇴 후와 노후를 위한 저축과 투자, 연금관리 등을 소비자 스스로 현명하게 대비할 수 있도록 소비자재무설계에 대한 상담과 교육요구가 증대되었다.

노인소비자교육 프로그램내용 분석과 정책제안을 한 연구(김영숙 · 박선미, 2007)에서는 노인소비자들에게 재무교육과 아울러 정보교육, 피해구제교육, 구매교육, 특수판매교육의 필요성을 제안하였다. 특히 재무교육에서는 자산을 관리 운용함에 있어서 법률적 · 경제적 지식이나 정보에 대한 교육을 위하여 금융기관의 프로그램과 연계하여 노후재산을 관리할 수 있는 재무프로그램을 적극 활용하는 소비자재무교육이 필요함을 강조하였다.

재무행동과 재무관리스트레스 및 만족도를 규명한 연구(안창희, 2008)에서는 재무교육변수가 저축행동과 재무관리스트레스, 재무관리스트레스와 현재 재무상황만족도, 저축행동과 현재 재정상황만족도 관계에 조절효과가 있는 것으로 분석되었다. 즉, 재무교육을 받았는지 여부에 따라 재무행동과 재무관리스트레스, 재무만족도의 관계가 달라질 수 있다. 특히 재무교육을 받은 집단에서 저축행동과 재무만족도 간의 관계가 강하게 나타난 것은 소비자재무교육이 저축행동을 촉진하여 소비자재무 만족도를 높인다는 선행연구를 확인해주는 것으로 밝히었다.

이상에서 보는 바와 같이 고령화사회에서는 소비자재무설계와 그에 대한 소비자 교육이 더욱 중요하며, 이를 실현시킬 수 있는 전문성을 갖춘 인재의 양성이 요구된다.

'고령화쇼크'

읽을거리

이 저서는 고령화라는 사회현상이 미래의 쇼크로 다가오는 점을 지적하면서 모든 경제주체들이 이에 대한 대비를 해야 할 것을 강조하고 있다. 고령화사회로의 진입이 연금수급불균형과 같은 우리들의 일상적인 삶과 밀접하게 연관되어 있다는 점에서 오늘을 사는 소비자들이 어떻게 대처해야 하는가에 대한 방향을 제시해준다.

"고령화는 두 가지 얼굴을 가졌다. 한 살이라도 더 살고픈 인류의 오랜 꿈이 실현되고 있다는 점만 생각하면 고령화는 분명 인류 최대의 축복이다. 그 옛날 진시황이 평생 찾아 헤매던 불로초를 먹는 것도 아닌데 인류의 수명은 부쩍 늘어만 가고 있으니 그야말로 꿈이 이루어지고 있다고 할 만하다. 그 꿈 이면의 또 다른 얼굴은 시한폭탄이다.

수명 연장에 따른 노인인구 증가와 출산율 하락이 동시에 나타나는 고령화는 필연적으로 생산인구와 연금의 뇌관을 건드리게 되어 있다. 생산인구가 줄어들면 경제활동이 위축된다. 동시에 노인인구 증가와 함께 폭발적으로 늘어나는 연금수요는 나라살림을 심하게 압박한다. 결과는 뻔하다. 가난이다."

"고령화는 조용하지만 거대한 재앙의 그림자다. 소리없이 움직이는 빙산과도 같다. 준비없이 맞으면 타이타닉호처럼 모든 게 파괴된다."

"자원도 없고 그렇다고 남들이 따라올 수 없는 뛰어난 기술도 없는, 그야말로 가진 것이 사람밖에 없는 우리에겐 고령화의 충격이 더 치명적일 수 있다."

"그나마 우리에게는 숨을 쉴 여유가 있다. 고령화사회로 진입했으나 선진국에 비해서는 아직 젊다. 시간이 있을 때 기회의 틈새를 넓혀놔야 한다. 고령화를 큰 부담으로 생각할 게 아니라 기회로 활용하겠다는 능동적 발상의 전환이 필요하다. 위기는 바로 기회라는 말과 동의어다. 국가든 기업이든 역사적으로 위기를 기회로 반전시켜 성공한 사례는 무수히 많다."

"고령화를 축복으로 맞을 것인가 시한폭탄으로 맞을 것인가는 전적으로 국가가, 기업이, 개인이 각각 어떻게 하는가에 달려 있다."

출처: 박동석(2003). 『고령화쇼크』, 굿인포메이션.

12.2 소비자재무설계사 자격제도

1. 소비자재무설계사란

개인 및 가계의 재무설계는 쉽지 않다. 경제환경에 대한 이해, 재무설계에 대한 기법, 관련제도 및 금융상품에 대한 이해 등이 필요하며 또한 이러한 내용은 자주 변화하기 때문이다. 소비자재무설계사(financial planner)는 소비자의 재무설계를 전문적으로 도와주는 역할을 한다.

전문직인 소비자재무설계사가 제공하는 재무설계서비스는 크게는 문제해결을 위한 재무상담이나 재무교육 등을 포괄하는 재무서비스 모두를 포함하지만 협의로 보면 소비자의 재무설계의 과정을 도와주는 서비스이다([읽을거리] 참조).

산업자원부 기술표준원(2006)에서는 개인재무 설계분야 국제표준을 국가규격(KS)으로 제정 · 보급할 예정이라고 밝혔다. 재무설계서비스는 "고객의 자산, 부채, 수입, 지출 등 개인 재무상태를 분석하고, 고객의 라이프 플랜에 맞게 금융상품, 세금, 투자, 상속설계, 경영상의 문제 등을 설계하는 종합적인 금융 서비스"이며, 재무설계사는 "윤리성, 직업적 업무 규범과 전문성을 갖추고 고객이 라이프 플랜상의 재무목표를 달성할 수 있도록 지원(One-stop Total Planning Services)하는 전문가"라고 하였다. 산업자원부에서 생각하고 있는 규격은 4E로서 교육이수(education), 자격시험(examination), 실무경험(experience), 윤리기준(ethics) 등을 포함한 4대 전문 재무설계사 자격요건과 고객과의 관계정립, 목표를 포함한 자료수집, 고객의 재무상태분석 및 평가, 재무설계제안서의 작성 및 제시, 실행, 모니터링 등 6단계 재무설계절차를 포함한다.

소비자재무설계, 재무상담, 재무교육의 정의와 목표

읽을거리

소비자재무서비스의 종류에는 재무설계, 재무상담과 재무교육이 있다. 재무설계, 재무상담 및 재무교육은 소비자의 재무적 복지를 증진시킨다는 공통의 목적 하에 〈표 1〉에서와 같은 차이점이 있다.

재무설계(Financial Planning)는 현재 또는 미래의 소득, 자산 등 재정자원을 보존시키고 증대하여 소비자 개인과 가계가 기대하는 생활양식에 적합한 재무목표를 달성해가는 전 생애에 걸친 과정이다. 즉, 재무목표 달성을 통해 재무상태를 향상시킴으로써 재정적 복지를 실현해 가는 과정이다.

재무상담(Financial Counseling)은 때로는 재무설계와 혼용되어 사용될 수 있다. 그렇지만 구분을 하자면 재무설계는 미래에 대한 계획인 데 반하여 재무상담은 문제를 가진 소비자의 문제를 평가하고 해결하는 데 초점을 둔다.

재무교육(Financial Education)은 소비자가 재무자원을 관리하는 데 있어서 주어진 상황에 따라 의사결정을 합리적으로 할 수 있는 능력을 증진하여 재무문제를 예방하고 재무문제 해결 능력을 계발하는 것을 목적으로 한다.

표 1 소비자재무서비스의 영역

	재무설계	재무상담	재무교육
공동목표	소비자의 재무적 복지 증진		
영역목표	중장기적 재무목표의 달성	단기 재무문제의 해결	재무적 능력 향상과 재무문제 예방
서비스의 효과	재무상태의 향상	재무문제의 완화, 해결 또는 통제	재무관리능력의 향상
서비스내용	재무설계서비스 -재무상태의 평가 -재무목표의 설정 -행동계획수립 -평가 및 조정	가계문제상담 및 대안제시 -예산상담 -채무조정상담 -소비관련태도상담 -신용문제해결방안상담 -금융소비자문제상담 등	재무관리교육 -재무설계에 포함된 내용과 재무상담에서 도출된 내용이 모두 교육내용이 됨

출처: 윤정혜 등(2001). "소비자재무설계 · 상담 · 교육 프로그램 개발을 위한 연구 방향". 『소비자학연구』. 12(3), pp.89-108에서 재구성.

출처: 성영애 · 양세정 · 이희숙 · 차경욱 · 최현자(2006). "소비자재무설계제도 및 상담 교과과정의 발전적 운영을 위한 소고". 『소비자정책교육연구』. 2(1), pp.21-39에서 발췌함.

2. 소비자재무설계사 관련 자격증

현재 다양한 기관에서 소비자재무설계와 관련된 자격증을 발급하여 주고 있다. 미국의 경우 1970년대에 개인이나 가계를 위해 재무설계서비스를 제공하는 직업이 출현하였다. 초창기 전문적인 자질을 갖추지 못한 FP가 양산되어 문제가 발생함으로써 신뢰성 있는 재무설계사를 양성하기 위해 자격증이 제도화되었다. 대표적인 자격증은 1985년에 도입된 CFP(Certificated Financial Planner)이다. CFP Board가 발족되어 자격시험을 총괄 관리하고 일체의 권한을 보유하면서 공신력을 갖춘 국제자격증으로 성장하였다. 우리나라의 경우 IMF 경제위기 이후 재무설계의 중요성이 부각되면서 학계 및 현장에서 여러 가지 자격증이 거의 동시대에 만들어졌다. FP 자격증이 국가자격증으로 표준화되어 있지 않고 학계, 증권사, 은행, 보험회사 등 금융기관별로, 또는 독립협회로서 자격증이 개발되어왔다(성영애 등, 2006).

(1) 한국소비자업무협회 : 소비자재무설계사

한국소비자학회는 1998년부터 소비자재무영역을 전공한 4년제 대학졸업자들에게 소비자재무설계사 자격증을 부여하는 제도를 시행하고 있다. 현재는 한국소비자업무협회에 이 업무가 이관되어 시행되고 있다. 소비자재무설계사는 소비자의 장단기 재무목표에 따른 현금관리, 위험관리, 금융 및 부동산 투자관리, 신용관리, 노후설

표 12-1 소비자재무설계사 인증자격

필수	내용
필수 교과목 (5과목, 14학점 이상)	소비자학, 가계경제학, 재무설계, 투자와 보험, 소비자조사법
선택교과목 (2과목 이상)	소비자재무상담, 소비자재무설계실습, 소비자금융, 한국가계복지론, 가정자원관리, 생활설계론, 경제학, 회계원리, 소비자법과 정책, 소비자상담, 생활법률
현장 실습	본 협회가 인정하는 금융관련기관 최소 40시간(교과목의 경우 1학점 이상 이수)

출처: 한국소비자업무협회(www.kcop.net).
▶ 필수 교과목을 이수하고 현장실습을 마친 현재 4학년 학생 또는 졸업생.
▶ 이수교과목의 학점기준은 개별교과목 C 이상, 전체 평균 B 이상이어야 인정함.

계 등 개인 재무 전반에 걸친 업무를 함으로써 소비자의 재정적 복지를 증진시킨다.

(2) 금융투자교육원 : 일임투자자산운용사

증권분야에서는 2000년 단순한 투자상담이 아니라 종합적인 자산관리를 전문적으로 도와줄 수 있는 전문자격으로서 금융자산관리사(증권FP)를 시작하였다. 종합자산관리계좌인 랩어카운트를 담당한다. 최근 자본시장이 통합됨에 따라 증권연수원에

표 12-2 일임투자자산운용사의 자격 시험

	시험과목	세부교과목	문항수	배점 (문항수×1점)
제1과목	고객관리업무 및 직무윤리	재무설계	2	15
		고객상담론	2	
		고객성향분석	2	
		개인신용관리론	2	
		개인위험관리론	2	
		직무윤리	5	
소계			15	
제2과목	법률 및 세제	금융투자업 관련 법률	10	25
		금융 · 부동산 세제	8	
		상속 · 증여세제	4	
		세무전략	3	
소계			25	
제3과목	운용 및 전략 1주)	주식 · 채권 운용 및 투자전략	10	30
		파생상품운용투자전략	10	
		금융상품비교분석	10	
소계			30	
제4과목	자산관리업무 주)	거시경제분석과 자산운용	7	30
		분석투자기법	9	
		자산운용결과분석	3	
		금융투자회사의 자산관리업무	3	
		부동산 및 리츠업무	8	
소계			30	
합 계			100문항	100

출처: 금융투자협회(www.kofia.or.kr).

서 담당하던 자산설계전문인력은 금융투자교육원의 일임투자자산운용사로 명칭 변경되었다. 일임투자자산운용사는 투자일임재산을 금융투자상품 등에 운용하는 업무를 수행하는 인력을 말하는데, 자격시험과목은 고객관리업무 및 직무윤리, 법률과 세제, 운용 및 전략, 자산관리업무 과목이다.

금융투자협회에서는 일임투자자산운용사 이외에 재무설계와 관계있는 자격증으로 증권투자상담사, 파생상품투자상담사(구 선물거래상담사), 펀드투자상담사 등이 있다.

(3) 한국금융연수원 : 자산관리사(FP)

은행업에서는 자산관리사를 1999년에 도입하여 내부적으로 운영하다가 2002년 자격시험을 공개시험으로 전환하였고 2005. 1. 5 일자로 재정경제부로부터 국가공인을 받음으로써 2005년부터 국가공인자격으로 시행하고 있다. 고객의 수입과 지출, 자산 및 부채현황, 가족상황 등 고객에 대한 각종 자료를 수집 · 분석하여 고객의 재무목표를 달성할 수 있도록 종합적인 자산설계에 대한 상담과 실행을 지원하는 금융전문가이다. 금융기관 영업부서의 재테크팀 또는 PB(Private Banking)팀에서 활동한다. 자격시험으로는 자산기본 및 관리로서 FP기본지식, 법률 및 세무, 보험설계 및 은퇴설계과목을, 자산운용과목으로 금융자산운용과 부동산자산운용 과목을 시험과목으

표 12-3 자산관리사(FP)의 자격시험

구분	시험과목	세부내용	배점
1부 자산기본 및 관리	FP기본지식	고객재무관리(10), 경제동향분석 및 예측(15)	25
	법률 및 세무	금융거래관련 법률(15), 세무(35)	50
	보험설계 및 은퇴설계	위험관리와 보험설계(15), 퇴직설계와 연금(5), 상속계획(5)	25
	소계		100점
2부 자산운용	자산운용 Ⅰ (금융자산)	금융상품(35), 주식투자(14) 채권투자(13), 파생금융상품(8)	70
	자산운용 Ⅱ (부동산)	부동산기본지식(15) 부동산 취득과 활용(15)	30
	소계		100점
합계			100점

출처: 한국금융연수원(www.kbi.or.kr).

로 한다.

(4) 생명 · 손해보험협회 : 종합자산관리사(IFP)

생명 · 손해보험협회에서는 종합자산관리사(IFP)자격증을 부여하고 있다. 종합자산관리사란 고객의 재무상태 및 투자성향 등을 수집 · 분석하고 자산운용전략을 수립하여 상담에 응하거나 전반적인 재무설계를 하여 그 실행을 돕는 재무관리전문가로 협회에 등록된 자이다. 파이낸셜 플래닝의 이론과 실제, 세무설계, 위험관리와 보험설계, 금융자산운용설계, 부동산운용설계를 시험과목으로 한다.

표 12-4 종합자산관리사(IFP)의 자격시험

파트	명칭	과목	시간배정	문제배정	점수배정
1	재무설계 및 자산관리기초	파이낸셜플래닝의 이론과 실제	100분	20	20
		세무설계		20	20
		위험관리와 보험설계		30	30
휴식시간			30분		
2	자산운용 옵션의 이해 및 설계	금융자산 운용설계	90분	40	40
		부동산 운용설계		20	20
합계			190분	130문항	130점

출처: 생명보험협회(www.klia.or.kr); 대한손해보험협회(www.knia.or.kr).

(5) 한국FP협회 : AFPK와 CFP

한국FP협회에서는 2000년도에 발족되어 국제 금융시장에서 높은 신뢰를 받고 있고 국제FPSB(Financial Planning Standards Board)가 공인한 CFP 및 AFPK 자격인증제도를 국내에 도입해 보급하고 있다. AFPK 자격인증은 재무설계업무에 관한 전문서비스를 제공할 수 있는 자격증으로서 한국 FPSB가 정하는 교육이수, 자격시험, 윤리서약의 AFPK 자격인증요건을 충족한다고 인정되는 자에게 부여된다. 자격시험은 〈표 12-5〉와 같다. CFP는 AFPK보다 높은 수준의 자질을 요구하는 국제공인 재무설계사 자격증이다. 교육이수, 자격시험, 윤리서약 외에 실무경험이 요구된다. 교육은 지정된 기관에서 집합교육의 경우는 최저 200시간, 원격교육의 경우는 350시간을 이수하여야 한다. 시험은 2일 동안 실시되는데, 첫째 날에는 파이낸셜 플래닝 개론

표 12-5
AFPK 자격시험

구분	시간	시험과목	시험문항수
모듈1	1교시 오전 9:00~ 오전 10:50	파이낸셜플래닝 개론	20
		윤리관련 기본규정	10
		은퇴설계와 종업원 복리후생	25
		부동산 설계	25
		상속 및 사업승계설계	20
		소 계	100
모듈2	2교시 오전 11:30~ 오후 1:20	보험설계와 위험관리	33
		투자설계	34
		세금설계	33
		소 계	100
총 계			200문항

출처: 한국fpsb(www.fpsbkorea.org)

표 12-6
CFP 자격시험

제 1차일(토요일)

구분	시간	시험과목	시험문항수
지식형	1교시 오후 3:00~ 오후 5:00	파이낸셜플래닝 개론 및 화폐의 시간가치	22
		법률 및 윤리	6
		위험관리와 보험설계	28
		투자설계	27
		부동산설계	6
	2교시 오후 5:30~ 오후 7:20	부동산설계	16
		은퇴설계	25
		세금설계	25
		상속설계	25
	소 계		180

제 2차일(일요일)

구분	시간	시험과목	시험문항수
사례형	3교시 오전 10:00~ 오전 12:00	단일사례	40
	4교시 오후 12:40~ 오후 3:10	복합사례	40
	소 계		80
	총 계		260문항

출처: 한국fpsb(www.fpsbkorea.org).

및 화폐의 시간가치, 법률 및 윤리, 위험관리와 보험설계, 투자설계, 부동산설계, 은퇴설계, 세금설계, 상속설계 과목의 지식형 시험을 치루고, 둘째 날에는 사례형으로 시험이 출제된다. 실무경험의 기간은 하루 8시간과 1주일 당 40시간의 근무시간을 기준으로 학사학위 이상 소지자의 경우는 3년, 전문대학 졸업자의 경우는 4년, 기타인 경우는 5년이 요구된다. 또한 CFP 자격인증신청자는 CFP 자격인증신청 시 CFP 결격사유에 해당하지 않으며, CFP 윤리규정과 업무수행기준규정을 준수하고 한국FPSB의 징계규정에 따를 것에 동의하여야 한다. CFP 자격증은 2년마다 30학점 이상의 계속교육 수료와 윤리준수규정의 재확인을 통해 갱신이 이루어진다.

>>> 연습문제

1. 글로벌사회로 이전함에 따라 발생하는 소비자 및 가계의 재무문제 사례를 조사해 보고 해결방안을 찾아보자.

2. 신용사회에서 소비자 및 가계가 겪는 다양한 재무문제 사례를 조사해 보고 해결방안을 찾아보자.

3. 고령화사회에서 노인소비자가 직면하는 각종 소비생활상의 장애를 규명하고 해결방안을 연구해 보자.

4. 소비자재무설계사가 제도화됨으로써 사회의 어떤 면에 어떻게 기여할 수 있는지에 대해 탐구해 보자.

5. 소비자재무설계사가 담당해야 할 업무를 분석해 보고 이와 관련해서 어떤 직무능력이 필요한지 연구해 보자.

>>> 유용한 사이트

- 금융투자협회 www.kofia.or.kr
- 대한손해보험협회 www.knia.or.kr
- 생명보험협회 www.klia.or.kr
- 한국금융연수원 www.kbi.or.kr
- 한국소비자업무협회 www.kcop.net
- 한국fpsb www.fpspkorea.org

부 록

부록 1
미래가치

기간	1%	2%	3%	4%	5%	6%	7%	8%	9%	10%	11%	12%	13%	14%	15%	16%	17%	18%	19%	20%
	투자수익률																			
1	1.0100	1.0200	1.0300	1.0400	1.0500	1.0600	1.0700	1.0800	1.0900	1.1000	1.1100	1.1200	1.1300	1.1400	1.1500	1.1600	1.1700	1.1800	1.1900	1.2000
2	1.0201	1.0404	1.0609	1.0816	1.1025	1.1236	1.1449	1.1664	1.1881	1.2100	1.2321	1.2544	1.2769	1.2996	1.3225	1.3456	1.3689	1.3924	1.4161	1.4400
3	1.0303	1.0612	1.0927	1.1249	1.1576	1.1910	1.2250	1.2597	1.2950	1.3310	1.3676	1.4049	1.4429	1.4815	1.5209	1.5609	1.6016	1.6430	1.6852	1.7280
4	1.0406	1.0824	1.1255	1.1699	1.2155	1.2625	1.3108	1.3605	1.4116	1.4641	1.5181	1.5735	1.6305	1.6890	1.7490	1.8106	1.8739	1.9388	2.0053	2.0736
5	1.0510	1.1041	1.1593	1.2167	1.2763	1.3382	1.4026	1.4693	1.5386	1.6105	1.6851	1.7623	1.8424	1.9254	2.0114	2.1003	2.1924	2.2878	2.3864	2.4883
6	1.0615	1.1262	1.1941	1.2653	1.3401	1.4185	1.5007	1.5869	1.6771	1.7716	1.8704	1.9738	2.0820	2.1950	2.3131	2.4364	2.5652	2.6996	2.8398	2.9860
7	1.0721	1.1487	1.2299	1.3159	1.4071	1.5036	1.6058	1.7138	1.8280	1.9487	2.0762	2.2107	2.3526	2.5023	2.6600	2.8262	3.0012	3.1855	3.3793	3.5832
8	1.0829	1.1717	1.2668	1.3686	1.4775	1.5938	1.7182	1.8509	1.9926	2.1436	2.3045	2.4760	2.6584	2.8526	3.0590	3.2784	3.5115	3.7589	4.0214	4.2998
9	1.0937	1.1951	1.3048	1.4233	1.5513	1.6895	1.8385	1.9990	2.1719	2.3579	2.5580	2.7731	3.0040	3.2519	3.5179	3.8030	4.1084	4.4355	4.7854	5.1598
10	1.1046	1.2190	1.3439	1.4802	1.6289	1.7908	1.9672	2.1589	2.3674	2.5937	2.8394	3.1058	3.3946	3.7072	4.0456	4.4114	4.8068	5.2338	5.6947	6.1917
11	1.1157	1.2434	1.3842	1.5395	1.7103	1.8983	2.1049	2.3316	2.5804	2.8531	3.1518	3.4785	3.8359	4.2262	4.6524	5.1173	5.6240	6.1759	6.7767	7.4301
12	1.1268	1.2682	1.4258	1.6010	1.7959	2.0122	2.2522	2.5182	2.8127	3.1384	3.4985	3.8960	4.3345	4.8179	5.3503	5.9360	6.5801	7.2876	8.0642	8.9161
13	1.1381	1.2936	1.4685	1.6651	1.8856	2.1329	2.4098	2.7196	3.0658	3.4523	3.8833	4.3635	4.8980	5.4924	6.1528	6.8858	7.6987	8.5994	9.5964	10.6993
14	1.1495	1.3195	1.5126	1.7317	1.9799	2.2609	2.5785	2.9372	3.3417	3.7975	4.3104	4.8871	5.5348	6.2613	7.0757	7.9875	9.0075	10.1472	11.4198	12.8392
15	1.1610	1.3459	1.5580	1.8009	2.0789	2.3966	2.7590	3.1722	3.6425	4.1772	4.7846	5.4736	6.2543	7.1379	8.1371	9.2655	10.5387	11.9737	13.5895	15.4070
16	1.1726	1.3728	1.6047	1.8730	2.1829	2.5404	2.9522	3.4259	3.9703	4.5950	5.3109	6.1304	7.0673	8.1372	9.3576	10.7480	12.3303	14.1290	16.1715	18.4884
17	1.1843	1.4002	1.6528	1.9479	2.2920	2.6928	3.1588	3.7000	4.3276	5.0545	5.8951	6.8660	7.9861	9.2765	10.7613	12.4677	14.4265	16.6722	19.2441	22.1861
18	1.1961	1.4282	1.7024	2.0258	2.4066	2.8543	3.3799	3.9960	4.7171	5.5599	6.5436	7.6900	9.0243	10.5752	12.3755	14.4625	16.8790	19.6733	22.9005	26.6233
19	1.2081	1.4568	1.7535	2.1068	2.5270	3.0256	3.6165	4.3157	5.1417	6.1159	7.2633	8.6128	10.1974	12.0557	14.2318	16.7765	19.7484	23.2144	27.2516	31.9480
20	1.2202	1.4859	1.8061	2.1911	2.6533	3.2071	3.8697	4.6610	5.6044	6.7275	8.0623	9.6463	11.5231	13.7435	16.3665	19.4608	23.1056	27.3930	32.4294	38.3376
21	1.2324	1.5157	1.8603	2.2788	2.7860	3.3996	4.1406	5.0338	6.1088	7.4002	8.9492	10.8038	13.0211	15.6676	18.8215	22.5745	27.0336	32.3238	38.5910	46.0051
22	1.2447	1.5460	1.9161	2.3699	2.9253	3.6035	4.4304	5.4365	6.6586	8.1403	9.9336	12.1003	14.7138	17.8610	21.6447	26.1864	31.6293	38.1421	45.9233	55.2061
23	1.2572	1.5769	1.9736	2.4647	3.0715	3.8197	4.7405	5.8715	7.2579	8.9543	11.0263	13.5523	16.6266	20.3616	24.8915	30.3762	37.0062	45.0076	54.6487	66.2474
24	1.2697	1.6084	2.0328	2.5633	3.2251	4.0489	5.0724	6.3412	7.9111	9.8497	12.2392	15.1786	18.7881	23.2122	28.6252	35.2364	43.2973	53.1090	65.0320	79.4968
25	1.2824	1.6406	2.0938	2.6658	3.3864	4.2919	5.4274	6.8485	8.6231	10.8347	13.5855	17.0001	21.2305	26.4619	32.9190	40.8742	50.6578	62.6686	77.3881	95.3962
26	1.2953	1.6734	2.1566	2.7725	3.5557	4.5494	5.8074	7.3964	9.3992	11.9182	15.0799	19.0401	23.9905	30.1666	37.8568	47.4141	59.2697	73.9490	92.0918	114.4755
27	1.3082	1.7069	2.2213	2.8834	3.7335	4.8223	6.2139	7.9881	10.2451	13.1100	16.7386	21.3249	27.1093	34.3899	43.5353	55.0004	69.3455	87.2598	109.5893	137.3706
28	1.3213	1.7410	2.2879	2.9987	3.9201	5.1117	6.6488	8.6271	11.1671	14.4210	18.5799	23.8839	30.6335	39.2045	50.0656	63.8004	81.1342	102.9666	130.4112	164.8447
29	1.3345	1.7758	2.3566	3.1187	4.1161	5.4184	7.1143	9.3173	12.1722	15.8631	20.6237	26.7499	34.6158	44.6931	57.5755	74.0085	94.9271	121.5005	155.1893	197.8136
30	1.3478	1.8114	2.4273	3.2434	4.3219	5.7435	7.6123	10.0627	13.2677	17.4494	22.8923	29.9599	39.1159	50.9502	66.2118	85.8499	111.0647	143.3706	184.6753	237.3763
40	1.4889	2.2080	3.2620	4.8010	7.0400	10.2857	14.9745	21.7245	31.4094	45.2593	65.0009	93.0510	132.7816	188.8835	267.8635	378.7212	533.8687	750.3783	1051.668	1469.772
50	1.6446	2.6916	4.3839	7.1067	11.4674	18.4202	29.4570	46.9016	74.3575	117.3909	184.5648	289.0022	450.7359	700.2330	1083.657	1670.704	2566.215	3927.357	5988.914	9100.438

출처: Garman & Forgue(2006). p. A-5.

부록 2
적금의 미래가치

기간	1%	2%	3%	4%	5%	6%	7%	8%	9%	10%	11%	12%	13%	14%	15%	16%	17%	18%	19%	20%
	투자수익률																			
1	1.0000	1.0000	1.0000	1.0000	1.0000	1.0000	1.0000	1.0000	1.0000	1.0000	1.0000	1.0000	1.0000	1.0000	1.0000	1.0000	1.0000	1.0000	1.0000	1.0000
2	2.0100	2.0200	2.0300	2.0400	2.0500	2.0600	2.0700	2.0800	2.0900	2.1000	2.1100	2.1200	2.1300	2.1400	2.1500	2.1600	2.1700	2.1800	2.1900	2.2000
3	3.0301	3.0604	3.0909	3.1216	3.1525	3.1836	3.2149	3.2464	3.2781	3.3100	3.3421	3.3744	3.4069	3.4396	3.4725	3.5056	3.5389	3.5724	3.6061	3.6400
4	4.0604	4.1216	4.1836	4.2465	4.3101	4.3746	4.4399	4.5061	4.5731	4.6410	4.7097	4.7793	4.8498	4.9211	4.9934	5.0665	5.1405	5.2154	5.2913	5.3680
5	5.1010	5.2040	5.3091	5.4163	5.5256	5.6371	5.7507	5.8666	5.9847	6.1051	6.2278	6.3528	6.4803	6.6101	6.7424	6.8771	7.0144	7.1542	7.2966	7.4416
6	6.1520	6.3081	6.4684	6.6330	6.8019	6.9753	7.1533	7.3359	7.5233	7.7156	7.9129	8.1152	8.3227	8.5355	8.7537	8.9775	9.2068	9.4420	9.6830	9.9299
7	7.2135	7.4343	7.6625	7.8983	8.1420	8.3938	8.6540	8.9228	9.2004	9.4872	9.7833	10.0890	10.4047	10.7305	11.0668	11.4139	11.7720	12.1415	12.5227	12.9159
8	8.2857	8.5830	8.8923	9.2142	9.5491	9.8975	10.2598	10.6366	11.0285	11.4359	11.8594	12.2997	12.7573	13.2328	13.7268	14.2401	14.7733	15.3270	15.9020	16.4991
9	9.3685	9.7546	10.1591	10.5828	11.0266	11.4913	11.9780	12.4876	13.0210	13.5795	14.1640	14.7757	15.4157	16.0853	16.7858	17.5185	18.2847	19.0859	19.9234	20.7989
10	10.4622	10.9497	11.4639	12.0061	12.5779	13.1808	13.8164	14.4866	15.1929	15.9374	16.7220	17.5487	18.4197	19.3373	20.3037	21.3215	22.3931	23.5213	24.7089	25.9587
11	11.5668	12.1687	12.8078	13.4864	14.2068	14.9716	15.7836	16.6455	17.5603	18.5312	19.5614	20.6546	21.8143	23.0445	24.3493	25.7329	27.1999	28.7551	30.4035	32.1504
12	12.6825	13.4121	14.1920	15.0258	15.9171	16.8699	17.8885	18.9771	20.1407	21.3843	22.7132	24.1331	25.6502	27.2707	29.0017	30.8502	32.8239	34.9311	37.1802	39.5805
13	13.8093	14.6803	15.6178	16.6268	17.7130	18.8821	20.1406	21.4953	22.9534	24.5227	26.2116	28.0291	29.9847	32.0887	34.3519	36.7862	39.4040	42.2187	45.2445	48.4966
14	14.9474	15.9739	17.0863	18.2919	19.5986	21.0151	22.5505	24.2149	26.0192	27.9750	30.0949	32.3926	34.8827	37.5811	40.5047	43.6720	47.1027	50.8180	54.8409	59.1959
15	16.0969	17.2934	18.5989	20.0236	21.5786	23.2760	25.1290	27.1521	29.3609	31.7725	34.4054	37.2797	40.4175	43.8424	47.5804	51.6595	56.1101	60.9653	66.2607	72.0351
16	17.2579	18.6393	20.1569	21.8245	23.6575	25.6725	27.8881	30.3243	33.0034	35.9497	39.1899	42.7533	46.6717	50.9804	55.7175	60.9250	66.6488	72.9390	79.8502	87.4421
17	18.4304	20.0121	21.7616	23.6975	25.8404	28.2129	30.8402	33.7502	36.9737	40.5447	44.5008	48.8837	53.7391	59.1176	65.0751	71.6730	78.9791	87.0680	96.0217	105.9306
18	19.6147	21.4123	23.4144	25.6454	28.1324	30.9057	33.9990	37.4502	41.3013	45.5992	50.3959	55.7497	61.7251	68.3941	75.8364	84.1407	93.4056	103.7403	115.2659	128.1167
19	20.8109	22.8406	25.1169	27.6712	30.5390	33.7600	37.3790	41.4463	46.0185	51.1591	56.9395	63.4397	70.7494	78.9692	88.2118	98.6032	110.2846	123.4135	138.1664	154.7400
20	22.0190	24.2974	26.8704	29.7781	33.0660	36.7856	40.9955	45.7620	51.1601	57.2750	64.2028	72.0524	80.9468	91.0249	102.4436	115.3797	130.0329	146.6280	165.4180	186.6880
21	23.2392	25.7833	28.6765	31.9692	35.7193	39.9927	44.8652	50.4229	56.7645	64.0025	72.2651	81.6987	92.4699	104.7684	118.8101	134.8405	153.1385	174.0210	197.8474	225.0256
22	24.4716	27.2990	30.5368	34.2480	38.5052	43.3923	49.0057	55.4568	62.8733	71.4027	81.2143	92.5026	105.4910	120.4360	137.6316	157.4150	180.1721	206.3448	236.4384	271.0307
23	25.7163	28.8450	32.4529	36.6179	41.4305	46.9958	53.4361	60.8933	69.5319	79.5430	91.1479	104.6029	120.2048	138.2970	159.2764	183.6014	211.8013	244.4868	282.3618	326.2368
24	26.9735	30.4219	34.4265	39.0826	44.5020	50.8156	58.1767	66.7648	76.7898	88.4973	102.1741	118.1552	136.8315	158.6586	184.1678	213.9776	248.8075	289.4945	337.0105	392.4842
25	28.2432	32.0303	36.4593	41.6459	47.7271	54.8645	63.2490	73.1059	84.7009	98.3471	114.4133	133.3339	155.6196	181.8708	212.7930	249.2140	292.1048	342.6035	402.0424	471.9811
26	29.5256	33.6709	38.5530	44.3117	51.1135	59.1564	68.6765	79.9544	93.3240	109.1818	127.9988	150.3339	176.8501	208.3327	245.7120	290.0883	342.7626	405.2721	479.4305	567.3773
27	30.8209	35.3443	40.7096	47.0842	54.6691	63.7058	74.4838	87.3508	102.7231	121.0999	143.0786	169.3740	200.8406	238.4993	283.5688	337.5024	402.0323	479.2211	571.5223	681.8527
28	32.1291	37.0512	42.9309	49.9676	58.4026	68.5281	80.6977	95.3388	112.9682	134.2099	159.8173	190.6989	227.9499	272.8892	327.1041	392.5027	471.3778	566.4808	681.1116	819.2233
29	33.4504	38.7922	45.2188	52.9663	62.3227	73.6398	87.3465	103.9659	124.1354	148.6309	178.3972	214.5827	258.5834	312.0937	377.1697	456.3032	552.5120	669.4474	811.5228	984.0679
30	34.7849	40.5681	47.5754	56.0849	66.4389	79.0582	94.4608	113.2832	136.3075	164.4940	199.0209	241.3327	293.1992	356.7868	434.7451	530.3117	647.4390	790.9479	966.7121	1181.882
40	48.8864	60.4020	75.4013	95.0255	120.7998	154.7620	199.6351	259.0565	337.8824	442.5925	581.8260	767.0914	1013.704	1342.025	1779.090	2360.757	3134.522	4163.212	5529.829	7343.856
50	64.4632	84.5794	112.7969	152.6671	209.3480	290.3359	406.5289	573.7701	815.0834	1163.908	1668.771	2400.018	3459.507	4994.522	7217.714	10435.65	15089.50	21813.09	31515.33	45497.17

출처: Garman & Forgue(2006). p. A-9.

부록 3
현재가치

기간	1%	2%	3%	4%	5%	6%	7%	8%	9%	10%	11%	12%	13%	14%	15%	16%	17%	18%	19%	20%
	투자수익률																			
1	0.9901	0.9804	0.9709	0.9615	0.9524	0.9434	0.9346	0.9259	0.9174	0.9091	0.9009	0.8929	0.8850	0.8772	0.8696	0.8621	0.8547	0.8475	0.8403	0.8333
2	0.9803	0.9612	0.9426	0.9246	0.9070	0.8900	0.8734	0.8573	0.8417	0.8264	0.8116	0.7972	0.7831	0.7695	0.7561	0.7432	0.7305	0.7182	0.7062	0.6944
3	0.9706	0.9423	0.9151	0.8890	0.8638	0.8396	0.8163	0.7938	0.7722	0.7513	0.7312	0.7118	0.6931	0.6750	0.6575	0.6407	0.6244	0.6086	0.5934	0.5787
4	0.9610	0.9238	0.8885	0.8548	0.8227	0.7921	0.7629	0.7350	0.7084	0.6830	0.6587	0.6355	0.6133	0.5921	0.5718	0.5523	0.5337	0.5158	0.4987	0.4823
5	0.9515	0.9057	0.8626	0.8219	0.7835	0.7473	0.7130	0.6806	0.6499	0.6209	0.5935	0.5674	0.5428	0.5194	0.4972	0.4761	0.4561	0.4371	0.4190	0.4019
6	0.9420	0.8880	0.8375	0.7903	0.7462	0.7050	0.6663	0.6302	0.5963	0.5645	0.5346	0.5066	0.4803	0.4556	0.4323	0.4104	0.3898	0.3704	0.3521	0.3349
7	0.9327	0.8706	0.8131	0.7599	0.7107	0.6651	0.6227	0.5835	0.5470	0.5132	0.4817	0.4523	0.4251	0.3996	0.3759	0.3538	0.3332	0.3139	0.2959	0.2791
8	0.9235	0.8535	0.7894	0.7307	0.6768	0.6274	0.5820	0.5403	0.5019	0.4665	0.4339	0.4039	0.3762	0.3506	0.3269	0.3050	0.2848	0.2660	0.2487	0.2326
9	0.9143	0.8368	0.7664	0.7026	0.6446	0.5919	0.5439	0.5002	0.4604	0.4241	0.3909	0.3606	0.3329	0.3075	0.2843	0.2630	0.2434	0.2255	0.2090	0.1938
10	0.9053	0.8203	0.7441	0.6756	0.6139	0.5584	0.5083	0.4632	0.4224	0.3855	0.3522	0.3220	0.2946	0.2697	0.2472	0.2267	0.2080	0.1911	0.1756	0.1615
11	0.8963	0.8043	0.7224	0.6496	0.5847	0.5268	0.4751	0.4289	0.3875	0.3505	0.3173	0.2875	0.2607	0.2366	0.2149	0.1954	0.1778	0.1619	0.1476	0.1346
12	0.8874	0.7885	0.7014	0.6246	0.5568	0.4970	0.4440	0.3971	0.3555	0.3186	0.2858	0.2567	0.2307	0.2076	0.1869	0.1685	0.1520	0.1372	0.1240	0.1122
13	0.8787	0.7730	0.6810	0.6006	0.5303	0.4688	0.4150	0.3677	0.3262	0.2897	0.2575	0.2292	0.2042	0.1821	0.1625	0.1452	0.1299	0.1163	0.1042	0.0935
14	0.8700	0.7579	0.6611	0.5775	0.5051	0.4423	0.3878	0.3405	0.2992	0.2633	0.2320	0.2046	0.1807	0.1597	0.1413	0.1252	0.1110	0.0985	0.0876	0.0779
15	0.8613	0.7430	0.6419	0.5553	0.4810	0.4173	0.3624	0.3152	0.2745	0.2394	0.2090	0.1827	0.1599	0.1401	0.1229	0.1079	0.0949	0.0835	0.0736	0.0649
16	0.8528	0.7284	0.6232	0.5339	0.4581	0.3936	0.3387	0.2919	0.2519	0.2176	0.1883	0.1631	0.1415	0.1229	0.1069	0.0930	0.0811	0.0708	0.0618	0.0541
17	0.8444	0.7142	0.6050	0.5134	0.4363	0.3714	0.3166	0.2703	0.2311	0.1978	0.1696	0.1456	0.1252	0.1078	0.0929	0.0802	0.0693	0.0600	0.0520	0.0451
18	0.8360	0.7002	0.5874	0.4936	0.4155	0.3503	0.2959	0.2502	0.2120	0.1799	0.1528	0.1300	0.1108	0.0946	0.0808	0.0691	0.0592	0.0508	0.0437	0.0376
19	0.8277	0.6864	0.5703	0.4746	0.3957	0.3305	0.2765	0.2317	0.1945	0.1635	0.1377	0.1161	0.0981	0.0829	0.0703	0.0596	0.0506	0.0431	0.0367	0.0313
20	0.8195	0.6730	0.5537	0.4564	0.3769	0.3118	0.2584	0.2145	0.1784	0.1486	0.1240	0.1037	0.0868	0.0728	0.0611	0.0514	0.0433	0.0365	0.0308	0.0261
21	0.8114	0.6598	0.5375	0.4388	0.3589	0.2942	0.2415	0.1987	0.1637	0.1351	0.1117	0.0926	0.0768	0.0638	0.0531	0.0443	0.0370	0.0309	0.0259	0.0217
22	0.8034	0.6468	0.5219	0.4220	0.3418	0.2775	0.2257	0.1839	0.1502	0.1228	0.1007	0.0826	0.0680	0.0560	0.0462	0.0382	0.0316	0.0262	0.0218	0.0181
23	0.7954	0.6342	0.5067	0.4057	0.3256	0.2618	0.2109	0.1703	0.1378	0.1117	0.0907	0.0738	0.0601	0.0491	0.0402	0.0329	0.0270	0.0222	0.0183	0.0151
24	0.7876	0.6217	0.4919	0.3901	0.3101	0.2470	0.1971	0.1577	0.1264	0.1015	0.0817	0.0659	0.0532	0.0431	0.0349	0.0284	0.0231	0.0188	0.0154	0.0126
25	0.7798	0.6095	0.4776	0.3751	0.2953	0.2330	0.1842	0.1460	0.1160	0.0923	0.0736	0.0588	0.0471	0.0378	0.0304	0.0245	0.0197	0.0160	0.0129	0.0105
26	0.7720	0.5976	0.4637	0.3607	0.2812	0.2198	0.1722	0.1352	0.1064	0.0839	0.0663	0.0525	0.0417	0.0331	0.0264	0.0211	0.0169	0.0135	0.0109	0.0087
27	0.7644	0.5859	0.4502	0.3468	0.2678	0.2074	0.1609	0.1252	0.0976	0.0763	0.0597	0.0469	0.0369	0.0291	0.0230	0.0182	0.0144	0.0115	0.0091	0.0073
28	0.7568	0.5744	0.4371	0.3335	0.2551	0.1956	0.1504	0.1159	0.0895	0.0693	0.0538	0.0419	0.0326	0.0255	0.0200	0.0157	0.0123	0.0097	0.0077	0.0061
29	0.7493	0.5631	0.4243	0.3207	0.2429	0.1846	0.1406	0.1073	0.0822	0.0630	0.0485	0.0374	0.0289	0.0224	0.0174	0.0135	0.0105	0.0082	0.0064	0.0051
30	0.7419	0.5521	0.4120	0.3083	0.2314	0.1741	0.1314	0.0994	0.0754	0.0573	0.0437	0.0334	0.0256	0.0196	0.0151	0.0116	0.0090	0.0070	0.0054	0.0042
40	0.6717	0.4529	0.3066	0.2083	0.1420	0.0972	0.0668	0.0460	0.0318	0.0221	0.0154	0.0107	0.0075	0.0053	0.0037	0.0026	0.0019	0.0013	0.0010	0.0007
50	0.6080	0.3715	0.2281	0.1407	0.0872	0.0543	0.0339	0.0213	0.0134	0.0085	0.0054	0.0035	0.0022	0.0014	0.0009	0.0006	0.0004	0.0003	0.0002	0.0001

출처: Garman & Forgue(2006), p. A-7.

부록 4
연금의 현재가치

기간	1%	2%	3%	4%	5%	6%	7%	8%	9%	10%	11%	12%	13%	14%	15%	16%	17%	18%	19%	20%
	투자수익률																			
1	0.9901	0.9804	0.9709	0.9615	0.9524	0.9434	0.9346	0.9259	0.9174	0.9091	0.9009	0.8929	0.8850	0.8772	0.8696	0.8621	0.8547	0.8475	0.8403	0.8333
2	1.9704	1.9416	1.9135	1.8861	1.8594	1.8334	1.8080	1.7833	1.7591	1.7355	1.7125	1.6901	1.6681	1.6467	1.6257	1.6052	1.5852	1.5656	1.5465	1.5278
3	2.9410	2.8839	2.8286	2.7751	2.7232	2.6730	2.6243	2.5771	2.5313	2.4869	2.4437	2.4018	2.3612	2.3216	2.2832	2.2459	2.2096	2.1743	2.1399	2.1065
4	3.9020	3.8077	3.7171	3.6299	3.5460	3.4651	3.3872	3.3121	3.2397	3.1699	3.1024	3.0373	2.9745	2.9137	2.8550	2.7982	2.7432	2.6901	2.6386	2.5887
5	4.8534	4.7135	4.5797	4.4518	4.3295	4.2124	4.1002	3.9927	3.8897	3.7908	3.6959	3.6048	3.5172	3.4331	3.3522	3.2743	3.1993	3.1272	3.0576	2.9906
6	5.7955	5.6014	5.4172	5.2421	5.0757	4.9173	4.7665	4.6229	4.4859	4.3553	4.2305	4.1114	3.9975	3.8887	3.7845	3.6847	3.5892	3.4976	3.4098	3.3255
7	6.7282	6.4720	6.2303	6.0021	5.7864	5.5824	5.3893	5.2064	5.0330	4.8684	4.7122	4.5638	4.4226	4.2883	4.1604	4.0386	3.9224	3.8115	3.7057	3.6046
8	7.6517	7.3255	7.0197	6.7327	6.4632	6.2098	5.9713	5.7466	5.5348	5.3349	5.1461	4.9676	4.7988	4.6389	4.4873	4.3436	4.2072	4.0776	3.9544	3.8372
9	8.5660	8.1622	7.7861	7.4353	7.1078	6.8017	6.5152	6.2469	5.9952	5.7590	5.5370	5.3282	5.1317	4.9464	4.7716	4.6065	4.4506	4.3030	4.1633	4.0310
10	9.4713	8.9826	8.5302	8.1109	7.7217	7.3601	7.0236	6.7101	6.4177	6.1446	5.8892	5.6502	5.4262	5.2161	5.0188	4.8332	4.6586	4.4941	4.3389	4.1925
11	10.3676	9.7868	9.2526	8.7605	8.3064	7.8869	7.4987	7.1390	6.8052	6.4951	6.2065	5.9377	5.6869	5.4527	5.2337	5.0286	4.8364	4.6560	4.4865	4.3271
12	11.2551	10.5753	9.9540	9.3851	8.8633	8.3838	7.9427	7.5361	7.1607	6.8137	6.4924	6.1944	5.9176	5.6603	5.4206	5.1971	4.9884	4.7932	4.6105	4.4392
13	12.1337	11.3484	10.6350	9.9856	9.3936	8.8527	8.3577	7.9038	7.4869	7.1034	6.7499	6.4235	6.1218	5.8424	5.5831	5.3423	5.1183	4.9095	4.7147	4.5327
14	13.0037	12.1062	11.2961	10.5631	9.8986	9.2950	8.7455	8.2442	7.7862	7.3667	6.9819	6.6282	6.3025	6.0021	5.7245	5.4675	5.2293	5.0081	4.8023	4.6106
15	13.8651	12.8493	11.9379	11.1184	10.3797	9.7122	9.1079	8.5595	8.0607	7.6061	7.1909	6.8109	6.4624	6.1422	5.8474	5.5755	5.3242	5.0916	4.8759	4.6755
16	14.7179	13.5777	12.5611	11.6523	10.8378	10.1059	9.4466	8.8514	8.3126	7.8237	7.3792	6.9740	6.6039	6.2651	5.9542	5.6685	5.4053	5.1624	4.9377	4.7296
17	15.5623	14.2919	13.1661	12.1657	11.2741	10.4773	9.7632	9.1216	8.5436	8.0216	7.5488	7.1196	6.7291	6.3729	6.0472	5.7487	5.4746	5.2223	4.9897	4.7746
18	16.3983	14.9920	13.7535	12.6593	11.6896	10.8276	10.0591	9.3719	8.7556	8.2014	7.7016	7.2497	6.8399	6.4674	6.1280	5.8178	5.5339	5.2732	5.0333	4.8122
19	17.2260	15.6785	14.3238	13.1339	12.0853	11.1581	10.3356	9.6036	8.9501	8.3649	7.8393	7.3658	6.9380	6.5504	6.1982	5.8775	5.5845	5.3162	5.0700	4.8435
20	18.0456	16.3514	14.8775	13.5903	12.4622	11.4699	10.5940	9.8181	9.1285	8.5136	7.9633	7.4694	7.0248	6.6231	6.2593	5.9288	5.6278	5.3527	5.1009	4.8696
21	18.8570	17.0112	15.4150	14.0292	12.8212	11.7641	10.8355	10.0168	9.2922	8.6487	8.0751	7.5620	7.1016	6.6870	6.3125	5.9731	5.6648	5.3837	5.1268	4.8913
22	19.6604	17.6580	15.9369	14.4511	13.1630	12.0416	11.0612	10.2007	9.4424	8.7715	8.1757	7.6446	7.1695	6.7429	6.3587	6.0113	5.6964	5.4099	5.1486	4.9094
23	20.4558	18.2922	16.4436	14.8568	13.4886	12.3034	11.2722	10.3711	9.5802	8.8832	8.2664	7.7184	7.2297	6.7921	6.3988	6.0442	5.7234	5.4321	5.1668	4.9245
24	21.2434	18.9139	16.9355	15.2470	13.7986	12.5504	11.4693	10.5288	9.7066	8.9847	8.3481	7.7843	7.2829	6.8351	6.4338	6.0726	5.7465	5.4509	5.1822	4.9371
25	22.0232	19.5235	17.4131	15.6221	14.0939	12.7834	11.6536	10.6748	9.8226	9.0770	8.4217	7.8431	7.3300	6.8729	6.4641	6.0971	5.7662	5.4669	5.1951	4.9476
26	22.7952	20.1210	17.8768	15.9828	14.3752	13.0032	11.8258	10.8100	9.9290	9.1609	8.4881	7.8957	7.3717	6.9061	6.4906	6.1182	5.7831	5.4804	5.2060	4.9563
27	23.5596	20.7069	18.3270	16.3296	14.6430	13.2105	11.9867	10.9352	10.0266	9.2372	8.5478	7.9426	7.4086	6.9352	6.5135	6.1364	5.7975	5.4919	5.2151	4.9636
28	24.3164	21.2813	18.7641	16.6631	14.8981	13.4062	12.1371	11.0511	10.1161	9.3066	8.6016	7.9844	7.4412	6.9607	6.5335	6.1520	5.8099	5.5016	5.2228	4.9697
29	25.0658	21.8444	19.1885	16.9837	15.1411	13.5907	12.2777	11.1584	10.1983	9.3696	8.6501	8.0218	7.4701	6.9830	6.5509	6.1656	5.8204	5.5098	5.2292	4.9747
30	25.8077	22.3965	19.6004	17.2920	15.3725	13.7648	12.4090	11.2578	10.2737	9.4269	8.6938	8.0552	7.4957	7.0027	6.5660	6.1772	5.8294	5.5168	5.2347	4.9789
40	32.8347	27.3555	23.1148	19.7928	17.1591	15.0463	13.3317	11.9246	10.7574	9.7791	8.9511	8.2438	7.6344	7.1050	6.6418	6.2335	5.8713	5.5482	5.2582	4.9966
50	39.1961	31.4236	25.7298	21.4822	18.2559	15.7619	13.8007	12.2335	10.9617	9.9148	9.0417	8.3045	7.6752	7.1327	6.6605	6.2463	5.8801	5.5541	5.2623	4.9995

출처: Garman & Forgue(2006). p. A-11.

참고문헌

Personal Finance

강종만 · 이석호(2006). 『역모기지 활성화 방안』. 한국금융연구원.

경총경제조사팀(2007). 『2007년 퇴직급여실태조사』. KEF리서치.

고광수 · 오승현(2007). "영세 사업장을 위한 퇴직연금제도의 국제 비교 연구: 우리나라에 주는 시사점". 『사회복지정책』. 28, 253-275.

――――――(2007). "퇴직연금제 형태의 다양화 연구". 『사회복지정책』. 30, 27-53.

고철기 · 박능후 · 김성희 · 이경은(1992). 『노령계층의 소득보장방안』. 한국보건사회연구원.

국민경제아카데미(1993). 『은행소프트 '93』. 한빛.

국민연금관리공단(2008). 『알기 쉬운 국민연금』.

――――――(2009a). 『알기 쉬운 국민연금』. http://nps.or.kr

――――――(2009b). 『연도별가입자 관리』. http://nps.or.kr

――――――(2009c). 『예산연금모의계산』. http://nps.or.kr

국민은행(2007). 『주택금융수요실태조사』.

국세청(2008). "2008 귀속 연말정산 안내".
http://www.nts.go.kr/call/year_end/2008/index.htm.

―――(2009a). 과세가액의 불산입 및 비과세. http://taxinfo.nts.go.kr

―――(2009b). 국세법령정보시스템. http://taxinfo.nts.go.kr

―――(2009c). 상속세 공제종류 및 공제한도. http://taxinfo.nts.go.kr

―――(2009d). "상속세 및 증여세법 제1조 상속재산 과세대상".
http://taxinfo.nts.go.kr/docs/customer/law/statute_popup_dadan.jsp.

―――(2009e). "상속세 및 증여세법 제2조 증여세 과세대상".
http://taxinfo.nts.go.kr/docs/customer/law/statute_popup_dadan.jsp.

―――(2009f). "상속세 및 증여세법 제14조, 16조, 17조, 18조-22조 상속세 공제종류 및 공제한도". http://taxinfo.nts.go.kr/docs/customer/law/statute_popup_dadan.jsp.

―――(2009g). "상속 및 증여세법 제16조 과세가액의 불산입 및 비과세".
http://taxinfo.nts.go.kr/docs/customer/law/statute_popup_dadan.jsp.

———(2009h). "상속세 및 증여세법 제26조 상속세세율".
http://taxinfo.nts.go.kr/docs/customer/law/statute_popup_dadan.jsp.
———(2009i). "상속세 및 증여세법 제46조 증여세 비과세대상".
http://taxinfo.nts.go.kr/docs/customer/law/statute_popup_dadan.jsp.
———(2009j). "상속세 및 증여세법 제55조-57조 증여세 공제내용&세율".
http://taxinfo.nts.go.kr/docs/customer/law/statute_popup_dadan.jsp.
———(2009k). 상속재산 과세대상. http://taxinfo.nts.go.kr
———(2009l). 『알기 쉬운 부동산 세법! 부동산과 세금』.
———(2009m). 『2008년 귀속 종합소득세 등 신고 · 납부 안내』.
———(2009n). 『2009년 세금절약가이드』.
———(2009o). 자금출처조사기준표. http://taxinfo.nts.go.kr
국토해양부(2008). 자동차등록조사
http://www.kosis.kr/OLAP/Analysis/stat_OLAP.jsp?tbl_id=DT_1I29_FRM101&org_id=116&vwcd=MT_ZTITLE&path=국토해양부>
자동차등록현황조사&oper_YN=Y&item=&keyword=자동차등록대수&lang_mode=kor&list_id=&olapYN=N
금융감독원(2008). "보험소비자에게 유익한 보험관련 세제"(보도자료 '08.9.19)
http://www.fss.or.kr/kr/nws/nbd/bodobbs_v.jsp?seqno=13149&no=4&gubun=01&menu=nws020100.
————(2009). "우수설계사 인증제도 운영 현황 및 평가"(보도자료 '09.7.16)
http://www.fss.or.kr/kr/nws/nbd/
김동범(2005). 『알기 쉬운 보험용어 해설 365』. 중앙경제평론사.
김명규(1994). 『부동산 소프트』. 인간사랑.
김민정 · 최현자(2008). "은퇴자의 투자성향에 따른 자산포트폴리오 변화". 『소비자정책교육연구』. 4(4), 23-40, 한국소비자정책교육학회.
김병덕(2008). "퇴직연금시장의 현황과 향후 과제". 『주간 금융브리핑』. 17(37), 10-11.
김성순(1990). 『고령화사회와 복지행정』. 홍익재.
김억헌(1999). 『보험의 이론과 실제』. 대학문화.
김영숙 · 박선미(2007). "노인소비자 교육프로그램 내용분석과 정책 제안". 『소비자정책교육연구』. 3(1), 37-53, 한국소비자정책교육학회.
김은정(1992). "노후를 대비한 재정계획 및 재정계획 수행". 서울대 석사학위논문.
김종국(1995). 『생명보험총론』. 형설출판사.
김주동 · 이원근(1996). 『보험학원론』. 형설출판사.

김철 · 정찬윤 옮김(1997). 『벤자민 그래함의 현명한 투자』. 국일증권연구소.

나승성(2007). 『보험법 개설』. 한국학술정보(주).

노동부(2008). 퇴직연금제도-퇴직연금현황. http://www.molab.go.kr/pension

남재현(2005). 『주요국의 퇴직연금 현황과 시사점』. 한국금융연구소.

민재성 · 유일호 · 최성재 · 김용하(1993). 『한국의 노령화추이와 노인복지대책』. 한국개발연구원.

박동석(2003). 『고령화쇼크』. 굿인포메이션.

박세민(2007). 『자동차보험법의 이론과 실무』. 세창출판사.

방하남 · 김진수 · 이정우(2000). 『선진국 기업연금제도의 개혁과 시사점』. 한국노동연구원.

백은영 · 문숙재(2005). "가족생활주기 관점에서 본 가계의 재정목표, 문제 및 만족도에 관한 연구: 질적 접근방법의 적용". 『소비자학연구』. 16(2), 87-109.

변종국 · 김지수(1996). 『증권투자의 이해』. 경문사.

보험연구원(2009). 보험산업주요지표.
http://www.kiri.or.kr/html/infoView07.asp?mStep=07&part=info#down.

산업자원부 기술표준원(2006). "개인재무설계사 자질도 'KS' 로 지정". 산업자원부 보도자료. 2006.10.12.

삼성경제연구소(2004). 『최근 경기변동의 요인분석과 시사점』. 이슈페이퍼.

________(2007). "노후대비에 대한 가계조사". 『소비자태도조사』. 제96호.

생명보험협회(2008a). 『생명보험이란 무엇인가』.

________(2008b). 『Fact Book 2008』.

성영애(2006). "가계신용관련정책 기초자료를 위한 가계부채의 지역 간 비교분석". 『소비자정책교육연구』. 2(1), 83-99, 한국소비자정책교육학회.

성영애 · 양세정(1997). "노인가계와 비노인가계의 소비지출구조 및 관련요인의 비교분석". 『대한가정학회지』. 35(5), 103-117.

성영애 · 양세정 · 이희숙 · 차경욱 · 최현자(2006). "소비자재무설계 및 상담 교과과정의 발전적 운영을 위한 소고". 『소비자정책교육연구』. 2(1), 21-39, 한국소비자정책교육학회.

손해보험협회(2008a). 『2008년 손해보험연수교재』.

________(2008b). 『2008 한국의 손해보험』.

송태회 · 강성진(1989). 『자동차사고와 자동차보험』. 한국소비자보호원.

심영(1993). "가계부채가 소비패턴에 미치는 영향". 『소비자학연구』. 4(2), 29-50.

안정근(1990). 『현대 부동산학』. 법문사.

안창희(2008). "재무행동과 재무관리스트레스 그리고 재무만족도에 관한 연구". 『소비자정책교육연구』. 4(4), 107-123, 한국소비자정책교육학회.

윤정혜 · 김경자 · 성영애 · 손상희 · 양세정 · 이희숙 · 최현자(2001). "소비자재무설계 · 상담 · 교육 프로그램 개발을 위한 연구방향". 『소비자학연구』. 12(3), 89–108.

이경룡(2009). 『보험학원론』. 개정판. 영지문화사.

이기춘 · 김경자 · 김성숙 · 김소라 · 김영신 · 나종연 · 배순영 · 서정희 · 성영애 · 손상희 · 송인숙 · 양덕순 · 여정성 · 이성림 · 이은희 · 이종혜 · 천경희 · 허은정(2008). 『열일곱 가지 소비자이슈』. 교문사.

이기춘 · 여정성(1996). "고령화 사회의 노년기 경제생활문제와 그 대책". 『21세기의 전망: 고령화 시대와 삶의 질』. 서울대학교 생활과학연구소 국제학술심포지움 발표자료집.

이만우 · 박광희(1994). 『한국적 재산관리』. 예음.

이수언(1996). 『크리스천의 재테크』. 두란노.

이재복 · 양형일(2008). 『자동차보험론』. 두양사.

저축추진중앙위원회(1995). 『노후생활에 관한 의식 및 준비실태조사』.

————(1997). 『저축생활통계』.

정홍주(1996). 『알기 쉬운 보험상식』. 21세기 북스.

최현자(1996). "가계의 신규부채수요 결정요인과 부채이용이 소비지출에 미치는 영향". 『대한가정학회지』. 34(3), 59–73.

최현자 · 성영애(2000). "가계의 부채관리 교육 및 상담프로그램의 개발을 위한 기초연구–가계 부채문제의 규명". 『한국가정관리학회지』. 18(4), 195.

최현자 · 이희숙 · 양세정 · 성영애(2003). "재무비율을 이용한 가계재무상태 평가지표개발에 관한 연구". 『소비자학연구』. 14(1), 99–121.

통계청(2005). 『인구주택총조사』.

———(2006). 『장래인구추계』.

———(2007a). 『가계동향조사』.

———(2007b). 『사회통계조사』.

———(2007c). 『생명표』.

———(2007d). 『2006년 가계자산조사』.

———(2008a). 『가계동향조사』.

———(2008b). 『우리나라 가구의 생애소득 및 생애지출 현황과 소득분배 분석』.

———(2008c). 『2007년 도시가계연보』.

———(2008d). 『2007년 한국의 사회지표』.

———(2008e). 『2008년 사회조사보고서』.

———(2008f). 『2008년 사회통계조사』.

———(2008g). 『2008년 사회통계조사결과』.

———(2009a). e-나라지표.
http://www.index.go.kr/egams/stts/jsp/potal/stts/PO_STTS_IdxMain.jsp?idx_cd=1257&bbs=INDX_001#.
———(2009b). 『2008년 가계동향조사』.
———(2009c). 『2008년 한국의 사회지표』.
———(2009d). 『2009년 월간국제통계 3월』.
———(2009e). 『2009년 주요경제지표 3월』.
———(2009f). 『한국의 주요지표』. 국가통계포털.
http://www.kosis.kr/html/autoJipyo/jipyo_h_view.jsp.
한경혜 · 성미애 · 진미정(2006). 『가족발달』. 방송통신대학교 출판부.
한국결혼문화연구소(2008). 『2007년도 한국결혼비용조사』.
한국경제신문사(1993). 『주식시장 흐름 읽는 법』. 한국경제신문사.
한국소비자원(2002). 『소비문화에 관한 국민의식조사결과』.
———(2003). 『결혼문화의식 및 실태조사』.
한국은행(2009a). 경제통계시스템. 『예금은행 가중평균 수신금리 2008』.
http://ecos.bok.or.kr/
———(2009b). 『2009 금융생활 길라잡이』.
———(2009c). 『2008년 국민계정』.
한국재무설계(2009). http://www.koreafp.co.kr/
한국주택금융공사(2009a). 주택연금.
http://www.khfc.co.kr/mortgageloan/mortgageloan_index.jsp.
———(2009b). "주택연금상품안내".
http://www.khfc.co.kr/mortgageloan/mortgageloan_index.jsp.
———(2009c). 한국주택금융공사법.
한국증권경제연구실(1995). 『주식용어사전』. 청림출판사.
현대경제연구원(2008). 글로벌 경제위기와 한국경제.

권리분석과 배당실무 블로그(2007). "증여세 자금출처조사기준"(보도 '07.11.4).
http://blog.naver.com/lim1251/150024088462
동아일보(2007). "은퇴 후 한달에 필요한 최소 생활비는". 8월 16일자.
http://blog.joins.com/media/folderlistslide.asp?uid=cjh59&folder=8&list_id=8382084
———(2008). "82세 한의학자, KAIST에 쾌척". 8월 14일자.
http://news.donga.com/fbin/output?n=200808140048

———(2009). "가계저축률 1%대…배고픈 돼지저금통". 3월 23일자.
http://www.donga.com/fbin/output?n=200903230458

매경이코노미(2008). "불황기 주식투자전략". 12월 17일자.
http://news.mk.co.kr/newsRead.php?year=2008&no=762488

매일경제(2008). "노후준비 10명 중 9명 돈 문제로만 인식". 4월 2일자.
http://news.mk.co.kr/outside/view.php?year=2008&no=184225

———(2008). "대박날 것 같은 해외펀드라도 자산 20% 이상 투자마세요". 7월 4일자.
http://news.mk.co.kr/newsRead.php?year=2008&no=418968

서울신문(2006). "남과 여/ 결혼비용 얼마…어떻게 썼나". 3월 1일자.
http://www.kinds.or.kr/

시사뉴스(2007). "자녀 한 명당 교육비 2억 3천만 원". 10월 16일자.
http://www.sisa-news.com/read.php3?no=21085&read_temp=20071016&section=44

연합뉴스(2009). "대한민국 인구 84%가 노후를 위한 준비 없어". 4월 9일자.
http://media.daum.net/press/view.html?cateid=1065&newsid=20090409170803354&p=yonhappr

재무관리로 부자되기(2007). "금융기관별 개인연금의 특성요약"(보도 '07.6.4).
http://cafe.naver.com/spus23.cafe?iframe_url=/ArticleRead.nhn%3Farticleid=219

조선일보(2009). "인터넷 가계부…돈 새는 구멍이 한눈에 보이네". 2월 12일자.
http://news.chosun.com/site/data/html_dir/2009/02/11/2009021101842.html?srchCol=photo&srchUrl=photo6

한국경제(2009). "은퇴 후 큰 돈 못 벌어도 명함에 새길 직함은 있어야죠". 5월 13일자.
http://www.hankyung.com/news/app/newsview.php?aid=200905136958

한국일보(2008). "결혼비용 평균 1억 7245만 원…신랑, 집 마련 부담 커". 10월 11일자.
http://news.hankooki.com/lpage/health/200810/h2008101102462491470.htm

Bailard, T. E., Biehl, D. L., & Kaiser, R. W. (1986). *Personal Money Management*. 5th ed. Chicago, IL: Science Research Associates, Inc. 이기춘 · 이기영 · 윤정혜 · 이승신 · 백경미 · 정진화 · 여정성 · 조은정 옮김(1992). 『가계재정－그 이론과 실제』. 한울아카데미.

Burkett, Larry (1992). *The Complete Financial Guide for Young Couples*. 조성표 역(1993). 『돈 걱정 없는 가정』. 대구: 기독교대학설립동역회 출판부.

Burnstein, R. (1995). *Style Investing*. New York: John Wiley & Sons.

Dwyer, Daniel P.(1989). *The Seven Stages of Financial Planning: A Case Study Approach to Financial Planning*. Longman Financial Services Publishing, a division of Longman

Financial Services Institute, Inc.

Feinberg, R.(1986). Credit card as spending facilitating stimuli: A conditioning interpretation. *Journal of Consumer Research*, 13, 348–356.

Garman, E. T. & Forgue, R. E. (2006). *Personal Finance*. 8th ed. Boston, MA: Houghton Mifflin.

Graham, B.(1973). *The Intelligent Investor*. New York: Harper & Row.

Kapoor, Jack R., Dlabay, Les R., & Hughes, Robert J.(1996). *Personal Finance*. 4th ed. Chicago, IL: Irwin.

Lang, L. R.(1993). *Strategy for Personal Finance*. 5th ed. New York: McGraw–Hill.

Leet, Don R. & Driggers, Joann(1990). *Economic Decisions for Consumers*. 2nd ed. N.Y.: MacMillan Publishing Company.

Mittra, Sid (1995). *Practicing Financial Planning: A Complete Guide for Professionals*. Troy, MI: Mittra & Associates.

Root, Jack B. & Mortensen, Douglas L.(1996). *7 Secrets of Financial Success: How to Apply Time–Tested Principles to Create*. Manage & Build Personal Wealth. Chicago, IL: Irwin.

Waddell, Fred E.(1995). *Financial Portfolio: Your Financial Map and Compass*. Auburn, Alabama: Genesis–The Financial Services Press.

Weinstein, Grace W.(1983). *The Lifetime Book of Money Management*. New York, NY: New American Library.

Winger, B. J. & Frasca, R. R.(1993). *Personal Finance*. 3rd ed. New York: Macmillan.

찾아보기

Personal Finance

[ㅇ]

[ㅈ]

[ㅊ]

저 / 자 / 약 / 력

■ 이 기 춘

• 서울대학교 소비자학과 명예교수

■ 박 명 희

• 동국대학교 가정교육과 교수

■ 윤 정 혜

• 인하대학교 소비자아동학과 교수

■ 손 상 희

• 서울대학교 소비자학과 부교수

■ 성 영 애

• 인천대학교 소비자아동학과 교수

소비자재무설계(제2판)

이기춘 박명희 윤정혜 손상희 성영애 공저

1판 1쇄 발행 1998년 3월 2일
2판 1쇄 발행 2009년 10월 30일
2판 2쇄 발행 2013년 9월 10일

발행인 박 철 용
발행처 학 현 사
우. 413-832 경기도 파주시 문발동 499-4 파주출판도시
전 화 031) 955-8700(대표)
팩 스 031) 955-8705
메 일 hhspub@chol.com
http : //www.hakhyunsa.com

출판등록 1992년 6월 20일
등록번호 제 406-2004-000033호
ISBN 978-89-5853-248-4

정가 19,000원